MUSEO NACIONAL DE ANTROPOLOGÍA • MÉXICO

MUSEO NACIONAL DE ANTROPOLOGÍA · MÉXICO

LIBRO GUÍA

CONACULTA · INAH

LUNWERG
EDITORES

LIBRO-GUÍA PUBLICADO EN OCASIÓN
DEL 40 ANIVERSARIO DEL MUSEO NACIONAL DE ANTROPOLOGÍA, MÉXICO

© de la edición: 2004 CONACULTA-INAH / LUNWERG EDITORES, S.A.
© de los textos: sus autores
© de las fotografías: Guillermo Aldana, Lorenzo Armendáriz, Lourdes Báez,
Carlos Blanco, André Cabrolier, Michael Calderwood, Ángela Caparroso Ospina,
Martha Carmona, Tomás Casademunt, José Conchello, José Pablo Fernández Cueto,
Ulises Julio Fierro Alonso, Ignacio Guevara, Donaciano Gutiérrez, Juan Negrín,
Elizabeth Peralta, Jorge Pérez de Lara y Jorge Plata Gutiérrez (asistente),
Adalberto Ríos, Catalina Rodríguez Lazcano, Jesús Valdovinos Alquicira,
Michel Zabé y Enrique Macías (asistente)

CONACULTA-INAH
Córdoba 45, col. Roma, 06700, México D. F. / sub_fomento.cncpbs@inah.gob.mx
ISBN: 968-03-0005-6 (INAH)
Depósito legal: B-38341-2004

LUNWERG EDITORES
BARCELONA: Beethoven, 12 - 08021 - Tel. 93 201 59 33 - Fax 93 201 15 87
MADRID: Luchana, 27 - 28004 - Tel. 91 593 00 58 - Fax 91 593 00 70
lunwerg@lunwerg.com

Impreso en España

CONACULTA-INAH

*Presidenta del Consejo Nacional
para la Cultura y las Artes*
SARI BERMÚDEZ

*Director General del Instituto Nacional
de Antropología e Historia*
SERGIO RAÚL ARROYO

Secretario Técnico del INAH
MOISÉS ROSAS

Secretario Administrativo del INAH
LUIS A. HAZA REMUS

Coordinadora Nacional de Asuntos Jurídicos
MARÍA DEL PERPETUO SOCORRO VILLARREAL

Coordinador Nacional de Difusión
GERARDO JARAMILLO HERRERA

Coordinador Nacional de Museos y Exposiciones
JOSÉ ENRIQUE ORTIZ LANZ

Director del Museo Nacional de Antropología
FELIPE SOLÍS

LUNWERG EDITORES

Presidente
JUAN CARLOS LUNA

Director General México
FERNANDO ONDARZA VILLAR

Director de arte
ANDRÉS GAMBOA

Directora de producción
MERCEDES CARREGAL

Director comercial
JOAQUIM CORBERA

Diseño gráfico
VERÓNICA MORETTA

Coordinación editorial
CLAUDIA BERNS

Coordinación de texto
MARÍA JOSÉ MOYANO

COORDINACIÓN DE LA OBRA

*Coordinación general de la obra
por parte del INAH*
ADRIANA KONZEVIK

Coordinador académico
FELIPE SOLÍS

Asistente
ROBERTO VELAZCO ALONSO

LUNWERG EDITORES
FERNANDO ONDARZA VILLAR

Colaboradora especial
AÍDA BERENICE MORALES MONTES

Asistentes
GABRIELA ALEIDA MÉNDEZ MEJÍA
GABRIEL MÉNDEZ MEJÍA

Corrección de estilo
LIA CABIB
OCTAVIO HERNÁNDEZ
GABRIELA VÉLEZ

Traducción al inglés
LORRAINE ERBACH

AGRADECIMIENTOS

ARCHIVO ZABÉ
Karen Anderson

ARQUEOLOGÍA MEXICANA
Mónica del Villar, José Cabezas

COORDINACIÓN NACIONAL DE DIFUSIÓN
Gerardo Jaramillo Herrera
Proyecto México: Areli Díaz Mercado

FOTOTECA NACIONAL DEL INSTITUTO
NACIONAL DE ANTROPOLOGÍA
E HISTORIA EN PACHUCA
Rosa Casanova
Módulo de Consulta:
Gabriela Núñez, Marcelo Silva

MUSEO NACIONAL DE ANTROPOLOGÍA
A todo el personal que trabaja en el Museo Nacional de Antropología
y en particular a Manuel Eduardo Acosta, Francisco Becerra Dubernard,
Ma. Carmen Cantón, Andrés Casanova, Rosalía Castellanos, Arturo Cortés,
Yezmín Rizk López, Patricia Real Fierros, José Luis Rojas, Angélica Rivero
López, Beatriz Romero Mejía, Segundo Tercero Iglesias, Jesús Valdovinos Alquicira,
Verónica Velásquez Sánchez Hidalgo, Virginia Zanabria Martínez

COMISIÓN NACIONAL PARA EL DESARROLLO
DE LOS PUEBLOS INDÍGENAS
Enrique Serrano Carreto, Margarita Sosa Suárez,
Claudia Suárez Blanch, Sergio Luis Contreras,
Magdalena Jiménez Gutiérrez

PÚRPURA DISEÑO GRÁFICO
Ivette Gómez Pedroso, Ángeles Luna Ortiz

PRESENTACIÓN

Sari Bermúdez
Presidenta del Consejo
Nacional para
la Cultura y las Artes

Un monolito imponente, representación de Tláloc, dios del agua para los antiguos pueblos nahuas, recibe sobre el Paseo de la Reforma a los visitantes del Museo Nacional de Antropología. La enorme escultura se encuentra sorprendida en proceso de elaboración; podemos ver en ella el momento en que la voluntad del artista desprende de la roca las formas deseadas, y eso la convierte en un símbolo especialmente eficaz para México, un país donde el pasado está vivo y día a día imprime su huella en un presente dinámico, marcado por el cambio.

El Museo Nacional de Antropología da testimonio de las culturas antiguas en las once salas arqueológicas de la planta baja; y de culturas actuales en las diez salas etnográficas del primer piso. La sala para exposiciones temporales, que se halla asimismo en la planta baja, con frecuencia es un espacio abierto al diálogo con culturas de otras tierras.

Sobre todo, en su conjunto y a lo largo de su historia, el Museo Nacional de Antropología ha manifestado una voluntad muy particular de nuestra nación: indagar, preservar y asumir la riqueza que constituyen, a un mismo tiempo, su pasado más remoto y las culturas de los distintos pueblos que hoy en día la integran.

En las salas del museo, flanqueadas por fragmentos de arquitecturas monumentales y domésticas, se ven las divinidades de la antigua religión y santos cristianos con claras huellas de sincretismo. En las vitrinas, un universo de creencias, conocimientos e ideales concretado en millares de utensilios y adornos corporales; representaciones de lo sagrado y lo cotidiano; objetos para la vida y la muerte. Ingresar al museo constituye una iniciación en los misterios de la cosmogonía indígena.

Desde hace cuarenta años este museo, obra del arquitecto Pedro Ramírez Vázquez, es modelo de claridad en su planteamiento al visitante: a todas las salas se llega desde el patio central, parcialmente cubierto por el paraguas, la inmensa columna-techo-fuente cuyos altorrelieves simbolizan los cuatro elementos: agua, tierra, fuego y aire. Inspirado en una obra maestra de la arquitectura maya –el Cuadrángulo de las Monjas, en Uxmal–, este patio es espacio de distribución y necesaria zona de descanso.

Necesaria porque las 22 salas del Museo Nacional de Antropología representan más de cuatro mil metros cuadrados cubiertos, y cada una de ellas es un microcosmos que relata una historia propia. Es imposible el recorrido atento por esta suma de universos culturales sin algunas pausas; el público tiene la opción de visitar en forma independiente cada sala y, debido al diseño de Ramírez Vázquez, se ve obligado a regresar al patio central después de visitar dos salas.

Una preocupación capital en los últimos años ha sido que el Museo Nacional de Antropología mantenga su museografía informada y actualizada.

Como parte de una política de permanente actualización de sus contenidos científicos, las salas han sido reestructuradas recientemente, con el fin de mostrar nuevas piezas y dar a conocer las más novedosas interpretaciones de los investigadores sobre el mundo prehispánico y las culturas indígenas de nuestro tiempo.

Asimismo, sus recintos de exposición han sido provistos de un moderno equipo interactivo, que consta de terminales de cómputo, monitores de audio y video en los que el visitante encuentra oportunas referencias documentales, así como juegos didácticos.

Por estas razones, contar con una guía del museo puesta al día era ya un imperativo inaplazable. Agradecemos la inapreciable colaboración de la editorial Lunwerg para publicar este material, el cual orientará los pasos del visitante por las culturas precolombinas y por las culturas autóctonas contemporáneas; unas y otras contribuyen a darle a México un perfil singular en el concierto de las naciones.

EN LAS CORRIENTES DE LA HISTORIA
EL MUSEO NACIONAL DE ANTROPOLOGÍA
A CUATRO DÉCADAS DE SU INAUGURACIÓN

UN DÍA MEMORABLE

Sergio Raúl Arroyo,
Director general del INAH

La preocupación por
el «fin del mundo» (o por el
comienzo de otra era) es, quizá,
lo que más nos acerca a los antiguos
mexicanos y nos hace ver con
otros ojos sus creaciones. Ya no son,
como hace un siglo, obras
peregrinas, bárbaras y maravillosas.
Son los signos de un destino.

Imagen cifrada de la catástrofe,
estas obras nos enseñan a mirar
frente a frente las constelaciones y
su movimiento. Pasamos del horror
a la fascinación, de la fascinación
a la contemplación.

*El arte vuelve a ser
espejo del cosmos.*
Octavio Paz, *Puertas al campo*

La mañana del jueves 17 de septiembre de 1964, más de tres mil personas se encontraban en el patio central del edificio que, con toda certeza, era el más audaz de los proyectos arquitectónicos y culturales del México al mediodía del siglo XX. Los invitados serían testigos de la inauguración oficial del Museo Nacional de Antropología.

Al centro del patio, una fuente cubierta derramaba una lluvia estruendosa desde un cielo oculto. La parte superior de la fuente tenía como único soporte a una columna de bronce en altorrelieve con una alegoría cosmogónica. Alrededor, sobre la fachada de los edificios, estaban las frases provenientes de antiguos mitos y cantos, a modo de mensajes unánimes, que comenzaban en ese momento su dominio sobre las paredes de mármol.

El diseño del horizonte jugó con planos y declives, un espejo de agua y, discretamente, los señalamientos que ubicaban al visitante en un orden pensado a manera de síntesis alusiva a las regiones de México. La distribución de los espacios conjuraba cualquier sentimiento abrumador. El conjunto, a pesar de sus dimensiones, mantenía la proporción humana. El uso masivo del cristal, en juego de transparencias, entre numerosos detalles cargados de significados, impactaría el ánimo de los concurrentes.

Una primera impresión debió llenar el ambiente: la originalidad de este complejo arquitectónico —que incluía un gran auditorio, una biblioteca, la Escuela Nacional de Antropología e Historia, discretos depósitos de colecciones y cubículos de investigación— mostraba una eficaz conjunción de elementos estéticos y funcionales.

En las salas de exhibición, los testimonios de las creaciones indígenas, cargadas de mitologías milenarias y modernas que marcan líneas de continuidad cultural, se habían organizado en vitrinas y maquetas, para ofrecer la explicación de numerosas historias hasta entonces segmentadas y dispersas. La distribución de los temas dotó de un nuevo orden al mensaje antropológico: en la planta baja, con la elocuencia de los materiales arqueológicos se definiría literalmente la fuerza gravitacional de las culturas antiguas, mientras que en el piso superior, de manera paralela, pero con mayor liviandad, debía dibujarse el atlas de las etnias vivas.

Además de superar las condiciones del viejo Museo Nacional y su aire de galería decimonónica, el nuevo edificio desafiaba el prototipo de los museos tradicionales, aquellos recintos solemnes que congelan el tiempo. La arquitectura moderna quedaba, así, al servicio de la historia.

Por su parte, la propuesta museográfica —en la que participaron arqueólogos, antropólogos, escritores, artesanos y museógrafos— buscaba acortar la distancia que hasta entonces pesaba en las conciencias, al trazar un puente entre el más remoto pasado indígena y lo que se entendía como identidad nacional en aquel presente. A partir de ese día, el México antiguo y moderno se avecindaban con mayor contundencia en la memoria mexicana.

El proyecto originario —que articulaba la imperativa tarea gubernamental de la educación pública con el conocimiento arqueológico e historiográfico del momento— reflejaba la certidumbre de la grandeza pretérita y el optimismo del presente. Por primera vez en América Latina, se había construido un recinto relacionado con la enseñanza de la historia en un espacio colosal: seis salas de exhibición en 44.000 metros cuadrados cubiertos, además de 35.700 metros cuadrados de extensiones descubiertas.

La construcción de esta obra monumental se había iniciado diecinueve meses antes, en febrero de 1963. Su ubicación difícilmente podría haber sido más eficaz: el Bosque de Chapultepec —punto de innegable densidad histórica y referencia turística clave de la capital de México—. Su inauguración abría una serie de cuatro actos emblemáticos, hilados por el Gobierno del entonces presidente Adolfo López Mateos: el Museo Nacional de Antropología, ese 17 de septiembre; el Anahuacalli Museo Diego Rivera, el viernes 18; el Museo Nacional del Virreinato en el Convento de Tepozotlán, el sábado 19, y el Museo de Arte Moderno, también en Chapultepec, el domingo 20. Esa atmósfera marcó a buena parte de las generaciones de la segunda mitad del siglo.

Para la inauguración del museo, Salvador Novo, formidable cronista del mundo mexicano de ese momento, redactó el texto «*Una visita a la Sala Mexica*» —cultura pensada en ese entonces como punto culminante de la civilización prehispánica y, por tanto, del sentido discursivo del museo—. También fue testigo privilegiado de los hechos, lo que le permitió documentar el acto. De acuerdo con Novo, se programaron cuatro discursos: el de Pedro Ramírez Vázquez, autor del proyecto arquitectónico; el de Ignacio Marquina, ex director del INAH; y el de Jaime Torres Bodet, previamente al presidencial, que cerraría la ceremonia.

Horas antes de la inauguración, Novo se había topado en las instalaciones del museo con Ramírez Vázquez, incansable pese a haber trabajado toda la madrugada ultimando detalles de la obra. Después, poco a poco, a medida que se acercaba el momento inaugural, el recinto comenzaba a llenarse y la tensión crecía. En tanto, integrantes de la Orquesta Sinfónica Nacional, dirigida por Carlos Chávez, afinaban sus instrumentos para el estreno de su obra *Resonancias*, compuesta *ex profeso*; cuarenta y cinco edecanes guiaban a los invitados por las inmensidades de esta abreviatura del universo indígena hecha de cemento y vidrio.

El acto cumplió con su propósito. El presidente López Mateos lo remató al sentenciar: «El pueblo mexicano levanta este monumento en honor de las admirables culturas que florecieron durante la era precolombina en regiones que son ahora territorio de la República Mexicana. Frente a los testimonios de aquellas culturas, el México de hoy rinde homenaje al México indígena en cuyo ejemplo reconoce características de su originalidad nacional». Novo refiere, para terminar, que el tumulto de la ceremonia fue tal, que los invitados se vieron impedidos de hacer el recorrido por las salas, debiendo realizarlo después de la cena efectuada esa misma noche en el magno recinto.

En torno a la creación del Museo Nacional de Antropología existen múltiples anécdotas que, más allá del marco institucional que lo creó y de la historia oficial que lo rodea, nos hablan de las expectativas que generó y de su extraordinaria convocatoria pública a lo largo de cuarenta años. La primera, la de ofrecer una línea de continuidad entre el México prehispánico y la historia reciente, viva. La segunda, la de otorgar una dignidad distinta a los objetos arqueológicos, que durante extensas décadas dormitaron en las penumbras de recintos avejentados y mortecinos.

El nuevo museo hizo del pasado un asunto político del presente. El propio arquitecto Ramírez Vázquez, en su libro *El Museo Nacional de Antropología*, relata que meses antes de la inauguración, como producto de intrincadas negociaciones, a las 6 de la mañana del 16 de abril de 1964, los pobladores de Coatlinchán permitieron que la gigantesca estatua de Tláloc saliera del sitio en que había permanecido durante siglos, a lo que en principio la comunidad se había opuesto, llegando incluso a provocar una fugaz rebelión para impedirlo. Sin embargo, esa mañana, el propio alcalde del poblado entregó a los representantes del Gobierno federal la antigua deidad de piedra, que esa misma noche arribó a la ciudad de México sobre una enorme plataforma rodante, construida *ex profeso*. Miles de personas esperaron el monolito en el Zócalo bajo un aguacero torrencial, inusitado para esa época del año. Así fue que —según relata el arquitecto— el dios de la lluvia pudo ocupar el sitio que la historia moderna le había asignado: el de vigía del Museo Nacional de Antropología.

HOGUERA DE IDENTIDADES

Hoy, a cuarenta años de distancia de su apertura, es posible afirmar que, para las últimas generaciones de mexicanos, este museo fue transformándose en la más entrañable, seductora y eficiente máquina de pensar su historia. Una historia que traza un enorme arco temporal y que se proyecta frecuentemente como un valor cotidiano y colectivo.

Pero, como la historia misma, el museo no petrificó sus mensajes. En este sentido, resulta útil intentar una posible definición del Museo Nacional de Antropología que se aparte del ambiente que lo generó. Ya alejados del festín de los momentos iniciales, la función social de este museo —y de sus discursos museográficos pensados como parte de la trama de la educación pública—

fue acoplándose simultáneamente al desarrollo de la sociedad mexicana y a los incesantes flujos del cambio mundial. Se descubrieron los límites de su concepción inicial, pero, al inscribirlo en la corriente más honda de la historia cultural, también se encontraron las formas de su renovación. Desde su interior, ajeno a la celebración que explicó su génesis moderna, el museo debió proyectarse hacia el siglo XXI ya no como artefacto de cierto nacionalismo sin aristas, sino como instrumento privilegiado para la explicación de las antiguas civilizaciones mexicanas en el amplio horizonte de la historia universal y de una idea central de las democracias modernas: la diversidad cultural.

En el último tramo del siglo XX se transformó el sentido comunitario de la vida, para dar paso a la revaloración del ciudadano individual, al mismo tiempo que comenzó a pensarse el país como espacio más abierto al cosmopolitismo. En dos décadas decisivas y a partir de miradas atentas a los fenómenos planetarios, los antropólogos, arqueólogos e historiadores se preguntaron por la visión unívoca tanto de la historia como de su enseñanza que había dominado el paisaje cultural desde el triunfo de la Revolución. La crítica tocó a los museos, y muy significativamente al Nacional de Antropología. Se definieron las líneas modernas del papel del patrimonio cultural en la conciencia ciudadana junto con las maneras de concebir al receptor ideal de los mensajes historiográficos y antropológicos, lo cual condujo a una insospechada expansión de la imaginación museográfica y a la discusión de conceptos como el de educando o público. Fue así como los visitantes de los museos dejaron de ser pensados como una suerte de grey devota que rendía culto a un dogmático pasado, para ser vistos como lo que realmente son: una comunidad heterodoxa y diversa, que experimenta dinámicamente su relación —personal y colectiva— con los objetos en las vitrinas, que admira en ellas no sólo los signos de grandezas pasadas sino la creatividad estética y las potencialidades civilizadoras. El patrimonio arqueológico e histórico mexicano multiplicó el valor de sus mensajes simbólicos y dejó de verse únicamente como eco lejano de historias épicas que anunciaban un México uniforme, ausente de rostros singulares. Este público, de todas las edades, condiciones y orígenes, demandaba otra consideración, otro trato: el de verse reflejado, en la arqueología, la historiografía y la etnografía, en su realidad inmediata. Quizás ésa sea la razón de por qué el Museo Nacional de Antropología ha logrado constituirse en esa inapelable «máquina de historia», mecanismo de reconocimiento de las distintas parcelas que constituyen la memoria mexicana. Tal vez por eso, también, el museo ha podido salvarse de ser un inmenso mausoleo cultural, una enorme factoría de discursos identitarios oficiales.

Las sociedades buscan en los museos expresiones materiales, espejos de sus valores, de sus gustos, de sus convicciones e inquietudes vitales, de sus afinidades y de sus diferencias más íntimas; también buscan, en la lectura de sus objetos, la prueba de que sus enigmas de vida no pueden ser resueltos de manera definitiva. La pervivencia del misterio que se esconde en cada pieza es, sin duda, parte de la lógica esencial de los museos, de su fascinante belleza implícita. Simultáneamente, los recintos museísticos están obligados a ser ágiles repositorios de colecciones, a la vez que eficientes divulgadores de conocimientos actualizados y vértices de posibilidades infinitas en los caminos de la investigación. Deben incitar; provocar. Hoy, cuando se habla de los museos como una caja de resonancia verosímil de las diversas inquietudes sociales y como utopía deseable y factible que da aliento vivificador al patrimonio heredado del pasado, el Museo Nacional de Antropología se presenta como el máximo vehículo cultural de un proceso de confrontación permanente ante los problemas fundamentales de la historia y los innumerables paisajes del presente.

No podía ser de otra manera, el museo es mucho más que un inmenso depósito de reliquias mudas porque resguarda y reúne, presenta y explica, objetos y símbolos que condensan miles de años de historias que tienen que ver con la sangre que corre por nuestras venas. Nuestro desafío, ahora, radica en prefigurar su futuro, en descifrar algunos signos de su destino.

ÍNDICE

Orígenes y renovación

MUSEO NACIONAL
DE ANTROPOLOGÍA

Felipe Solís

Ubicado en el Bosque de Chapultepec, el Museo Nacional de Antropología es el edificio más emblemático de la arquitectura moderna mexicana de la segunda mitad del siglo XX. Para realizarlo, su autor, el arquitecto Pedro Ramírez Vázquez, convocó a un extraordinario equipo de arquitectos, investigadores, artistas plásticos y maestros de obra, así como a artesanos de las principales etnias indígenas. Todos trabajaron árduamente durante 19 meses para construirlo, siguiendo un plan maestro elaborado varios años antes.

La magnífica obra concluyó el 17 de septiembre de 1964. Encabezaron la ceremonia de inauguración Adolfo López Mateos, presidente de la República, y Jaime Torres Bodet, secretario de Educación Pública. Debido a sus logros museológicos, la institución ha sido galardonada internacionalmente en numerosas ocasiones, y el Museo, reconocido como el más importante de México y de América Latina.

Indudablemente, su concepto arquitectónico y diseño museográfico se adelantaron a su tiempo. Las salas de exhibición arqueológica se transformaron en espacios educativos donde el público no sólo podía captar la vocación nacionalista de la institución, sino también la visión diacrónica de las culturas prehispánicas y sus aportaciones. También se recrearon aspectos de la vida cotidiana de las etnias contemporáneas mexicanas mediante sus aspectos más relevantes, como su cotidianidad y festividades religiosas.

El Museo fue concebido como un espacio donde el visitante pudiera recibir el mensaje proveniente de las propias obras, reconocidas creaciones artísticas de los pueblos indígenas mexicanos del pasado y el presente. La originalidad del plan maestro consistió en un novedoso recorrido donde el espectador transita por las salas con un doble nivel de altura, lo cual provoca un estado de ánimo proclive al éxtasis ante la monumentalidad de los espacios mayores, efecto cuyo propósito es exaltar la grandeza del patrimonio cultural. El ejemplo más significativo lo constituye la Sala Mexica, edificada con la máxima dimensión del recinto, donde la Piedra del Sol, la Coatlicue, la Gran Xiuhcóatl y otros monolitos se engrandecen ante los ojos del visitante. El juego de espacios y volúmenes evoca premeditadamente el interior de un templo con su magno crucero, cuya sección central conduce la mirada hacia la obra más reconocida del pasado prehispánico de México que se transforma así en el altar a la nacionalidad indígena.

Es de mencionar que en la realización de la obra no se escatimó en el uso de diversos materiales constructivos: mármol griego de elegante coloración gris-blanquecina presente en la fachada y el piso del vestíbulo que combina armoniosamente con las fuertes tonalidades que caracterizan a los mármoles de México, con los cuales se cubrieron los diversos muros de la construcción. El Escudo Nacional de la República Mexicana, talla de Tomás Chávez Morado, señala sobriamente la

Columna base del paraguas-fuente
con el relieve en bronce
de Jesús Chávez Morado
Museo Nacional de Antropología, 2004
Foto: Ángela Caparroso

entrada al museo que conduce al amplio vestíbulo ornamentado con celosías de madera, cuyo diseño fue del propio arquitecto Ramírez Vázquez. A través del cancel de vidrio, el visitante advierte la monumentalidad de la construcción. En el inmenso patio surge el paraguas-fuente, en cuya columna central, con el relieve en bronce de Jesús Chávez Morado, se describe la característica del pueblo mexicano: su mestizaje; advertimos entonces un robusto árbol cuya fronda la conforman las dos corrientes étnicas principales, la indígena y la europea, proveniente de España en principio; sus raíces desplantan del concepto indígena del enfrentamiento de los contrarios, caracterizados por medio del águila y el jaguar, esencias del día y la noche, de la creación y la destrucción. La cara poniente de la columna vislumbra al hombre del mañana, mexicano y universal, cuyo rico pasado le da fuerzas para enfrentar los embates del futuro, si posee la sabiduría suficiente para aprovechar los avances científicos.

El espejo de agua —en la segunda sección del patio— configura la metáfora autóctona de la creación por los cuatro elementos de la naturaleza. Así, la presencia del caracol (obra de Iker Larrauri) se conjunta con el estanque y el mechero en forma de greca escalonada —que en tiempos de la inauguración del Museo se encendía por la noche para iluminar el conjunto—, elementos que aunados al terreno, evocan los cuatro soles primigenios: tierra, agua, fuego y viento, que preceden al *ollin*, palabra náhuatl que nombra al movimiento, la vida que los mexicas otorgaban a la quinta creación, cuya imagen señera queda plasmada en la Piedra del Sol. El patio es, en esencia, el espacio de comunicación para la visita de todas las salas, cuyas fachadas recrean la arquitectura prehispánica. Rompe la monotonía de los muros el espléndido cancel de serpientes ondulantes, obra de Manuel Felguérez, que genera un rítmico contrapunto con el mensaje de las antiguas palabras, provenientes del *Popol Vuh* y otros textos sagrados, grabadas en los mármoles de las fachadas de entrada a las salas.

En la década de los sesenta, la visión prevaleciente en torno al mundo indígena prehispánico y contemporáneo correspondía al ámbito de la antropología mexicana de aquel entonces, que el Museo recreó puntualmente en la época de su inauguración en 1964. En la planta baja se reseñaban las aportaciones culturales de las sociedades que florecieron antes de la conquista europea, y se destacaba la concepción de Mesoamérica como marco de referencia para los alcances civilizatorios de los pueblos prehispánicos; en la planta alta se mostraba la riqueza viva de los principales grupos étnicos. Diversos artistas colaboraron al enriquecimiento del discurso museográfico mediante sus murales y óleos. Así, el Museo integró a sus colecciones obras de Rufino Tamayo, Nicolás Moreno, Leonora Carrington, Pablo O'Higgins, Rafael Coronel, Raúl Anguiano, Carlos Mérida, Alfredo Zalce, Luis Covarrubias y Jorge González Camarena, entre otros.

Ante los avances del conocimiento en el amplio ámbito de las disciplinas antropológicas, a partir de la nueva información obtenida de los múltiples proyectos arqueológicos emprendidos en todo el territorio mexicano, el Museo Nacional de Antropología requería de una profunda actualización integral, iniciada formalmente en 1998, al poner en marcha el "Proyecto de Reestructuración

Galería de Monolitos en el antiguo Museo Nacional Moneda 16, Centro Histórico, Ciudad de México, 1908 Fototeca Nacional del INAH en Pachuca. Fondo: Casasola

de las Salas de Exhibición de Arqueología y Etnografía". Este esfuerzo se realizó en varias etapas y concluyó casi en su totalidad hacia el año 2004. Hoy, el visitante dispone de salas renovadas de alto impacto estético y pedagógico.

En la Sala de Introducción a la Antropología se ubica una extraordinaria reproducción de Lucy —uno de nuestros ancestros homínidos más famosos en la historia de la antropología—, con la cual se inicia una visita a ojo de pájaro por los ejemplos más significativos de la evolución del hombre, y culmina con un *tzompantli* contemporáneo de imágenes fotográficas con un novedoso recurso visual donde se aprecian simultáneamente cráneos y rostros, testimonio vivo de la unidad y variedad de la especie humana.

La Sala de Poblamiento de América recrea, a partir de innovadoras maquetas, las diversas actividades del hombre en América durante su avance, desde el cruce por el estrecho de Behring en Alaska, hasta su llegada a territorio mexicano. A esta primera etapa de la historia de México la caracteriza la profunda transformación que ocurre en la sociedad, al pasar de su actividad basada en la caza y la recolección, a ser comunidades agrícolas sustentadas en el maíz, frijol, calabaza y otros cultivos característicos del nuevo mundo.

En el nuevo Museo, la visión de Mesoamérica y el norte de México rebasó los límites de la antigua sala introductoria, por lo que se amplió el concepto de la macroárea cultural con sus regiones internas en todas las salas de arqueología. El Altiplano Central mexicano, sede de los poderes políticos y religiosos del México colonial y contemporáneo, desarrolla su evolución diacrónica en cuatro espacios.

En la Sala del Preclásico se explican las características de la época aldeana y su evolución hasta el surgimiento de los primeros centros ceremoniales, como Cuicuilco y Tlapacoya.

La Sala Teotihuacán ilustra sobre la presencia de la primera ciudad en el Nuevo Mundo, con su concepción urbana autóctona y la validación de los cultos agrícolas primordiales en Mesoamérica: Tláloc, patrono de la lluvia y la agricultura, y la diosa madre generadora de múltiples advocaciones femeninas, que siglos después patrocinarán la comida, el agua y la reproducción humana.

La Sala Tolteca manifiesta los cambios ocurridos en las sociedades indígenas con el ascenso al poder de la clase guerrera, lo que testimonia los vínculos culturales con el sur de Mesoamérica, fundamentalmente el área maya.

La Sala Mexica constituye la culminación de la evolución cultural ocurrida en la región central de México. Ahí se resguardan los testimonios artísticos más significativos de los fundadores de México-Tenochtitlan, quienes ambicionaron la conquista de extensos territorios con el propósito de establecer un Estado tributario de carácter imperial.

Las siguientes cuatro salas arqueológicas: Culturas de Oaxaca; Culturas de la Costa del Golfo, Sala Maya y Culturas del Occidente de México, exhiben los desarrollos culturales y artísticos ocurridos en cada uno de sus territorios específicos, mostrando novedosos objetos recuperados en recientes excavaciones.

La Sala de las Culturas del Norte de México se renovó con la intención de englobar lo ocurrido en la parte septentrional del país en sus diversas expresiones culturales: los cazadores-recolectores que continuaron con su actividad hasta bien entrado el dominio español; la Mesoamérica septentrional, donde el impacto de los avances tecnológicos y culturales de la macroárea conllevó para los habitantes de esta región saberes como la agricultura, la arquitectura monumental y la cerámica. Paquimé y la cultura de Casas Grandes dan su tinte particular a la región de Oasis América, evidente prolongación en nuestro país de los pueblos del suroeste de Estados Unidos: Hohokam, Anazasi y Mogollón, también presentes en la sala.

Las salas de etnografía han renovado el mensaje de los grupos indígenas contemporáneos, presentes en la vida de la nación con su cultura tradicional y dinámica. La presentación se inicia con la Sala de los Pueblos Indios, donde se señalan las características que distinguen a las etnias en el conjunto de la población mexicana.

Los principales grupos indígenas identificados, bien sea por su peculiaridad lingüística o por la región geográfica donde habitan, se muestran en las salas subsiguientes: el Gran Nayar, que comprende principalmente a coras y huicholes; Pureécherio, nombre con el que se identifican colectivamente los habitantes de Michoacán, los purépechas, conocidos también como tarascos. La Sala Otopames agrupa a los otomíes, mazahuas y pames. La Sala de la Sierra de Puebla reúne un conglomerado de diversos pueblos y grupos lingüísticos en el que se distinguen principalmente los totonacos, los otomíes y los nahuas.

La Sala de Oaxaca muestra la rica variedad de grupos de diversas lenguas que mantienen vivas sus tradiciones en el extenso territorio de la entidad: zapotecos, mixtecos, mixes, amuzgos, e inclusive las expresiones de los grupos de ascendencia africana que colonizaron una parte de Oaxaca en la época colonial.

La Sala Costa del Golfo muestra la cultura distintiva de los totonacos y los huastecos, mientras que la gran Sala de los Pueblos Mayas incluye en su espacio a los pueblos de las Tierras Altas,

Fuente de los cuatro chorros y fachada principal
Museo Nacional de Antropología, 2004
Foto: Ángela Caparroso

caracterizadas por el paisaje montañoso, en contraste con los que habitan la región de la selva y la península de Yucatán.

Los pueblos del noroeste —tarahumaras, seris, pimas y pápagos— ocupan su sala correspondiente. El recorrido concluye con la Sala Nahuas, el grupo étnico de mayor presencia demográfica en el país, disperso por numerosas entidades.

El nuevo siglo recibe un museo renovado y actual, que han hecho suyo artistas de la talla de Ricardo Martínez y Vicente Rojo, quienes expresan con su lenguaje pictórico los vínculos de la plástica actual con las expresiones del pasado y el presente de las culturas nativas. El espacio de exhibición renueva el compromiso de los mexicanos con sus ancestros y hermanos indígenas, desde una perspectiva histórica en la que los habitantes de la nación participan en su conjunto.

Patio central del Museo Nacional de Antropología, 2004
Foto: Ángela Caparroso

Vistas panorámicas de la Sala Maya
Museo Nacional de Antropología, 2004
Foto: Ángela Caparroso

Vistas panorámicas de la Sala
de las Culturas del Golfo
Museo Nacional de Antropología, 2004
Foto: Ángela Caparroso

APOGEO DE TZINTZUNTZAN
Detalle del mural de Pablo O'Higgins
(1904-1983)
Pintura al fresco sobre bastidor metálico.
Photo: D.R: © Marco Antonio Pacheco / Arqueología
Mexicana / Raíces / INAH, 2004

Detalle del vitral de Carlos Mérida (1938-1984)
Mural transportable, petroplásticos sobre
soporte de madera.
El autor expresa su visión sobre el efecto que la
ingesta de peyote provoca en los coras y
huicholes, en cuya sala se encuentra la obra.
Editorial Raíces S.A. de C.V.
Foto: D.R: © Marco Antonio Pacheco / Arqueología
Mexicana / Raíces / INAH, 2004

LA CULTURA COMO OBRA DE
TODAS LAS RAZAS DEL MUNDO
Detalles del Mural de Jorge González Camarena
(1908-1980)
3.40 x 5.70 m. Acrílico sobre poliéster
y fibra de vidrio.
Foto: Michel Zabé

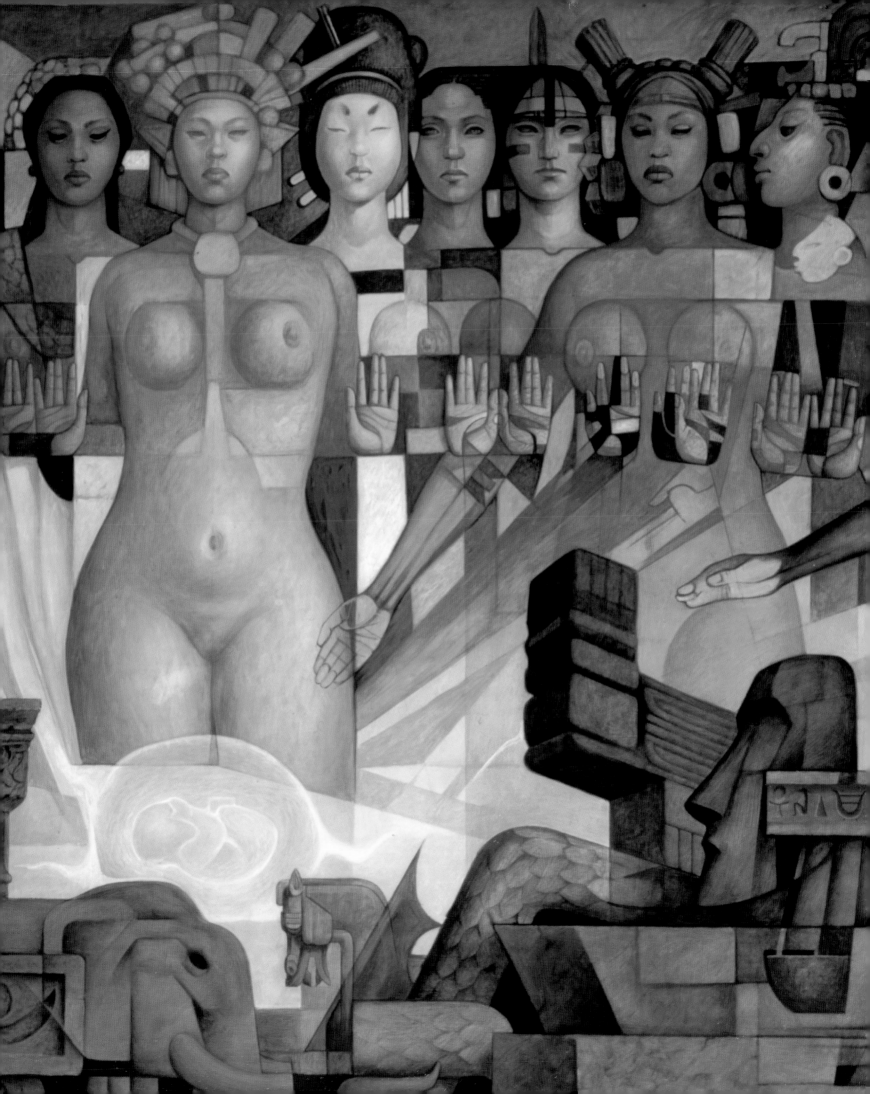

Introducción a
LA ANTROPOLOGÍA

Enrique Serrano Carreto

P ara la mayoría de las personas, la antropología es una disciplina interesada en las curiosidades antiguas y los pueblos exóticos, y no es sencillo explicar el porqué de tales intereses y menos aún las diferencias entre las especialidades en que se han subdividido las ciencias antropológicas. Por este motivo, y a diferencia de cómo se diseñó la Sala de Introducción a la Antropología en 1964, año de inauguración del Museo Nacional de Antropología, el eje de la exposición actual propone que, mediante la relación entre los procesos del tiempo, el cambio y la diversidad, se tracen las líneas fundamentales que articulan a las diversas especialidades de la antropología —arqueología, antropología social y etnología, antropología física y lingüística— y que, en conjunto, permiten construir los discursos científico y museográfico presentes en las distintas salas del museo.

El objetivo principal de esta primera sala es lograr que los visitantes comprendan la complejidad de los procesos que interesan a las ciencias antropológicas e involucran tanto los territorios donde vivieron los diversos pueblos y sus ancestros homínidos, como los cambios resultantes en términos anatómicos, tecnológicos y de adaptación a cada ecosistema. Todos estos elementos se vinculan estrechamente con la cultura, los sistemas cosmogónicos, de valores y creencias que, en conjunto, han dado lugar a la actual diversidad que nos caracteriza como pueblos y civilizaciones.

La visita a la sala inicia con un video que explica desde dónde se pretende abarcar en la exposición, reconociendo que la principal preocupación de las ciencias antropológicas es la misma que ha inquietado a todas las culturas y civilizaciones: entender nuestro origen y diversidad, los del mundo vivo y el universo. Todos los pueblos han resuelto esta preocupación por medio de los mitos de origen que narran las hazañas de los dioses y héroes que fueron conformando las civilizaciones. El Génesis de la Biblia es el más cercano a los educados en los cánones de las civilizaciones occidentales, sin embargo, la antropología, como parte de las ciencias occidentales, ha tratado de responder a estas interrogantes mediante el estudio de las evidencias óseas y materiales que dejaron nuestros ancestros en asentamientos temporales —en el caso de los grupos nómadas y de cazadores recolectores—, en pequeñas aldeas o grandes ciudades, además de estudiar los documentos históricos, las sociedades contemporáneas e incluso el comportamiento animal.

Cabe mencionar que, debido a la complejidad de los temas tratados en la sala, la representación museográfica se realizó con base en copias de fósiles y lítica procedentes de África, Europa y Estados Unidos, ya que en América no existen restos fósiles de homínidos. Para ilustrar la apariencia que en vida pudieron haber tenido esos fósiles, se adquirió una pieza que reconstruye el

ESCULTURA DE REYNALDO VELÁZQUEZ
La escultura en madera realizada por el artista chiapaneco Reynaldo Velázquez es una interpretación de los ancestros más representativos de la especie humana. Este *Australopithecus afarencis* corresponde a una mujer adulta que vivió hace más de tres millones de años.
Foto: Ángela Caparroso

probable aspecto de uno de los australopitécidos más antiguos y completos encontrados, Lucy, y en cuanto a los demás especímenes, incluyendo a la anciana que representa a la especie humana, el artista mexicano Reynaldo Velásquez elaboró seis esculturas en madera para cada una de las etapas evolutivas. Otros escultores mexicanos crearon dioramas con escenas basadas en diferentes hipótesis sobre probables comportamientos sociales durante los distintos momentos evolutivos previos a la emergencia del *Homo sapiens*.

La sección introductoria cuenta con dos de los especímenes históricamente más importantes para el estudio de la diversidad evolutiva de la especie humana: la ya mencionada Lucy, y el cráneo del Niño de Taung, primer *Australopithecus* encontrado en el sur de África en 1924, los cuales se cuentan entre los hallazgos fósiles más completos y antiguos que, por vez primera, mostraron evidencia de que la locomoción bípeda precedió al desarrollo cerebral.

El primer tema, "La tierra, el clima y los primates", explica la estrecha relación entre los cambios, los climas, la forma de la tierra y los ecosistemas, y el desarrollo evolutivo de los seres vivos y, por tanto, de la especie humana. También expresa las características que los seres humanos compartimos con nuestra familia biológica, el *Orden Primate*, con la finalidad de comprender que somos una especie más del mundo viviente y no, como habíamos supuesto, los dueños y soberanos de una naturaleza a la que hay que dominar.

Los diferentes elementos que integran esta sección (tres mapas de la tierra, un video sobre los cambios geológicos y un diorama con esculturas de las principales especies de primates actuales, incluyendo la humana), nos permiten entender cómo desde épocas muy tempranas en el proceso evolutivo, el cambio, el tiempo y la diversidad han estado en constante retroalimentación. Su importancia radica en que sólo hasta hace poco se ha reconocido el valor intrínseco que para la especie humana tienen la diversidad biológica, cultural, lingüística, de creencias, valores y formas de cono-

cer. Esta diversidad es indispensable para nuestra sobrevivencia, ya que es el resultado de una larga historia que cada persona, familia, pueblo o nación ha compartido con el planeta.

La diversidad también ha permitido el cambio en la naturaleza, los climas, los seres vivos y en el hombre que, como especie, ha estado sujeto a un cambio constante. Finalmente, en este reconocimiento de la trascendencia del cambio y la diversidad, el tiempo, en sus múltiples dimensiones, ha jugado un papel de vital importancia: los ciclos del día y la noche, las estaciones, los tiempos evolutivos, de la historia del universo, de la tierra y de los pueblos. Si bien la aparición de la actual diversidad que observamos en el orden primate se remonta a más de 60 millones de años, hoy se ubica en cerca de cinco millones de años la historia de nuestra evolución como especie —según las evidencias de los primeros homínidos, los *Australopithecus*—, y en apenas algunas decenas de miles de años la de nuestra diversidad actual.

El segundo tema, "El género *Australopithecus*", se inicia con una explicación de los procesos evolutivos y los mecanismos mediante los cuales operan, por ejemplo, la selección natural y los cambios

o mutaciones genéticas y en los cromosomas, que forman parte de la diversidad biológica y la adaptación. Explica, además, el papel de los cambios climáticos en el este del continente africano que posibilitaron la aparición de nuevas formas de vida entre los primeros homínidos.

Esta sección cuenta con tres dioramas: el primero explica las diferencias en la locomoción bípeda entre el *Australopithecus* y la locomoción sobre los nudillos en los chimpancés. Los siguientes reseñan las dos grandes líneas evolutivas que comprende este género: los robustos o *Paranthropus*, y los gráciles. Además, se expone una reproducción del esqueleto casi completo de la célebre Lucy, *Australopithecus afarensis* encontrado en Etiopía, así como una escultura en madera que expresa una perspectiva desde el arte contemporáneo sobre nuestros primeros antepasados. Finaliza este tema con un árbol filogenético de los principales restos fósiles que comprende este género, así como las probables especies que dieron lugar al siguiente estadio evolutivo: el Género *Homo*.

El siguiente tema, "La emergencia del Género *Homo*", aborda los principales elementos presentes en la evolución de la diversidad de especies de homínidos que hace cerca de 1.6 millones de años iniciaron la emigración del continente africano para poblar Europa y Asia. La primera vitrina contiene uno de los ejemplares más importantes, tanto por sus características morfológicas —prácticamente iguales a las del hombre moderno, excepto por el tamaño del cráneo—, como por su capacidad para generar las primeras industrias líticas, la Olduvaiense y la Achelense. Las características de estas herramientas les permitieron desarrollar las primeras formas de vida social compleja, como se muestra en el diorama que representa las actividades de caza y recolección, lúdicas, y de uso del fuego, así como la labor de parto que, al ser asistido, aumentó las probabilidades de sobrevivencia de la madre y las crías.

El problema del origen de nuestra especie se plantea en la sala en dos escalas distintas, pero íntimamente vinculadas. En primer lugar, en la escala del género, la discusión radica en la o las especies que dieron lugar a la transición entre los géneros *Australopithecus* y *Homo*. En segundo, involucra los cambios en la escala de las especies que suponemos pertenecieron al género *Homo*.

Entre 1.6 millones y 700 mil años atrás, aproximadamente, se dio una explosiva diversidad de formas evolutivas entre las especies del género *Homo*, genéricamente agrupadas como *Homo sapiens arcaicos*, para distinguirlas de la nuestra, *Homo sapiens sapiens*.

Estos fenómenos se abordan en el cuarto tema, "La emergencia del *Homo sapiens*", que aborda los problemas existentes entre las diferentes especies encontradas hasta ahora, ya que permiten explicar claramente las líneas que siguió la evolución del género *Homo* hasta la emergencia del *Homo sapiens sapiens*, nuestra propia especie, hace alrededor de 100 mil años. Las especies africanas descendientes de los primeros ejemplares del género *Homo* se extendieron por el continente y colonizaron grandes regiones de Europa y Asia. Se supone que los primeros pertenecen a la especie *Homo ergaster*, que en el transcurso de la migración por Eurasia evolucionaría hacia *Homo erectus*, el típico Hombre de Pekín y de Java. Esta especie amplió su rango de dispersión por todo el continente asiático, grandes áreas de Europa y casi toda África, rodeando el Mediterráneo y llegando hasta Sudáfrica. Luego de un millón de años, las poblaciones de *Homo erectus* en cada región empezaron a variar y dieron lugar a la aparición de nuevos grupos, clasificados de distintas maneras.

En Asia, otros grupos originaron poblaciones difíciles de agrupar en alguna especie, pero que dieron lugar, hace alrededor de 700 000 años, a otros conjuntos agrupados como *Homo sapiens* arcaicos. Esto se observa en una sucesión de fósiles cada vez más jóvenes en China, Indonesia y otros yacimientos del lejano oriente.

En África también se observa una continuidad entre fósiles muy antiguos de *Homo ergaster* y fósiles intermedios, como el homínido de Bodo,

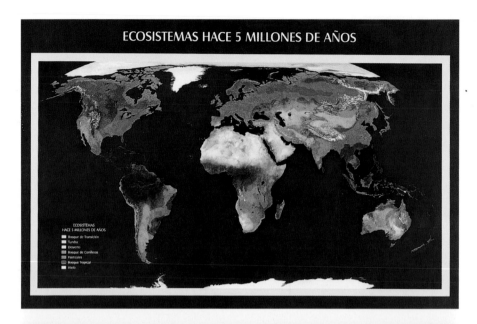

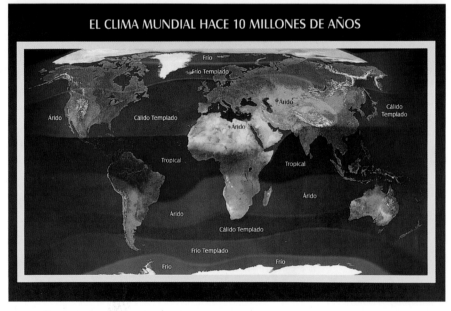

Etiopía, de seiscientos mil años de antigüedad. Se cuenta también con los restos de Broken Hill, hasta los de Border Cave, de más de cien mil años, y los fósiles de Klasies River, en Sudáfrica, que tienen un aspecto completamente moderno. En la vitrina con el árbol filogenético del Género *Homo* se presentan copias de las principales especies que lo integran, desde *Homo habilis* y *ergaster,* hasta Neanderthal y *sapiens*; una gráfica temporal de las principales industrias líticas asociadas a cada

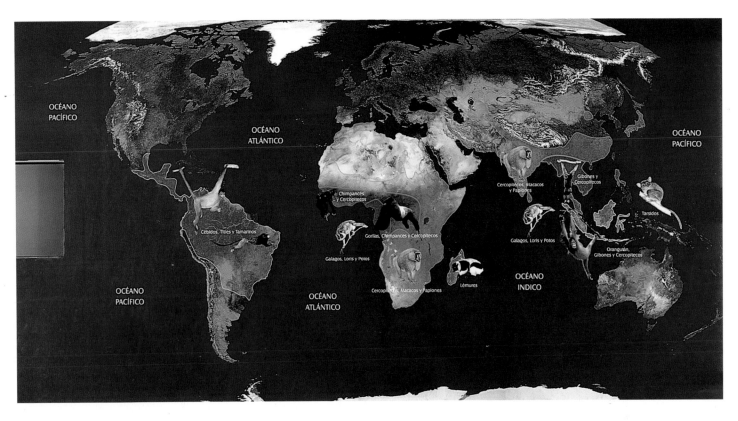

OCÉANO
PACÍFICO

MAPAS DE LA TIERRA (3)
La diversidad que se manifiesta actualmente tanto en el orden primate —al que pertenece la especie humana— como en los ecosistemas, son el resultado de los cambios que se fueron registrando a lo largo del tiempo. Sólo los seres humanos lograron adaptarse a los diferentes climas y medioambientes hasta llegar a poblar prácticamente la totalidad del planeta.
Foto: Ángela Caparroso

estadio evolutivo y otra más con el crecimiento cerebral característico de cada especie.

En lo que respecta a la tecnología, la industria *achelense* perduró por casi un millón de años en algunos puntos del viejo mundo, pero hace por lo menos 500 000 mil años se empezaron a manufacturar nuevas herramientas que señalan la transición al Paleolítico Medio. En las vitrinas se exhiben algunos ejemplos de lítica musteriense y del Paleolítico Superior. Las primeras presentan una mayor diversidad de útiles hechos con retoques por percusión para moldear el filo y la pieza, así como un mejor aprovechamiento de la materia prima. Sus variantes regionales siguen dependiendo de las tareas realizadas y de la materia prima disponible, pero pueden apreciarse algunos cambios estilísticos que señalan los orígenes de las diferencias que se generalizarán en el Paleolítico Superior. En contraste, la lítica del Paleolítico Superior presenta no sólo mayor diversidad de formas y materiales, sino un aprovechamiento mucho más cuidadoso de los

materiales. Pero el gran cambio radica en la elaboración de una herramienta específica para cada tipo de actividad; de ahí que, a partir de este momento, la industria incluya agujas para coser, anzuelos, así como diferentes tipos de lítica y otros materiales.

Este tema concluye con la representación de las diferentes posiciones existentes hoy día con respecto a la relación entre los neanderthales y el *Homo sapiens*. Tradicionalmente, la lítica musteriense se asocia con los primeros, mientras que la del Paleolítico Superior se presume exclusivamente humana. El *Neanderthal* tenía huesos similares a los de los seres humanos, pero con algunas diferencias: la visera sobre las órbitas de los ojos, el rostro abultado, la falta de mentón, la frente huidiza y un esqueleto en promedio un poco más bajo de estatura y con una estructura grande y maciza. Los restos del *Neanderthal* encontrados en Europa en el siglo XIX fueron las primeras evidencias fósiles de la evolución humana, aunque en un principio se pensó que perte-

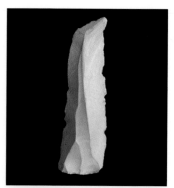

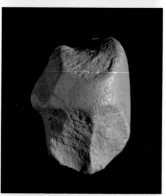

reconstrucción del entierro de Dolní Vestônice, en el este de Europa, con cerca de 27 000 años de antigüedad. En él se observan tres individuos, supuestamente emparentados, sepultados simultáneamente y a quienes ofrendaron herramientas de piedra, restos de colmillos de zorro a manera de adorno, y que además conservan parte del ocre rojo con el que cubrieron los cuerpos y cenizas. Estos elementos permiten afirmar que los individuos que los enterraron ya contaban con un complejo sistema de creencias sobre la muerte y, por tanto, sobre la vida.

En el quinto tema, "La revolución creativa", se da cuenta de la última etapa de nuestro proceso evolutivo, y de ese gran salto tecnológico y de capacidad de abstracción que reflejan los instrumentos de materiales y finalidades diversas, y también la que se advierte en el arte, las sepulturas y, por tanto, en la creencia en un universo mágico, mítico y religioso. Si bien se ignora el momento exacto de este cambio radical, pues tal vez elaboraron sus primeras obras de arte en materiales perecederos como la madera, o en lugares aún sin descubrir, el enterramiento de los muertos, la fabricación de ornamentos y el arte plasmado en las pinturas rupestres indican que son obra de seres humanos.

La domesticación de plantas y animales no implica, como se ha pensado, el dominio del ser humano sobre la naturaleza. Por el contrario, expresa una estrecha simbiosis desarrollada en los ecosistemas entre personas, plantas y animales. En esta relación, plantas y animales adquirieron características que el ser humano aprovechaba, y éste, al mismo tiempo, debió modificar su fisiología y comportamiento para obtener el mayor beneficio; el resultado fue que los seres humanos, junto con sus plantas y animales domésticos, se extendieron por todo el planeta. Se ha planteado que en los periodos de mayor abundancia, las poblaciones humanas crecieron, mientras que en los de escasez, el crecimiento fue mucho más moderado. Así, las diferentes oleadas migratorias presentaron un

necían a un viejo artrítico muerto durante las guerras napoleónicas. Actualmente se discute si los neanderthales son una especie diferente que evolucionó al haberse quedado aislada en la Europa de las glaciaciones, o si son simplemente una variedad más de la nuestra.

Pero además de las diferencias morfológicas, tampoco existe acuerdo con respecto a si el Neanderthal fue capaz de elaborar sepulturas, por lo que en la sala se exponen una atribuida a *Neanderthal* y otra a *Homo sapiens*. La primera corresponde al entierro IV de Shanidar, en Irak, reconstruido a partir de investigaciones arqueológicas y de la antropología física tal y como pudo haber sucedido hace alrededor de cincuenta mil años. Las evidencias indican que un grupo de neanderthales depositó en una fosa el cadáver de uno de sus congéneres, y la presencia de grandes cantidades de polen de distintas variedades de flores hace suponer a algunos investigadores que el hallazgo formó parte de un ritual funerario. Sin embargo, los estudiosos que suponen que *Neanderthal* fue una especie distinta a la nuestra, niegan que esas sean suficientes para afirmar que es una sepultura, ya que hacen falta elementos que posteriormente estarán presentes, como son utensilios o adornos que los vivos ofrendan a los muertos. La segunda corresponde a una

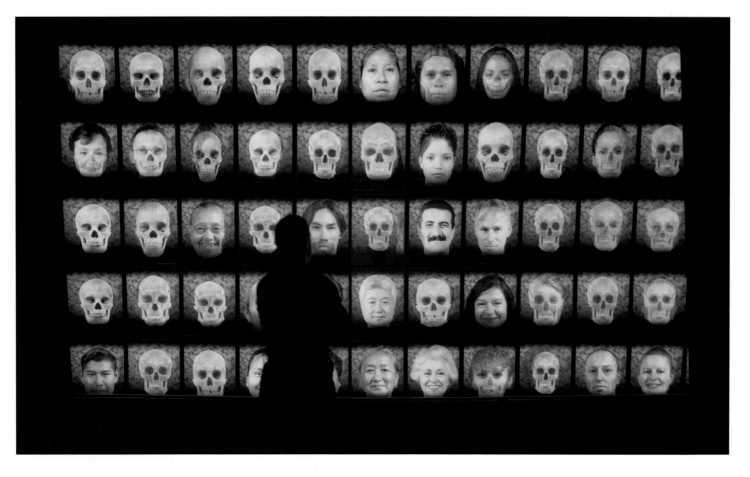

MURAL DE LA DIVERSIDAD HUMANA
Fotografías tomadas *ex profeso* a visitantes del museo de ambos sexos, diferentes edades y pertenecientes a distintos grupos raciales con la intención de mostrar tanto la unidad como la diversidad biológica y cultural de la especie humana. Noviembre del 2000.
Foto: Tomás Casademunt.

Página izquierda
SEPULTURA DE DOLNÍ VESTÓNICE
La recreación de este entierro localizado en Moravia y datado con una antigüedad de 27 mil años, hace referencia a un complejo sistema de creencias sobre la vida y la muerte que se refleja en la disposición de los cuerpos y las ofrendas que los acompañan.
Foto: Ángela Caparroso

patrón de distribución cognoscible mediante la distribución de marcadores genéticos hallados en distintas poblaciones.

Asimismo, en aquella época los seres humanos ya se habían diferenciado en hablantes de varios grupos lingüísticos, y como las personas llevan consigo su cultura y su lengua a donde vayan, la localización de estas últimas es útil para intentar reconstruir las antiguas migraciones. Hace más de 7 000 años, el éxito de un modo de vida basado en los cultivos agrícolas, cría de ganado y asentamiento permanente en un solo lugar, dio origen a las primeras aldeas, que con el paso del tiempo se transformarían en grandes centros urbanos.

Al fondo de la sala se presenta un mural con fotografías de visitantes del Museo a fines del año 2000, sobrepuesto a imágenes de cráneos humanos. La personas son de diferentes edades

y sexos, distintos colores de piel y cabello, y con algunos adornos que indican la generación y la cultura a la que pertenecen. También se muestra una gráfica con las relaciones entre diversidad genética y principales ramas lingüísticas del planeta. El objetivo es que los visitantes se reconozcan como parte de la diversidad humana, con idénticos derechos y valores, independientemente de las diferencias de edad, sexo, género, cultura, religión, color de piel o forma del cabello.

POBLAMIENTO DE AMÉRICA
Los primeros pobladores del actual territorio mexicano

Martín Rojas

Esta sala presenta los indicios de los primeros pobladores del actual territorio mexicano. Cronológicamente abarca unos 20 000 años, periodo caracterizado por una cultura fundada en la caza y recolección. Con base en el conocimiento milenario acumulado en el periodo sobre técnicas lapidarias y el ciclo reproductivo de algunas plantas y animales, surgirían diversas civilizaciones a lo largo y ancho del país.

En la sala se incorporan, en esencia, los resultados de varias investigaciones arqueológicas efectuadas en los años 40, 50 y mediados de los 60 del siglo XX: Tepexpan, en el Estado de México, y el Mamut de Santa Isabel Iztapan II, yacimiento del Estado de México; las investigaciones arqueobotánicas en el valle de Tehuacán, Puebla, y las exploraciones en los alrededores del Cerro de Tlapacoya, Estado de México, así como los hallazgos fortuitos de superficie y la excavación de localidades paleontológicas y arqueológicas en diversas partes de México, desde finales del siglo XIX hasta principios del XX. El principio que ordena la exhibición es el cambio y la diversidad; no sólo en cuanto a los rasgos biológicos de las poblaciones que llegan a América y después al territorio nacional, sino en la selección cultural que obedece al mismo principio: cambio y diversidad de los artefactos líticos, de la estructura social y del sistema de creencias.

El recorrido de la sala comienza con una breve introducción sobre el poblamiento del continente americano y la dispersión por este vasto territorio de los nuevos habitantes. Las colecciones en la sección Prehistoria de México guardan una estructura tripartita de acuerdo con la periodización de la Etapa Lítica propuesta por el prehistoriador mexicano José Luis Lorenzo: Arqueolítico, Cenolítico (dividido en inferior y superior) y Protoneolítico.

La sala concluye en la etapa en que los primeros mexicanos desarrollan una agricultura incipiente mediante un proceso de selección artificial que les lleva milenios.

El poblamiento de América

Las bandas de cazadores y pescadores cruzaron del viejo al nuevo continente por dos vías: el estrecho de Behring, la ruta más antigua, y la costa del Pacífico, un camino más reciente.

La fecha del poblamiento de América se remonta a por lo menos 35 000 años; así lo indican no sólo el establecimiento de la vía terrestre por el descenso del nivel del mar, sino las evidencias de ocupación humana de hace 20 000 años descubiertas en el abrigo Meadowcroft, cerca de Pittsburgh, Pennsylvania, y las de Cactus Hill, al sur de Richmond, Virginia. Pese a que algunos académicos dudan de estas fechas, el hallazgo de un sitio en Monte Verde, Chile, con una ocupación datada en 14 500 años, apoya la incursión temprana de grupos humanos; éstos eran reducidos, y el territorio por explorar enorme, por lo que les habría llevado varias generaciones colonizar desde Alaska hasta la Patagonia.

Beringia fue un corredor sin hielo en donde se estableció una ruta por la cual, en diversas épocas, se dispersaron animales, plantas, y al final seres humanos.

MURAL DEL PASO DE BEHRING
El poblamiento de América se efectuó en diversas oleadas de migrantes que, provenientes de Asia, llegaron a estas tierras por un puente de tierra que unía a Siberia con Alaska. El proceso comenzó hace 26 000 años, y hace 10 000, en la segunda oleada, también se usó una ruta por la costa del Pacífico.
Iker Larrauri, 1964
Acrílico sobre madera
Dimensiones: 2 m de altura y 6 m de ancho
Foto: D.R: © Marco Antonio Pacheco / Arqueología
Mexicana / Raíces / INAH, 2004

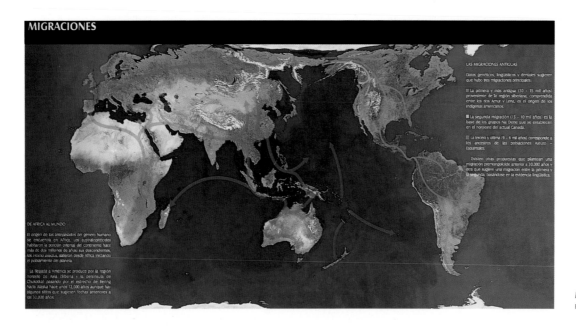

MIGRACIONES

MAPA DE MIGRACIONES
Foto: Ángela Caparroso

El corredor existió hace entre 30 000 y 14 000 años en la región comprendida entre el río Lena y la planicie Aldan, en Siberia, y el valle del río Mackenzie, en el Yukón y noroeste de Norteamérica. El ecosistema imperante entonces era una tundra esteparia donde habitaban manadas de mamutes, bisontes, caballos y caribúes. Las poblaciones migraron al interior de América debido al progresivo deterioro ambiental de Beringia occidental, y quedaron atrapadas en el continente al disolverse el puente del estrecho de Behring hace unos 10 000 años, aproximadamente.

Según evidencias arqueológicas, el vasto territorio de Beringia se dividió en Beringia Occidental, que comprende el actual territorio ruso, y Beringia Oriental, en la actual Alaska y la región del Yukón. En Beringia Occidental floreció la cultura Dyuktai hace entre 14 y 12 000 años. Los integrantes de esta cultura arqueológica fabricaron bifaciales gruesos de piedra, industria basada en microláminas, pendientes con dientes de animales y marfil que obtenían de los colmillos de los mamutes; cazaban marmotas, castores, pequeños carnívoros, aves y peces; habitaron en cuevas y sitios al aire libre donde se protegieron construyendo cabañas de planta circular con materiales perecederos como piel y madera. En algunas cuevas se han encontrado entierros con

los primeros indicios de culto funerario en esta gélida región. En Beringia Oriental los grupos humanos fabricaron microláminas de piedra a partir de núcleos conocidos como tipo *campus* y los buriles Donnelly, así como instrumentos bifaciales de forma foliácea, de base cóncava y delgada, con una antigüedad de entre 11 800 y 11 000 años. Cazaban pequeños animales como carnívoros, aves y peces. Tipológicamente es probable que exista una continuidad tecnológica entre las culturas Dyuktai y Denali, idea reforzada por el hallazgo de puntas acanaladas manufacturadas con obsidiana procedente de Beringia Occidental, cuya datación es de 10 500 a 8 500 años.

Otra ruta para internarse en el continente fue la orilla de la costa del Pacífico al bordear la tierra y el hielo con rudimentarios botes, idea basada en el descubrimiento de un esqueleto que data de hace 10 500 años en una cueva en la isla Príncipe de Gales, al suroeste de Alaska. Según el análisis químico de los huesos, la dieta de estos individuos se basaba principalmente en productos marinos. Otro hallazgo en las cercanías de las islas de la Reina Carlota, en Columbia Británica, apoya esta tesis, pues se recuperó una herramienta de piedra a 50 metros bajo el actual nivel del mar, en donde existió una costa hace 11 500 años.

Página derecha
PUNTA DE PROYECTIL TIPO COXCATLÁN
Las puntas se fueron acortando para cazar animales más pequeños a medida que se iban extinguiendo las grandes presas del Pleistoceno Tardío.
Periodo: Cenolítico Superior
Procedencia: Tlapacoya, Estado de México
Material: Obsidiana gris
Dimensiones: 4.5 cm de largo y 3.3 cm de ancho
Foto: Ángela Caparroso

CUCHILLOS BIFACIALES
Se encontraron asociados al mamut de Santa Isabel Iztapan II. Para desollar, destazar y descuartizar al mamut.
Periodo: Senelítico Inferior
Procedencia: Santa Isabel Iztapan II, Estado de México
Material: Sílex
Dimensiones:
a. 7 cm de largo y 3.8 cm de ancho
b. 6.3 cm de largo y 2.8 cm de ancho
c. 8.4 cm de largo y 3.4 cm de ancho
Foto: Ángela Caparroso

DARDO DE ÁTLATL
Este propulsor o lanzadera hace más eficiente la caza y la guerra; su uso favoreció el control territorial de algunos grupos.
Periodo: Protoneolítico
Procedencia: Cueva La Perra, Tamaulipas
Material: Sílex blanco, madera y resina
Dimensiones: 15.7 cm de largo y 3.4 cm de ancho
Foto: Ángela Caparroso

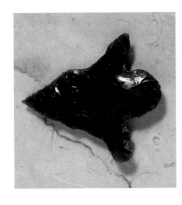

Al nuevo continente arribaron, aparentemente, poblaciones de varios grupos en diferentes oleadas y diversas fechas. Se han propuesto seis oleadas migratorias, dos de grupos australoides —representantes de las culturas Clovis y Folsom—, los algonquinos, esquimales y mongoloides, así como una transpacífica de polinesios/Arawak. Los datos en que se basa la teoría proceden de la morfología craneal, el tipo de dentición y el ADN mitocondrial.

La etapa lítica en México

Ésta es una etapa cultural de gran extensión temporal. Los criterios que sustentan la división en horizontes de la prehistoria mexicana son, fundamentalmente, los cambios en la tecnología de piedra. El patrón de vida consistía en la caza-recolección, y al final de este periodo se adopta la agricultura. La economía se infiere de la morfología de los artefactos y sus asociaciones en tiempo y espacio con restos de fauna, botánicos y de polen.

El Arqueolítico (30 000-9 500 a.a.p.)

Este periodo cultural se caracteriza por artefactos de gran tamaño tallados mediante percusión directa y algunos por medio de talla bifacial; aprovechando lascas gruesas y anchas se fabrican raspadores y raederas, también se conservan algunas herramientas denticuladas. No se fabricaron puntas de proyectil. En general la tecnología es rudimentaria, por lo que tal vez en esta etapa predominó la recolección sobre la caza.

Algunos sitios de este horizonte son: Laguna de Chapala, Baja California; El Cedral, San Luis Potosí; Cerro de Tlapacoya, Estado de México; Caulapan, Puebla, y Cueva de Loltún, Yucatán. A estos sitios los caracteriza el ser pequeños, su cercanía a fuentes de agua, así como los artefactos líticos sin formas estandarizadas y con poca modificación por percusión. Por ello se deduce que estos restos los dejaron grupos pequeños, de economía no especializada de recolección y caza menor.

En los sitios mencionados destacan los fogones con restos de huesos de animales, y los artefactos de piedra cercanos a fuentes de agua explorados en Tlapacoya, fechados por carbono 14 en 22 000 a.a.p. En El Cedral, San Luis Potosí, se encontró en un manantial un hogar circundado por tarsos de proboscidio fechado en 29 850 años y, en una capa más profunda, un raspador fechado en 31 000 años, lo que lo convierte en el hallazgo más antiguo en territorio mexicano.

Cenolítico

El Cenolítico es un horizonte fechado entre 9 500 y 5 000 a.a.p. y se ha dividido en Inferior y Superior. En este periodo ocurre el tránsito del Pleistoceno Tardío al Holoceno, el cual se manifiesta en cambios climáticos como consecuencia de la retirada de los glaciares, y en la inundación de las llanuras costeras, lo que se refleja en la distribución de flora y fauna y en la extinción parcial de las especies de grandes mamíferos. Algunos piensan que el hombre debe ser considerado como uno de los factores que incidieron en la extinción de la megafauna.

Cenolítico Inferior (9 500-7 000 a.a.p.).

En esta etapa comienzan a manufacturarse puntas de proyectil foliáceas, acanaladas y pedunculadas; éstas pueden dividirse en dos tradiciones. En primer lugar, la del grupo Lerma, que se concentra en la porción oriental del país, y la segunda con puntas acanaladas de tradición occidental cuya variación en la forma tal vez indique una regionalización tecnológica y económica; ese tipo de puntas sólo se fabrica en este horizonte. Se siguen fabricando raederas, raspadores y denticulados; comienza una diversificación tipológica y la utilización del percutor blando, por lo que ya se puede hablar de especialización en las herramientas por nichos ecológicos; algunos restos líticos se han encontrado asociados con osamentas de mamut. Los primeros habitantes del actual México ocasionalmente aprovechaban los restos de mamutes muertos por cansancio, enfermedad o hambre al empantanarse en las orillas de los lagos, o cuando buscaban zonas de abrevadero o lamederos de sal. Descuartizaban al animal con cuchillos bifaciales y lascas de piedra, y utilizaban sus huesos para fabricar herramientas o encender improvisadas fogatas para un festín momentáneo de carne. En estas labores es factible suponer que participaran indistintamente hombres, mujeres y niños.

La evidencia sobre el aprovechamiento del mamut es un patrón de desorden en los huesos, el cráneo volteado y roto para extraer la masa cefálica y la presencia de artefactos líticos. Este modelo se ha encontrado en diversos sitios de la Cuenca de México. La utilización de huesos para fabricar instrumentos se practicó en Tocuila, Estado de México, y en El Cedral, San Luis Potosí.

También existieron sitios de matanza y destazamiento de especies más pequeñas, así como campamentos en áreas abiertas y cuevas, lo que indica que la organización social aparentemente se basaba en unidades familiares cuya subsistencia dependía de la caza y la recolección. Algunos sitios de este horizonte se localizan en Nuevo León, Durango, Distrito Federal, Puebla, Oaxaca y Chiapas.

Cenolítico Superior (7 000 a 5 000 a.a.p.).

Esta etapa presenta una gran variedad de piezas de roca tallada por percusión y presión; abundan las puntas de proyectil con pedúnculo y aletas, y empiezan a fabricarse los primeros instrumentos de molienda. Este horizonte se inicia con la paulatina extinción de la megafauna pleistocénica; aumenta la recolección de vegetales y se inició el proceso de domesticación de plantas, entre ellas calabaza, chile, amaranto, maíz y frijol. Algunos ejemplos de este horizonte se hallan en Tamaulipas, Hidalgo, el Valle de Puebla y Chiapas. A esta etapa pertenecen algunos restos humanos sepultados en cuevas y a la orilla de los lagos. Estos entierros se han encontrado en

las cuevas de Coxcatlán y Texcal en Puebla; Peñón III, en el Distrito Federal, y el Tecolote, Hidalgo.

Durante esta etapa surgen en diversas regiones geográficas varias tradiciones culturales clasificadas de la siguiente manera:

Cenolítico Superior de las regiones semiáridas y áridas.

La recolección comienza a ser muy importante; se encuentran los primeros ejemplos de redes, cestería y cordelería, y se mantiene el consumo de carne de pequeños mamíferos, como lo atestigua la diversidad morfológica de puntas de proyectil. Aparentemente estos grupos se componían de familias extensas, las cuales se mantenían unidas en la estación de lluvias y se dispersaban en unidades menores durante la sequía, lo que estableció un patrón de nomadismo estacional que permitía explotar los distintos nichos ecológicos.

Cenolítico Superior de la selva tropical.

La tecnología es rudimentaria y se aplica sobre todo al trabajo de la madera; se emplean lajas de piedra como yunques para romper cocos, y toscos instrumentos de molienda. Estos grupos los inte-

Mamut de Santa Isabel
Además de huesos dispersos y un cráneo volteado para poder extraer la masa encefálica, en este yacimiento se encontraron tres cuchillos bifaciales elaborados para el destazamiento, festín prehistórico en el que seguramente participaron hombres, mujeres y niños por igual.
Periodo: Cenolítico Inferior
Procedencia: Iztapan II, Estado de México
Foto: Archivo Técnico de la Coordinación Nacional de Arqueología

Página derecha
Mural con la fauna extinta del Pleistoceno
La megafauna coexistió con los primeros pobladores del actual territorio mexicano, y se extinguió gradualmente durante el tránsito entre el Pleistoceno Tardío y el Holoceno como resultado de los cambios ambientales, el desequilibrio evolutivo y la caza excesiva.
Iker Larrauri, 1964
Acrílico sobre tela
Dimensiones: 8 m de altura y 9 m de ancho
Foto: Archivo Zabé

Cenolítico Superior de las cuencas lacustres del México central. Estos grupos se asemejan tecnológicamente a los de las regiones áridas, pero aparentemente fueron semisedentarios, ya que aprovechaban los recursos estacionales del sistema de lagos y pisos altitudinales de la Cuenca de México.

Protoneolítico (5 000-2 500 a.a.p.)

Esta fase se caracteriza por la reducción en el tamaño de las herramientas de piedra mediante la técnica del retoque fino. Los instrumentos de molienda adquieren un mejor acabado —que indica el desarrollo de la técnica del pulido—, lo cual se aplica en la fabricación de hachas, herramientas y ornamentos. Se inicia la agricultura incipiente y el patrón de asentamiento comienza a ser semisedentario; los sitios reportados para este horizonte se hallan en Tamaulipas, Estado de México, Valle de Tehuacán, Puebla, Oaxaca y Chiapas.

Uno de los cultivos clave para las civilizaciones posteriores, el maíz, se efectúa en esta época en las tierras áridas y semiáridas. También se domestican plantas como el frijol y animales como el pavo y el perro. El conocimiento sobre el proceso de domesticación del maíz procede del análisis morfológico de semillas, el análisis genético y el estudio experimental del cultivo del grano.

En la selva tropical se aprovechan, al principio de este horizonte, los tubérculos. Esto lo evidencia la presencia de pequeñas lascas que se fijan a una base de madera para fabricar ralladores. Al finalizar este periodo comienza la domesticación del maíz.

La adopción de la agricultura aumenta las cargas de trabajo para las poblaciones e incrementa la densidad demográfica, por lo que las enfermedades se extienden con mayor facilidad. Así, llegó a su fin una era durante la cual había acceso igualitario a los recursos naturales y armonía en la sociedad.

graban unas cuantas personas; su estructura social era igualitaria, ya que los recursos alimenticios no seguían un patrón estacional bien definido, por lo que la cooperación y reciprocidad en la obtención de alimentos era fundamental.

Cenolítico Superior de las tierras altas de Centroamérica.
Los patrones culturales son muy similares a los de los grupos ya descritos, pero los de esta época desarrollan costumbres migratorias cíclicas que les permiten explotar diferentes pisos ecológicos en los márgenes de la selva, las regiones montañosas y la depresión central. Cuentan con puntas de proyectil de piedra, elemento que los distingue de las bandas establecidas en la selva tropical, y también utilizan en sus actividades cotidianas lascas, raederas y raspadores.

Cenolítico Superior de la zona costera.
Por primera vez estos grupos colonizan el área costera y basan su subsistencia en la recolección de moluscos en bahías y lagunas, lo que complementan con caza, pesca y recolección; su utillaje lítico es similar al de grupos de tierra adentro.

CRÁNEO DE UNA MUJER DE UNOS 55 AÑOS
Durante el proceso de domesticación de plantas se incrementó el consumo del maíz. Los abrasivos que se desprendían de los instrumentos de molienda para preparar la harina, erosionaban los dientes, propiciaban la caries y ocasionaban, finalmente, la pérdida de las piezas.
Periodo: Protoneolítico
Procedencia: Cueva de Coxcatlán, Puebla
Foto: Ángela Caparroso

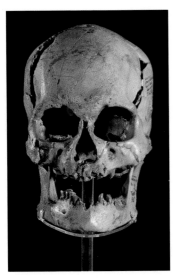

PRECLÁSICO

Patricia Ochoa Castillo

L a Sala del Preclásico del Altiplano Central del Museo Nacional de Antropología comprende el periodo más prolongado de la historia prehispánica: 2300 a.C., a 100 d.C., tiempo en que se formaron los patrones básicos mesoamericanos que dieron lugar al surgimiento de las grandes culturas.

Debido a su gran complejidad, y a los avances y conocimientos alcanzados como resultado de las nuevas exploraciones e investigaciones realizadas durante las casi cuatro décadas de vida de la sede del Museo en el Bosque de Chapultepec, fue necesario actualizar la sala. Así, la Sala del Preclásico del Altiplano Central formó parte de la primera etapa del Proyecto de Restructuración, inaugurada a finales de 1999. El objetivo general de la nueva propuesta fue sintetizar las investigaciones hasta entonces realizadas y mostrar, mediante objetos de inigualable calidad, un panorama de todos los aspectos de la cultura, en cuyo desarrollo tuvo el hombre el papel central.

Los elementos que definen al Preclásico son semejantes en toda Mesoamérica: comunidades sedentarias, economía autosuficiente y elaboración de cerámica; sin embargo, la diversidad de las regiones que la conforman, y la gran variedad de climas que la integran, propiciaron formas de desarrollo local con características propias, por lo que las divisiones internas de este periodo y las cronologías cambian de acuerdo con el área.

El Altiplano Central, que se representa en esta sala, se divide en Inferior, Medio, Superior y Terminal o Tardío. Sin embargo, para mostrar esquemáticamente los dos cambios más importantes de este periodo, el recorrido de la sala se divide en la etapa aldeana: Preclásico Inferior y Medio (2300-600 a.C.), y la etapa de los centros ceremoniales: Preclásico Superior y Terminal (600 a.C.-100 d.C.).

Asimismo, la Sala del Preclásico inicia las etapas evolutivas del área conocida como Altiplano Central, que se encuentran representadas en el ala norte del Museo y culminan con la Sala Mexica, localizada en la parte central de este recinto. Por tanto, en este espacio se presenta un panorama general de la geografía y el medio ambiente de esta área.

El Preclásico o Formativo

A este periodo lo caracteriza una serie de procesos sociales, económicos, tecnológicos e ideológicos. El surgimiento de la agricultura revolucionó el modo de vida de los grupos que la habitaban, que junto con la caza, la pesca y la recolección, formaron una economía mixta que trajo consigo cambios tecnológicos y económicos que permitieron la adaptación de los grupos humanos a su medio ambiente así como el establecimiento de aldeas permanentes. La producción cerámica

PEZ
Las representaciones cerámicas de animales acuáticos, como este pez magníficamente elaborado, nos permiten inferir que eran parte de su alimentación.
Periodo: Preclásico Medio
Procedencia: Tlatilco, Estado de México
Material: Arcilla
Dimensiones: 12.8 cm de altura y 11.5 de diámetro
Foto: Proyecto México. Jorge Pérez de Lara

constituyó la actividad principal de estas aldeas, las cuales crecieron transformándose en villas y después en centros ceremoniales; esto trajo consigo el surgimiento de la arquitectura, y con la especialización del trabajo se empezaron a marcar las diferencias sociales. Los cultos comunitarios se transforman y la religión se formaliza; surgen las primeras representaciones de deidades, y el sacerdote adopta su papel como dirigente. Un aspecto relevante desde los primeros tiempos del Formativo es el desarrollo de redes de intercambio de mercancías y conocimientos, lo que estimuló y unificó las creencias. El suceso más importante entre 1200 y 600 a.C., es el desarrollo de la cultura olmeca del sur de Veracruz y el norte de Tabasco, cuyas manifestaciones se aprecian en gran parte de Mesoamérica, especialmente en el Altiplano Central. Todos estos aspectos darán paso al surgimiento de las grandes civilizaciones.

El Altiplano Central

Esta área —que en la actualidad comprende los estados de México, el Distrito Federal, Morelos, Puebla, Tlaxcala y el sur de Hidalgo— ha tenido un papel dominante a lo largo de la historia de México. Esta región se sitúa en el marco que forman la Sierra Madre Occidental, la Sierra Madre Oriental y, al sur, la Cordillera Transversal Volcánica, que corre de oeste a este y se caracteriza por una geografía muy accidentada con mesetas, cuencas cerradas y valles separados por montañas con alturas que exceden los 2 000 metros sobre el nivel del mar.

En el área sobresale la Cuenca de México, donde hoy se ubica la capital del país. Su formación se debe a una serie de cambios geológicos que bordearon tres de sus lados con rocas volcánicas, dando lugar a la Sierra Nevada al este, enmarcada por los majestuosos volcanes Popocatépetl, de 5 438 m de altura, e Iztaccíhuatl, con una altura de 5 286 m; al sur se liga con la Sierra Chichinautzin y la del Ajusco, y en la parte occidental, con la Sierra de las Cruces; una serie de

elevaciones menores se localiza hacia el norte, de donde baja una compleja red fluvial. Durante el tiempo de los primeros asentamientos, la Cuenca de México constituía una unidad hidrográfica cerrada, con una serie de lagos conectados entre sí: el de Zumpango, Xaltocan y San Cristóbal al norte; el de Texcoco al centro en la elevación más baja, y extremadamente salino; al sur, los lagos de Chalco-Xochimilco, de agua dulce y cubiertos de vegetación flotante, que se extendían sobre un área aproximada de 9 600 km^2 y una altura de unos 2 240 m sobre el nivel del mar. Hacia el noreste, en el Estado de México, se presentaba una región de pequeñas lagunas, como las de Tecocomulco, Apan y Tochac.

Inicio de la vida aldeana

La variedad de microambientes abrió camino para que en muchas regiones de Mesoamérica se experimentara con ciertas plantas. Este proceso llevó miles de años, y consistió en la selección y lenta transformación de determinadas especies, lo que propició el sedentarismo. Restos de plantas, en especial de maíz (*Zea mays*), instrumentos de molienda y en particular objetos elaborados con arcilla, como la cerámica y las figurillas, son característicos de los grupos sedentarios. La pieza de arcilla más temprana, en el centro de México, es una figurilla femenina de barro fechada en el 2300 a.C., procedente de Zohapilco-Tlapacoya, isla del lago de Chalco. A partir de entonces y hasta aproximadamente 1400 a.C., existen evidencias aisladas en varias zonas del territorio mesoamericano, pero ya se puede hablar formalmente de una vida aldeana en gran parte de Mesoamérica.

Vida aldeana

La aldea es un tipo de comunidad humana que perdura hasta nuestros días; son pequeños

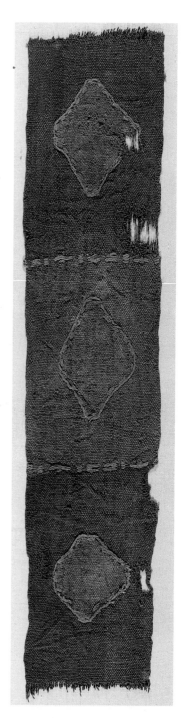

TEXTIL
Su hallazgo, con pigmentos originales, tiene gran relevancia arqueológica, ya que se trata de un material perecedero de difícil conservación.
Periodo: Preclásico Tardío
Procedencia: Cueva del Gallo, Morelos
Material: Fibras
Dimensiones: 19.6 cm de ancho y 95 de largo
Foto: Jorge Pérez de Lara

riza por un relieve accidentado con gran diversidad de microambientes, por lo que la vegetación fue muy variada debido a la combinación de factores fisiográficos, geológicos y climáticos.

En esta área se encuentran desde bosques de alta montaña hasta caducifolios, pastizales y zonas desérticas, pero destacan los medios acuáticos, ya que había lagos y ríos de agua dulce ricos en recursos alimenticios, así como aluviones. Esto se reflejó en las diferentes manifestaciones culturales, como la economía, las creencias, la vestimenta, y en especial en la cerámica, que imitaba formas naturales y se reproducían en ella animales como patos, peces, armadillos y tlacuaches, ejemplos que destacan la importancia de la fauna y el entorno natural en su vida.

Aún hoy en la Cuenca de México se observa un gran contraste de nichos ecológicos que afectan las precipitaciones pluviales: el del sur, con más de 1 500 mm de lluvia anual, y el del norte, con apenas 500 mm, lo que favoreció a la región situada al sur de la zona lacustre, donde hace más de 4 000 años se desarrollaron los primeros asentamientos agrícolas en terrazas sembradas con chile, frijol, calabaza y amaranto.

poblados fijos constituidos por viviendas sin orden determinado. Ahí las chozas se asentaban en lugares elevados para evitar que se inundaran, ya que generalmente se encontraban cerca de lagos, ríos o manantiales, y estaban construidas con materiales perecederos, como ramas y lodo. En este espacio transcurre la vida cotidiana de sus pobladores, aunque también importante es el área que las rodea, donde cultivan, recolectan plantas y cazan. Entre las más tempranas figuran El Arbolillo, Tlatilco, Coapexco y Tlapacoya.

El medio

Aunque se sabe que en este periodo el clima era más húmedo que el actual, el área se caracte-

Economía

Estas culturas desarrollaron una economía autosuficiente en cuanto a producción y obtención de alimentos, ya que conocían perfectamente el ciclo alimentario de la caza, la pesca, la agricultura y la recolección, y contaban con un calendario paralelo que les aseguraba el sustento diario.

Desde épocas tempranas estos grupos aprovecharon los recursos acuáticos, para lo cual utilizaron cestas, redes y lanzas; consumían peces, aves, anfibios, crustáceos e insectos, así como algas y plantas acuáticas. La cacería fue una práctica común, pues los rodeaban bosques abundantes en venados cola blanca, de los que aprovecharon la carne, piel, hueso, grasa y tendones para elaborar indumentaria, herramientas y a veces sustancias medicinales. En la recolección de las plantas emplearon instrumentos de hueso conocidos como piscadores; y en sus recorridos también usaron cuerdas, redes y bolsos de maguey (*agave*) y palma (*brea*), así como guajes y calabazas.

Sin embargo, fue la agricultura la que revolucionó el modo de vida de estos grupos. Maíz, frijol y chile constituyen desde entonces los alimentos básicos del mexicano. Sus técnicas consistían en preparar la tierra mediante el desmonte o quema, para lo cual utilizaban hachas y bastones plantadores para sembrar. El riego, las terrazas y la Presa Purrón, en Tehuacán, Puebla, constituyen ejemplos de alta tecnología.

En la fabricación de instrumentos y objetos de uso cotidiano y suntuario utilizaron diferentes tipos de piedras, obsidiana, madera, fibras, hueso, pieles y barro. La producción de artefactos incluyó:

Piedra tallada. En el Preclásico fabricaron sus herramientas con cantos de río y rocas volcánicas. Sus técnicas iban desde golpear una roca contra otra hasta emplear yunques y percutores para producir lascas. Con la obsidiana, vidrio muy utilizado por sus funciones punzocortantes, manufacturaron puntas de proyectil, cuchillos y navajas prismáticas.

Piedra pulida. Por medio de abrasión, pulido y bruñido se fabricaron instrumentos de molienda, hachas, cuñas, gubias y azadas, así como ornamentos: cuentas, pendientes, orejeras, placas y esculturas portátiles.

Madera. Con hachas, cinceles, dientes y astas de animales fabricaron objetos de madera como muebles, vigas y postes para la construcción de casas y esculturas.

Son relevantes los hallazgos en las cuevas El Gallo y La Chagüera, en Morelos, y en Terremote-Tlaltenco, en el sur de la Cuenca de México, pues ahí se preservaron productos cultivados y de recolección, así como piezas de cestería y textiles.

Cestería y textiles. En este aspecto, las evidencias encontradas se reducen a desfibradores, malacates, cajetes bailadores, agujas, punzones y colorantes. En la cueva El Gallo se recuperó un textil del Preclásico Superior, hallazgo de gran relevancia, dada la dificultad para su conservación. En cuanto a la cestería, el tule y el maguey fueron utilizados para manufacturar recipientes, canastas y cuerdas, que les fueron útiles en la recolección, caza, pesca y agricultura, así como objetos de uso doméstico como petates, separadores y puertas. En Terremote-Tlaltenco, aldea localizada en el lago de Chalco, pudo reconstruirse el proceso de la cestería y los textiles, ya que en las excavaciones se encontraron desfibradores, machacadores, punzones, agujas y espátulas, además de restos de cuerdas y petates, entre otros.

Cerámica. La manufactura de la cerámica fue un proceso gradual, debido a que se trata de una característica de los grupos sedentarios, al igual que la agricultura. Aunque fue indispensable en las actividades domésticas, en la vida ritual desempeñó un papel fundamental. Las técnicas utilizadas fueron muy rudimentarias en un principio, ya que con las manos modelaban la arcilla, y seguramente improvisaron recursos para el acabado de la pieza, aunque luego afinaron sus técnicas y perfeccionaron su manufactura. Cerámica y figurillas son excelentes marcadores cronológicos; en especial los tecomates —vasijas de barro de forma similar a la jícara o guaje (botellón sin cuello)— con decoración en zigzag, y las figurillas sin indumentaria ni adornos, elementos tempranos en Mesoamérica.

FIGURILLA CON ESPEJO
La complejidad social que alcanzaron estos grupos en etapas tempranas se evidencia en las figurillas. Esta pequeña escultura está acompañada de un espejo de pirita, el cual simboliza la relación del hombre con los astros.
Periodo: Preclásico Medio
Procedencia: Tlatilco, Estado de México
Material: Arcilla
Dimensiones: 10.5 cm de altura y 4.5 de ancho
Foto: Archivo Zabé

Hueso. Éste y la piedra son los elementos naturales más utilizados, principalmente las osamentas completas del venado incluyendo las astas, dientes de roedores y hasta huesos humanos. Con ellos se elaboraron diversos utensilios y objetos ornamentales.

Piel. Seguramente se usó en el vestido o en las chozas. Para trabajarla usaron punzones y leznas, raspadores para quitarle la grasa, bruñidores para sacarle brillo y agujas para coserla.

Sociedad

En el periodo 1400-1200 a.C., prevalecieron las sociedades igualitarias, donde sus integrantes participaban tanto en la obtención de alimentos como en la producción de artefactos, según las habilidades de cada individuo. Las figurillas modeladas en arcilla son de gran importancia para el conocimiento de estos grupos aldeanos, en especial los tempranos; las abundantes representaciones femeninas generalmente se muestran desnudas, exagerándose los atributos sexuales, por lo que a estas "mujeres bonitas", como se les llama comúnmente, se las asocia con un culto a la fertilidad de la tierra.

Aunque las figurillas parecen seguir un estereotipo, presentan rasgos tan propios que son verdaderos retratos, que podrían mostrar diferentes tipos físicos. Gracias al estudio de los entierros recuperados en las excavaciones se sabe que las personas eran de estatura media: 1.62 m los hombres y 1.53 m las mujeres, en promedio; que los esqueletos femeninos evidencian gran robustez, indicio de que en esa época no debía existir una marcada división del trabajo; que el promedio de vida era relativamente bajo y que existía una gran mortalidad infantil, debida principalmente a problemas nutricionales.

Estas esculturas muestran, además, alteraciones físicas intencionales en ambos sexos, como la deformación craneana, consistente en modificar

la cabeza desde el nacimiento por medio de vendajes y tablas —de lo que queda constancia en los restos óseos—, y la mutilación dentaria por medio del limado.

El arreglo personal fue muy importante; estilaban pintarse la cara y el cuerpo y concedían mucha importancia al peinado, colocándose lazos, tocados y turbantes. También era común usar objetos ornamentales como orejeras, collares y pectorales elaborados con diferentes materias primas, lo que implicaba el intercambio de ciertos bienes, en ocasiones con regiones alejadas.

Fomativo Medio (1200-600 a.C.)

En este periodo se aprecian los primeros signos de complejidad social en varias zonas de Mesoamérica, especialmente en Tlatilco y Tlapacoya, así como en sitios de Puebla, Morelos y Tlaxcala. La presencia de figurillas masculinas se hace cada vez mayor, y por su atuendo, algunas podrían representar personajes de cierto rango:

TECOMATE FITOMORFO
La calabaza, al parecer uno de los primeros cultivos de estos grupos, les sirvió como alimento y fuente de inspiración para elaborar objetos de uso cotidiano.
Periodo: Preclásico Medio
Procedencia: Tlatilco, Estado de México
Material: Arcilla
Dimensiones: 8.8 cm de altura y 12.9 de diámetro
Foto: Archivo Zabé

TECOMATE
La práctica del arte cerámico se inicia en el Preclásico, y copia los elementos de la naturaleza más vinculados a la cotidianidad. Esta pieza, de gran perfección técnica y extraordinaria calidad, está elaborada en una arcilla blanca muy fina.
Periodo: Preclásico Medio
Procedencia: Tlatilco, Estado de México
Material: Arcilla
Dimensiones: 11.6 cm de altura y 14.5 de diámetro
Foto: Archivo Zabé

CHAMANES
La parafernalia chamánica está muy bien representada en Tlatilco, considerado el más importante sitio del centro de México en este periodo. Hay muchas figurillas que representan chamanes, intermediarios entre los hombres y las fuerzas de la naturaleza, como estos dos personajes que portan un gran tocado, máscara, chaleco de piel y braguero.
Periodo: Preclásico Medio
Izquierda: *Procedencia*: Tlatilco, Estado de México
Dimensiones: izquierda: 9.4 cm y 3.4 de ancho
Derecha: *Procedencia*: Altiplano central
Dimensiones: 9.7 cm de altura y 3.9 cm de ancho
Material: Arcilla
Foto: Jorge Pérez de Lara

líderes, chamanes (especialistas religiosos) o posiblemente jugadores de pelota, lo que demuestra que los personajes masculinos iban adquiriendo mayor importancia en las actividades rituales y en la organización social y política.

En la comunidad se celebraban festividades rituales donde participaban músicos, bailarinas y personajes con malformaciones, posiblemente venerados por el pueblo. Asimismo, los contorsionistas o acróbatas eran un elemento central,

ya que tal vez representaran a chamanes, lo que se deduce por el empleo que hacían de la música, de la danza, el ejercicio físico extenuante y el consumo de algún alucinógeno, para alcanzar estados de éxtasis, y en este proceso, curar a un enfermo, predecir el futuro o comunicarse con los antepasados y las deidades.

La parafernalia asociada al chamanismo es evidente en Tlatilco. El entierro 154, que se exhibe en la sala, muestra gran parte de estos elementos:

orejeras de piedra verde, espejos de pirita, un botellón efigie que representa a un "acróbata"; un pequeño metate —implemento de molienda— de tezontle —piedra volcánica porosa—, al parecer utilizado para moler los alucinógenos que consumía el chamán; objetos prismáticos de cuarzo a los que, según estudios etnográficos, les atribuían poderes mágicos; cerámicas fungiformes o faliformes y punzones de hueso, usados generalmente en el autosacrificio.

Es relevante la presencia de enemas de arcilla con los que introducían drogas en el cuerpo humano, así como el uso de máscaras, las cuales empleaba el chamán para transformarse en el espíritu en ella representado.

Casas y áreas de actividad

Una innovación de esta sala es la reconstrucción, basada en investigaciones arqueológicas, de una casa habitación y sus áreas de actividad. Ciertos elementos permiten deducir que los individuos cocinaban fuera de la casa, que los talleres se encontraban próximos y que sus granos los guardaban en agujeros en forma de cono truncado, excavados en el suelo con el diámetro pequeño en la parte superior y grande en la base; al parecer cubrían las paredes de estos hoyos con bajareque y tapaban la boca con una laja para proteger lo que guardaban; en ocasiones se reutilizaban para enterrar a los muertos o como basureros.

Conjunto de entierros

Este conjunto permite conocer el ritual de la muerte en estas sociedades y sus restos óseos proporcionan valiosa información. El exhibido en la sala proviene de Tlatilco, sitio desarrollado durante el Preclásico Inferior y Medio (1400-600 a.C.) y considerado como uno de los más importantes de la Cuenca de México. En Tlatilco desta-

ca la abundancia de entierros explorados —más de 500 en cuatro temporadas— que se caracterizan por incluir objetos de gran calidad y belleza. En este conjunto se aprecia que enterraban a sus muertos directamente en el suelo, con seguridad envueltos en alguna estera y cubiertos en su mayoría con pigmento rojo, sin ninguna orientación o posición predefinida, y tanto debajo de sus casas como en los patios.

Cerámica

En el Formativo Medio la cerámica alcanza una gran calidad técnica y artística, que además se enriquece con los estrechos contactos que mantenían con otras localidades. En particular, el conjunto de materiales cerámicos conocido como estilo Tlatilco o Río Cuautla se caracteriza por una gran variedad de formas de inigualable belleza, muchas de ellas inspiradas en la naturaleza. También destaca la diversidad de botellones, y en cuanto a la decoración, el estilo "panel Tlatilco", que consiste en líneas incisas paralelas que forman triángulos. Otros elementos sobresalientes son las figurillas, sobre todo de los grupos D y K, las máscaras y los sellos. Estas características las comparten Tlatilco y algunos sitios localizados en el Río Cuautla, en el estado de Morelos. Además, esta cerámica presenta semejanzas con los materiales de Capacha, Colima y Sudamérica, especialmente por el asa de estribo en los botellones.

Entre 1000 y 800 a.C., varias regiones de Mesoamérica, comparten una serie de elementos sobre todo en la cerámica, como la combinación de formas de silueta compuesta con elementos naturalistas —principalmente en platos con engobe blanco— que alcanzan desarrollos locales en Puebla y Tlaxcala. También a partir de 800 a.C., en la Cuenca de México las cerámicas locales adquieren mayor popularidad.

Durante la vigencia del estilo Tlatilco están presentes materiales asociados con los olmecas de la

VASIJA ZOOMORFA COMPUESTA
Resume la complejidad simbólica desarrollada por los grupos olmecas, que se extendió por gran parte de Mesoamérica. Representa a un animal compuesto tierra-agua, donde se mezclan elementos del lagarto y el jaguar, como las cejas, las encías y las manchas.
Periodo: Preclásico Medio
Procedencia: Tlapacoya, Estado de México
Material: Arcilla
Dimensiones: 14 cm de altura, 26.2 de largo y 15.5 de diámetro
Foto: Jorge Pérez de Lara

Páginas anteriores
FIGURILLA CON OREJERAS
En las figurillas de arcilla se aprecian aspectos como la concepción que se tenía de la figura humana y el arreglo personal. Esta pieza permite deducir que, si bien el vestido no siempre era muy importante, sí lo eran los objetos ornamentales, como las orejeras.
Periodo: Preclásico Medio
Procedencia: Tlaltizapan, Morelos
Material: Arcilla
Dimensiones: 19.7 cm de altura y 11 de ancho
Foto: Proyecto México. Jorge Pérez de Lara

BAILARINA
La gracia y el movimiento son características de las figurillas femeninas de esta época. Esta pequeña escultura tiene pantalones de cascabeles y una sonaja en la mano; seguramente representa a una bailarina que participaba en las festividades aldeanas.
Periodo: Preclásico Medio
Procedencia: Tlatilco, Estado de México
Material: Arcilla
Dimensiones: 10.8 cm de altura y 3.5 de ancho
Foto: Proyecto México. Jorge Pérez de Lara

Costa del Golfo, cuyo estilo está plasmado en gran parte de la cultura material y se caracteriza por una cerámica de fondos planos y paredes rectas, elementos que se observan en botellones, cajetes, platos y tecomates, así como en las figurillas que representan personajes de cabeza deformada, rapada y boca atigrada, conocidas como *baby face* por mostrar rasgos infantiles y representar individuos regordetes, asexuados y generalmente sedentes. Destaca la simbología asociada con el culto a una fuerza sobrenatural, ya que las representaciones de seres fantásticos, en general semejantes al jaguar, se plasman en muchos elementos materiales, cuyos rasgos por lo general se muestran aislados como en las cejas flamígeras, encías, garras, la hendidura de la cabeza, etc. Este estilo se aprecia en gran parte de los objetos del Altiplano, especialmente en Tlapacoya y Tlatilco, así como en otros sitios de Puebla, como Las Bocas, y en Chalcatzingo en Morelos.

En la sala se muestran piezas de gran belleza asociadas con este estilo. Cabe mencionar algunos de estos objetos: una vasija que representa a un animal fantástico en forma de serpiente-jaguar, donde el felino es símbolo de la tierra y la serpiente, emblema del agua; vasos ceremoniales con rostros de deidades; un personaje sedente conocido como el Sacerdote de Atlihuayán que lleva en la espalda una piel de jaguar, así como excelentes esculturas huecas en barro del tipo *baby face*. Estos elementos se presentan en cerámica, figurillas, escultura, relieves y escultura portátil.

En el apogeo de la cultura olmeca, Chalcatzingo, localizado en el valle del río Amatzinac, fue santuario y punto clave del intercambio regional debido a su posición estratégica. En sus cerros se esculpieron, hacia el 700 a.C., relieves con escenas mitológicas y rituales, cuatro de los cuales se recrearon en el jardín de la sala.

Intercambio

El sistema de intercambio de productos, objetos e ideas durante el Formativo es fundamental para entender la complejidad de esta etapa. Los olmecas en particular establecieron una red de intercambio panmesoamericana por la necesidad de obtener recursos, situación aprovechada para implantar su sistema ideológico mediante conceptos iconográficos, apreciables en gran parte de su cultura material.

Los bienes de intercambio incluyeron pigmento rojo, hematita, espejos de mineral de hierro, grandes bloques de piedra para esculturas monumentales, cerámica, conchas y productos perecederos como los hongos alucinógenos.

Las relaciones que mantuvo el Altiplano con grupos del Occidente de México tuvieron larga tradición; durante el Formativo Superior se aprecian elementos de Chupícuaro, Guanajuato, principalmente en la cerámica con formas innovadoras, especialmente soportes y motivos decorativos, siempre geométricos y bicromos o tricromos.

Preclásico Tardío y Terminal (600 a.C.-100 d.C.)

Centros ceremoniales

En el periodo conocido como Preclásico Tardío y Terminal surgen nuevas estructuras sociales originadas en las aldeas que funcionaban como ejes de poder. Luego estas aldeas se convirtieron en centros religiosos integradores que controlaban regiones enteras, lo que fue incrementando la complejidad de su organización política. Florecen entonces los primeros centros ceremoniales, los cuales cumplieron funciones de control económico, religioso y tal vez político y que, además, fueron convirtiéndose en las primeras localidades con las características urbanas que definen a la siguiente etapa.

Al respecto destacan comunidades como Xochitécatl, en Tlaxcala, y Tlalancaleca y Cholula, en Puebla. En el centro de México, Cuicuilco y Tlapacoya son centros rectores importantes, Teotihuacán va adquiriendo fuerza, al mismo tiempo que se aprecia una mayor concentración de comunidades hacia el este de la Cuenca.

Sociedad

La estratificación social se acentuó. En la cima se hallaba el sacerdote, a cargo de los templos, seguido por los comerciantes y artesanos; y por último los trabajadores dedicados a la construcción, así como los agricultores y cazadores.

Como en épocas anteriores, las figurillas de barro constituyen una fuente importante de información en torno a la sociedad, ya que en ellas se pueden apreciar ciertos personajes, como líderes o sacerdotes, así como jugadores de pelota.

Religión

La religión se convierte en el núcleo integrador de la sociedad y el sacerdote en el intermediario entre dioses y hombres. Las fuerzas de la naturaleza se deificaron y surgen imágenes con rasgos de algunas divinidades del panteón mesoamericano: el dios Viejo o del Fuego, conocido como Huehuetéotl, representado como un anciano sedente encorvado con un brasero sobre su espalda, mientras que en algunos botellones se plasmó el antecedente de Tláloc, dios de la lluvia.

El culto al agua se materializó también en pequeños botellones con elementos antropomorfos procedentes de la región de Amecameca, Estado de México; en tinas elaboradas sobre bloques de piedra, comunes en Xochitécatl, Tlaxcala y en Tlalancaleca, Puebla, aunque presentes también en el estado de Guerrero.

En Tetelpan, Distrito Federal y en Zohapilco-Tlapacoya, se encontraron evidencias de antropofagia ritual, cuyo fin era obtener la médula ósea, rica en nutrientes y grasa.

Arquitectura

Los centros ceremoniales, áreas de reunión e intercambio, hicieron aparecer la arquitectura pública mediante la construcción de plataformas y la superposición de estructuras con rampas y escaleras. Entre los restos de las estructuras públicas destacan las primeras canchas para el juego de pelota.

En Tlapacoya tuvieron lugar los hallazgos más tempranos de tumbas con paredes de piedra y techos de laja, donde se inhumaron personajes importantes con ricas ofrendas —otra evidencia de estratificación social—. Estas tumbas fueron descubiertas dentro de un basamento piramidal, considerado como el más claro antecedente de las pirámides teotihuacanas.

Sin lugar a dudas, el más importante centro sociopolítico con arquitectura cívico-religiosa de dicha época fue Cuicuilco. En este sitio, localizado al sur de la Cuenca de México, se construyó un basamento circular formado por cuatro cuerpos, y un templo en la parte superior, además de otras construcciones concentradas en un área de 400 hectáreas. Las erupciones del Xitle, en la sierra del Chichinautzin, provocaron que la población, estimada en 20 000 habitantes, se desplazara hacia el este de la Cuenca, lo que fortaleció a la naciente Teotihuacán.

Cerámica tardía

Se adoptan nuevas formas que tienden más hacia la silueta compuesta, presentes en ánforas, copas y platos, entre otros, así como nuevas técnicas decorativas, como la policromía y el fresco. Éste consistía en aplicar una capa de estuco sobre la vasija —lo que podría ser un antecedente de la pintura mural— para pintarla con diferentes colores.

La complejidad alcanzada por estos grupos se manifestó en todos los aspectos de la sociedad, por lo que este periodo de la historia prehispánica es fundamental en el surgimiento de las grandes culturas mesoamericanas.

FIGURA HUECA SEDENTE
La influencia de los grupos olmecas sobre el
Centro de México se aprecia en esta figura
antropomorfa, en la que se conjuntan
elementos de las conocidas como *Baby Face*,
con rasgos locales, dando por resultado bellas
esculturas como ésta, con un fino acabado en
color rojo.
Periodo: Preclásico Medio
Procedencia: Tlatilco, Estado de México
Material: Arcilla
Dimensiones: 29.2 cm de altura
y 14.2 de ancho
Foto: Proyecto México. Michel Zabé

Páginas anteriores
PATO
Los sitios del Centro de México se asentaron en
torno al gran lago, por lo que los animales
acuáticos eran parte importante de sus recursos
alimenticios. Esta vasija es uno de los ejemplos
más bellos del conjunto cerámico del
Preclásico.
Periodo: Preclásico Medio
Procedencia: Tlatilco, Estado de México
Material: Arcilla
Dimensiones: 22 cm de altura, 12.5 de ancho
y 19 de largo
Foto: Archivo Zabé

VASIJA ANTROPOMORFA
Esta vasija, en forma de cabeza humana y
recuperada en las excavaciones de uno de los
más interesantes sitios de este periodo, es única
en su género, ya que en estos años no
abundaron las representaciones humanas como
en épocas anteriores, posiblemente debido a
cambios sociales.
Periodo: Preclásico Tardío
Procedencia: Ticomán, Distrito Federal
Material: Arcilla
Dimensiones: 11.5 cm de altura
y 13 de diámetro
Foto: Archivo Zabé

Página derecha
FIGURILLAS DUALES
La dualidad es característica importante de las
delicadas figurillas de esta época; el concepto se
relaciona con los cambios que sufre la
naturaleza –particularmente las estaciones,
fundamentales para la agricultura y la fertilidad
de la tierra–, así como con la fertilidad femenina.
Periodo: Preclásico Medio
Procedencia: Tlatilco, Estado de México
(izquierda) y desconocida (derecha)
Material: Arcilla
Dimensiones:
a. izquierda: 7.7 cm de altura, 3.4 de ancho
y 1.3 de espesor
b. derecha: 11 cm de altura, 6.2 de ancho
y 1.8 de espesor
Foto: Archivo Zabé

JUGADOR DE PELOTA
Figurillas de personajes con pelotas en la mano,
yugos y otros elementos, evidencian que en
esta época se inicia la práctica del juego de
pelota; sin embargo, son muy escasos los
hallazgos de canchas de juego.
Periodo: Preclásico Superior
Procedencia: Centro de México
Material: Arcilla
Dimensiones: 5.8 cm de altura y 2.5 de ancho
Foto: Jorge Pérez de Lara

FIGURILLA MASCULINA
Las representaciones masculinas se fueron
haciendo cada vez más usuales. Sobresalen las
que presentan atuendos elaborados como ésta,
que lleva gran tocado e indumentaria, muy
posiblemente de un líder.
Periodo: Preclásico Medio
Procedencia: Tlatilco, Estado de México
Material: Arcilla
Dimensiones: 15 cm de altura y 5.5 de ancho
Foto: Jorge Pérez de Lara

Páginas siguientes
BABY FACE
Extraordinaria representación de hombre con
deformación craneana, cabeza rapada,
mutilación dentaria, rasgos felinos, apariencia
infantil, postura sedente, y sin indumentaria,
todos ellos elementos comunes de estas
figurillas tipo "cara de niño", que guardan
fuertes lazos con la cultura olmeca.
Periodo: Preclásico Medio
Procedencia: Tlapacoya, Estado de México
Material: Arcilla
Dimensiones: 41.5 cm de altura y 31 de ancho
Foto: Proyecto México. Jorge Pérez de Lara

ACRÓBATA
Por su belleza, calidad y simbología, esta obra,
parte de la ofrenda funeraria para un chamán,
es la más representativa de las culturas
preclásicas del Centro de México. El
contorsionismo fue una de las técnicas
empleadas en este horizonte para arribar a
estados alterados de conciencia y tener
comunicación con lo sobrenatural.
Periodo: Preclásico Medio
Procedencia: Tlatilco, Estado de México
Material: Arcilla
Dimensiones: 25 cm de altura,
16 de ancho y 20 de largo
Foto: Jorge Pérez de Lara

BOTELLÓN FITOMORFO
El conjunto cerámico de Tlatilco destaca por su
variedad de formas, pero en particular por su
sencillez y elegancia, como se aprecia en este
botellón en forma de calabaza que muestra la
relación de estos grupos con el medio natural
que los rodeaba.
Periodo: Preclásico Medio
Procedencia: Tlatilco, Estado de México
Material: Arcilla
Dimensiones: 23.2 cm de altura
y 14 de diámetro
Foto: Jorge Pérez de Lara

Página derecha
TLACUACHE
Seguramente estos animales tuvieron un papel
importante para estos grupos aldeanos, ya que
son los más representados en la cerámica del
Formativo del Centro de México. Sabemos que
su cola se empleaba con fines medicinales.
Periodo: Preclásico Medio
Procedencia: Tlatilco, Estado de México
Material: Arcilla
Dimensiones: 19.8 cm de altura,
12.5 de ancho y 13.3 de largo
Foto: Jorge Pérez de Lara

Páginas siguientes
BOTELLÓN
Los botellones de cuello recto y cuerpo redondeado son típicos de la cerámica olmeca, lo mismo que la decoración mediante líneas incisas profundas sobre una superficie muy pulida. En esta pieza se plasmaron diseños asociados con el culto al jaguar.
Periodo: Preclásico Medio
Procedencia: Tlatilco, Estado de México
Material: Arcilla
Dimensiones: 19.6 cm de altura y 12.5 de diámetro
Foto: Archivo Zabé

PLATO CON PECES
Este bello plato de silueta compuesta está decorado con dos peces, posiblemente de agua dulce. Este tipo de platos es representativo de una amplia área de Mesoamérica durante los años 1000 a 800 a.C.
Periodo: Preclásico Medio
Procedencia: Zohapilco, Tlapacoya, Estado de México
Material: Arcilla
Dimensiones: 5.5 cm de altura y 29 de diámetro
Foto: Jorge Pérez de Lara

PERSONAJE DE ATLIHUAYÁN
Conocido también como el "Sacerdote de Atlihuayán", presenta características de las figuras huecas *Baby face*, pero lleva encima una piel con garras, posiblemente de jaguar, a modo de capa sobre la espalda, así como cejas, nariz y encías sobre la cara.
Periodo: Preclásico Medio
Procedencia: Atlihuayán, Morelos
Material: Arcilla
Dimensiones: 29.5 cm de altura y 21.3 de ancho
Foto: Proyecto México. Jorge Pérez de Lara

MÁSCARA ZOOMORFA
Las máscaras se usaban en los ritos comunitarios, y el chamán se transformaba en el espíritu que aquéllas representaban. Esta máscara muestra un animal fantástico en el que predominan rasgos simiescos.
Periodo: Preclásico Medio
Procedencia: Tlatilco, Estado de México
Material: Arcilla
Dimensiones: 17.4 cm de altura, 14.8 de ancho y 11.4 de espesor
Foto: Proyecto México. Michel Zabé

MÁSCARA DUAL
El concepto de dualidad debió originarse en tiempos muy tempranos, pues se relaciona con la explicación de la vida misma. Una de sus más interesantes manifestaciones es esta máscara antropomorfa, que muestra, por un lado a un individuo descarnado, y por el otro, a un anciano.
Periodo: Preclásico Medio
Procedencia: Tlatilco, Estado de México
Material: Arcilla
Dimensiones: 8.5 cm de altura, 7.3 de ancho y 5 de espesor
Foto: Proyecto México. Jorge Pérez de Lara

TEOTIHUACÁN

Rubén Cabrera Castro

L a cultura teotihuacana, una de las más importantes del periodo Clásico mesoamericano, se desarrolló en el actual Valle de Teotihuacán en el Altiplano Central mexicano. Teotihuacán, su capital, es el nombre que le dieron los aztecas y significa "el lugar donde los hombres se convierten en dioses", pues los pueblos antiguos lo consideraban un lugar sagrado. Además, era un gran centro religioso al que acudían miles de peregrinos de todo el territorio mesoamericano. Era la ciudad más poblada de su época; la caracterizaban grandes pirámides, numerosos templos y palacios pintados con colores brillantes, construidos a los lados de amplias avenidas. Teotihuacán se considera la primera gran urbe compleja en el nuevo mundo que poseyó un gran dominio político y económico, por lo que fue el primer gran Estado en Mesoamérica, así como una ciudad cosmopolita y el núcleo político y religioso de mayor prestigio en su tiempo.

La antigua ciudad teotihuacana se desarrolló en la parte media de una planicie que delimita una serie de colinas, montes y volcanes apagados del norte de la Cuenca de México. En este medio geográfico se inició la cultura teotihuacana cerca de 200 años a.C. Su acelerado crecimiento lo impulsaron el medio geográfico, las buenas tierras de cultivo, los manantiales que favorecieron las actividades agrícolas y, fundamentalmente, los ricos yacimientos de obsidia-

na, cuya explotación fue la base principal de su economía.

La conversión de la ciudad en un centro religioso y ceremonial de primer orden se debe a un mito de origen fundamentado en la creencia de que representaba al cosmos y al cielo, concepto que los habitantes de Teotihuacán debieron mantener a lo largo de su desarrollo mediante ceremonias en todos los ámbitos de la gran metrópoli.

En efecto, como una ciudad planificada, representa al cosmos; es la única urbe en Mesoamérica con una traza urbana formada por dos grandes ejes perpendiculares que se cruzan en su parte central. Estos ejes, orientados hacia los cuatro puntos cardinales, forman grandes calzadas a cuyos lados se edificaron, a lo largo de su desarrollo, numerosos conjuntos arquitectónicos, templos, pirámides y obras públicas colosales que constituyen la mayor extensión de arquitectura pública monumental de su tiempo en el continente americano. Debido a esta traza se dice que inició su historia como una ciudad sagrada, concebida desde un principio como un modelo del cosmos.

Las excavaciones arqueológicas realizadas durante más de 150 años han contribuido con información invaluable para reconstruir su historia. Además, estas excavaciones han proporcionado numerosas piezas arqueológicas de un enorme valor histórico que hablan de su prestigio, imagen y pasado glorioso. La información y los valiosos objetos recuperados muestran el alto grado de desarrollo de sus habitantes en múltiples aspectos de su cultura material, espiritual e ideológica; hablan de su organización sociopolítica, económica, religiosa y científica, y de las relaciones que tuvo con otras culturas de su época; de la herencia cultural de los pueblos que le antecedieron, así como de los conocimientos que transmitió a las culturas que le sucedieron. Algunas de estas manifestaciones están representadas en esta sala, y otros tantos materiales, igualmente valiosos, se exhiben en otros museos. En la Sala Teotihuacán del Museo Nacional de Antropología se aprecian valiosas muestras cerámicas, objetos de carácter ceremonial y religioso elaborados de diversos materiales semipreciosos; valiosas piezas de adorno talladas en concha, hueso, madera y otras materias primas; objetos destinados a personas de un elevado nivel económico y social, y artículos domésticos y de uso cotidiano. También hay una muestra del arte arquitectónico, escultórico y pictórico. Estas piezas forman un patrimonio invaluable que relata el pasado glorioso de Teotihuacán, desde sus inicios hacia el 200 a.C., hasta su colapso, alrededor de 650 d.C.

La pequeña maqueta ubicada al principio del recorrido refiere el contexto geográfico de la ciudad, y brinda un panorama de su aspecto urbano, de sus numerosos edificios y plazas, conjuntos arquitectónicos y avenidas; destacan las pirámides del Sol y de la Luna, el gran conjunto de la Ciudadela y la Calle de los Muertos que, como ya se dijo, con las avenidas Este y Oeste forman los dos grandes ejes que dividen a la gran urbe en cuatro grandes sectores. A medida que se avanza se aprecian representaciones de su arquitectura monumental, su arte pictórico, escultórico y cerámico; se reseñan algunos aspectos de los conocimientos científicos y tecnológicos de sus habitantes, así como de la organización social, política y económica de Teotihuacán.

Antecedentes y desarrollo de Teotihuacán

Los pueblos que habitaban la Cuenca de México hacia el año 2000 a.C., practicaban la agricultura y aprovechaban los productos lacustres. Entre los asentamientos que se desarrollaron en la cuenca sólo dos cobraron mayor importancia regional: Cuicuilco y Tlapacoya, centros culturales del periodo Preclásico Superior mesoamericano que regían y controlaban las aldeas menores situadas en su entorno regional.

CALZADA DE LOS MUERTOS, ZONA ARQUEOLÓGICA DE TEOTIHUACÁN, ESTADO DE MÉXICO
Foto: Michael Calderwood

CIUDADELA EN LA ZONA ARQUEOLÓGICA
DE TEOTIHUACÁN, ESTADO DE MÉXICO
Foto: Michael Calderwood

Hacia el norte de la cuenca, en el área que después ocuparía Teotihuacán, había pequeñas aldeas de agricultores, similares a otros asentamientos esparcidos por el Altiplano Central. Estas aldeas correspondían al nivel cultural del final del Preclásico en la región, y su población apenas pudo haber alcanzado la modesta suma de unos mil habitantes, en tanto que la población total de las aldeas diseminadas en el Valle de Teotihuacán no pasaba de cinco o seis mil. Se ha señalado que la función de estas aldeas marcó el inicio de la cultura teotihuacana.

En la fase Patlachique (100-1 a.C.), se formó el primer centro teotihuacano en el lado noroeste del espacio que después ocupó la ciudad. Este sitio se conoce como Oztoyahualco, o "lugar de cuevas en círculo", asentamiento cuya población se acercaba a los cinco mil habitantes, distribuidos en aproximadamente 4 km². En esta época tal vez ya se explotaban las minas de obsidiana localizadas en los cerros cercanos a la actual región de Otumba.

Las cuevas de Oztoyahualco y las ubicadas en la porción norte de lo que después fue la ciudad, desempeñaron una función relevante en los primeros periodos de esta cultura. La mayoría de ellas eran habitadas por los primeros grupos establecidos en el lugar; algunas adquirieron importancia religiosa, principalmente la cueva sagrada ubicada debajo de la Pirámide del Sol, que está considerada como el principal santuario de las aldeas asentadas en el valle en esa época. Su importancia religiosa fue de tal magnitud que en la siguiente fase impulsó a los teotihuacanos a construir sobre ella la gran pirámide, por lo que ésta conservó el significado religioso e ideológico original.

Durante la fase Tzacualli (1-150 d.C.), la ciudad de Teotihuacán, en acelerado crecimiento, comenzó a adquirir un carácter urbano sin perder su importancia religiosa. Los edificios empezaron a delinear su estilo con altos muros en forma de planos inclinados, es decir en talud, una de las características constructivas en sus primeras fases. En esta época se construyó la Pirámide del Sol, que con su respectivo templo en la parte superior ocupó el lugar más importante de la ciudad, por lo que se erigió en el principal centro de la cosmovisión teotihuacana; frente a su fachada principal desembocaba una de las avenidas que partía desde su lado poniente y que fue el primer eje de la ciudad en su traza primigenia. En esta misma época se inició la construcción de la Pirámide de la Luna, y se edificaron sucesivamente los tres primeros basamentos piramidales que se hallan superpuestos en el interior del monumento, recientemente descubiertos.

Durante la fase Miccaotli (150-250 d.C.), la ciudad ocupó una extensión de 22.5 km² y alcanzó una población calculada en 45 000 habitantes, lo que la convirtió en ese entonces en la mayor ciudad de Mesoamérica. Se inició la construcción de la Ciudadela, enorme conjunto arquitectónico en cuyo centro se erigió el fastuoso Templo de la Serpiente Emplumada.

En esta época comenzó también la edificación de otro complejo arquitectónico de grandes dimensiones, denominado Gran Conjunto, y considerado, hipotéticamente, el mercado central de la ciudad; se delineó la parte norte de la Calle de los Muertos, en cuyas márgenes se erigieron numerosas construcciones habitacionales y algunos de los nuevos edificios empezaron a cubrirse con interesantes y magníficos murales, en los cuales se plasmó la ideología teotihuacana. La pintura mural y la escultura alcanzaron gran relevancia, y uno de los mejores ejemplos conocidos, de integración de la arquitectura con la escultura y la pintura es el Templo de la Serpiente Emplumada.

En la fase Tlamimilolpa (250-450 d.C.) se amplió la Pirámide de la Luna con nuevas superposiciones arquitectónicas (edificios 4, 5, 6 y 7) cada vez de mayor volumen, hasta alcanzar una serie de siete construcciones superpuestas; el último edificio, de proporciones mayores, es el actualmente visible. A partir de ese momento no se realizó ningún otro proyecto colosal y la actividad constructiva se centró en los espacios ya ocupados, con la superposición de nuevos edificios a los ya construidos. Este es el caso del magnífico Templo de la Serpiente Emplumada, cuya extraordinaria fachada la cubre otro edificio que carece del extraordinario decorado del anterior.

Las construcciones erigidas a partir de este momento, y las edificadas en el último periodo de la fase precedente, ya incorporaban el característico estilo teotihuacano con muros de talud y tablero (una combinación de muros inclinados y verticales), lo que distinguió a Teotihuacán dentro del mundo mesoamericano. La mayoría de las unidades habitacionales construidas en épocas anteriores se demolieron para erigir sobre sus cimientos nuevas construcciones, los llamados conjuntos departamentales, característicos de la urbe y ocupados por "familias extensas". Algunas de estas unidades de vivienda alcanzan 60 m por lado y forman manzanas; en cambio, otras son más pequeñas, pero a todas las circundan estrechas calles que conservan las mismas características en cuanto a orientación y sistema constructivo. Estos conjuntos forman una gran cantidad de manzanas de diferentes tamaños; se integran con áreas ceremoniales y templos ubicados frente a un patio circundado por recintos y orientados hacia los patios o plazas según los puntos cardinales. En esta época, la enorme ciudad contaba con numerosos barrios, algunos habitados por extranjeros, como el Barrio Oaxaqueño y el de los Comerciantes, donde residían personas provenientes del Golfo de México.

Durante la fase Xolalpan (450-650 d.C.), la ciudad tenía una población cercana a los 85 000 habitantes en una extensión de 20.5 km², aproximadamente. En esta etapa Teotihuacán adquirió su máximo esplendor y su influencia cubrió Mesoamérica, por ejemplo, en sitios tan lejanos como Guatemala y Honduras, hacia el sureste; hacia el oeste de México llegó a los sitios ubicados en los actuales estados de Nayarit, Colima, Jalisco y Michoacán. En esta época tenía una infraestructura urbana bien desarrollada, sobre todo en el manejo del agua, pues contaba con depósitos de agua, acueductos, terrazas de cultivo, pozos artesianos y un complejo sistema de ductos y drenajes que corrían debajo de las viviendas en toda la ciudad. También formidable era su sistema de comunicación, ya que existían innumerables calles, callejones y pasillos que comunicaban entre sí a los conjuntos departamentales, los barrios y otras secciones dentro de cada conjunto habitacional.

Finalmente, durante la fase Metepec (650-700 d.C.) la ciudad tenía una población aproximada de 70 000 habitantes. En este periodo Teotihuacán decayó con rapidez, al parecer debido a fuertes conflictos hacia el interior de la sociedad. Gran parte de la población emigró a sitios entonces en desarrollo, como Cacaxtla, Xochicalco, Tula y El Tajín, por lo que al final su población se redujo a cerca de 5 000 habitantes. Hacia el final del periodo el área cívico-religiosa

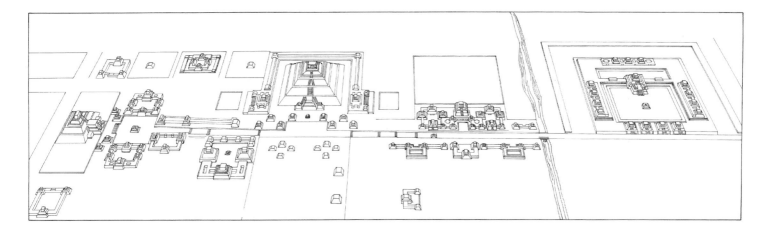

TEOTIHUACÁN
Perspectiva de la reconstrucción
realizada por Ignacio Marquina.

fue incendiada, y la mayoría de sus templos y palacios, donde se hallaban las ofrendas y los sepulcros, sufrió intensos saqueos, como lo indican los datos arqueológicos.

En el Epiclásico (750-850 d.C.), después del colapso de Teotihuacán, sobre las ruinas de la ciudad se establecieron nuevos pobladores, algunos provenientes de la región norte de Mesoamérica, entre ellos los grupos coyotlatelco y mazapa. Los conocimientos de los teotihuacanos se transmitieron a los pueblos que se establecieron después en el Altiplano Central: toltecas, tlaxcaltecas y principalmente mexicas, quienes llegaron a la Cuenca de México 500 años después del fin del gran centro teotihuacano.

Aspectos generales de la cultura teotihuacana

Al recorrer esta sala se advierten los cuantiosos materiales y valiosos aportes que los antiguos teotihuacanos, forjadores de su cultura, dejaron al pueblo mexicano y a la humanidad. Este legado es producto de nueve siglos de desarrollo, lo que se aprecia en el estilo inconfundible de su arquitectura, escultura y pintura mural, cerámica y otros materiales, en los que se plasma su ideología y los vastos conocimientos que adoptaron culturas posteriores.

El sistema urbano teotihuacano y el núcleo cívico-ceremonial

Una población tan densa y variada, con diferentes estratos sociales, como la de Teotihuacán, necesitaba una compleja organización estatal para gobernarse y resolver sus múltiples necesidades. Por tanto, su sistema urbano debió ser dinámico y cambiante debido a la presión de sus habitantes, lo que la compactó cada vez más.

De hecho, su patrón urbano, dividido en cuatro grandes sectores por los dos ejes equidistantes ya mencionados, así como la composición simétrica de los edificios con sus espacios centrales, señalan no sólo el grado de capacidad de los arquitectos y urbanistas teotihuacanos sino también el grado de funcionalidad que había alcanzado la ciudad.

La distribución de los aposentos en los conjuntos departamentales conservó siempre su elemento esencial: la disposición característica del sistema urbano teotihuacano formado por el patio o la plaza como espacio abierto en el centro, lo que permitía iluminar la morada a través del acceso, ya que, al parecer, carecían de ventanas. Por otra parte, las construcciones mantuvieron siempre la misma orientación de 16.5° hacia el este del norte magnético.

Las pirámides del Sol y la Luna eran los puntos extremos de los dos ejes que regularon la primera traza ortogonal de la urbe: el eje este-oeste que llega frente a la Pirámide del Sol, y el norte-sur que conduce a la de la Luna. Más tarde, el eje norte-sur —con una desviación de 16.5° hacia el este del norte magnético— se prolongó hacia el sur y alcanzó una longitud de 4 km; hoy se conoce como la Calle de los Muertos o Miccaotli, nombre que le dieron los aztecas cuando llegaron al Altiplano Central 500 años más tarde, cuando ya la colosal Teotihuacán estaba en ruinas.

Hacia el año 200 d.C., el eje norte-sur se cruzó perpendicularmente con otro eje que atravesó el centro de la ciudad. Este nuevo eje, que forman las avenidas Este y Oeste, se interrumpe en la parte central de la ciudad con dos grandes complejos arquitectónicos: el Conjunto de la Ciudadela —espacio monumental donde se estableció a partir de entonces la sede del Estado teotihuacano— y el Gran Conjunto.

A partir de ambos ejes se formaron los cuatro sectores de la ciudad y se orientaron las calles y avenidas, manzanas y edificios. Por ende, se formó una retícula donde se distribuían los centros ceremoniales, las áreas habitacionales, los talleres artesanales, los almacenes y la población en general.

La Pirámide del Sol

Esta gigantesca pirámide, construida hacia el 100 d.C., fue una de las primeras grandes edificaciones de la ciudad; está considerada una de las más antiguas de Mesoamérica y figura entre las más grandes del país. La primera exploración de esta pirámide la dirigió el arqueólogo porfiriano Leopoldo Batres en la primera década del siglo pasado para conmemorar las fiestas del Centenario de la Independencia mexicana; entonces se determinó que su altura aproximada era de 62 m y que la base tenía 220 m por lado. Rodea a la pirámide una gran plataforma en forma de U abierta hacia el oeste, punto hacia donde se orienta y donde se encuentra una gran plaza que limitan altas plataformas y basamentos piramidales

que separan a este conjunto de la Calle de los Muertos. Su construcción, mediante altos muros en talud que forman cuatro cuerpos escalonados, señala la marcada tendencia a la monumentalidad que caracterizó a la arquitectura teotihuacana desde un principio, así como su simplicidad geométrica y armónica con el paisaje circundante. Aunque no se tiene información al respecto, el templo que se ubicaba en la parte superior también debió ser majestuoso, como su basamento piramidal que estaba cubierto con un grueso aplanado de argamasa, estucado y pintado con vivos colores, entre los cuales predominaba el rojo. En cada esquina de los cuatro cuerpos escalonados se hallaba el esqueleto de un niño (16 en total), colocado como ofrenda en honor a la deidad que se veneraba entonces.

La Pirámide de la Luna

La ubicación privilegiada —hacia el norte de la gran plaza donde termina la Calle de los Muertos— y la monumentalidad —su silueta se destaca visualmente más allá de la ciudad— de esta pirámide hacen que sea considerada uno de los edificios de mayor importancia de la gran urbe. Este monumento fue explorado por el arqueólogo Ponciano Salazar entre 1962-1964 en el marco del Proyecto Teotihuacán, periodo durante el cual se descubrieron dos edificios más antiguos en su interior. Las recientes exca-

FIGURAS ANTROPOMORFAS
Representaciones esquemáticas tendientes al geometrismo. Los personajes están ataviados con sencillos tocados horizontales, y sus rasgos faciales sugeridos mediante oquedades.
Cultura: Teotihuacana
Periodo: Clásico
Procedencia: Teotihuacán, Estado de México
Material: Piedra verde
Dimensiones:
Izquierda: 15.2 cm de altura,
6.6 de ancho y 2.9 de espesor
Derecha: 18.5 cm de altura,
6.6 de ancho y 2.7 de espesor
Foto: Jorge Pérez de Lara

corresponde a la última época, obra que se llevó a cabo entre 300-380 d.C. En cuanto al tamaño, ocupa el segundo lugar después de la Pirámide del Sol; su base, de forma cuadrangular, mide 150 m de este a oeste, 120 m de sur a norte, y su altura rebasa los 45 m. Dado que está en un terreno más elevado que el de la Pirámide del Sol, vista desde su lado sur parece el edificio más alto. Aún se conservan restos de los cimientos del templo principal ubicado en su parte superior; y hacia sus lados, sobre el segundo cuerpo, todavía existen los cimientos de dos pequeños templos. Las recientes excavaciones en su interior detectaron varios entierros-ofrendas de gran importancia, los cuales contienen esqueletos humanos y de animales, además de numerosos objetos de jade y de otras rocas semipreciosas, concha y obsidiana.

El entierro-ofrenda número 1 contenía el esqueleto de un individuo de sexo masculino de 45 años de edad; la posición de sus manos, juntas y hacia su espalda, hace pensar que lo ataron de pies y manos para inmolarlo y ofrendarlo al edificio número 4 de la serie de edificios superpuestos. Con este esqueleto humano se encontraron varias osamentas completas de felinos y cánidos en jaulas con barrotes de madera, además de las osamentas de varias aves identificadas como águila real, halcones y búhos. La ofrenda también contenía osamentas de serpientes, animales todos estos muy importantes en la religión de Teotihuacán, como se puede observar en miles de representaciones en la iconografía de la pintura mural, la cerámica y la escultura. Junto con estas osamentas se encontraron numerosos objetos: esculturas en jade y objetos sagrados de obsidiana, como cuchillos, figuras antropomorfas, puntas de proyectil y navajas prismáticas, así como objetos de concha y varias cerámicas rituales.

En los cimientos de esta serie de edificios superpuestos se encontraron otros entierros-ofrenda dedicados a los edificios 5 y 6, cuyo significado ideológico y religioso es similar al de la

vaciones arqueológicas por medio de túneles a través de su núcleo han mostrado que esta pirámide tiene siete superposiciones arquitectónicas. También se sabe que varios de los edificios de su secuencia constructiva fueron dedicados como riquísimas e insólitas ofrendas asociadas con actos de sacrificio humano.

El edificio número 1, que corresponde a la construcción más antigua, se erigió hacia el 50 d.C., y la última edificación, la que se tiene a la vista junto con su colosal Plataforma Adosada,

ofrenda descrita en el párrafo anterior. El hallazgo más reciente en esta pirámide se localizó en el núcleo central del edificio número 5; consiste en tres personajes muy importantes según se deduce por su indumentaria, ya que están ataviados con joyas en jade, serpentina y concha, y los acompañan osamentas de aves y serpientes, junto con magníficas tallas de obsidiana.

La Ciudadela

La composición urbana y estética de la Ciudadela la hacen uno de los conjuntos arquitectónicos más equilibrados de Mesoamérica, sobre todo por la amplitud y sobriedad de su trazo, lo que le confiere una visión de conjunto en verdad asombrosa. La exploración la inició en 1919-1922 Manuel Gamio y la continuó el autor de estas líneas en 1980-1982. El sitio se construyó en un espacio de 160 000 m² y lo forman grandes plataformas que limitan sus cuatro lados. En éstos hay quince basamentos piramidales con sus respectivos templos simétricamente ubicados. Destaca en la parte central el gran conjunto del Templo de la Serpiente Emplumada, limitado al norte y al sur por dos extensas áreas habitacionales. Como cuenta con un grueso muro de más de 3 m de altura —construido sobre las plataformas norte, este y sur, y considerado parte de su sistema defensivo— se ha afirmado que en este conjunto residían los poderes del Estado teotihuacano; sin embargo, salvo estos datos, no hay hasta ahora ninguna otra información que lo constate.

El Templo de la Serpiente Emplumada es uno de los más interesantes ejemplos de la arquitectura religiosa de la gran ciudad, un monumento de renombre universal, único en Mesoamérica por su original y armoniosa arquitectura. Este basamento piramidal, cuyo templo en la parte superior se desconoce, fue construido entre los años 150 y 250 d.C. (a finales de la fase Miccaotli y principios de Tlamimilolpa Temprano). Lo formaban siete cuerpos escalonados construidos con muros en talud y tablero, y sus cuatro fachadas estaban decoradas con grandes piedras labradas.

En los tableros resaltan enormes cabezas de serpientes con aureolas de plumas talladas en inmensas rocas, alternadas con otras grandes esculturas en forma de tocado. En los taludes se observan las figuras ondulantes de los anfibios acompañadas con conchas y caracoles marinos; se dirigen hacia la parte central, donde se encuentra la magnífica escalinata del templo, cuyas alfardas laterales también están adornadas con cabezas colosales de serpiente con su aureola de plumas. En este edificio, la escultura se integra a la arquitectura y debido a la profusión de elementos decorativos podría representar una etapa barroca dentro de la sobriedad reinante en la arquitectura teotihuacana. Por sus motivos simbólicos y su asociación con numerosos entierros distribuidos hacia los cuatro puntos cardinales, este edificio se relacionaba con el tiempo mítico de los antiguos teotihuacanos, con el calendario, el culto a la fertilidad y la concepción cosmogónica del universo.

Sacrificios en el Templo de la Serpiente Emplumada

Al iniciarse la construcción de este Templo, y cuando se inauguró, se celebraron en su honor actos trascendentales. Tanto en el interior como en el exterior se detectaron numerosos esqueletos de personas sacrificadas en ofrenda. Los cadáveres se colocaron en fosas ubicadas hacia los puntos cardinales y en el centro, al nivel de su desplante. Los esqueletos formaban grupos de cuatro, ocho, nueve, dieciocho y veinte. Además se encontraron cuatro entierros individuales en las cuatro esquinas exteriores del templo.

Los esqueletos femeninos formaban grupos de cuatro y ocho; fueron colocados en posición semiflexionada, con el cráneo hacia el centro del templo y con los pies y las manos juntas, lo

HUEHUETÉOTL
Representación modelada en arcilla de
Huehuetéotl, dios del fuego, quien aparece
como un anciano encorvado y sedente con los
rasgos faciales delineados.
Cultura: Teotihuacana
Periodo: Clásico
Procedencia: Teotihuacán, Estado de México
Material: Arcilla
Dimensiones: 15.9 cm de altura,
10.4 de ancho y 10 de espesor
Foto: Proyecto México. Jorge Pérez de Lara

como puede observarse en algunos ejemplares exhibidos en las vitrinas de esta sala. Además, portaban pendientes elaborados de concha que imitaban maxilares humanos y de animales. Las arcadas de piezas dentales se colocaban en hileras y cubrían la parte frontal; algunos de estos esqueletos, quizá los más importantes, llevaban auténticos maxilares humanos y de coyotes o lobos, rebajados de sus bases y pintados de azul.

El entierro central, con veinte esqueletos, presentaba una distribución diferente. Algunos individuos tenían las manos y pies juntos, por lo que con seguridad iban atados. Sin embargo, no todos guardaban esta posición, algunos no mostraron evidencia de haber sido atados, pero sus asociaciones tampoco indicaban su pertenencia a estratos sociales más elevados. Ninguno llevaba collares de maxilares, en cambio se adornaban con otros objetos valiosos, como cuentas, narigueras y orejeras de jade muy bien pulimentadas. Al parecer, algunos individuos portaban bolsas con valiosos y pequeños objetos, aunque no se encontraron restos de ellas, seguramente porque fueron elaborados con materiales perecederos. Como parte de las ofrendas se encontraron también pequeños conos de jade, numerosas puntas de proyectil, cuchillos, filosas navajillas prismáticas, pequeñas figuras excéntricas elaboradas en obsidiana, cascabeles de caracol y conchas marinas.

Algunas de las tumbas en el interior de la pirámide habían sido saqueadas, tal vez por los propios teotihuacanos en el momento del colapso de la urbe. Afortunadamente, en una de dichas fosas se halló una pequeña escultura tallada en madera que representa el cuerpo de una serpiente, la cual se supone fue el cetro o bastón de mando de uno de los gobernantes de la ciudad.

No se excavó todo el espacio del monumento, por lo que se desconoce el total de individuos inmolados. Se ha planteado la hipótesis, basándose en la posición simétrica de los entierros, de que en este lugar pudieron haberse sacrificado 260 personas, una mitad al colocar los cimientos y la

que indica que fueron atados. Cada esqueleto contenía sencillos collares de concha y estaban asociados con numerosas puntas de proyectil.

Los esqueletos masculinos formaban grupos de nueve, dieciocho y veinte, además de los entierros individuales detectados en las esquinas del Templo. Aunque se hallaron en la misma posición que los femeninos, su indumentaria era diferente; en los grupos de nueve y dieciocho, consistía en fastuosos collares formados con cuentas de concha de hasta cinco hilos,

otra cuando se inauguró el monumento. Sin embargo, este dato solo podrá corroborarse cuando se excave todo el interior del edificio. Un nuevo edificio, construido hacia el 350 d.C., cubría la fachada de este templo. Se supone que esto se debió a fuertes conflictos sociales entre los grupos que ostentaban el poder religioso, ideológico y político representado en los sacerdotes y gobernantes.

El nuevo edificio que cubre al anterior también está construido con muros en talud y tablero, pero de mampostería y carentes de grandes bloques escultóricos. Debido a su importancia, las paredes del templo estaban cubiertas de una gruesa capa de argamasa y un fino estucado, totalmente decoradas con colores, como lo indican los restos de rojo que aún se conservan.

La teoría acerca del supuesto conflicto social y político entre los grupos dirigentes se sustenta en la mutilación de algunas de las grandes cabezas de serpiente que decoraban el templo más antiguo. Refuerza esta hipótesis la presencia de murales de la época en que se cubrió la fachada del templo. Estos murales se han detectado en varios lugares de la ciudad, principalmente el conocido como *Los animales mitológicos*, que se exhibe en esta sala y en el cual se muestran grandes serpientes aladas que atacan a otros animales más pequeños, entre ellos felinos. Al parecer, en esta lucha por el poder político los sacerdotes partidarios del Jaguar resultaron victoriosos sobre los seguidores de la Serpiente Emplumada y otros grupos adeptos a otras deidades, ya que después del año 350 d.C., proliferaron representaciones de jaguares en toda la ciudad sin que la serpiente desapareciera totalmente, ya que siguió representándose, aunque con menor frecuencia, hasta la caída de Teotihuacán.

El Templo de los Caracoles Emplumados

Entre los templos de singular belleza se encuentra el de los Caracoles Emplumados, ubi-

cado en los niveles más profundos del sitio donde está el llamado Palacio de las Mariposas. El arqueólogo Jorge Acosta lo exploró en 1962-1964; se levanta sobre un basamento piramidal de un solo cuerpo, construido con muros en forma de talud y tablero y cubiertos con murales. En éstos se representan, combinadas con otras figuras que simbolizan el agua, procesiones de aves pintadas de verde de cuyos picos amarillos saltan chorros de un líquido azul. Una representación de la fachada de este templo se halla en esta sala.

De este templo sólo se ha explorado la fachada principal, considerada una de las obras arquitectónicas de mayor belleza realizadas por los teotihuacanos; se construyó entre los siglos II y III d.C., y su nombre se debe a que en las rocas que forman su fachada se tallaron en bajorrelieve grandes caracoles emplumados que llevan una boquilla, por lo que representan instrumentos musicales de origen marino. A cada lado del acceso al templo se hallan otras pilastras con flores de cuatro pétalos también talladas en bajorrelieve. Éstas y otras representaciones escultóricas integradas a la arquitectura del templo fueron pintadas de varios colores; destaca el rojo, aplicado directamente sobre la roca esculpida.

El templo se asocia con un altar ubicado hacia el oeste de su frente, mostrado sólo por medio de un túnel de excavación. El altar se desplanta sobre el mismo piso del que se levanta el basamento, y sus paredes están decoradas con círculos concéntricos en tonos rojos y verdes. Aunque no se ha explorado su entorno inmediato, se entiende que se encontraba en la parte central de una gran plaza.

La plaza, integrada a este gran conjunto arquitectónico, tiene una planta cuadrangular limitada al sur, oeste y norte por varios aposentos porticados donde se representan varios felinos, por ello se denomina Conjunto de los Jaguares. Estos animales en marcha, ataviados con grandes penachos y conchas marinas, toman con una de sus

ALMENA
Elementos arquitectónicos comunes en la arquitectura teotihuacana. Remataban columnas de palacios y templos, y se decoraban con motivos geométricos y simbólicos.
Cultura: Teotihuacana
Periodo: Clásico
Procedencia: Teotihuacán, Estado de México
Material: Arcilla
Dimensiones: 70 cm de altura, 57.5 de diámetro y 3 de espesor
Foto: Proyecto México. Marco Antonio Pacheco

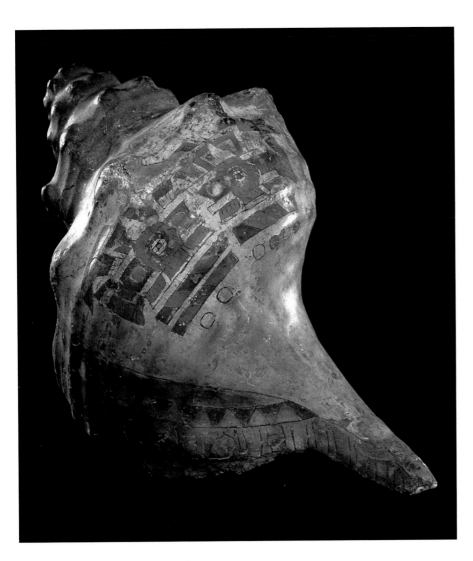

TROMPETA CARACOL ESTUCADA
En las ceremonias rituales efectuadas en
Teotihuacán se utilizaban estas trompetas
caracol, decoradas con motivos fitomorfos o
simbólicos en diversos colores.
Cultura: Teotihuacana
Período: Clásico
Procedencia: Teotihuacán, Estado de México
Material: Caracol y pigmentos
Dimensiones: 16.4 cm de altura,
20.6 de ancho y 35.9 de largo
Foto: Proyecto México. Marco Antonio Pacheco

El Palacio de las Mariposas

Este edificio cubre al Templo de los Caracoles Emplumados y corresponde a una época tardía, tal vez a la última ocupación de la ciudad. También lo exploró y reconstruyó Jorge Acosta en 1964, y lo forma un patio central delimitado con aposentos porticados. Éste es otro de los extraordinarios monumentos en los que escultura y pintura mural se integran con la arquitectura. La escultura se aprecia en las grandes pilastras que sostienen la cubierta del área porticada, completamente decorada en sus cuatro fachadas; su decoración la forman grandes bloques en relieve ensamblados entre sí, donde resalta la figura de un ser mítico, probablemente un quetzal-mariposa de largas plumas, que se mezcla con otras figuras simbólicas y con incrustaciones de obsidiana. En esta sala se puede observar una réplica en tamaño natural de una de las fachadas del pórtico de este singular palacio. La pintura en este edificio se halla en los muros del área porticada y representa figuras geométricas, grecas escalonadas combinadas con discos de mica que parecieran simular ondas de agua en colores verde, rojo, rosa, azul y blanco.

garras un caracol emplumado y lo acercan a su hocico, como si fueran a comerlo. Estos instrumentos musicales que representan caracoles marinos van adornados con largas plumas, y de sus trompetas se desprenden gotas rojas, de las cuales también brotan sonidos, simbolizados mediante vírgulas, signo de la palabra, que en este caso sugieren el rugido de los felinos. Los colores de estos murales son rojo en diversos tonos, verde, azul, rosa y negro.

Este enorme conjunto fue cubierto durante el desarrollo de la ciudad por varias construcciones. Por tanto, en este espacio se muestran edificios pertenecientes a diferentes épocas constructivas, lo que dificulta entender su integración.

Las áreas residenciales

Las construcciones palaciegas se encontraban en diferentes puntos de la ciudad, principalmente en una amplia franja que rodea al centro cívico-ceremonial. A la fecha son pocos los conjuntos explorados, pero gracias a ellos se conocen sus características arquitectónicas y espaciales. Entre los edificios investigados están los llamados palacios de Atetelco, Tetitla, Zacuala, Yayahuala, Tepantitla y Teopancazco. Estas unidades residenciales tienen por lo general 60 m por lado, aunque las hay más pequeñas. Como las ocupaban familias extensas contaban con numerosas habitaciones, templos y adoratorios privados, ubicados en torno a las plazas o patios y orientados según la clásica distribución teotihuacana: hacia los cuatro puntos cardinales.

La excelente calidad y composición espacial de estas estructuras no tiene equivalente en Mesoamérica. Estaban construidas de piedra y adobe, con pisos y paredes de argamasa, y tenían techos planos, según algunas evidencias arqueológicas. En los finos acabados de algunos de sus muros estucados se pintaron magníficos murales con representaciones diversas.

Estas residencias, rodeadas de altos muros y separadas por calles para formar algo parecido a manzanas, se diseñaban para satisfacer las necesidades de la población que participaba en la vida urbana. La abundancia de patios hacia el interior de estos conjuntos facilitó la iluminación de las habitaciones y dio cierta privacía a sus habitantes en un ambiente al aire libre.

Aunque cada conjunto tuvo un arreglo espacial diferente, su composición siempre correspondió al clásico trazo teotihuacano; sus construcciones estaban orientadas según los cánones establecidos por la ciudad y marcadas por los dos grandes ejes que atraviesan su centro.

Los barrios de la ciudad

Como cualquier ciudad, Teotihuacán se integraba con barrios habitados por grupos corporados, basados en relaciones de parentesco, filiación étnica y de oficio. Estos barrios funcionaban como enlace o eslabón entre los diversos sectores sociales y la jerarquía administrativa. Así constituían una unidad urbana donde se desarrollaban actividades económicas, políticas e ideológicas, según los intereses de la ciudad y del Estado. Incluso había comunidades extranjeras como una unidad étnica foránea llamada Barrio Oaxaqueño, donde habitaba un grupo zapoteco que llegó a la gran metrópoli desde principios de la fase Tlamimilolpa, 200 d.C., aproximadamente, y continuó como un barrio

URNA ANTROPOMORFA
La presencia de un importante grupo de zapotecos en Teotihuacán se manifestó en diversos recipientes modelados en arcilla con sus elementos estilísticos particulares, como es el caso de esta urna antropomorfa con la imagen de Cocijo, dios patrono de la lluvia.
Cultura: Zapoteca
Periodo: Clásico
Procedencia: Teotihuacán, Estado de México
Material: Arcilla
Dimensiones: 34.1 cm de altura y 20.8 de ancho
Foto: Archivo Zabé

étnico hasta el final de Teotihuacán. Otro barrio extranjero establecido en el este de la ciudad es el de los Comerciantes, habitado por grupos de la Costa del Golfo y grupos mayas. En fechas recientes se han encontrado datos de posibles grupos humanos provenientes del Occidente de México.

La mayoría de los barrios ocupaba el área que rodea la franja de la zona residencial y la integraban conjuntos arquitectónicos de tamaño diverso. Contaban con espacios comunes: pequeñas plazas o patios donde se ubicaban las fuentes o depósitos de agua.

Uno de los muchos barrios donde residían los teotihuacanos era el de La Ventilla, recientemente explorado. Por ahora se desconocen sus límites, ya que sólo se ha investigado un área cercana a los 20 000 m², donde se detectaron varios conjuntos arquitectónicos de diferentes

HUEHUETÉOTL
Dios viejo del fuego representado como anciano encorvado y sedente, quien carga sobre su cabeza un brasero con una banda de motivos simbólicos.
Cultura: Teotihuacana
Periodo: Clásico
Procedencia: Teotihuacán, Estado de México
Material: Arcilla
Dimensiones: 36.5 cm de altura, 36 de ancho y 37 de espesor
Foto: Proyecto México. Jorge Pérez de Lara

GUERRERO
Entre las representaciones teotihuacanas de
guerreros destaca esta figurilla de un personaje
masculino lujosamente ataviado, quien sostiene
dos escudos decorados con plumas.
Cultura: Teotihuacana
Periodo: Clásico
Procedencia: Teotihuacán, Estado de México
Material: Arcilla
Dimensiones: 14.8 cm de altura
y 17.7 de ancho
Foto: Proyecto México. Jorge Pérez de Lara

tamaños y funciones, limitados por muros gruesos y altos separados por calles.

Entre los diferentes conjuntos que lo forman destaca el denominado Templo del Barrio, un espacio de 60 m por lado, compuesto por varios templos que forman grupos de tres y cuatro edificios en torno a plazas y patios. Según los datos disponibles, este espacio cívico-religioso carecía de construcciones habitacionales, ya que los materiales arqueológicos encontrados se relacionan con actividades religiosas.

Otros conjuntos de este barrio tienen carácter residencial, entre los que destaca el denominado Los Glifos, con un solo templo de grandes proporciones ubicado en la parte central. Algunas de sus secciones aún conservan restos de pintura mural, como la de los jaguares, que en el área porticada de uno de los cuartos

muestra una procesión de felinos. El hallazgo más relevante en este conjunto es un piso pintado con numerosos glifos, cuya distribución y arreglo es similar a la de un códice: cada figura glífica se limita con líneas rojas, sólo que en este caso la manifestación pictórica está integrada al piso de una plaza, delimitada por aposentos y por el templo. Debido a este sensacional descubrimiento, se ha sugerido que esta unidad habitacional debió tener una función educativa, una especie de colegio donde se enseñaba a pintores, escribanos y sacerdotes a descifrar los símbolos iconográficos.

Este barrio también cuenta con otros conjuntos habitacionales menores, cuyos acabados constructivos son de menor calidad. En algunos de ellos se realizaban trabajos artesanales, tanto objetos suntuarios de carácter religioso como otros destinados al consumo de grupos de elite, como por ejemplo, lujosos braseros ceremoniales, orejeras, narigueras, cuentas elaboradas de jade y otras piedras semipreciosas, objetos de hueso, concha y otros materiales.

Contaba además con un gran espacio libre, destinado para el tianguis del lugar, donde también debieron realizarse ceremonias cívicas y religiosas.

La religión y las principales deidades teotihuacanas

Desde sus comienzos la religión debe haber jugado un papel importante en la integración de la sociedad teotihuacana. En Teotihuacán se dio por primera vez la fusión de dos grupos de deidades: el mito de origen —asociado con la cueva sagrada ubicada debajo de la Pirámide del Sol, relacionada con el cosmos— y los dioses de linaje, protectores de las líneas de descendencia. Tláloc era el dios del lugar que amparaba el territorio, patrono de la ciudad y de la cueva sagrada. En su honor debieron celebrarse rituales para mantener la creencia en el movimiento del cosmos y asegurar la fertilidad, la prosperidad y el bienestar. Los habitantes de la ciudad seguramente participaron en los dos ritos: en el oficial del Estado y en los particulares. Esta actividad debe haber contribuido a unificar a los grupos que habitaban el valle antes de iniciarse la cultura teotihuacana.

Este sistema ritual continuó a lo largo de la historia de la ciudad, y gradualmente aparecieron otras prácticas religiosas, algunas de gran relevancia, como los cultos al sacrificio y a la guerra sagrada. El segundo estaba asociado con el Templo de la Serpiente Emplumada y con los ciclos de Venus. Muchos otros ritos tuvieron funciones importantes en la vida de la gran metrópoli.

Así, Teotihuacán tuvo infinidad de dioses; el más importante fue Tláloc, considerado como el dios del lugar asociado con la fertilidad y el agua. En importancia le siguieron la Serpiente

Emplumada y el Jaguar, entre diversos otros seres míticos. Las restantes deidades estaban ligadas en su mayoría con el agua, ya que la sociedad teotihuacana provenía de culturas aldeanas basadas en la agricultura, por lo que para ésta, como para muchos pueblos mesoamericanos, la lluvia significaba la vida. Por esta razón, la mayoría de las deidades —de la guerra, del fuego, de la vegetación, del amor, del comercio, etc.— combinan en su iconografía signos de la serpiente, el jaguar, el coyote y de muchas otras deidades. Además, se representan acompañados con los signos del agua, la fertilidad y la agricultura que aluden a Tláloc. En las representaciones de las deidades teotihuacanas siempre aparecen elementos iconográficos de Tláloc, cuyo nombre significa literalmente, "el que hace brotar"; su figura está en mil aspectos del arte teotihuacano, en la pintura mural y la cerámica; aparece con el trueno en la mano, derramando gruesas gotas de agua, o envuelto en chorros o torrentes,

JUGADOR DE PELOTA
Los artistas que trabajaron la fina cerámica conocida como anaranjado delgado lograron plasmar extraordinarios retratos de la sociedad de la época Clásica, como este singular personaje, cuya posición recostada indica movimiento, y su postura lateral revela la intención de pegarle con la cadera a la pelota de hule.
Cultura: Teotihuacana
Periodo: Clásico
Procedencia: Teotihuacán, Estado de México
Material: Arcilla
Dimensiones: 11.4 cm de altura, 19.5 de largo y 12 de ancho
Foto: Proyecto México. Jorge Pérez de Lara

Página derecha
VASO
Los ceramistas teotihuacanos derrocharon ingenio y maestría al crear sus recipientes, como este vaso que adopta la forma de un pie calzado con una sandalia con tiras anudadas.
Cultura: Teotihuacana
Periodo: Clásico Tardío
Procedencia: Teotihuacán, Estado de México
Material: Arcilla
Dimensiones: 7.7 cm de altura, 6.4 de ancho y 11.4 de largo
Foto: Archivo Zabé

VASIJA TRÍPODE
Por su delicadeza y formas, durante la época teotihuacana destacó la cerámica anaranjado delgado, elaborada en la porción centro-sur del actual estado de Puebla. Muestra de ella es este recipiente trípode de soportes almenados, modelado y decorado con la figura de un jaguar y una hilera de rostros humanos.
Cultura: Teotihuacana
Periodo: Clásico
Procedencia: Tehuacán, Puebla
Material: Arcilla
Dimensiones: 12 cm de altura y 15.3 de diámetro
Foto: Archivo Zabé

los ricamente ataviados, con exuberantes tocados y atavíos fastuosos. En los enterramientos humanos se hallan individuos con numerosas cuentas de piedra verde, orejeras y otros objetos suntuarios. Las ofrendas y demás asociaciones de los entierros indican que las altas jerarquías teotihuacanas controlaban la sociedad, ocupaban el nivel social más elevado y detentaban el poder supremo. Un segundo grupo social tal vez estaba integrado por sacerdotes de menor rango, militares, comerciantes, administradores y científicos, quienes controlaban el comercio, la producción artesanal y los yacimientos de materias primas, como la obsidiana. Los miembros de los estratos sociales más bajos podían ser artesanos, pequeños comerciantes y habitantes de los barrios, quienes seguían unidos entre sí mediante viejas ligas familiares. Los barrios teotihuacanos eran más urbanos que rurales, pero es posible que los campesinos hayan estado incluidos en este grupo.

sembrando o cosechando maíz, e incluso con el simbolismo de las manos dadivosas.

La organización socioeconómica

El desarrollo socioeconómico de Teotihuacán se debió a una población en constante cambio y crecimiento; desde sus inicios, la metrópoli se consolidó como ciudad-estado, momento en que ocurrió una verdadera revolución urbana en el Valle de Teotihuacán.

Como Teotihuacán era una ciudad muy compleja tuvo una organización social análoga, altamente estratificada. Esto es evidente en el arte, las creencias funerarias, la arquitectura y muchos otros aspectos culturales. En la cerámica, principalmente en la indumentaria de las figurillas y en las esculturas con representaciones humanas, se muestran personajes de diferentes estratos sociales. En las figurillas se observan desde individuos sólo con un *máxtlatl* o taparrabo hasta

Economía: agricultura, producción artesanal y comercio

Desde sus inicios, en Teotihuacán se practicó la agricultura, conocimiento adquirido de los pueblos del horizonte Preclásico que le antecedieron. En las diversas fases de su historia contó con varias formas de subsistencia, y sus sistemas de cultivo evolucionaron hasta llegar a la agricultura de irrigación, una práctica muy productiva que le permitió sostener a su numerosa población. El tipo de cultivo predominante era el de temporal, empleado en las llanuras aluviales y en las laderas de los cerros circundantes. También se practicó el cultivo en terrazas irrigadas, al parecer mediante represas que captaban el agua de temporal. La irrigación permanente se realizó en las tierras más bajas y en el área de los manantiales que suministraban agua abundante todo el año, lo que permitió a los teotihuacanos obtener una fructífera producción. También se ha sugerido para Teotihuacán la existencia de un cultivo en chinampas (islotes artificiales formados por un manto de vegetación acuático y cieno en fondos poco profundos), sin embargo, aún no se cuenta con pruebas arqueológicas suficientes para considerarlo un hecho.

Los cultivos fueron numerosos, entre ellos maíz, frijol, calabaza, chile, amaranto y tomate. Algunos de estos y otros productos se representan en murales, como los de Tepantitla y Tetitla, donde también se observan surcos y canales con agua que salen de los templos sagrados.

La producción masiva y especializada de ciertos productos para consumo interno y exportación, así como el control estatal en la comercialización de algunos de ellos jugó un papel importante en la estructura económica. Un ejemplo al respecto lo brindan los talleres de producción de cerámica Anaranjado San Martín para consumo local, establecidos en varias zonas de la ciudad. Otra estrategia del Estado era monopolizar las fuentes de materia prima, como en el caso de las minas de obsidiana de Pachuca. Esto lo complementó con mecanismos de producción y distribución y mediante el establecimiento de una red comercial que llevó muchos de estos productos a todos los confines de Mesoamérica.

Las manifestaciones artísticas

El arte teotihuacano es abstracto, conceptual y alegórico; difiere de cualquier otro arte mesoamericano y por ello ha sido muy difícil de interpretar. En él no se glorifica a sus gobernantes, algo frecuente en otras civilizaciones. Por tanto, en las manifestaciones artísticas teotihuacanas no existen representaciones políticas ni de soberanos ni de cautivos, como ocurrió en otras culturas mesoamericanas como la olmeca, la maya y la mexica. El arte teotihuacano glorifica a la comunidad en su conjunto, por lo que expresa valores impersonales y colectivos, de hecho no existe ningún

ejemplo de arte dinástico. En el aspecto formal Teotihuacán rehuyó los estilos naturales y curvilíneos de representación, en cambio creó uno de superficie plana, angular y abstracto, elementos que caracterizan su peculiar estilo. No obstante, muchos motivos representados provienen de la naturaleza: agua, cerros, árboles, frutas, flores; aves, mariposas, caracoles y conchas marinas; jaguares, coyotes y serpientes. También se incluyen productos alimenticios, como maguey, nopal, maíz, frijol, cacao y otros comestibles y rituales.

En cuanto a la escultura, excepto algunas piezas colosales como el Tláloc, ubicado en las afueras de este museo, y la Chalchiuhtlicue, que resalta por su gran tamaño en esta sala, no existe ninguna tradición monumental en el arte teotihuacano, en contraste con el olmeca, maya, azteca o zapoteca. Gran parte de la escultura teotihuacana se integra a la arquitectura, es mediana y abundan los ejemplos en miniatura. La mayoría se elaboró con diferentes rocas, aunque también hay tallas en madera y otras modeladas en arcilla. A continuación se describen algunas de las esculturas que se exhiben en esta sala.

El marcador de juego de pelota. Una de las esculturas más admiradas del arte teotihuacano es un marcador portátil de juego de pelota; su esbelta figura la componen cuatro partes talladas por separado que se ensamblan con tal precisión por medio de una espiga de la misma roca que difícilmente puede observarse la unión. Está decorada con bandas entrelazadas, espirales y flecos. Aunque pesa bastante, ya que mide 2.10 m de altura, podía trasladarse fácilmente de un lugar a otro por ser desarmable. Por lo tanto, se podía instalar donde se requiriera realizar la ceremonia del juego de pelota, tal como se aprecia en una escena de los murales de Tepantitla. Esta pieza se halló en 1962 en el barrio de La Ventilla.

En Teotihuacán tal vez no existieron los edificios de juego de pelota, o quizás todavía no se

ESCULTURA ANTROPOMORFA
Escultura tallada en piedra verde que representa a un personaje masculino, del que destaca su expresivo rostro.
Cultura: Teotihuacana
Periodo: Clásico
Procedencia: Teotihuacán, Estado de México
Material: Serpentina
Dimensiones: Alto: 54 cm de altura, 23.4 de ancho y 10.5 de espesor
Foto: Jorge Pérez de Lara

ESTELA DE LA VENTILLA
Esta espléndida escultura, formada por cuatro secciones desarmables, es un marcador para el juego de pelota y aparece representada en los murales de Tepantitla.
Cultura: Teotihuacana
Periodo: Clásico
Procedencia: Teotihuacán, Estado de México
Material: Andesita
Dimensiones: 210 cm de altura, 55 de ancho y 77 de diámetro
Foto: Proyecto México. Jorge Pérez de Lara

han descubierto, pero es indudable que en los antiguos espacios abiertos de la ciudad se celebraba esta ceremonia, como lo demuestran los murales referidos y la presencia de esta extraordinaria escultura.

La Chalchiuhtlicue. Es una gigantesca escultura cuyo nombre significa "la de la falda de piedras verdes"; se halló en la explanada de la Plaza de la Luna, y aunque se desconoce su procedencia exacta, es posible que ocupara la cúspide de la gran pirámide o bien que estuviera en el altar central de la gran explanada. Se la identifica como la diosa del agua, pero a falta de otros atributos definitorios cautelosamente se le llama "La gigantesca diosa de Teotihuacán"; mide 3.19 m de alto, pesa 18 toneladas y está esculpida en un bloque rectangular; sus trazos geométricos y la indumentaria señalan que data de los inicios del auge teotihuacano.

Las máscaras funerarias. Uno de los ejemplos más depurados del arte teotihuacano es la máscara ritual que en general se labró en piedras semipreciosas finamente pulidas como serpentinas, riolitas, basaltos, piedras verdes, alabastros; sus rasgos se simplificaron y fueron bien recortados. La frente cortada en sentido horizontal y las orejas casi rectangulares indican el afán geometrizante característico de la arquitectura teotihuacana.

Se ha sugerido que las máscaras se destinaban a cubrir el rostro de los cadáveres de personajes importantes, como ocurría con los grandes señores de la zona maya. En realidad, aunque se han encontrado numerosas máscaras en Teotihuacán, muchas de las cuales se exhiben en este museo, ninguna ha sido encontrada sobre la cara de un bulto mortuorio, a pesar de que cuentan con las perforaciones para atarlas.

La pintura mural. En todas las excavaciones profundas realizadas dentro del centro cívico-ceremonial y en el área residencial de la ciudad aparecen reveladores restos de las pinturas murales que prácticamente revestían todos los edificios. Estas pinturas, junto con la cerámica ritual y otros hallazgos arqueológicos, indican con gran claridad el alto grado de desarrollo que alcanzó el arte teotihuacano. En los murales se lograron algunas de las composiciones más significativas del simbolismo mítico de esta ciudad. Las floridas volutas que brotan de seres humanos y animales parecen elevar un canto de alabanza a la deidad.

Existen miles de representaciones murales con temas diversos: serpientes, coyotes y jaguares emplumados, animales fantásticos que solían poblar la mitología teotihuacana; hileras de sacerdotes, algunos de cuyos rostros emergen de un yelmo en forma de pico de ave, portan un atavío ricamente entretejido con plumas finas; otros empuñan largos cuchillos curvos de pedernal, de cuya punta cuelgan corazones humanos de los que escurren gruesas gotas de sangre.

En este arte, sacro por excelencia, se estructura todo un mundo de símbolos y signos convencionales; algunos perduraron más allá del abandono de Teotihuacán, incluso hasta la Conquista española. Así, la sucesión de huellas de pies humanos sugiere un camino; una vírgula que brota de los labios de un personaje —según su longitud, la profusión y la calidad de sus adornos— significa la palabra, el discurso florido o el canto; la concha marina equivale a la matriz, al nacimiento; mientras que las plumas finas significan preciosidad, al igual que los *chalchihuites* o cuentas de jade que simbolizan, a su vez, las gotas de lluvia o rocío.

La temática de la pintura mural teotihuacana gira en torno al mar, la lluvia, el maíz y la abundancia, por lo que una de las deidades a la que más se alude, directa o indirectamente, es Tláloc, dios del agua, la lluvia, los truenos, la fertilidad y la abundancia.

La cerámica ritual. Entre las numerosas piezas suntuarias de cerámica presentes en la sala sobresale, por su significado simbólico e ideológi-

co, una vasija hallada en Calpulalpan, pueblo cercano a la gran ciudad; la decoran cuatro personajes humanos y una figura central en su base que representa a Tláloc. Se ha propuesto que estos personajes representan a cuatro grupos sociales de la ciudad. Tres de las figuras poseen idénticos tocados y están acompañadas de una serpiente, un ave y un coyote, respectivamente. La cuarta figura porta anteojeras, lleva un tocado diferente y la sigue un emblema parecido al de su atavío. Por tanto, esta importante vasija guarda una estrecha relación con los cuatro cuadrantes de la ciudad o con los cuatro grupos sociales. Se considera que al grupo más importante o antiguo y de mayor prestigio lo representa el personaje que lleva el ojo anillado de Tláloc.

VASIJA EFIGIE
En la famosa cerámica anaranjado delgado se elaboraron excepcionales vasijas antropomorfas, como ésta.
Cultura: Teotihuacana
Periodo: Clásico
Procedencia: Teotihuacán, Estado de México
Material: Arcilla
Dimensiones: 11.4 cm de altura, 19.5 de largo y 12 de ancho
Foto: Proyecto México. Jorge Pérez de Lara

MURAL DE TECHINANTITLA
Los muros de los palacios teotihuacanos eran decorados con vistosos murales, como este segmento en el que aparecen una gran serpiente emplumada y árboles con diversos tipos de flores.
Cultura: Teotihuacana
Periodo: Clásico
Procedencia: Teotihuacán, Estado de México
Material: Estuco y pigmentos
Dimensiones: 385 cm de largo y 51 de altura
Foto: Jorge Pérez de Lara

Otros talleres artesanales

Muchos otros talleres en la ciudad se dedicaban a manufacturar objetos suntuarios elaborados en jade, pizarras, serpentinas, alabastros y otras piedras semipreciosas, algunas importadas de Centroamérica, como el jade; mientras que otras provenían de los actuales estados de Guerrero, Oaxaca y Puebla. Con estas piedras se desarrolló la industria lapidaria para la fabricación de objetos de adorno: orejeras, cuentas, narigueras y pendientes, así como los destinados a las actividades religiosas. En la industria artesanal se trabajó la concha proveniente de las costas del Pacífico o del Golfo de México y el Caribe. También se fabricaron objetos de hueso; se desarrolló el arte plumario, se trabajaron la madera y la mica; esta última, proveniente de Monte Albán, se empleó para incrustaciones en objetos suntuarios.

Los sistemas funerarios

Dado que era una ciudad multiétnica, con una población heterogénea y con tradiciones funerarias propias, en Teotihuacán se practicó un complejo y variado sistema funerario. Las primeras tradiciones provenían de los grupos aldeanos que habitaron la región, cuya costumbre era enterrar a sus muertos en forma extendida. Posteriormente, los grupos procedentes de otros lugares trajeron consigo nuevas formas de tratar a sus muertos.

El enterramiento usual era en fosas cavadas bajo el piso de las habitaciones; los cadáveres se colocaban flexionados, siguiendo una tradición teotihuacana. Las personas de mayor rango se colocaban al pie de las escalinatas, o en el núcleo de los altares y basamentos piramidales; los cuerpos se depositaban directamente en las fosas, en general más elaboradas, o bien en urnas funerarias y en tumbas. En algunos sectores de la ciudad se han encontrado restos de huesos calcinados, lo que indica la práctica de la incineración, tradición mortuoria que aparentemente trajeron grupos del Occidente de México.

Como ya se dijo, en Teotihuacán también se practicaba el sacrificio humano en las grandes celebraciones religiosas. Estos ritos se realizaban en los monumentos más importantes, por ejemplo, en la gran ceremonia de sacrificio que se efectuaba en el Templo de la Serpiente Emplumada. También en la Pirámide de la Luna se han detectado vestigios de sacrificios humanos, así como en la del Sol, donde se hallaron ofrendas de niños en las cuatro esquinas del monumento. Se cree que la extracción del corazón fue una de las prácticas del sacrificio humano realizadas por los teotihuacanos; sin embargo, no hay evidencias de esta hipótesis. En cambio, existen pruebas del desmembramiento corporal, la decapitación y la inmolación de niños. Este último rito se relacionaba con la petición de lluvias.

Las ofrendas y el atuendo funerario, así como la calidad y cantidad de objetos, dependían del nivel social del individuo. En algunas ofrendas mortuorias se incluían alimentos y objetos personales, en general relacionados con la actividad del difunto en vida. Entre las ofrendas rituales también se encuentran personas sacrificadas para servir de acompañantes y, como en otras partes de Mesoamérica, en Teotihuacán usualmente el perro acompañaba al difunto. Como ya se dijo, las máscaras teotihuacanas fueron un elemento funerario muy importante entre personas de alto rango social.

La influencia teotihuacana

Teotihuacán tuvo un impacto superior a cualquier otra cultura contemporánea de Mesoamérica. Su influencia llegó, entre muchos otros sitios de Guatemala, hasta Kaminaljuyú y Tikal, y en Honduras, hasta Copán. Fundó colonias en muchos lugares donde se han encontrado importantes elementos teotihuacanos, por lo que, aparentemente, Teotihuacán estableció relaciones militares y de intercambio con sitios estratégicos, ubicados cerca de los productos que deseaba, como cacao, algodón, textiles, plumas preciosas y jade.

Los contactos más estrechos fueron con Monte Albán, en la actual Oaxaca, donde se han hallado relieves con representaciones de personajes teotihuacanos y oaxaqueños intercambiando regalos. Las relaciones entre ambas culturas fueron al más alto nivel político, comercial y cultural, pues muchos materiales y conocimientos científicos viajaron de Teotihuacán a Monte Albán y viceversa. Estos y otros datos demuestran que Teotihuacán tuvo contactos políticos, religiosos, militares y económicos con los gobernantes de otros sitios. En Kaminaljuyú y Tikal se advierte el estilo arquitectónico teotihuacano. En Tikal este rasgo se muestra en el sector conocido como "El Mundo Perdido de Tikal", donde todas las construcciones están edificadas con muros en talud y tablero. Recientes hallazgos en Copán señalan que una dinastía teotihuacana fundó la ciudad,

idea que se manifiesta tanto en inscripciones como en su iconografía.

La influencia teotihuacana se expresa también en otros materiales como en la cerámica, y la frecuencia con que ésta se distribuyó en otras regiones de Mesoamérica constituye el testimonio más elocuente de la importancia que cobró esta urbe; además, exportó su ideología y sus costumbres religiosas.

El colapso y fin de Teotihuacán

Hacia el 650 d.C., empezó el colapso de Teotihuacán, el principal centro de poder durante casi nueve siglos. Se debilitaron sus redes económicas debido a problemas internos de su sociedad, lo que provocó la pérdida del control político y económico de la elite teotihuacana. Un acto violento llevó a Teotihuacán a su fin como ciudad y cultura dominante: su parte central fue incendiada hacia el 650 d.C., época en la que se inició su decadencia, misma que duró muy pocos años, ya que al parecer sólo sobrevivió hasta el 700 d.C. La que fuera una gran metrópoli por más de quinientos años cayó en una campaña violenta de implacable destrucción, sin precedente en la historia mesoamericana. Después de incendiada, padeció intensos saqueos, como lo atestiguan las excavaciones arqueológicas. El colapso de Teotihuacán inició un proceso de decadencia cultural en el Valle de México y en algunas de las regiones cercanas, lo que favoreció las incursiones de tribus nómadas provenientes del norte.

La herencia teotihuacana

La grandeza de Teotihuacán no se olvidó; los conocimientos de sus habitantes continuaron presentes en las ciudades que le sucedieron. Gran parte de la herencia teotihuacana se manifestó en Cholula, El Tajín, Xochicalco, Cacaxtla, Tula y Tenochtitlan, así como en muchas otras culturas

VASIJA DE LAS COLINAS
Recipiente modelado y decorado con motivos simbólicos en altorrelieve de una escena ritual.
Cultura: Teotihuacana
Periodo: Clásico Tardío
Procedencia: Calpulalpan, Tlaxcala
Material: Arcilla
Dimensiones: 7.4 cm de altura y 13.3 de diámetro
Foto: Jorge Pérez de Lara

que florecieron después de Teotihuacán. Con el tiempo, las ruinas de la ciudad se cubrieron de vegetación; no obstante, sus pirámides impresionaron y asombraron a los pueblos prehispánicos posteriores a Teotihuacán que incluso las consideraron sagradas, como lo refieren las leyendas de los aztecas, quienes llegaron a la Cuenca de México hacia el año 1325 d.C., y conocieron los restos de la gran ciudad. Sorprendidos por su grandeza, imaginaron que era obra de gigantes, y que los dioses habían creado el mundo en este sitio. Por ello, los aztecas la llamaron "la ciudad de los dioses", y según las fuentes históricas, uno de sus más renombrados soberanos, el emperador Moctezuma, acudía cada veinte días a la ciudad sagrada para hacer sacrificios y depositar ofrendas a los ancestros.

Páginas siguientes
VASO TRÍPODE
Recipiente modelado y decorado con una delgada capa de estuco, en la cual se plasmó una escena ritual en la que sobresalen sacerdotes ataviados con los atributos del dios Tláloc.
Cultura: Teotihuacana
Periodo: Clásico
Procedencia: Teotihuacán, Estado de México
Material: Arcilla, estuco y pigmentos
Dimensiones: 14.5 cm de altura y 16.4 de diámetro
Foto: Proyecto México. Jorge Pérez de Lara

VASO TRÍPODE
Estos vasos con tapa son comunes en la época teotihuacana. Los motivos geométricos o simbólicos que adornan su superficie se lograban mediante incisiones, o al pastillaje.
Cultura: Teotihuacana
Periodo: Clásico
Procedencia: Teotihuacán, Estado de México
Material: Arcilla
Dimensiones: 25.7 cm de altura y 15.2 de diámetro
Foto: Proyecto México. Jorge Pérez de Lara

BRASERO TIPO TEATRO
Estos curiosos recipientes se componen de dos
partes: el recipiente que contiene las brasas
y la tapa, donde se aprecia la escenificación.
En la parte posterior están provistos de un ducto
por el cual salía el humo del brasero.
Cultura: Teotihuacana
Periodo: Clásico Tardío
Procedencia: Teotihuacán, Estado de México
Material: Arcilla
Dimensiones: 64 cm de altura,
34.2 de ancho y 24 de diámetro
Foto: Proyecto México. Michel Zabé

Página derecha
DISCO CON CRÁNEO
Representación tallada en piedra de un cráneo
humano envuelto en un resplandor que
representa la muerte del sol.
Cultura: Teotihuacana
Periodo: Clásico
Procedencia: Teotihuacán, Estado de México
Material: Andesita
Dimensiones: 126 cm de altura,
102 de ancho y 25 de espesor
Foto: Jorge Pérez de Lara

Páginas siguientes
ALMENA JAGUAR
En la cultura teotihuacana la imagen del jaguar
se representó en diversas posturas, como en
este perfil, cuyo cuerpo presenta motivos
simbólicos, mientras que colmillos y garras
destacan su fiereza.
Cultura: Teotihuacana
Periodo: Clásico
Procedencia: Teotihuacán, Estado de México
Material: Alabastro
Dimensiones: 31 cm de altura,
35 de largo y 5 de espesor
Foto: Jorge Pérez de Lara

VASIJA CONOCIDA COMO "LA GALLINA LOCA"
Ejemplo del magistral arte cerámico
teotihuacano es este recipiente, que adopta la
forma de un ave fantástica decorada con
conchas, caracoles y cuentas de jade.
Cultura: Teotihuacana
Periodo: Clásico
Procedencia: Teotihuacán, Estado de México
Material: Arcilla, conchas, caracoles y jade
Dimensiones: 24 cm de altura, 36 de largo y
23.5 de ancho
Foto: Proyecto México. Jorge Pérez de Lara

CHALCHIUTLICUE

Escultura antropomorfa tallada en bulto que se cree que representa a la diosa del agua. Porta un tocado rectangular, orejeras, sartal de tres hilos, *quechquémitl* y falda con adornos, además de sandalias.

Cultura: Teotihuacana
Periodo: Clásico
Procedencia: Teotihuacán, Estado de México
Material: Roca volcánica
Dimensiones: 316 cm de altura, 165 de ancho y 165 de espesor
Foto: Proyecto México. Jorge Pérez de Lara

Páginas anteriores
MÁSCARA

En Teotihuacán este tipo de máscaras se destinaban a los entierros, pero hasta hoy ninguna de ellas fue hallada sobre el rostro del difunto, pese a contar con perforaciones para atarlas.

Cultura: Teotihuacana
Periodo: Clásico
Procedencia: Teotihuacán, Estado de México
Material: Diorita
Dimensiones: 15.5 cm de altura, 15.3 de ancho y 7.1 de espesor
Foto: Proyecto México. Michel Zabé

MÁSCARA

Los artistas lapidarios teotihuacanos usaron diversos materiales para elaborar máscaras antropomorfas, como esta delicada pieza tallada en alabastro.

Cultura: Teotihuacana
Periodo: Clásico
Procedencia: Teotihuacán, Estado de México
Material: Alabastro
Dimensiones: 21 cm de altura, 19 de ancho y 11 de espesor
Foto: Jorge Pérez de Lara

XIPE TÓTEC
Escultura modelada de gran formato
de un sacerdote que personifica al
dios Xipe Tótec, Nuestro Señor el Desollado,
dios de la vegetación, y patrono de los orfebres.
Cultura: Teotihuacana
Periodo: Epiclásico
Procedencia: Teotihuacán, Estado de México
Material: Arcilla
Dimensiones: 110 cm de altura y 51 de ancho
Foto: Proyecto México. Marco Antonio Pacheco

TOLTECA

Federica Sodi Miranda

D urante muchos años los especialistas definieron a los toltecas como el principal poder en el Altiplano Central de México en el periodo entre los años 850 y 1250 d.C., el cual se denominó Posclásico Temprano; sin embargo, las más recientes excavaciones han cambiado el antiguo concepto, y hoy se conocen diferentes culturas de gran importancia social, política, cultural y religiosa que se desarrollaron al unísono antes y después de la cultura tolteca. En esta sala se muestra el proceso evolutivo en el Altiplano Central durante el Epiclásico, el Posclásico Temprano y los inicios del Posclásico Tardío.

En la Cuenca y el Altiplano Central mexicano surgen grandes asentamientos que sintetizan diferentes tradiciones culturales, entre las que destacan Xochicalco, Cacaxtla-Xochitécatl, Teotenango, la cultura de los Volcanes y Cholula, entidades independientes que subsisten en algunos casos hasta la llegada de los españoles. Conjuntamente con este movimiento cultural se inicia uno nuevo conocido como tolteca, y cuando su poderío empieza a declinar, florecen pequeños señoríos que darán los antecedentes del surgimiento del poderío mexica.

Epiclásico (650-850 d.C.)

El ocaso de Teotihuacán fue un proceso paulatino que se inició antes de la destrucción de la ciudad. En este fenómeno seguramente jugaron un papel importante algunas ciudades —Cholula, por ejemplo—, que funcionaban como intermediarias en el flujo de productos provenientes de lugares tan remotos como el área maya.

Entonces ocurre un reacomodo poblacional al que se suma más tarde la migración de grupos procedentes de la frontera norte de Mesoamérica. Tipifican este periodo las culturas que se desarrollaron en Cacaxtla-Xochitécatl y Xochicalco.

Cacaxtla, el lugar de las pinturas

En 1975, mientras un campesino del pueblo de San Miguel del Milagro trabajaba su sembradío, encontró un fragmento de muro pintado. A partir de este hallazgo fortuito, el Instituto Nacional de Antropología e Historia inició las exploraciones de lo que sería conocido como el Gran Basamento de Cacaxtla.

Ubicada en la planicie poblano-tlaxcalteca, Cacaxtla ocupó una posición estratégica entre el Altiplano Central y la costa del Golfo de México, por lo que sintetizó rasgos culturales provenientes de ambas regiones. También destaca por la pintura mural que decora sus edificios, y por haber desarrollado un culto a la estrella matutina y vespertina con elementos tan elaborados que se relacionan con el ciclo agrícola. Los murales encontrados hace poco en esta zona arqueológica están estrechamente ligados con representaciones de Venus, como

ESCULTURA DE GUACAMAYA
Esta bella cabeza de guacamaya fue localizada en el centro de uno de los juegos de pelota de Xochicalco en calidad de ofrenda. En Centroamérica se encontraron esculturas similares utilizadas como marcadores del juego de pelota.
Cultura: Xochicalco
Periodo: Epiclásico
Procedencia: Xochicalco, Morelos
Material: Basalto
Dimensiones: 57.5 cm de altura, 38 de ancho y 44 de espesor
Foto: Proyecto México. Jorge Pérez de Lara

el personaje masculino con delantal venusino y atributos que lo identifican como víctima de sacrificio, decorado con el ojo de Tláloc, numen asociado al agua, y con una cola de alacrán. En la iconografía maya la cola de alacrán se asocia con Venus y con las deidades de la lluvia y la fertilidad. Al parecer el alacrán se relaciona con los ciclos pluviales y las manifestaciones vespertinas de este planeta.

Xochitécatl, lugar de la fertilidad

Este sitio, localizado al este de Cacaxtla, sirvió como centro de culto. En la Pirámide de las Flores se hallaron numerosas ofrendas dedicadas a la fertilidad y a las deidades femeninas. Se relaciona con las escenas del ciclo agrícola representado en las pinturas de Cacaxtla, en donde aparecen elementos asociados con la agricultura. Entre éstos, el que más llama nuestra atención es la serpiente emplumada, ya que sobre su cuerpo se desarrolla una escena agrícola que sugiere un parecido con la serpiente de Chichen Itzá por la representación de este tipo de animales mitológicos. Esta serpiente azul maya presenta sobre su cuerpo las dos plantas más importantes del México antiguo: el cacao y el maíz.

Xochicalco, Lugar de la Casa de las Flores

Xochicalco fue uno de los centros que mayor desarrollo alcanzó a la caída de Teotihuacán. Aquí es donde el cambio de poder se enarbola con la imagen de Quetzalcóatl, por lo que surgen a la par el culto a esta deidad y la historia mitológica de la creación del quinto sol y la quinta humanidad.

Localizado cerca de Cuernavaca, Morelos, Xochicalco se construyó sobre la cúspide de varios cerros modificados mediante cortes y la construcción de terrazas, por lo que es posible observar un gran número de basamentos. Sus pobladores continuaron las tradiciones teotihua-

ZONA ARQUEOLÓGICA
DE XOCHICALCO, MORELOS
Foto: Michael Calderwood

canas y crearon las propias, además recibieron influencias de otras culturas y regiones distantes como la maya, la Costa del Golfo y Oaxaca.

Xochicalco era un sitio fortificado, rodeado de fosos y custodiado por atalayas y una ciudadela; las calzadas y los basamentos incompletos de sus templos permiten apreciar la importancia que tuvo este lugar en el pasado. La influencia teotihuacana está plasmada en elementos constructivos como el talud y el tablero, a los cuales se les añadió una cornisa volada. En la zona de Xochicalco sobresalen los juegos de pelota con la forma característica de I o doble T.

En la Acrópolis destaca la Pirámide de las Serpientes Emplumadas, una construcción única en Xochicalco debido a la gran calidad artística de los relieves que la decoran con grandes serpientes emplumadas, cuyo cuerpo ondulante enmarca importantes personajes de tipo físico maya —algunos de los cuales presentan deformación craneana y estrabismo, característicos de aquella cultura— y glifos en los que se hace referencia a los años siete y nueve ojo de reptil; también es posible observar un gran brasero que

FIGURILLA FEMENINA
Esta figurilla femenina fue hallada
como parte de una ofrenda vinculada
con el culto a la fertilidad.
Cultura: Valles de Tlaxcala
Periodo: Epiclásico
Procedencia: Xochitécatl, Tlaxcala
Material: Arcilla
Dimensiones: 23.3 cm de altura,
16.6 de ancho y 3.7 de espesor
Foto: Archivo Zabé

Algunos opinan que es un marcador del juego de pelota, mientras otros señalan la gran similitud entre esta pieza y la tradición de las hachas votivas de la Costa del Golfo.

También sobresalen tres estelas. En la Estela I se observa la representación del dios Quetzalcóatl, el cual emerge de las fauces de una serpiente de lengua bífida; otros de los motivos representados son *calli* (casa), *ácatl* (caña), y *tochtli* (conejo). La estela se relaciona principalmente con la creación de la quinta humanidad, así como con el ciclo venusino; las manos abiertas en el cuadrete inferior de la cara principal emergen para ver la luz o la creación. En la Estela II se observa la efigie del dios Tláloc, cuyo tocado es el símbolo del año que representan dos rectángulos entrelazados. La pieza tiene en sus costados motivos alusivos al agua, como el siete *atl* o siete *quiáhutli*, siete *calli* (casa) y dos *miquiztli* (muerte), elaborados en bajorrelieve. La pigmentación roja original se conserva en buen estado.

Finalmente, la Estela III, similar a la I, tiene la representación de Quetzalcóatl asociada, en la parte superior, con el símbolo cuatro *ollin* (movimiento); en la parte inferior, al centro del cuadro, la estilización de un corazón del que salen tres gotas de sangre, por lo que se le conoce como trilobulado, se acompaña del numeral cuatro. Esta escena se ha interpretado como el autosacrificio de la deidad para crear la quinta humanidad.

A un costado de la estela se observa un *ocelotl*, animal relacionado con el inframundo, cuya lengua bífida cae sobre una mazorca de maíz atravesada en su centro por una flecha, lo que se ha interpretado como una alegoría de la salida del hombre de las tinieblas, su creación y sustento mediante la domesticación del maíz.

Posclásico Temprano (850-1250 d.C.)

Durante el siglo IX llegaron del norte de México nuevos grupos conocidos como chichimecas; uno lo encabezaba Mixcóatl, quien dirigió a su

arroja volutas de humo, y en las partes inferior y superior del templo se observan elementos procedentes de la Costa del Golfo y de los Valles de Oaxaca, los cuales se alternan con otros típicos del Altiplano Central, como la representación de un coyote, un juego de pelota, dos personajes de perfil y algunos personajes menores.

Una de las más extraordinarias piezas escultóricas de este periodo, presente en la sala, es una enorme cabeza de guacamaya muy estilizada.

pueblo hacia el Altiplano Central y lo estableció en Culhuacán, lugar donde se autonombraron toltecas. Los mitos relatan que mientras Mixcóatl cazaba en los valles de Morelos se encuentra con una mujer que al verlo se desnuda. Entonces Mixcóatl le lanza cuatro flechas sin herirla; el suceso se repite, y al final él la posee, de esta unión nacerá el personaje más importante de este periodo: Ce Acatl Topiltzin Quetzalcóatl, quien siendo ya un adulto, dirige a su pueblo a un lugar conocido en las fuentes como Tula Xicocotitlán. Allí los toltecas trabajan incansablemente para crear un pequeño universo cosmogónico en el que vivirían entregados al culto de su dios principal, Quetzalcóatl, en su advocación de Venus matutina y vespertina. A este lugar lo denominan Tula, la ciudad de Quetzalcóatl.

Atraídos por la explotación de minas y calizas, los teotihuacanos se asentaron en el área de Tula y la abandonaron al declinar la gran metrópoli. Sin embargo, surge en el área un nuevo proceso cultural que conjunta rasgos propiamente teotihuacanos con tradiciones originarias del Bajío y norte de México. La ciudad de Tula, a lo largo de 400 años aproximadamente, vivió diferentes cambios que la convirtieron de un pequeño asentamiento a una ciudad compleja que se consolidó como un poderoso Estado entre 900 y 1150 d.C.

Uno de los ejemplos más representativos de la escultura tolteca son, sin duda alguna, las enormes cariátides del templo de Tlahuizcalpantecuhtli, de 4.60 m de altura. Forman las piezas cuatro secciones que se ensamblan por medio del sistema de caja y espiga. El atavío y los elementos característicos de esta clase social de guerreros se elaboraron en alto y bajorrelieve. Originalmente policromadas con exquisitez, hoy conservan un poco de pigmento rojo en las piernas. La entrada al Templo de Tlahuizcalpantecuhtli la resguardaban dos enormes columnas en forma de serpientes emplumadas, cuyas cabezas descansaban sobre el piso, mientras los crótalos sostenían el dintel del pórtico; ensambladas mediante el sistema de caja y espiga, destaca el trabajo en bajorrelieve de plumas

y caracoles cortados transversalmente. Las esculturas que forman el cuerpo fueron descubiertas a fines del siglo XIX, por el francés Désiré Charnay.

Las fuentes que mencionan a los toltecas enaltecen al grupo como maestros en las artes. Algunas manifestaciones testimonian la esmerada calidad y belleza con que algunos objetos fueron elaborados; tal es el caso de la Cabeza de coyote. Ésta es la representación de un hombre barbado que porta un yelmo zoomorfo, formado con plaquitas de concha sobre una base de arcilla tipo *plumbate* (plomizo); los dientes del animal, así como los del personaje, se elaboraron en hueso.

Una sola lápida en el juego de pelota ilustra la rica vestimenta de los participantes antes de la contienda. Los guerreros participantes protegían su cuerpo mediante prendas acolchonadas y un grueso cinturón, conocido como yugo, que era parte indispensable de su indumentaria.

Ce Acatl Topiltzin Quetzalcóatl

En cuanto a los mitos que crearon estos pueblos, el de Quetzalcóatl es el más importante de su época. Fue el personaje más ilustre del

TRONO DE DOS CABEZAS
La dualidad, concepto fundamental de las culturas mesoamericanas, representa la lucha de los contrarios: vida y muerte, luz y sombra, blanco y negro. Este trono muestra dos cabezas de serpiente mirando en direcciones contrarias.
Cultura: Tolteca
Período: Posclásico Temprano
Procedencia: Tula, Hidalgo
Material: Basalto
Dimensiones: 54.3 cm de altura, 92 de ancho y 42.5 de espesor
Foto: Jorge Pérez de Lara

ESTELA DEL GUERRERO
El rostro de este guerrero apenas se asoma entre la gran cantidad de atributos que lleva en su atavío, entre los cuales sobresalen su enorme tocado que representa a un animal mitológico, el pectoral en forma de mariposa, y el ave en posición descendente.
Cultura: Tolteca
Procedencia: Tula, Hidalgo
Período: Posclásico Temprano
Material: Basalto
Dimensiones: 170.8 cm de altura, 53.7 de ancho y 29.3 de espesor
Foto: Proyecto México. Ignacio Guevara

Posclásico Temprano en el Altiplano Central de México, y como ya se dijo, dirigió a su pueblo, los toltecas, a un lugar ubicado en el actual estado de Hidalgo, conocido entonces como Tula Xicocotitlán, donde fundaron su señorío.

Las fuentes hablan de este insigne personaje como un bienhechor que transmitía con gran benevolencia y paciencia el culto a Quetzalcóatl, dios creador de la quinta humanidad por medio de autosacrificios y actos de amor y paz. Fray Bernardino de Sahagún escribió que nuestro personaje fue un gran benefactor, y comenta que en su tiempo había gran riqueza de oro, plata, conchas y piedras preciosas, así como fructíferas cosechas de maíz durante las cuales los hombres, con mucho esfuerzo, cargaban las enormes mazorcas de esta planta. Quetzalcóatl enseñó a su pueblo las artes de la plumaria, la orfebrería, la escultura, la arquitectura y todas aquellas mecánicas y religiosas que formaban su mundo cotidiano. Tan importante fue su enseñanza y todo lo relacionado con su vida, que los pueblos prehispánicos que lo heredaron integraron su propia realidad a la vida mitológica del dios Quetzalcóatl.

Enfrentamiento entre Tezcatlipoca y Quetzalcóatl

Dentro de la cosmogonía náhuatl, Quetzalcóatl y Tezcatlipoca, hermanos y contrarios, hijos de la primera pareja divina procreadora de dioses, entablaron una guerra constante que plasmaba la lucha eterna entre luz y sombra, bien y mal, vida y muerte. El culto de Tezcatlipoca exigía el sacrificio humano e imponía una religión politeísta, y por medio de la magia realizaba actos para desprestigiar a Quetzalcóatl. Esta lucha permanente termina con la caída de Tula y el surgimiento de otros grupos que tomarán el poder y prepararán el terreno para la fundación de la gran Tenochtitlan.

Cuando Quetzalcóatl sale de Tula, después de un largo recorrido llega a la costa de Veracruz.

Ahí el mito relata que este personaje construye una balsa de serpientes entrelazadas y se embarca al lugar del negro y el rojo, Tlillan Tlapallan, localizado en la Península de Yucatán, en el área maya. Quetzalcóatl promete regresar en un Ce Acatl, fecha importante en los cambios de su vida, sin embargo, quien llega en la fecha indicada es Hernán Cortés, por lo que fue confundido con Quetzalcóatl.

Cholula, ciudad santuario

Localizada en el actual estado de Puebla, Cholula fue, sin lugar a dudas, uno de los centros más importantes del Altiplano Central, por encontrarse en una zona privilegiada para albergar a los peregrinos que llegaban a esta ciudad santuario desde distintas regiones. Además de ser considerada por muchos como una ciudad sagrada, se convirtió también en un punto estratégico para el comercio. Era tan importante que a la llegada de los españoles fue una de las principales ciudades del Nuevo Mundo y se conoció después de la Conquista como Puebla de los Ángeles. En la época prehispánica sobresale el culto a Quetzalcóatl y su elaborada ceremonia alrededor del altar de los cráneos.

La cultura de los volcanes

Los pueblos que habitaban las faldas de los volcanes y sus alrededores rindieron un profundo culto al dios del agua, conocido en el Altiplano Central como Tláloc; asimismo, a esta zona la visitaban muchos otros pueblos mesoamericanos, ya que la deidad se veneraba en toda el área. Los sitios más sobresalientes por su producción cerámica vinculada con este culto son Tenenepanco y Nahualac. Fue el francés Désiré Charnay quien dio a conocer la cerámica de Los Volcanes, que se caracteriza sobre todo por la representación de Tláloc en los cuerpos de las

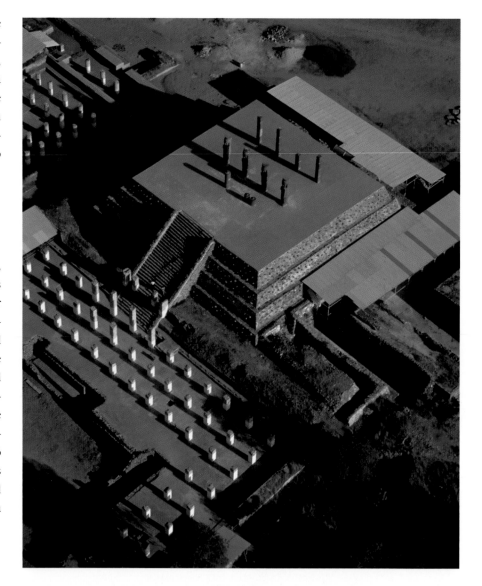

Zona arqueológica de Tula, Hidalgo
Foto: Michael Calderwood

vasijas; algunas de estas piezas son del tipo cerámico cholulteca, con colores diversos y bellas formas geométricas. En esta región existían algunas festividades relacionadas con los volcanes, pero la humedad y las continuas lluvias impulsaron el desarrollo del culto al numen del vital líquido, que es el sustentador de la vida, pues en el pensamiento mágico de las culturas mesoamericanas fecundaba la tierra para darle al hombre el alimento necesario para subsistir. En el extremo sureste del Altiplano Central se localizan los volcanes Popocatépetl, o Popocatzin, e Iztaccíhuatl, conocido también por Iztactépetl o Cihuatépetl.

ZONA ARQUEOLÓGICA DE CHOLULA, PUEBLA
Foto: Archivo Zabé

Firme menciona la importancia de los volcanes asociándolos con festividades y dioses, por lo que en sus escritos podemos leer: "La fiesta de la diosa, que esta gente celebraba en nombre de Iztaccíhuatl, que quiere decir mujer blanca, era la sierra nevada la cual demás tenella por diosa y adorralla por tal ... estaban en lo áspero de esta Sierra dos días metidos haciendo las ceremonias a esta diosa ... El cerro Popocatzin que en nuestra lengua quiere decir el cerro humeador a todos nos es notorio ser el volcán a quien vemos echar humo visiblemente dos y tres veces al día y muchas veces juntamente llamas de fuego especialmente a prima noche como muchos las han visto ... y le hacían más honra haciéndole muy ordinarios y continuos sacrificios y ofrendas sin la fiesta particular que cada año le hacían la cual fiesta se llamaba Tepeylhuitl que quiere decir fiesta de cerros..."

Teotenango, Valle de Toluca

En su origen Teotenango fue un centro cívico-religioso —ubicado estratégicamente sobre el cerro Tetepetl— en el que residían los sacerdotes y los jerarcas que atendían el gobierno, los asuntos administrativos y religiosos, así como artesanos, artistas, comerciantes, sirvientes y otros individuos encargados de diversas ocupaciones. En el sitio se construyeron basamentos para templos, plazas ceremoniales, altares, juego de pelota, mercado, calles, edificios administrativos y conjuntos habitacionales que le daban el carácter de ciudad rica y formal. En el periodo 900-1200 d.C., los teotenancas fueron conquistados y dominados por los chichimecas-matlatzincas, quienes toman su nombre de la palabra náhuatl *matlatl* que significa red. Según las fuentes históricas, el principal objetivo de la guerra era obtener honra, fama, riquezas y esclavos o siervos para el trabajo y los sacrificios humanos, pero no era menos importante el vasallaje de las poblaciones conquistadas, pues se obtenían tributos y bienes personales. Este pueblo fincó su econo-

Desde épocas muy antiguas, los viajeros que han pasado cerca de ellos no podían escapar al hechizo de su imponente belleza. Su presencia en las tradiciones orales proviene de remotos tiempos y los cronistas las recogieron en el siglo XVI.

Sahagún, fraile español que llevaba un registro de todo lo que acontecía y veía a su alrededor, nos relata: "Hay uno muy alto que humea, que está cerca de la provincia de Chalco, que se llama Popocatépetl, que quiere decir monte que humea, es monstruoso y digno de ver, y yo estuve encima de él ... Hay otra sierra junto a ésta que es la Sierra Nevada, y llámase Iztactépetl, que quiere decir sierra blanca, es monstruosa de ver lo alto de ella, donde solía haber mucha idolatría; yo la vi y estuve sobre ella" (*Historia general de las cosas de la Nueva España*).

De la misma manera, Durán en la *Historia de las Indias de Nueva España e Islas de Tierra*

mía principalmente en la tributación alimenticia de las aldeas o comunidades rurales que practicaban la agricultura de temporal, la cual combinaban con la pesca y la recolección.

La conquista de Teotenango por los mexicas de Axayácatl hacia 1474-1476 ocasionó el empobrecimiento paulatino de la población y de la ciudad, lo que provocó rebeliones de la gente del lugar y de otros pueblos del Valle de Toluca. Las armas de los mexicas de Tenochtitlan sofocaron las revueltas. Años después vino la conquista española que terminó con el lugar, y algunos matlatzincas y mexicas que aún residían en el cerro fueron obligados a integrarse a la naciente población colonial de Tenango del Valle.

Posclásico Tardío (inicio en 1250 d.C.) y presencia mexica en el Altiplano Central

Cuentan las crónicas que la ciudad de Tula fue abandonada por sus dirigentes en el año 1165 d.C. El abandono persistió hasta el siglo XV cuando la ocupó un grupo contemporáneo de los mexicas de Tenochtitlan que, sin considerar el esplendor de los edificios del centro ceremonial, construyeron sus casas habitación sobre las ruinas. Por tanto, encima del Juego de pelota II de Tula se encuentran restos de habitaciones, además de braseros y vasijas miniatura de típica manufactura mexica. Asimismo, la gran mayoría de los lugares habitados en el Altiplano Central de México, como Malinalco, Teotenango y Calixtlahuaca, entre otros, tuvieron que admitir la presencia de este pueblo guerrero que imponía sus creencias mediante el sometimiento y la rendición de tributo. Años después, los mexicas fundaron una nueva capital que llevó el nombre de México-Tenochtitlan y se transformó en el centro político, social, económico y religioso de esta vasta zona.

Tenayuca, "Lugar Amurallado"

Tenayuca, conocida también como Oztopolco, fue a fines del siglo XI y principios del XII asiento del imperio de los chichimecas (luego de pasar por distintos lugares) al mando del legendario caudillo Xólotl, a quien se le atribuyen innumerables acciones y un prolongado mando, además de ser considerado entre los mejores gobernantes. Gracias a los datos consignados en numerosos documentos, como los códices Tlotzin y Quinatzin, sabemos que los chichimecas de Xólotl eran tribus que vestían pieles, usaban arco y flecha, vivían en cuevas y en chozas de paja y hablaban una lengua muy parecida al náhuatl. Sin embargo, luego desarrollaron por contacto con los grupos cultos del Altiplano Central, un proceso civilizatorio que los convirtió en pueblos plenamente mesoamericanos.

Los personajes más sobresalientes de este grupo de aguerridos chichimecas fueron los primeros reyes conocidos: Xólotl, Nopaltzin y Tlotzin, quienes residieron en Tenayuca gobernando maravillosamente a su pueblo. El cuarto rey, Quinatzin, trasladó la capital a Texcoco, lo que relegó a Tenayuca a un segundo plano.

A Tenayuca la caracteriza su templo dedicado a dos deidades: Tláloc, el dador del agua, y Huitzilopochtli, divinidad de la Guerra; concepto que adoptaron después los mexicas al construir el Templo Mayor en el corazón de México-Tenochtitlan. Las investigaciones y estudios relacionados con la orientación de la pirámide —cuyo eje se desvía cerca de 17º del norte astronómico hacia el poniente con el fin de conseguir que el día en que el sol pasaba por el cenit se ocultara exactamente frente a la pirámide— confirmaron que las cabezas de las dos grandes *xiuhcoatl* señalaban, la del lado norte, el ocaso del sol en el solsticio de verano, y la del lado sur, el solsticio de invierno.

El basamento cuenta con una serie de serpientes, cuyas cabezas de diferentes tamaños forman una muralla a su alrededor. Las serpientes

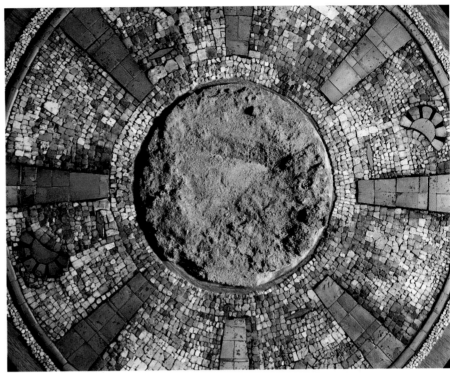

JARRA TLÁLOC
Una de las deidades más importantes del
Altiplano era Tláloc, dador del agua, precioso
líquido que sustenta la vida; está representado
con sus típicas anteojera y bigotera.
Cultura: Tolteca
Periodo: Posclásico Temprano
Material: Arcilla
Dimensiones: 8 cm de altura y 7.8 de diámetro
Foto: Jorge Pérez de Lara

TEZCACUITLAPILLI
Disco de madera con incrustaciones de
turquesa y malaquita, localizado junto a un
chaleco de placas de concha y caracoles, como
parte de una ofrenda en el Palacio Quemado
de la zona arqueológica de Tula.
Cultura: Tolteca
Periodo: Posclásico
Procedencia: Tula, Hidalgo
Material: Madera,
placas de turquesa y malaquita
Dimensiones: 34 cm de diámetro
y 1.3 de espesor
Foto: Proyecto México. Michel Zabé

Página izquierda
PORTAESTANDARTE
Este tipo de escultura se conoce como
portaestandarte; en este caso se trata de un
jaguar sentado sobre sus patas traseras, y con
un collar trenzado del que pende un corazón.
Cultura: Tolteca
Periodo: Posclásico Temprano
Procedencia: Tula, Hidalgo
Material: Basalto
Dimensiones: 87 cm de altura, 46 de ancho y
50.5 de espesor
Foto: Archivo Zabé

del lado sur, que el sol ilumina durante la mayor parte del año, están pintadas de azul aguamarina, tienen las escamas delineadas en negro y se asocian directamente con Tláloc, dador del líquido vital que fecunda la tierra para crear la vida. A su vez, las serpientes del norte están pintadas de negro con lunares o manchas blancas y se relacionan con Huitzilopochtli, el dios de la guerra, la fuerza y, en cierto modo, la oscuridad. Así, el templo solar permitía, por medio de la observación constante de los movimientos y desplazamientos del astro rey, corroborar con exactitud los diferentes periodos del año.

Mapa Tlotzin

El original del *Mapa Tlotzin* está elaborado en piel de venado, procede de Texcoco y se encuentra en la Biblioteca Nacional de París. La copia aquí expuesta es una reproducción fiel de este documento pictográfico que muestra a Tlotzin, primer señor de Texcoco. La historia cuenta que

a la caída de Tula, grupos provenientes del norte —conocidos como chichimecas, que vivían como cazadores, vestían pieles de animales y comían tunas grandes, cactus, maíz silvestre, etc.— llegaron al Altiplano Central al mando de un caudillo llamado Xólotl, de quien hablan diferentes textos indígenas, así como códices o mapas llamados Xólotl, Tlotzin, Quinatzin y Tepechpan.

Estos grupos que decían haber venido de Chicomoztoc, "el lugar de las siete cuevas", no sólo seguirían prefiriendo éstas como habitación, sino que se complacían en conservar en los topónimos este concepto.

Nopaltzin, hijo y sucesor de Xólotl —que se identifica por un nopal que se une a su cabeza con una línea, forma en que antiguamente representaban el nombre del personaje— permaneció en Tenayuca después de haberse casado con una princesa culhuacana de nombre Atotoztli. El nacimiento de Tlotzin —nieto de Xólotl, quien será el primer jefe chichimeca mestizo—, de ascendencia tolteca por línea materna, traerá

LÁPIDA DEL COATEPANTLI
Lápida que representa a un personaje
semidescarnado luchando con una
serpiente de fauces abiertas.
Cultura: Tolteca
Periodo: Posclásico Temprano
Procedencia: Tula, Hidalgo
Material: Basalto
Dimensiones: 32.3 cm de altura,
105 de ancho y 5.5 de espesor
Foto: Jorge Pérez de Lara

consigo el germen de un nuevo interés que lle-
vará a los chichimecas a modificar poco a poco su
modo de vida.

Aunque Tlotzin se esforzó por cambiar la vida
de su gente no lo logró, pero su hijo, Quinatzin,
cristalizó sus sueños al establecer su hegemonía
en la región y cambiar la sede de su gobierno a
Texcoco.

Techotlala gobernó en Texcoco desde 1357
hasta 1409; heredero de los logros de su padre, y
educado ya con el refinamiento de la herencia tolteca, llevó a feliz término lo que su padre y su abue-
lo habían iniciado. Con amplia visión de gobernante, dictó nuevas leyes, concertó alianzas y ensan-
chó considerablemente los dominios de Texcoco.

Sin embargo, una amenaza se cernía sobre él;
Tezozomoc, el gobernante tepaneca, había
hecho suya la región de Tenayuca y deseaba unificar bajo su mando a la totalidad de los grupos
chichimecas, lo que lo llevó a enfrentarse con
Texcoco. La victoria de Tezozomoc y la muerte de
Ixtlixóchitl, hijo de Techotlala y padre de

Nezahualcóyotl, tuvo como consecuencia la inte-
rrupción violenta del desarrollo y florecimiento
de Texcoco.

Nezahualcóyotl, el más importante y extraordinario rey chichimeca y dueño de una exquisita
cultura será, en alianza con los mexicas, el res-
taurador de su pueblo. Con el paso del tiempo
aumentará su fama como gobernante, legislador,
arquitecto, pensador, poeta y hombre sumamente valorado por su consejo entre los señores de
México-Tenochtitlan.

Los señoríos en la Cuenca de México

A la llegada de los mexicas, la Cuenca de
México estaba densamente poblada y desde el
punto de vista político se encontraba fragmentada en numerosas ciudades-estado que controlaban los territorios circundantes. El deseo de
todos los grupos por ampliar sus áreas de
influencia provocó la gran inestabilidad imperan-

te en la primera mitad del siglo XIV. Entre los señoríos que peleaban por el poder y control de la región sobresalen: Azcapotzalco, Tenayuca, Culhuacán, Xochimilco, Texcoco, Coyoacán, Chalco, Xaltocan, Cuatlinchan y Xico. Azcapotzalco estableció alianzas que lo determinaron como la principal potencia hegemónica en la Cuenca a fines del siglo XIV; sin embargo, el señorío de Texcoco inició su expansión en el extremo oriental y llegó a convertirse en el más peligroso rival de Azcapotzalco, situación que los llevaría al enfrentamiento años más tarde. Este problema se resolvió con el tiempo al empezar a desarrollarse México-Tenochtitlan, que después formaría la famosa Triple Alianza y se convertiría en el máximo poder en el Altiplano Central.

ESTELAS DE XOCHICALCO
Halladas en la cista de un templo en
Xochicalco, representan a Quetzalcóatl
emergiendo de las fauces de una serpiente.
Relatan la creación del hombre por esta deidad,
y su sacrificio por darle la vida.
Cultura: Xochicalco
Periodo: Epiclásico
Procedencia: Xochicalco, Morelos
Material: Basalto
Dimensiones:
a) Izquierda: 143.3 cm de altura,
34 de ancho y 32.3 de espesor
b) Derecha: 147 cm de altura,
36.1 de ancho y 23.7 de espesor
Foto: Proyecto México. Jorge Pérez de Lara

Páginas siguientes
ALMENA
La arquitectura de Xochicalco tuvo un estilo
propio, y sus edificios estaban decorados con este
tipo de almenas; ésta representa un ave en vuelo
descendente, relacionada con el culto al sol.
Cultura: Xochicalco
Periodo: Epiclásico
Procedencia: Xochicalco, Morelos
Material: Arcilla y estuco
Dimensiones: 46 cm de altura,
36 de ancho y 26.8 de espesor
Foto: Jorge Pérez de Lara

VASO ESTUCADO
Esta vasija elaborada en *tecalli* fue localizada
como parte de una ofrenda en Xochicalco.
Es de estilo teotihuacano, y tiene pintado
un papagayo de filiación Costa del Golfo.
Cultura: Xochicalco
Periodo: Epiclásico
Procedencia: Xochicalco, Morelos
Material: Tecalli o alabastro, estuco y pigmentos
Dimensiones: 13.8 cm de altura,
3 de espesor y 20.1 de diámetro
Foto: Proyecto México. Jorge Pérez de Lara

TOPILTZIN QUETZALCÓATL
Ésta es la única representación del príncipe
Topiltzin Quetzalcóatl que ha llegado hasta
nosotros. En su espalda lleva la fecha de su
nacimiento: Ce Acatl.
Cultura: Tolteca
Periodo: Posclásico Temprano
Procedencia: Tula, Hidalgo
Material: Basalto
Dimensiones: 14.5 cm de altura,
38 de ancho y 23.5 de espesor
Foto: Jorge Pérez de Lara

VASO EFIGIE
En sus ritos, los toltecas usaban objetos
ceremoniales específicos y de diversos
materiales, como este vaso elaborado en barro
plumbate (plomizo), con la representación
de un sacerdote Tláloc provisto de un bastón
de poder en forma de serpiente descendente.
Cultura: Tolteca
Periodo: Posclásico Temprano
Procedencia: Teotihuacán, Estado de México
Material: Arcilla
Dimensiones: 19 cm de altura
y 14.8 de diámetro
Foto: Proyecto México. Jorge Pérez de Lara

Páginas siguientes
FIGURA TLÁLOC
Representación de un sacerdote con atributos
del dios de la lluvia sobre su rostro pintado
de negro. Porta penacho y capa de plumas.
Cultura: Tolteca
Periodo: Posclásico Temprano
Procedencia: Desconocida
Material: Arcilla
Dimensiones: 20.2 cm de altura y 12.7 de ancho
Foto: Proyecto México. Jorge Pérez de Lara

CABALLERO COYOTE
Conocida como Cabeza de Coyote, ésta es una
de las piezas arqueológicas más bellas e
importantes de la cultura tolteca. Diversas
conchas logran definir el pelaje del coyote; se
observa el rostro, cabello y barba del personaje
que emerge de las fauces de este animal.
Cultura: Tolteca
Periodo: Posclásico
Procedencia: Tula, Hidalgo
Material: Concha, obsidiana, hueso y arcilla
Dimensiones: 13 cm de altura,
9.6 de ancho y 7 de diámetro
Foto: Archivo Zabé

ATLANTITO
Este pequeño atlante era empleado para
sostener, junto con otro similar, una mesa-altar.
En su cabeza porta la diadema de la nobleza.
Conserva en excelente estado sus colores
originales.
Cultura: Tolteca
Periodo: Posclásico Temprano
Procedencia: Tula, Hidalgo
Material: Basalto y pigmentos
Dimensiones: 80 cm de altura,
41 de ancho y 28 de espesor
Foto: Proyecto México. Jorge Pérez de Lara

Páginas anteriores
VAJILLA TENENEPANCO
Los matlatzincos que habitaron los Valles de
Toluca elaboraron vajillas de diversas formas y
fina policromía, comercializadas en diferentes
lugares del México antiguo.
Cultura: Los Volcanes
Periodo: Posclásico Temprano
Procedencia: Tenenepanco, Estado de México
Material: Arcilla

OLLA
Dimensiones: 11.9 cm de altura, 0.6 de espesor
y 11.1 de diámetro
Foto: Jorge Pérez de Lara

CAJETE TRÍPODE
Dimensiones: 8.7 cm de altura, 1 de espesor
y 14.1 de diámetro
Foto: Jorge Pérez de Lara

Las piezas cerámicas de esta época fueron
decoradas con diversas manifestaciones
plásticas, como se aprecia en la Jarrita Tláloc
de los Volcanes, y en las dos figuritas toltecas
que representan a un guerrero y a una mujer,
las cuales conservan sus colores originales.

JARRITA TLÁLOC
Cultura: Los Volcanes
Periodo: Posclásico Temprano
Procedencia: Tenenepanco, Estado de México
Material: Arcilla
Dimensiones: 22.8 cm de altura, 0.5 de espesor
y 12.5 de diámetro
Foto: Archivo Zabé

FIGURILLA DE GUERRERO
Cultura: Tolteca
Periodo: Posclásico Temprano
Procedencia: Altiplano Central
Material: Arcilla
Dimensiones: 13.3 cm de altura, 10.6 de ancho
y 2.8 de espesor
Foto: Archivo Zabé

FIGURILLA FEMENINA
Cultura: Tolteca
Periodo: Posclásico Temprano
Procedencia: Altiplano Central
Material: Arcilla
Dimensiones: 14.8 cm de altura y 8.9 de ancho
Foto: Archivo Zabé

ATLANTE
Entre las múltiples aportaciones artísticas de los
toltecas figuran estas esculturas de 4.60 m,
llamadas cariátides y elaboradas en cuatro
bloques de piedra superpuestos, de acuerdo
con la técnica de caja-espiga.
Cultura: Tolteca
Periodo: Posclásico Temprano
Procedencia: Tula, Hidalgo
Material: Basalto
Dimensiones: 483 cm de altura,
120 de ancho y 100 de espesor
Foto: Proyecto México. Ignacio Guevara

Páginas siguientes
LÁPIDA DEL CORAZÓN SANGRANTE
Lápida que representa un plato cortado
transversalmente, con un corazón trilobulado
atravesado por tres haces de flechas en su
interior. Formaba parte de la decoración de
algún edificio tolteca.
Cultura: Tolteca
Periodo: Posclásico Temprano
Procedencia: Tula, Hidalgo
Material: Basalto
Dimensiones: 68 de largo,
63 cm de ancho y 5.7 de espesor
Foto: Archivo Zabé

CHAC MOOL
Esta figura fue representada frecuentemente
como parte del discurso arquitectónico. La
caracterizan su clásica postura y el recipiente
que sostiene sobre el vientre.
Cultura: Tolteca
Periodo: Posclásico Temprano
Procedencia: Mixco, Tlaxcala
Material: Basalto
Dimensiones: 64.2 cm de altura,
65.5 de espesor y 142 de largo
Foto: Proyecto México. Jorge Pérez de Lara

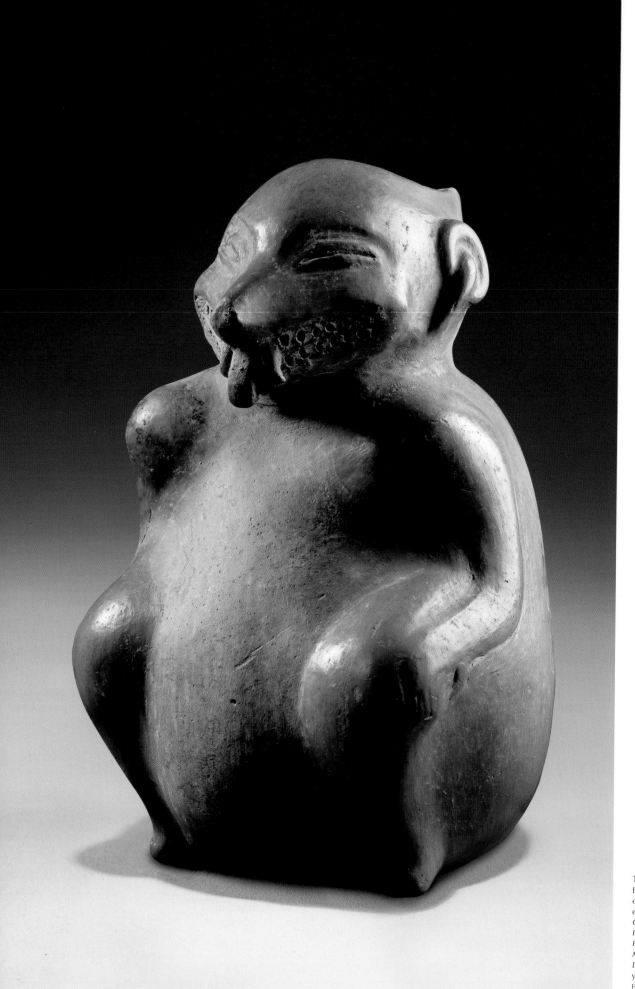

TLACUACHE
Este animal era altamente apreciado por sus
excelentes propiedades curativas, especialmente
en el caso de males estomacales.
Cultura: Tenayuca
Periodo: Posclásico Tardío
Procedencia: Tenayuca, Estado de México
Material: Arcilla
Dimensiones: 24.1 cm de altura, 14.7 de ancho
y 15.5 de espesor
Foto: Jorge Pérez de Lara

TECOMATE
Este bello ejemplar de alabastro permite conocer
cómo se trabajaba este material. En su interior
se observan las huellas dejadas por los cilindros
de cobre que, con lianas húmedas,
rotaban de manera que podían ahuecar
el objeto hasta darle forma.
Cultura: Tolteca
Periodo: Posclásico Temprano
Procedencia: Área de Tula, Hidalgo
Material: Tecalli o alabastro
Dimensiones: 22 cm de altura,
24 de diámetro y 0.9 de espesor
Foto: Archivo Zabé

Páginas siguientes
BRASERO CEREMONIAL
Muchas piezas de uso ceremonial expresan
la cosmovisión de estas culturas. En los soportes
de ésta puede apreciarse la representación
del monstruo de la tierra; en el cuerpo,
las bandas celestes y Venus, y en el borde,
el sol en forma de ave.
Cultura: Mexica
Periodo: Posclásico Tardío
Procedencia: Tula, Hidalgo
Material: Arcilla
Dimensiones: 41.2 cm de altura
y 30.2 de diámetro
Foto: Proyecto México. Jorge Pérez de Lara

CIHUACÓATL
En este fragmento de escultura, los detalles
del enorme penacho de plumas y las facciones
del rostro señalan que se trata de
la representación de la diosa Cihuacóatl,
quien luce como elemento cosmético una
nariguera transversal formada
por dos cabezas de serpiente.
Cultura: Mexica
Periodo: Posclásico Tardío
Procedencia: Ciudad de México
Material: Basalto
Dimensiones: 80 cm de altura,
110 de ancho y 35 de espesor
Foto: Archivo Zabé

MEXICA

Felipe Solís

En el diseño arquitectónico del Museo Nacional de Antropología, la Sala Mexica se ubicó en el espacio más relevante: la sección central, lo que la convierte en el vértice del edificio. En efecto, al alojar la Piedra del Sol en una especie de altar a la nacionalidad indígena mexicana, la sala se convierte automáticamente en el corazón de nuestro pasado prehispánico.

El espejo de agua en el centro del patio evoca la región lacustre que habitaron los mexicas y sus pueblos vecinos. En letras de bronce destaca el mensaje "*Totenyo Totauhca Mexica* - Nuestra Gloria, Nuestra Fama Mexica" que recuerda al visitante que el nombre de nuestro país se debe a este pueblo y que todos los mexicanos somos habitantes de la nación.

La Sala Mexica exhibe más de 700 obras arqueológicas que corresponden cronológicamente al periodo que los especialistas denominan Posclásico Tardío mesoamericano (1300-1521 d.C.), periodo que comprendió la época final del desarrollo mesoamericano, cuando los mexicas dominaron militarmente una gran extensión de la macroárea cultural.

En busca de su expansión territorial, los fundadores de México-Tenochtitlan se enfrentaron a numerosos pueblos y, al conquistarlos, establecieron el llamado Imperio Azteca que alcanzó su esplendor en los primeros años del siglo XVI, cuando dominaron una gran extensión de la Costa del Golfo, desde la región huaxteca hasta el Totonacapan, por lo que alcanzaron los límites del mundo maya; en el área central sometieron a los pueblos otomí y matlatzinca y establecieron

sus fronteras con el Imperio Purépecha; en la Costa del Pacífico, hacia el sur, avasallaron los señoríos mixtecos y zapotecas. Incluso, con gran audacia cruzaron el territorio de pueblos enemigos y conquistaron la región del Soconusco, en el actual estado de Chiapas.

Este notable impulso de conquista, que los llevó triunfantes a todas las direcciones de su universo, emanaba de la revelación manifiesta pictográficamente en el *Códice Boturini*. En ella, y recién iniciada su migración mítica al salir de Aztlán, su dios guía Huitzilopochtli les prometió lo siguiente: "si obedecen mis designios, les conduciré al sitio prometido, que ustedes reconocerán porque mostraré ahí los signos sagrados, 'el águila sobre el nopal devorando una serpiente'; de esta manera, a partir de la fundación de mi ciudad, les llevaré victoriosos al dominio del universo".

Tres monumentos escultóricos reciben al visitante, lo que reitera visualmente la vocación conquistadora de los mexicas y su objetivo fundamental: obtener el alimento sagrado de los dioses, es decir, prisioneros capturados en batalla que debían morir en el *téchcatl,* la piedra de sacrificios del Templo Mayor.

Junto a la escultura metafórica del Águila-Jaguar, que sujeta la serpiente mostrando las dos principales órdenes militares, se impone frente al espectador la imponente presencia del Ocelotl Cuauhxicalli —Vasija de las águilas—, símbolo de los guerreros jaguar; la oquedad en su espalda, el recipiente sagrado, contiene las imágenes de las dos deidades bélicas supremas: Tezcatlipoca y

CHAC MOOL
Personaje recostado que sostiene una vasija en el vientre, cuyo origen se remonta al mundo maya y a Tula; los mexicas lo vinculan con el agua y los atributos de Tláloc, dios de la lluvia.
Cultura: Mexica
Periodo: Posclásico Tardío
Procedencia: Centro Histórico, Ciudad de México
Material: Basalto
Dimensiones: 74 cm de altura, 104 de largo y 54 de ancho
Foto: Proyecto México. Jorge Pérez de Lara

Huitzilopochtli, quienes se sangran las orejas y entablan un diálogo supremo que asegura el ciclo de la vida y la muerte.

A un lado, la maqueta recrea la pirámide solar llamada Teocalli de la Guerra Sagrada, que incluye el templo donde Huitzilopochtli y Moctezuma rinden culto al disco refulgente. El monumento conmemora la fundación de la capital de los mexicas en el año indígena 2 Casa (1325 d.C.). En el relieve posterior del Teocalli se advierte la señal que su dios les había prometido: el águila sobre el nopal emite el grito de batalla *Atl-Tlachinolli*, la Guerra Florida.

Pueblos ancestrales

Los orgullosos mexicas creían que su existencia en el Altiplano Central daba continuidad a las civilizaciones precedentes, por tanto, desde los olmecas hasta los toltecas, las adoptaron como sus ancestros, y buscaron objetos sagrados de estos pueblos para ofrendarlos a sus dioses en México-Tenochtitlan y asegurar así este linaje sagrado.

Testimonian la admiración de los mexicas por las antiguas civilizaciones los descubrimientos arqueológicos realizados desde principios del siglo XX en el Centro Histórico de la Ciudad de México. Con seguridad, de la cultura del Preclásico Medio (1200-400 a.C.), conocida como olmeca, que floreció primero en la Costa del Golfo, no tuvieron información directa y lo más probable es que hayan conocido esculturas y relieves de la época inmediatamente posterior que los especialistas denominan posolmeca (400-100 a.C.). La escultura de esta época se caracteriza por individuos extremadamente obesos y de rostros mofletudos, y en la sala se exhibe un ejemplar hallado en el Centro Histórico de la capital mexicana.

Otra fuente de información fue el saqueo de entierros y ofrendas en áreas tributarias, principalmente en algunas regiones del actual estado de Guerrero: máscaras y colgantes considerados valiosas antigüedades, cuyo testimonio más nota-

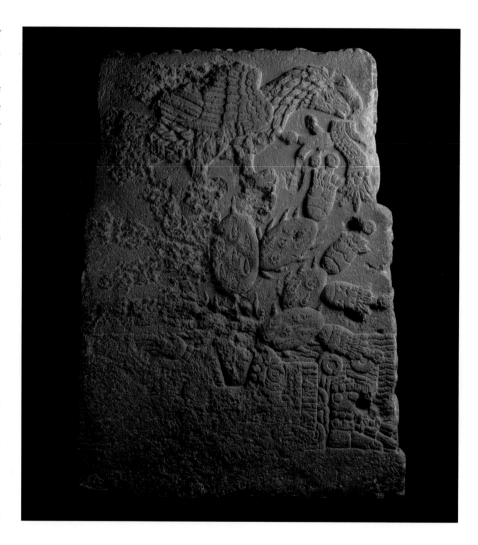

ble es la máscara olmeca descubierta en la ofrenda 20 del Templo Mayor, ubicada entre los edificios de Huitzilopochtli y Tláloc.

Teotihuacán, la gran urbe clásica, ya abandonada hacia el Posclásico Tardío, fue atractiva para los mexicas por su carácter místico. Ahí debían acudir los señores de México-Tenochtitlan a dialogar con sus antepasados y se sabe que el segundo Moctezuma visitó las devastadas construcciones; en códices coloniales como la *Relación de Tequizistlan y su Partido* se identifica a la antigua ciudad como "el oráculo de Moctezuma". De los entierros de Teotihuacán, los mexicas obtuvieron recipientes tallados en ónix, collares y muchos otros ornamentos, en especial atractivas máscaras funerarias a las que agregaron orejeras y otros

TEOCALLI DE LA GUERRA SAGRADA
Este monumento registra una ceremonia del
Fuego Nuevo, efectuada en 1507. Con dicho
acontecimiento, los mexicas celebraban el
comienzo de un ciclo en Mesoamérica y
recreaban las plataformas que originalmente
sustentaron los *temalácatl*, donde se practicaba
el sacrificio gladiatorio. Su decoración alude a
la guerra y el sacrificio.
Cultura: Mexica
Periodo: Posclásico Tardío
Procedencia: Centro Histórico,
Ciudad de México
Material: Basalto
Dimensiones: 123 cm de altura,
92 de ancho y 100 de espesor
Foto: Archivo Zabé

serpientes emplumadas, que pese a estar en ruinas, todavía mostraban la grandeza de su pasado.

Según su propio relato, continuaron la migración durante los siguientes cien años hasta alcanzar la Cuenca de México, adonde arribaron en el siglo XIII d.C. Años más tarde, en su momento de esplendor, los mexicas no olvidaron su estadía en Tula y decoraron la ciudad de Huitzilopochtli con esculturas y relieves que evocaban aquella gloriosa ciudad.

En la cuarta década del siglo XX, durante las excavaciones realizadas detrás de la Catedral Metropolitana, se encontraron cinco pequeños atlantes —cuya forma, función y vestimenta recuerdan las cariátides del Templo de Tlahuizcalpantecuhtli en Tula—, que soportaban el techo de los templos; y que a su vez, simbolizan a los guerreros de las cinco direcciones del universo, al cual delimitaban y sustentaban con su acción generadora de vida y muerte.

Con un objetivo semejante, los toltecas adosaron a sus palacios banquetas decoradas con procesiones de guerreros, sobre cuyas cabezas colocaron serpientes ondulantes, lo que destacaba la deidad suprema a manera de una letanía rítmica. Así, en la Sala Mexica se acondicionó un gran segmento de la banqueta descubierta en las excavaciones del Templo Mayor en 1914. En ella se aprecia el mismo elemento, pero tallado con el estilo mexica temprano: la procesión de los guerreros ricamente ataviados, que portan sus armas y caminan hacia el símbolo del *zacatapayolli*, la bola sagrada de heno, con púas encajadas. Por medio de esta decoración en los edificios de su capital, los mexicas se ufanaban de sus ancestros toltecas y, siguiendo este artificio, nombraron Tollan-Tenochtitlan a su ciudad.

elementos que las *aztequizaron*; conjuntando así pasado y presente en valiosas antigüedades que ofrendaron a sus propias deidades en el Templo Mayor.

En la sala hay una caja de ofrenda localizada en el interior de la pirámide circular hallada en la estación Pino Suárez del Metro, la cual contiene, entre otros valiosos objetos, una vasija teotihuacana de arcilla que incluso los mexicas restauraron cuidadosamente.

En cuanto a la influencia tolteca, las antiguas crónicas narran que los mexicas, procedentes de Aztlán, se establecieron varios años en Tula —ciudad fundada por Quetzalcóatl— cuando ya la habían abandonado los toltecas, sus habitantes originales. Así, vivieron junto a los famosos edificios de las

Pueblos vecinos de los mexicas

Los estudios arqueológicos muestran que antes del arribo de los mexicas al centro de México, muchos otros pueblos se habían asentado en las riberas de la cuenca lacustre después del predominio tolteca, entre los siglos XI y XII d.C. Los vecinos de los mexicas fueron sus aliados o rivales, por lo que establecieron alianzas con ellos o los sometieron.

Los vecinos más sobresalientes ocuparon la sección oriental de la ribera del Lago de Texcoco; dicha región se llamó "el Acolhuacan", sus habitantes fueron los texcocanos o acolhuas, descendientes de los chichimecas de Xólotl, que hicieron de su ciudad, Texcoco, una de las capitales más avanzadas de su época y considerada el principal centro cultural.

El gobernante más notable de la dinastía local fue Nezahualcóyotl, quien hermoseó Texcoco con amplios palacios y notables construcciones rituales. En el Texcotzingo —elevación montañosa cercana a la urbe acolhua— edificó un parque de carácter cívico-ceremonial que recreaba, mediante canales, albercas y cascadas, un sitio idílico que evocaba al Tlallocan, el lugar donde regían el dios de la lluvia, Tláloc, y sus ayudantes, los tlaloques. La obra requirió traer agua potable desde una distancia considerable y construir el acueducto que la distribuyera. En la sala hay una gárgola con forma de cabeza de mono que procede de aquel complejo acuático.

Otros exquisitos testimonios escultóricos ponen en evidencia el alto grado de destreza alcanzado en los talleres artísticos de la región texcocana, entre ellos destacan "el relieve del sol de la muerte", que decoró en su tiempo la capital acolhua, así como la extraordinaria imagen de una mujer desnuda, llamada popularmente la Venus de Texcoco, de inusitado naturalismo. Los alfareros elaboraban la elegante y delicada cerámica Rojo Pulido, con decoraciones incisas o dibujos en líneas negras, bien fueran copas pulqueras, jarras, platos o cajetes, utensilios preferidos por la nobleza mexica.

A la ribera occidental la dominaban los tepanecas, quienes se extendían de norte a sur; sus capitales más importantes eran Azcapotzalco y Coyoacán. La primera ejercía su poder militar en

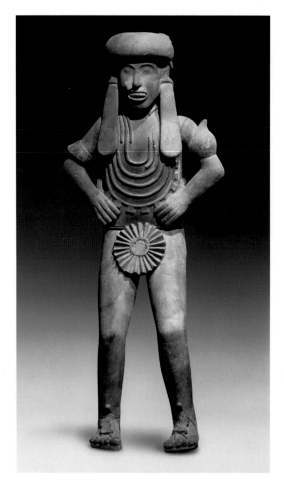

toda la cuenca cuando los mexicas arribaron en el siglo XIII d.C. Gobernaba entonces con mano férrea el señor Tezozómoc, a quien pidieron permiso para establecerse en los islotes de la parte occidental del lago, donde fundarían su ciudad, convirtiéndose así en sus vasallos.

Años más tarde, a mediados del siglo XV, cuando los gobernaba Izcóatl, los mexicas se sublevaron contra el yugo de sus opresores y encabezaron una guerra de liberación a la que se unieron los acolhuas y una porción del pueblo tepaneca, los de Tlacopan (Tacuba). La guerra fue sin cuartel, y la victoria mexica impulsó la destrucción de Azcapotzalco. De las ruinas de esta ciudad procede la magnífica jarra ritual conmemorativa con la imagen de Tláloc, cuya peculiaridad es la máscara de la deidad sobre el rostro de un individuo modelado en el recipiente.

CAJA DE TIZAPÁN
En el interior se encontró una escultura pequeña en piedra verde de la diosa del maíz tierno Xilonen. La tapa presenta cuatro imágenes de Tláloc, deidad del agua, correspondiendo cada una a los cuatro puntos cardinales o rumbos del universo. En el centro, y sostenida por los cuatro Tláloc, vemos una piedra verde o *chalchihuitle* que representa el centro del universo.
Cultura: Mexica
Periodo: Posclásico Tardío
Procedencia: Tizapán, Ciudad de México
Material: Basalto, piedra verde, estuco y pigmentos
Dimensiones: 19.5 cm de altura, 20 de ancho y 20 de largo
Foto: Archivo Zabé

Los pueblos chinampanecas, que habitaron al sur del conjunto de lagos, se dedicaban al cultivo de las chinampas —especie de islas artificiales—, y al comercio. Entre estos pueblos meridionales destacaban los xochimilcas, quienes decoraron los edificios de su ciudad con elegantes relieves en forma de flor tallados en piedra. También sobresale el magnífico Disco solar, que muestra la influencia del arte mexica en esta región, cuando impuso su hegemonía por medio de un estilo internacional que compartieron todos los pueblos de la época.

En esta sección de la sala, el visitante puede apreciar testimonios culturales y artísticos de otros pueblos vecinos que habitaron fuera de la cuenca lacustre, más allá de las serranías que la limitan: los matlatzincas de los Valles de Toluca, pescadores por excelencia y bravos guerreros ubicados alrededor del volcán del mismo nombre, con capital en Teotenango, y cuya cerámica más significativa se define como tipo Techaloyan, peculiar versión de las vajillas policromas que utilizaron los pueblos del Posclásico Tardío; la escultura autóctona se caracterizaba por su fuerte tendencia al geometrismo. En contraste,

el visitante puede apreciar los excelentes ejemplares escultóricos descubiertos en las excavaciones de Calixtlahuaca; en ellos resalta la manufactura de los artistas procedentes de México-Tenochtitlan o de los pueblos vecinos, quienes en los Valles de Toluca tallaron la espléndida imagen de la Cihuateteo, mujer deificada tras su muerte en el parto.

De los tlaxcaltecas, tradicionales enemigos de los mexicas y asentados en los valles orientales, del otro lado de la Sierra Nevada, el museo exhibe el ejemplar más exquisito de los instrumentos musicales nativos que se conservan en México: el Teponaxtli del guerrero, tambor horizontal, técnicamente un xilófono de doble lengüeta, con la forma de un valiente militar tlaxcalteca que porta el típico *queztalalpilloni*, tocado que le asocia a la nobleza. El guerrero porta un arma peculiar: la combinación del hacha de cobre y el mango que consiste en el espadarte del pez sierra.

El visitante advierte aquí la participación artística y cultural de todos los pueblos contemporáneos de los mexicas, quienes aportaron diversas tradiciones de cerámica, tallas en piedra y madera, así como obras en lapidaria, concha y hueso que constituyeron el estilo internacional, tradicionalmente conocido como estilo mexica.

La aportación de los fundadores de México-Tenochtitlan al cúmulo de logros artísticos y culturales del Posclásico Tardío fue su visión ecuménica, lo que les permitió aglutinar a los pueblos que dominaban con un propósito imperial, siempre siguiendo los designios de su dios tribal que los elevó a pueblo mesiánico, y dirigidos por el tlatoani y el resto de la nobleza.

Migración, historia y guerra

Acerca de los mexicas existen numerosos testimonios históricos cuyos autores fueron los propios descendientes de la antigua nobleza indígena, los conquistadores transformados en cronistas o los frailes que recolectaron relatos estudiando y traduciendo añejos documentos, muchos de ellos pictográficos.

En esta sección, dedicada a la historia del pueblo mexica, destaca un extraordinario facsímil, ejemplar único del *Códice Boturini*, llamado también *Tira de la Peregrinación*, especialmente elaborado para la sala, cuyo original se resguarda en la bóveda de códices de nuestra institución. El códice, elaborado en papel amate, describe con lenguaje pictográfico la migración del pueblo elegido por Huitzilopochtli desde su estancia y salida de Aztlán —de donde toman el gentilicio aztecas—. En el documento se aprecian con detalle los sitios y poblados por los que pasaron y sus años de estancia. Gracias al códice se sabe que el águila —numen del sol— les dio el arco y la flecha, armas que les permitieron sobrevivir en el recorrido y triunfar sobre sus enemigos.

El códice concluye con el arribo de los mexicas a la cuenca lacustre, su asentamiento temporal en Chapultepec, su derrota a manos de una coalición de pueblos enemigos, y su estancia y expulsión de Culhuacán. Mediante otros relatos se sabe que sobrevivieron en medio de los pan-

CABEZA DE GUERRERO ÁGUILA
Escultura que luce el yelmo de uso privativo de las altas órdenes militares de México Tenochtitlan, lo cual se confirma por el moño de papel plisado que lleva en la nuca.
Cultura: Mexica-Texcocana
Periodo: Posclásico Tardío
Procedencia: Probablemente Texcoco, Estado de México
Material: Basalto
Dimensiones: 32 cm de altura, 30 de ancho y 26 de largo
Foto: Jorge Pérez de Lara

tanos y tulares hasta que Ténoch, su guía, descubrió el símbolo esperado: el águila sobre el nopal devorando una serpiente. En la vitrina se recrean mediante relieves y esculturas estos elementos sustanciales del símbolo que hoy constituye el escudo nacional de México.

La historia oficial mexica se inicia con la fundación de México-Tenochtitlan en el año indígena 2 Casa (1325 d.C.). A partir de entonces la memoria de los mexicanos —como ocurre en la época antigua de la humanidad— se reconoce por los hechos más importantes de sus once tlatoani, gobernantes o señores. Este proceso histórico comprende dos etapas principales; la primera abarca desde la sujeción de los mexicas al señorío de Azcapotzalco, en 1325, hasta 1428 d.C., año de la liberación del Pueblo del Sol con la derrota de los tepanecas. La segunda se define en la historia como los cien años de esplendor mexica, desde 1428 hasta 1520 d.C., periodo que se inicia con el surgimiento de la Huey Tlahtocáyotl —el Gran Señorío de los aztecas y su expansión por Mesoamérica, lo que da forma al poderoso Imperio Mexica— y concluye un año después del desembarco de los conquistadores españoles en las costas de Veracruz y su arribo a México-Tenochtitlan.

TEPONAXTLE DEL GUERRERO
Técnicamente se trata de un xilófono de doble
lengüeta que produce sonido al ser golpeado
con baquetas cubiertas de hule.
Cultura: Tlaxcalteca
Periodo: Posclásico Tardío
Procedencia: Tlaxcala
Material: Madera, concha y obsidiana
Dimensiones: 14 cm de altura,
15 de ancho y 60 de largo
Foto: Archivo Zabé

Enseguida se destacan los acontecimientos más importantes de la historia mexica. En 1363 d.C., con la muerte de Ténoch y la elección de Acamapichtli como primer tlatoani por el *huehuetlatocan*, o consejo de ancianos electores, se inicia la historia gloriosa de los señores de México-Tenochtitlan. El interés político para la designación del gobernante inicial se inclinó por este príncipe de linaje tolteca, nacido en Culhuacán, quien gobernó desde 1375 hasta 1395 d.C. Para los mexicas era trascendental fundar la familia real de la cual descenderían los siguientes señores. Por tanto, llevaron a cabo un matrimonio místico uniendo a Acamapichtli con Ilancuéitl, anciana señora de añeja familia azteca. Con esta alianza vincularon metafóricamente a la tierra y al sol; Acamapichtli personificando al dios Xiuhtecuhtli, y su consorte, a la diosa Coatlicue. Por otro lado, a manera de un matrimonio múltiple le otorgaron 20 jóvenes mujeres, descendientes de los principales linajes, lo que garantizaba una extensa familia.

A Acamapichtli lo sucedió en el trono su hijo Huitzilíhuitl (1396-1417 d.C.), al que le siguió Chimalpopoca (1417-1427 d.C.). Según las crónicas, aquellos eran tiempos difíciles, porque toda la cuenca lacustre se encontraba dominada militarmente por el señorío tepaneca de Azcapotzalco. Como ya se dijo, los mexicas pidieron permiso a este señorío para asentarse en su dominio territorial, por ello los tres primeros señores de México-Tenochtitlan, además de los numerosos tributos

que entregaban, enviaron a sus guerreros como soldados mercenarios de Tezozómoc, señor de Azcapotzalco. Así colaboraron en la conquista de numerosos pueblos de la cuenca y llevaron sus armas victoriosas hasta las tierras de Cuernavaca y Oaxtepec, ubicadas en los valles rumbo al sur.

De aquella época temprana se conservan muy pocos testimonios materiales, ninguno de ellos presente en la sala; apenas se conocen los restos encontrados hace poco en las excavaciones del Templo Mayor, donde se rescataron los basamentos piramidales de la Etapa II, atribuida al gobierno de Huitzilíhuitl, junto con el *téchcatl* original y el Chac Mool policromado. El reinado de Chimalpopoca terminó violentamente con su escarnecimiento colectivo y su ahorcamiento a manos de su tío Maxtla, sucesor al trono tepaneca. De este infortunado tercer tlatoani queda como testimonio una etapa constructiva del Templo Mayor, de escasa calidad en su diseño y materiales; si hubo alguna escultura, de ella no quedó el menor vestigio.

La violencia de la época requirió una solución inesperada: los electores favorecieron a un joven guerrero cuyo único defecto era no provenir de familia noble por ambas ramas. Izcóatl ascendió al cargo de cuarto gobernante (1426-1440 d.C.). La afrenta del asesinato de Chimalpopoca fue el pretexto ideal para declarar la guerra a los tepanecas.

Izcóatl, hábil militar, pactó una alianza estratégica con Nezahualcóyotl, príncipe de los acolhuas de Texcoco, y con el grupo disidente de los tepanecas de Tlacopan. Después de diversas batallas la coalición triunfó en 1428 d.C. La etapa constructiva del Templo Mayor correspondiente al gobierno de este tlatoani se distingue por el peculiar conjunto de portaestandartes de estilo muy geométrico hallado sobre las escalinatas de la pirámide de Huitzilopochtli. En la Sala Mexica se puede contemplar una escultura de características semejantes que ejemplifica el arte de la etapa temprana de este pueblo.

Libres ya del yugo tepaneca, y dirigidos por Izcóatl y Nezahualcóyotl, los mexicas y sus aliados reconquistan el antiguo dominio de Azcapotzalco; una a una, las ciudades de la Cuenca de México cayeron bajo el dominio de la Triple Alianza, hegemonía de la que salió victoriosa México-Tenochtitlan, que se erigió como capital política, mientras que Texcoco fue el centro cultural de su tiempo, donde florecieron los talleres artísticos más importantes.

Entre las conquistas más relevantes de los aliados destaca la de Xochimilco, lo que permitió a México-Tenochtitlan ampliar sus vías de comunicación con tierra firme. El pueblo vencido construyó la calzada que permitiría las avanzadas militares rumbo al sur, hacia la región meridional de Mesoamérica.

A la muerte de Izcóatl, el consejo supremo de ancianos elige a Huehue Motecuzoma Ilhuicamina, quien gobierna desde 1440 hasta 1469 d.C.; su pariente Tlacaélel le acompaña con el cargo de *cihuacóatl* (dado que no había mujeres en el gobierno, la parte femenina de éste la representaba el cihuacóatl, término que también designaba a la Mujer Serpiente, deidad de la tierra), y es quien configura el dominio imperial de los mexicas, que se extendió desde la Cuenca de México hasta Oaxaca, el centro de Veracruz y la Huaxteca. Los mexicas pactaron con Tlaxcala y Huejotzinco las Guerras Floridas, cuyo propósito era obtener guerreros prisioneros para sacrificarlos en el Templo Mayor. La ciudad mexica contó entonces con el gran acueducto doble de Chapultepec y el albarradón que la protegía de las temibles inundaciones, ambas obras del genial Nezahualcóyotl.

El tlatoani y el cihuacóatl embellecieron la ciudad con magníficas construcciones y notables esculturas; el ejemplo más significativo es el *temalácatl*, que se exhibe en el centro de la sala, llamada Piedra del Arzobispado o Cuauhxicalli de Motecuzoma I, glorioso testimonio de las conquistas de este gobernante.

Como Motecuzoma carecía de un hijo varón que lo sucediera, los electores decidieron que, debido a su gran prestigio como guerrero y gobernante, sus tres nietos fueran, en estricto orden

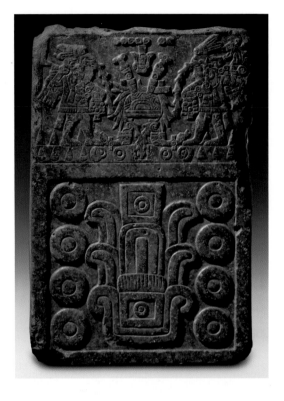

LÁPIDA CONMEMORATIVA DEL TEMPLO MAYOR
Relieve conmemorativo de la culminación de obras de remodelación y expansión del Templo Mayor de Mexico-Tenochtitlan, iniciadas por el tlatoani Tízoc y culminadas por Ahuízotl en 1487.
Cultura: Mexica
Periodo: Posclásico Tardío
Procedencia: Centro Histórico, Ciudad de México
Material: Piedra verde, diorita
Dimensiones: 92 cm de altura, 62 de ancho y 39.5 de largo
Foto: Proyecto México. Jorge Pérez de Lara

sucesorio, quienes ocuparan el trono de México-Tenochtitlan. Axayácatl (1469-1481 d.C.) ensalzó su reinado con la conquista de Tlatelolco, ciudad vecina y gemela de Tenochtitlan, eliminando así la amenaza militar que implicaba; además, tal acción le permitió apoderarse de sus rutas comerciales y controlar su famoso mercado.

El sexto tlatoani, según crónicas y documentos pictográficos, conquistó más de una treintena de pueblos. Durante su gobierno los mexicas enfrentaron por vez primera a los purépechas de Michoacán, quienes detuvieron el avance de la Triple Alianza. El monumento más famoso de la Sala Mexica atribuido a su reinado es la Piedra del Sol.

Tízoc (1481-1486 d.C.) ascendió al trono mexica como séptimo gobernante; durante su reinado se labró el *temalácatl* —la piedra para el sacrificio gladiatorio—, en el cual se relatan sus conquistas sumándolas a las de sus antecesores. Sin duda esta pieza es la más destacada en esta sección de la sala. Las crónicas abordan de forma poco consistente el final de la corta gestión de este gobernante, lo que tal vez sugiere que lo

testimonio de su poderío militar, su interés por el engrandecimiento de la ciudad y su devoción por los dioses supremos. En la sala se exhibe la lápida con su antropónimo el Perro de Aguas, procedente del Tepozteco, en el estado de Morelos; el Monolito del Acuecuéxcatl, que marcó la conclusión del acueducto de agua potable construido en el sur de la ciudad, y la Lápida conmemorativa del Templo Mayor, extraordinario monumento cronográfico con la fecha 8 caña, que señala que en 1487 d.C., Ahuízotl concluyó la remodelación de la pirámide doble de Huitzilopochtli y Tláloc, obra iniciada por su hermano Tízoc.

El último gobernante mexica antes del arribo de los conquistadores fue Motecuzoma Xocoyotzin (1502 a 1520 d.C.). Su reinado corresponde a la época de mayor grandeza y extensión del imperio que abarcaba del Anáhuac Ayotlan al Anáhuac Xicalanco; los mexicas llegaron a los límites con el Estado purépecha y a la frontera del mundo maya. En 1507 d.C., este tlatoani encabezó las fastuosas celebraciones del encendido del último Fuego Nuevo de la historia mexica. Motecuzoma Xocoyotzin utilizó el poder y la riqueza que fluían a la capital de Huitzilopochtli para engrandecerla con pirámides y templos, lo que dio gloria y fama a los mexicas en los confines del mundo mesoamericano.

Seguramente un gran número de obras artísticas de la sala corresponde a su reinado; destaca la escultura de la gran Xiuhcóatl, la Serpiente de Fuego con el enorme cuerno estelar sobre la cabeza, así como la Coatlicue y la Yolotlicue, monumentales imágenes de la diosa de la tierra que exaltaban el espíritu de entrega de este pueblo en aras del sostenimiento del universo y la continuidad del ciclo vida-muerte.

Arquitectura y urbanismo

Una de las secciones más importantes de la Sala Mexica introduce a los visitantes en la legendaria ciudad de México-Tenochtitlan, descrita por

envenenaron al discrepar con el desarrollo expansionista que exigía la política imperial.

El tercer nieto de Motecuzoma que gobernó México-Tenochtitlan fue Ahuízotl (1486-1502 d.C.), extraordinario guerrero y genial estratega, quien sometió más de 40 poblaciones dispersas en un amplio territorio comprendido en los actuales estados de Guerrero y Oaxaca, incluso hasta los límites con Guatemala.

La importancia del control de los cultivos de cacao —elemento fundamental en las transacciones comerciales— le impulsó a emprender la conquista del Soconusco en el actual estado de Chiapas. Del régimen de este octavo tlatoani se conserva un importante conjunto de esculturas,

MURAL DE MÉXICO-TENOCHTITLAN
DE LUIS COVARRUBIAS
Dimensiones: 960 cm de altura y 410 de ancho
Foto: Archivo Zabé

los propios conquistadores españoles: Hernán Cortés, en sus *Cartas de Relación*, y Bernal Díaz del Castillo, quien escribió la *Historia verdadera de la conquista de la Nueva España*. En estas obras se inspiró el espléndido mural del artista Luis Covarrubias, quien recreó la urbe en la pared norte de la sala; es un deleite la visión de aquel fantástico mundo, destruido por la ambición de los conquistadores españoles y por una demoledora modernidad que ha depredado los restos de la cuenca lacustre y la lozanía de sus bosques y campiñas.

La perspectiva del mural conduce hacia el Lago de Texcoco, desde el poniente; al fondo se observa la Sierra Nevada, de cuyas elevaciones destacan los volcanes Iztaccíhuatl y Popocatépetl, éste aún en actividad. El motivo predominante de la obra lo constituyen México-Tenochtitlan y México-Tlatelolco, urbes insulares comunicadas con tierra firme mediante ingeniosas calzadas construidas sobre pilotes.

Aunque se carece de representaciones indígenas originales de la ciudad, desde el siglo XVI, a partir de la Conquista española, se elaboraron planos donde se impone la imagen idealizada de la urbe. El más conocido de estos —que evoca la visión del universo indígena presente en algunos manuscritos pictográficos prehispánicos, en el que las tierras se extienden hacia las cuatro direc-

ciones que confluyen en el núcleo central— ilustró la edición de Nuremberg (1524) de las *Cartas de Relación* de Hernán Cortés.

El antecedente original, la primera hoja del *Códice Fejérváry Mayer*, muestra la conformación divina y cuatripartita del universo, así como los árboles sagrados que sustentan la creación. Este mismo elemento es el motivo de la primera lámina del *Códice Mendocino* que aborda la fundación de México-Tenochtitlan, consumada por Ténoch, marcando la división de los cuatro sectores de la urbe y ubicando al centro al águila sobre el nopal y al símbolo de la guerra.

Según los relatos históricos, al construirse la ciudad, los cuatro barrios —Teopan, Moyotlan, Atzacualco y Cuepopan— ocuparon los vértices correspondientes de la isla, mientras que en el centro se edificó el recinto ceremonial, cuadrangular y delimitado por plataformas con escalinatas que alojó los principales edificios sagrados: pirámides con templos, canchas de juego de pelota y construcciones palaciegas, dedicadas fundamentalmente a los rituales y a la educación de las clases privilegiadas.

La maqueta de México-Tenochtitlan ocupa el lugar privilegiado en el costado norte de la sala; la construyó originalmente Carmen Antúnez siguiendo las precisas indicaciones del arquitecto Ignacio Marquina. En 1999 se actualizó con la

RECONSTRUCCIÓN Y SECCIÓN DEL
TEMPLO MAYOR DE TENOCHTITLÁN

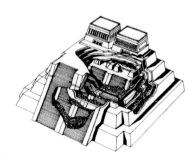

varias pirámides de planta mixta, de frente cuadrangular y sección posterior circular; destaca la de Ehécatl-Quetzalcóatl, con el templo de forma cilíndrica y techo cónico. La entrada de la habitación semeja una enorme boca de serpiente con las fauces abiertas, orientada al este, punto donde nace el sol.

Otras pirámides y templos alojaban las imágenes de las deidades de la fertilidad, particularmente Chicomecóatl, diosa de los mantenimientos, y Chalchiuhtlicue, patrona de las aguas. En el conjunto destaca, además del Calmécac –complejo palaciego utilizado como escuela de la nobleza–, el Teotlachtli, la Sagrada Cancha del Juego de Pelota cuyos cabezales marcaban el camino del sol de oriente a poniente; y en los paramentos, sus anillos de piedra permitían el paso de la pelota de hule que evocaba su recorrido.

Atrae la atención del visitante una pirámide que funciona como mobiliario museográfico monumental, pues permite ubicar muy probablemente con el sentido original que debieron tener en los antiguos edificios, algunas de las principales piezas arqueológicas asociadas con la arquitectura y procedentes del centro de la Ciudad de México y Tlatelolco. La techumbre del templo muestra clavos arquitectónicos en forma de cráneos humanos que rematan en almenas y evocan el cielo nocturno. Al frente del templo está el *téchcatl*, piedra de sacrificios con dos cabezas de serpiente, y en la parte superior de la plataforma, a los lados de la sagrada habitación, los braseros de barro que en su tiempo mantenían el fuego encendido de la pirámide principal de Tlatelolco.

El Chac Mool se ubica frente a las escalinatas, y en la base está la lápida rectangular, cuyos bordes se ornamentaron con serpientes ondulantes. Este monumento, rescatado en 1900, hacía pareja con otro similar, hoy *in situ* en las ruinas del Templo Mayor. Las cabezas de serpiente que marcan el arranque de las alfardas proceden del Centro Histórico; en su base tienen fechas calendáricas en el antiguo estilo de los habitantes de Xochicalco.

ZONA ARQUEOLÓGICA DEL TEMPLO MAYOR, CIUDAD DE MÉXICO.
Foto: Michael Calderwood

información obtenida en las investigaciones arqueológicas del Proyecto Templo Mayor. Así, el visitante puede admirar la pirámide doble de Huitzilopochtli y Tláloc, que junto con la de Tezcatlipoca y otra similar, ubicadas a sus costados, orientaban sus escalinatas y fachadas al poniente, punto donde el sol concluía su diario recorrido cuando requería del sacrificio humano.

Aunque se sabe de la existencia de otros edificios, muy probablemente futuras investigaciones proporcionarán información exacta sobre sus características arquitectónicas; la maqueta las recrea imaginariamente. Por lo tanto, se tienen

Complementan la creación museográfica dos extraordinarios portaestandartes, mutilados durante la conquista europea de la capital indígena.

Frente a la pirámide, en un capelo, se muestra la riquísima ofrenda descubierta en los años sesenta del siglo pasado en las ruinas del Templo Mayor, que recrea para los visitantes la devoción de los mexicas hacia sus deidades supremas: conchas, caracoles, máscaras, ornamentos en jade, espadartes y otras esculturas. El propósito de la ofrenda fue celebrar la cuarta reedificación de la Pirámide Doble, sus materiales procedían de las más recónditas regiones de Mesoamérica. En las vitrinas laterales se exhiben otras ofrendas muy famosas, descubiertas a lo largo de cien años de exploraciones en el Centro Histórico, como son la de las Escalerillas y la de Coyolxauhqui.

De aquel ambiente lacustre de la ciudad indígena se pueden admirar en la sala la extraordinaria canoa de madera, fechada hacia finales del siglo XV, así como esculturas, vasijas y ornamentos que recrean la fauna característica de los lagos: tortugas, patos, insectos, peces, etcétera.

Algunos fragmentos arquitectónicos exhibidos en esta sección dan cuenta cabal de la forma de ciertos monumentos, así como de la decoración de los muros de pirámides y palacios, ya sean exquisitos relieves como los *técpatl* —los cuchillos de sacrificio de rostros fantásticos— o segmentos de murales en los que sobreviven los delicados pigmentos que conforman el rostro sobrenatural del monstruo de la tierra.

Las actividades comerciales en Tlatelco y la Maqueta del mercado

México-Tlatelolco, la ciudad gemela edificada sobre islotes al norte de Tenochtitlan, creció de tal manera que para el siglo XV sólo la separaba de ésta una acequia o canal. Según los cronistas, tenía forma alargada y orientación este-oeste, como puede apreciarse en el mural de Covarrubias. En la sala se exhiben piezas tlatelol-

cas como esculturas de piedra, una notable ofrenda de cuchillos de sacrificio y, sobre todo, objetos de cerámica, entre los que destacan figurillas y pipas de formas diversas, producto de exploraciones arqueológicas.

Además de valientes guerreros, los tlatelolcas, eran fundamentalmente comerciantes, y su tianguis o mercado era famoso en toda Mesoamérica. La Sala Mexica recreó, desde su inauguración en 1964, la maqueta del mercado. Ubicada detrás de la Piedra del Sol, su cuidadosa elaboración estuvo a cargo de Carmen Antúnez. La información se obtuvo de los relatos de Cortés y Bernal Díaz del Castillo, recreándose así una esquina de aquel espacio comercial, del que se sabe era un patio al aire libre rodeado de habitaciones que funcionaban como bodegas.

Las figuras de la maqueta miden en promedio 20 cm de altura y se modelaron del natural. En ello colaboraron decenas de trabajadores que participaron en la construcción del museo, así como mujeres que les proveían de alimentos, muchas de ellas acompañadas por sus hijos. El resultado fue extraordinario. Durante cuatro décadas, la maqueta ha deleitado a millones de visitantes por su viva-

OLLA POLICROMA
Esta pieza fue hallada en una excavación, acompañada de miles de vasijas, procedentes de todas las zonas del Imperio Mexica, que se utilizaron como relleno para construir un templo sobre un viejo basamento.
Cultura: Mexica
Periodo: Posclásico Tardío
Procedencia: Centro Histórico, Ciudad de México
Material: Arcilla
Dimensiones: 28 cm de alto y 29.5 de diámetro
Foto: Proyecto México. Michel Zabé

SAHUMADOR POLICROMO
Instrumentos rituales que se agitaban con objeto de que el aire atravesara las calas y avivara las brasas que contenían, para que liberaran así grandes cantidades de humo, que ofrecían a sus deidades.
Cultura: Mexica
Periodo: Posclásico Tardío
Procedencia: Centro Histórico, Ciudad de México
Material: Arcilla y pigmentos
Dimensiones: 63 cm de largo y 22.5 cm de altura
Foto: Archivo Zabé

CALABAZA
Escultura de impactante realismo
en la que el artista indígena
aprovechó la veta natural de la roca
para reproducir la apariencia del vegetal.
Cultura: Mexica
Periodo: Posclásico Tardío
Procedencia: Desconocida
Material: Piedra verde, diorita
Dimensiones: 16 cm de altura,
36 de largo y 17 de diámetro
Foto: Jorge Pérez de Lara

a la deidad en la piedra de sacrificios; por un momento la bulla del mercado se detenía a su paso; nobles y plebeyos lo contemplaban con una mezcla de veneración y respeto.

El mercado era el sitio donde convivían diariamente *pipiltin* y *macehualtin* —la nobleza y el pueblo común—, artesanos, comerciantes e inclusive guerreros que cuidaban del orden y la seguridad. Era un sitio fundamental en la vida cotidiana, donde los casamenteros buscaban esposa para los jóvenes a punto de concluir sus vidas de internos en la escuela, se intercambiaban noticias y se obtenían los productos que no cultivaba una familia campesina.

cidad y realismo. Comerciantes y compradores sostienen animado coloquio, allá están los puestos de comida y la entrecalle con animales vivos: *xoloitzcuintles* (perros sin pelo), guajolotes, patos, serpientes, así como algunos ya sacrificados, como un venado al que están destazando.

No faltan los vendedores de semillas y verduras, los de cestas y otros artículos de jarcia, ni los alfareros con su cerámica de uso cotidiano. En contraste, se aprecia que los *pochtecas* —comerciantes que recorrían grandes distancias— vendían elegantes recipientes policromos traídos desde los lejanos valles de Puebla o la región mixteca. En el tianguis se podían encontrar hilos de algodón, telas de trama exquisita, así como plantas, minerales y otras sustancias que servían para curar o embrujar, e incluso podían comprarse los *tlacotin* o esclavos de collera.

En la calle central de la maqueta destacan los puestos que ofrecían deslumbrante joyería de oro y plata, al igual que discos y diversos objetos cubiertos con mosaico de turquesa. En esta zona estaban los *amanteca*, artífices del arte plumario, quienes elaboraban magníficos tocados de plumas multicolores, abanicos y mosqueadores; junto a ellos, otros comerciantes ofrecían los *cactli*, sandalias de cuero para uso privativo de la clase privilegiada.

En esta calle transita, con peculiar elegancia, el joven que representaba en vida al dios Tezcatlipoca, quien terminaría como ofrenda suprema

Vida cotidiana y productos artesanales

A continuación, el visitante ingresa a la sección dedicada a la vida diaria en México-Tenochtitlan. Un notable conjunto de esculturas antropomorfas masculinas y femeninas lo rodean; su propósito es transportarnos unos instantes a las vidas de aquellos antiguos pobladores, hombres y mujeres, que orgullosamente portan sus prendas de vestir características: ellas el *quechquémitl,* el *huipil* y el enredo o falda; mientras que los varones se distinguen por el uso del *máxtlatl* que cubre su sexo. Aunque la mayoría de estas esculturas exalta la juventud como la edad dorada de la fortaleza y aptitud para la procreación, algunas recuerdan los estragos físicos de la vejez.

Una choza de tamaño natural recrea una cocina indígena. A ésta la caracterizan el comal, siempre al centro de la habitación, acompañado de la amplia vajilla que utilizaban las mujeres en la preparación de los alimentos: ollas, cajetes, jarras y cucharas de los más diversos tamaños. También está el metate, tradicional piedra de molienda utilizada sobre todo en la elaboración de la masa, paso previo a la hechura de las sabrosas tortillas. Los petates, esteras tejidas con las hojas del tule —tan abundante en los lagos— se enrollaban de día y se extendían por la noche en el piso de las habitaciones. Esta cocina la complementa la figura de un *itzcuintli* echado, el infaltable perro de toda familia campesina.

Otras vitrinas exhiben diversas artesanías características de los mexicas: las vajillas cerámicas de uso popular se distinguen por su peculiar decoración, geométrica o simbólica, en tonalidades cafés o negras que resaltan sobre el barro naranja, y los sellos o pintaderas, que muestran la rica variedad de diseños para decorarse el cuerpo, para pintar sobre textiles o papel amate.

Los mexicas realizaban la mayoría de sus actividades con herramientas de obsidiana, el abundante vidrio volcánico obtenido principalmente en las minas del Cerro de las Navajas, en el estado de Hidalgo. Ahí extraían núcleos o maquilaban preformas para elaborar navajillas, puntas de proyectil, cuchillos y demás instrumentos en los talleres distribuidos por la ciudad. Las rocas compactas, como la diorita y la serpentina, eran la materia prima de hachas y cinceles de gran pulimento, útiles en los trabajos de construcción, talla de esculturas y excavación.

Religión y dioses del mundo mexica

La sección sur de la sala y la nave central muestran la información disponible acerca del complejo mundo de los mitos, dioses y religión de los mexicas. El recorrido se inicia enseguida de Vida Cotidiana con la sección de los dioses de los mantenimientos, de la lluvia y el agua. Recibe simbólicamente al visitante la diosa Cihuacóatl, la Mujer Serpiente, deidad de la tierra que sintetizaba el concepto de fertilidad.

Patronos de la agricultura y el agua. El maíz, la calabaza y otros cultivos básicos para la civilización mesoamericana (chile, jitomate, frijol) tenían por deidades principales a Centéotl, Xilonen y Chicomecóatl, a quienes simbolizaban mediante la mazorca cubierta de hojas, la planta de maíz en floración o bien el maíz maduro, listo

para preparar alimentos. El conjunto de esculturas y relieves detalla la devoción del pueblo por estas divinidades primordiales para su existencia; destaca por su tamaño la enorme jarra de arcilla con la imagen de la diosa Chicomecóatl, a la que acompaña una multitud de esculturas de la misma deidad, identificadas por el *amancalli* o tocado cuadrangular de papel. Puede apreciarse, además, un extraordinario altar decorado con 16 mazorcas, cuatro en cada cara, que evoca un universo pletórico de maíz.

Para entender la importancia del culto a las deidades de la lluvia entre los mexicas es necesario destacar que Tláloc fue la deidad del agua y una de las divinidades más antiguas en Mesoamérica; su presencia se reconoce plenamente ya en Teotihuacán hacia el año 200 a.C. A Tláloc lo caracteriza su peculiar rostro: anillos alrededor de ojos y cejas, nariz y boca simbólicamente constituidas con dos cuerpos de serpientes entrelazadas, imagen vigente desde tiempo inmemorial hasta la época de los mexicas, quienes la vincularon con Chalchiuhtlicue, su contraparte femenina, diosa de las aguas contenidas, es decir, manantiales, lagos e inclusive el mar, de ahí lo poético de su nombre: la de la Falda de Jades. Con su lenguaje metafórico, los mexicas imaginaban la superficie acuática como un entramado de piedras verdes.

CHAPULÍN
Magistral reproducción del coleóptero, cuyas patas flexionadas parecen estar a punto de impulsar un salto.
Cultura: Mexica
Periodo: Posclásico Tardío
Procedencia: Chapultepec, Ciudad de México
Material: Piedra, carneolita
Dimensiones: 19.5 cm de altura, 16 de ancho y 47 de largo
Foto: Archivo Zabé

VISTA AÉREA DE LA ZONA ARQUEOLÓGICA
DE TECULTZINGO, ESTADO DE MÉXICO.
Foto: Michael Calderwood

Página izquierda
ALMENA
Elemento ornamental que remataba la
techumbre de los adoratorios, y cuya forma
variaba según la deidad a la que estaban
asociados; en este caso, se trata del dios
Ehécatl-Quetzalcóatl.
Cultura: Mexica
Periodo. Posclásico Tardío
Procedencia: Templo Mayor, Ciudad de México
Material: Arcilla y estuco
Dimensiones: 194 cm de altura, 110 de ancho
y 13 de espesor
Foto: Archivo Zabé

barro con la forma del animal, remontan al espectador a las festividades rituales en las que los sacerdotes bebían por medio de popotes (pajillas) pulque mezclado con hongos y otros enervantes. Dos cabezas humanas con incrustaciones de concha *Spondylus* de color rojizo en los ojos evocan los efectos de la embriaguez durante la ceremonia. Debido a su valioso contenido calórico se permitía a la sociedad ingerir la bebida en forma regulada, en las elegantes copas pulqueras de forma bicónica.

Quetzalcóatl y Tezcatlipoca, la lucha de los contrarios.

Uno de los temas cruciales de la religión mexica es la eterna confrontación de dos deidades primigenias: Quetzalcóatl y Tezcatlipoca, cuya misión fue conformar la Tierra, separando al monstruo Cipactli, para establecer los límites entre los planos celeste, terreno e inframundano. La participación de ambos confiere un carácter dinámico y dialéctico a la creación.

Quetzalcóatl, la Serpiente Emplumada, creó al hombre al mezclar los huesos de las generaciones pasadas con su propia sangre. Para alimentarlo se transformó en hormiga y así buscó el escondite donde estos insectos guardaban el maíz. Los mexicas lo consideraban la deidad civilizadora por excelencia, y crearon esculturas donde se le reconoce como el hombre-serpiente o como un ofidio cubierto de plumas. En la sección del culto a Quetzalcóatl, además de las figuras de monos —su animal representativo—, también se aprecian otras advocaciones con las que este dios era imaginado.

En las imágenes de Ehécatl-Quetzalcóatl, dios del viento, se advierte una extraña media máscara en forma de pico de ave, con la que concebían al numen generando desde suaves vientos hasta destructores huracanes; su insignia era el Ehecailocózcatl, el caracol cortado, ornamento del cual se aprecian en la sala ejemplares en materiales diversos.

Xólotl era el doble de Quetzalcóatl, su gemelo divino, deidad de aspecto perruno que era la otra

Además de los animales acuáticos y otras representaciones del dios de la lluvia —entre las que destaca la escultura descubierta en los manantiales de Chapultepec— se exhibe la devota imagen de la diosa del agua, que sostiene en las manos su recipiente simbólico, así como la valiosa máscara tallada en piedra verde con su nombre calendárico inscrito en el reverso.

Esta parte de la sala concluye con esculturas, recipientes y ornamentos que detallan la importancia del pulque en la vida cotidiana y ritual del Posclásico Tardío. Ometochtli, Dos Conejo, era el dios patrono de la bebida embriagante que se obtenía al fermentar el líquido azucarado del corazón del maguey; la deidad muestra su característica nariguera de media luna con la que la identificaban los devotos. El conejo era su *nahual*, el animal en el que podía transformarse, y la luna se asociaba con este líquido porque la silueta del animal se percibía en el astro nocturno.

Un magnífico fragmento de brasero, que muestra esta imagen lunar y un recipiente de

parte de la Serpiente Emplumada, lo que le permitía entrar al inframundo; de ahí que a la muerte de los individuos, se sacrificaba un can en su honor, cuya misión era conducirle al reino de los muertos. Los mexicas identificaban también el planeta Venus con Quetzalcóatl, llamándole Tlahuizcalpantecuhtli-Señor del Lucero de la Mañana y representándolo en altares y relieves con su signo característico: un elemento trilobular con un ojo estelar en el centro.

Tezcatlipoca, el Espejo que Humea, también cuenta con una sección especial donde abundan sus animales representativos, jaguares y coyotes. El sagrado felino era patrono de los jóvenes guerreros, quienes utilizaban su disfraz como insignia y exaltaban a la deidad como el dios supremo de la guerra. La Sala Mexica exhibe dos imágenes de esta deidad: una escultura de pequeño formato y exquisita talla, donde se admira al numen portando su escudo de guerra, y el *tlachialoni*, disco de obsidiana con una perforación en el centro, del cual se dice que se servía para ver cuanto en el mundo acontecía sin ser advertido.

La otra representación de Tezcatlipoca es un extraordinario relieve que relata el nacimiento de la deidad, que al salir del centro de la tierra en el año 2 Caña, impuso su ímpetu de joven guerrero y la fuerza de su masculinidad, pero al no poder esperar para salir completamente se arrancó una pierna.

El culto al Sol, la Tierra y la Muerte en el centro de la Sala.

El arquitecto Pedro Ramírez Vázquez concibió la nave central de la Sala Mexica como un templo, donde el espacio y su generosa altura crean una atmósfera única. En el interior, todo es de gran solemnidad; en el fondo, sobre un muro de mármol y una plataforma del mismo material, se encuentra la Piedra del Sol —el monumento más conocido del mundo prehispánico—, expuesto a los visitantes con una elegante disposición que evoca un altar intemporal. Y, en efecto, es el altar que exalta el alma indígena de los mexicanos.

La Piedra del Sol, conocida popularmente como Calendario Azteca, es una escultura inconclusa de carácter cronográfico destinada a la celebración del culto imperial vinculado al ritual del dios Xipe Tótec; fue descubierta en la Plaza Mayor de la Ciudad de México y su rostro central evoca a Tonatiuh y Xiuhtecuhtli, ambos símbolos del calor del universo. Los restantes describen los soles o edades anteriores a la era presente; complementan el relato mitológico los cuadretes con los veinte símbolos de los días rodeados por los rayos luminosos del astro y las púas del autosacrificio; dos serpientes de fuego, las Xiuhcóatl, enmarcan la composición. El análisis meticuloso de los pigmentos conservados en el monumento señala que los colores originales eran exclusivamente rojo y ocre, tal como se muestra en la gráfica del muro norte.

A ambos lados del monumento, en vitrinas o pedestales, se exhiben otros ejemplares relacionados con el culto solar: un extraordinario recipiente de arcilla policromado con la imagen de Tonatiuh; pipas en forma de guacamaya, el ave que junto con el águila representaban al astro; algunos altares que recrean en numerosas ocasiones el disco del sol, unos con el símbolo *ollin* —el movimiento, nombre del quinto sol—, otros con la representación del agua y el fuego que evocan la guerra divina entre el sol y la luna en el inicio de la creación.

El diseño de la sala se enriquece con dos espacios laterales, al norte y al sur, que a manera de capillas alojan algunos monumentos capitales de la escultura mexica. Al norte se halla la enorme cabeza de la Xiuhcóatl —la Serpiente de Fuego—, de audaz diseño, ya que el espectador puede apreciarla en perspectiva desde diversos puntos y distinguir sus elementos constitutivos: las fauces con innumerables colmillos, el ojo del reptil con su enorme ceja y, sobre todo, el gran cuerno que sale de la nariz con su secuencia de ojos celestes: las estrellas.

Al otro lado está la monumental Coatlicue, de terrible belleza; decapitada, sobre los hombros tiene dos brutales cabezas de serpiente que dis-

PIPAS
En el México prehispánico, el uso del tabaco gozó de gran popularidad entre sacerdotes y gobernantes, por lo que los instrumentos utilizados para aspirarlo se ornamentaron con atributos muy diversos.
Cultura: Mexica
Periodo: Posclásico Tardío
Procedencia: Tlatelolco, Ciudad de México
Material: Arcilla
Dimensiones:
Arriba: 20 de largo, 7 de altura y 7 de ancho
Abajo: 27.5 de largo,
13.8 de altura y 5.8 de ancho
Foto: Archivo Zabé

PLATO DE DOBLE FONDO
Los dos niveles del fondo de este recipiente
separaban los alimentos de diversas
consistencias que conformaban la dieta básica
de los mexicas.
Cultura: Mexica
Periodo: Posclásico Tardío
Procedencia: Ciudad de México
Material: Arcilla
Dimensiones: 6 cm de altura y 22 de diámetro
Foto: Archivo Zabé

PLATO
La ornamentación de esta vasija está
íntimamente relacionada con el Sol y el águila,
su nahual (animal en que se convierte)
y circundada por varias bandas que simbolizan
las trece capas celestes.
Cultura: Mexica
Periodo: Posclásico Tardío
Procedencia: Tlatelolco, Ciudad de México
Material: Arcilla
Dimensiones: 4.5 cm de altura
y 31 de diámetro
Foto: Archivo Zabé

puestas a modo de manos parecieran amenazar al espectador. Desde su descubrimiento, en 1790, la composición impacta a quienes la contemplan por primera vez; semeja una especie de edificio humano con las garras de águila-pies soportando la estructura y la falda de serpientes. Ésta le da su nombre y conduce nuestra atención hacia los senos flácidos, ocultos púdicamente por el impresionante collar de manos cortadas y corazones humanos; la mirada concluye su recorrido en el rostro serpentino que forman las dos cabezas de serpientes ubicadas de perfil. Sin lugar a dudas, la escultura de Coatlicue es el mayor aporte del arte del nuevo mundo a la plástica universal.

La orientación oriente-poniente de la parte central de la sala corresponde al recorrido del sol desde su nacimiento, en el este, hasta el ocaso en el punto contrario; simbólicamente, los elementos en la exhibición aclaran al visitante la importancia de los rituales en homenaje al sol, lo que explica la presencia del Cuahuxicatlli de Motecuhzoma Ilhuicamina o Piedra del Arzobispado, altar de sacrificio gladiatorio muy semejante a la piedra de Tízoc. Un poco más retirado, se aprecia un pedestal con dos figuras: la diosa de la tierra, Coatlicue, que con su falda de serpiente y rostro descarnado con incrustaciones de concha y turquesa representa a la

madre del sol, y junto a ella, la imagen del joven astro como Xiuhtecuhtli, con ojos de concha y obsidiana, identificable por su elegante capa que semeja la cola de la serpiente de fuego.

Al frente de la plataforma que conduce a la Piedra del Sol está la famosa cabeza de diorita de Coyolxauhqui —la que se pinta o maquilla las mejillas con cascabeles—, deidad lunar hermana de Huizilopochlli, que lo enfrentó para frustrar su nacimiento. Su castigo fue la decapitación a manos del joven sol de la guerra.

El muro derecho de la sección central se destinó a exhibir los elementos relacionados con los rituales de la muerte, ya que su orientación se dirige al norte, región de los difuntos y entrada al inframundo. Su disposición museográfica recrea un altar monumental para las cinco esculturas que representan a las Cihuateteo —mujeres muertas en el parto— acompañadas de braseros, cuyos ornamentos y soportes evocan el inframundo y a sus dioses patronos, Mictlantecuhtli y Mictleccacíhuatl.

El muro contrario, orientado hacia al sur y con un altar semejante, exhibe esculturas y braseros que evocan la vida y la fertilidad; preside el conjunto Cihuacóatl, la Mujer Serpiente, advocación de Coatlicue, la diosa terrena. La serpiente es el animal vinculado con la reproducción y la fertili-

dad; las siete cabezas de ofidios al frente del altar constituyen el número calendárico de la abundancia y del maíz. Complementan el conjunto varias representaciones de Tlatecuhtli, el señor o monstruo de la tierra, advocación masculina de este elemento.

La música, los conocimientos calendáricos y las artes menores

La sección del culto a Xochipilli —príncipe de las flores, patrono de la danza y la música— se ubica a un lado del área de Tezcatlipoca. La extraordinaria figura de la deidad, sentada en su trono de flores y mariposas, se considera uno de los mayores logros plásticos mexicas. El rostro del numen está cubierto con una máscara, y el cuerpo decorado con diversas flores, entre las que se han identificado ejemplares de plantas alucinógenas.

Frente a las vitrinas el visitante se recrea con numerosos ejemplos de instrumentos musicales nativos: flautas, silbatos, el *teponaxtle* y el *tlapanhuéhetl* —el tambor horizontal como xilófono, y el vertical, cubierto con una piel de animal, respectivamente—.

La cuenta de los días obsesionaba a las sociedades precolombinas, de ahí que utilizaran dos calendarios: uno solar, el *Xiuhámatl*, de carácter agrícola, y el *Tonalámatl*, ritual-adivinatorio. En la sala, además de la réplica del *Códice Borbónico*, —uno de los calendarios rituales mexicas más hermosos que se conserva— y de las lápidas con fechas indígenas, el testimonio calendárico más relevante de

las festividades en México-Tenochtitlan es el mausoleo de los siglos y el conjunto de *xiuhmolpilli* —ataduras de años—, elementos que conmemoraban la festividad secular de los 52 años.

Al final del recorrido se aprecian objetos elaborados con valiosos materiales que ejemplifican el refinamiento de canteros y amantecas. Los ornamentos de la nobleza se elaboraban con piedras semipreciosas como jade, cristal de roca y obsidiana, además de concha y hueso; con ellos fabricaban orejeras, narigueras, collares y anillos, así como los peculiares bezotes, insignias que los guerreros se colocaban en la parte baja del labio perforándose la piel.

ALTAR DE MAZORCAS
Tepetlacalli (caja ceremonial para ofrendar a los dioses). Originalmente debió contener ofrendas dedicadas al culto agrícola, en las que se exaltaba al maíz, alimento básico de las sociedades prehispánicas.
Cultura: Mexica
Periodo: Posclásico Tardío
Procedencia: Desconocida
Material: Basalto
Dimensiones: 58 cm de altura, 64 de ancho y 75 de largo
Foto: Proyecto México. Jorge Pérez de Lara

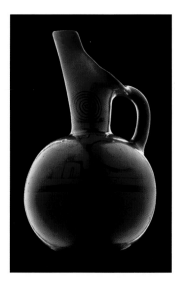

El vaso del monito de obsidiana y la réplica del penacho de Moctezuma, el ejemplo más atractivo de plumaria que posee el Museo, son los objetos más notables de la colección. El extraordinario recipiente, trabajado en el frágil vidrio volcánico, recrea magistralmente al animal que evoca al dios del viento que atrae las nubes oscuras cargadas de lluvia. Por su parte, el conjunto de más de cuatrocientas plumas de quetzal, ave en peligro de extinción, y el detalle con el que fue trabajado, lo hacen tan valioso como el original, actualmente en exhibición en el Museo Etnográfico de Viena.

A un lado del penacho, una vitrina resguarda algunos de los objetos de oro que sobrevivieron a los conquistadores españoles: colgantes, orejeras, anillos y placas repujadas que servían como narigueras, son vestigios del fabuloso tesoro de la corona azteca, el cual terminaría tristemente. El Tejo de oro, insólito lingote de oro puro que pesa casi dos kilos, testimonia tan trágico final.

El impacto de la conquista europea y el ocaso del mundo mexica rematan la visita; como testigos mudos del drama figuran el monumento al sacrificio nocturno, transformado en pila de agua bendita, y el altar donde libran la interminable lucha de la incomprensión, la diosa prehispánica, descarnada por la barbarie de los frailes, y la cruz del Dios cristiano elaborada con sencillos tablones de madera.

Aquel poderoso imperio terminó sus días avasallado por la presencia de los invasores españoles, quienes derrumbaron las antiguas pirámides y enterraron a los dioses indígenas. Sin embargo, el muro erigido al salir del recinto mexica nos recuerda que "en tanto que permanezca el mundo, no acabará la fama y la gloria de México-Tenochtitlan".

MACEHUAL (HOMBRE DEL PUEBLO)
Escultura antropomorfa que sintetiza el
concepto mexica sobre el hombre común:
vestimenta sencilla, serenidad, sumisión y
fuerza para sustentar las campañas bélicas
de su dios guía.
Cultura: Mexica
Periodo: Posclásico Tardío
Procedencia: Ciudad de México
Material: Basalto
Dimensiones: 63 cm de altura y 20 de ancho
Foto: Proyecto México. Michel Zabé

CABEZA DE BORRACHO
La embriaguez que evidencian los ojos irritados
de este personaje se debe, posiblemente, a que
se trataba de la próxima víctima sacrificial.
Antes del rito, los individuos bebían sustancias
psicotrópicas.
Cultura: Mexica
Periodo: Posclásico Tardío
Procedencia: Ciudad de México
Material: Basalto, concha roja y obsidiana
Dimensiones: 19.5 cm de altura y 15.5 de ancho
Foto: Archivo Zabé

DIOSA DEL AGUA

A Chalchiuhtlicue se la identifica por las dos borlas de algodón de su tocado; su vestimenta conformada por *cuéitl* (enredo o falda); *quechquémitl* (pieza consistente en dos rectángulos de tela que, unidos, cubren la parte superior del cuerpo), y por el collar de cuentas de tres hilos que adorna su cuello.

Cultura: Mexica
Periodo: Posclásico Tardío
Procedencia: Altiplano Central
Material: Basalto y pigmentos
Dimensiones: 32 cm de altura, 20 de ancho y 15 de espesor
Foto: Archivo Zabé

DIOSA DE LA FERTILIDAD
Con su peinado característico y senos
al descubierto, esta escultura representa
a la deidad que exalta los deberes de
las mujeres en matrimonio.
Cultura: Mexica
Periodo: Posclásico Tardío
Procedencia: Coatepec Harinas,
Estado de México
Material: Madera de chicozapote
y concha blanca
Dimensiones: 40 cm de altura y 15 de ancho
Foto: Proyecto México. Jorge Pérez de Lara

Páginas siguientes
SERPIENTE
Las esculturas de ofidios fueron muy comunes
en el México antiguo; las serpientes
eran asociadas con varios fenómenos
naturales que las utilizaban como vehículo.
Cultura: Mexica
Periodo: Posclásico Tardío
Procedencia: Ciudad de México
Material: Piedra verde
Dimensiones: 49 cm de altura y 83 de diámetro
Foto: Archivo Zabé

CABEZA COLOSAL DE SERPIENTE
Esta cabeza de una serpiente de cascabel
debió rematar las alfardas de las escalinatas
de algún edificio importante
de Mexico-Tenochtitlan.
Cultura: Mexica
Periodo: Posclásico Tardío
Procedencia: Centro Histórico,
Ciudad de México
Material: Basalto
Dimensiones: 90 cm de altura,
92 de ancho y 155 de largo
Foto: Proyecto México. Jorge Pérez de Lara

EHÉCATL
Magnífica escultura del dios del viento
en actitud contemplativa, durante la cual,
según los mexicas, ejercía su poder
sobre dicho elemento.
Cultura: Mexica
Periodo: Posclásico Tardío
Procedencia: Desconocida
Material: Basalto y obsidiana
Dimensiones: 41 cm de altura,
23 de ancho y 18 de largo
Foto: Archivo Zabé

Página izquierda
SERPIENTE EMPLUMADA
Escultura del *nahual* de Quetzalcóatl,
enroscado y mostrando amenazantes fauces
abiertas; en la base fue labrado en relieve el
monstruo de la tierra, Tlaltecuhtli.
Cultura: Mexica
Periodo: Posclásico Tardío
Procedencia: Ciudad de México
Material: Basalto
Dimensiones: 28 cm de altura y 45 de diámetro
Foto: Proyecto México. Michel Zabé

Páginas siguientes
MONITA DANZANTE
Una de las más bellas figuraciones de
Ehécatl-Quetzalcóatl en su advocación animal;
la cual presenta a la deidad girando sobre su
eje para recrear los torbellinos de viento.
Cultura: Mexica
Periodo: Posclásico Tardío
Procedencia: Ciudad de México
Material: Piedra
Dimensiones: 60 cm de altura,
37 de ancho y 33 de largo
Foto: Archivo Zabé

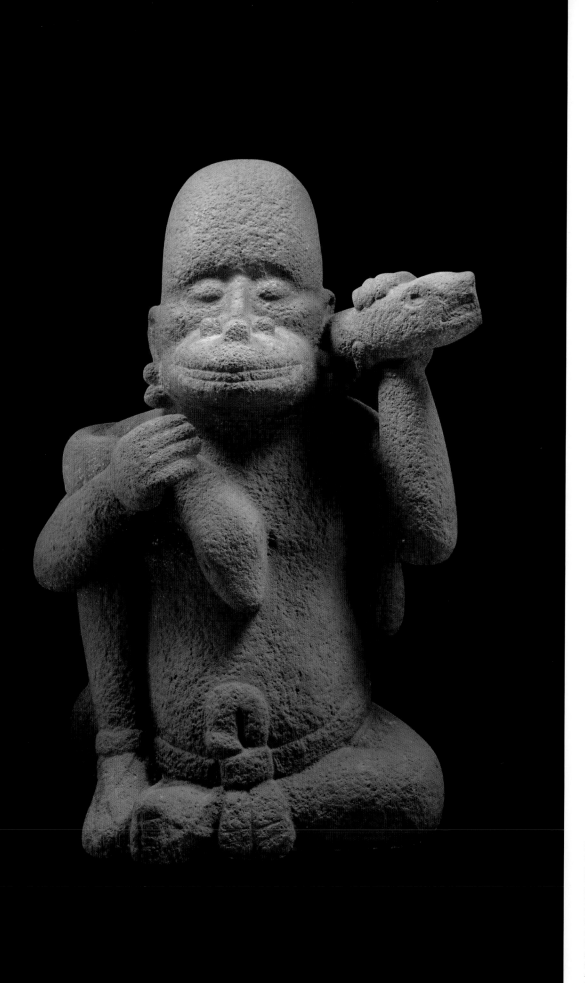

EHÉCATL-QUETZALCÓATL
Escultura que representa al dios del viento en posición sedente con su característica máscara bucal en forma de pico de ave —que le permite soplar y generar viento— mientras sostiene con las manos dos serpientes que se entrelazan en la parte posterior.
Cultura: Mexica
Periodo: Posclásico Tardío
Procedencia: Desconocida
Material: Basalto
Dimensiones: 60 cm de altura, 45 de ancho y 32 de espesor
Foto: Proyecto México. Michel Zabé

XOCHIPILLI
Esta representación del dios
de la música, el juego y la danza, sentado sobre
un pedestal de flores polinizadas por mariposas,
alude al poder regenerador de la naturaleza.
Cultura: Mexica
Periodo: Posclásico Tardío
Procedencia: Tlalmanalco, Estado de México
Material: Basalto
Dimensiones: 115 cm de altura,
53 de ancho y 43 de espesor
Foto: Proyecto México. Jorge Pérez de Lara

BRASERO DE LA VEGETACIÓN
Recipiente que refiere al agua y a la vegetación;
puede reconocerse a Chalchiuhtlicue (diosa de
ríos, lagunas y mares) con un collar de
mazorcas y *cempoalxóchitl* (flores de
cempasúchil), flanqueada por elementos que
parecen nubes estilizadas.
Cultura: Mexica-Tlatelolca
Periodo: Posclásico Tardío
Procedencia: Tlatelolco, Ciudad de México
Material: Arcilla y pigmentos
Dimensiones: 54.5 cm de altura,
64 de ancho y 55 de diámetro
Foto: Archivo Zabé

JARRA TLÁLOC
La decoración de este recipiente nos permite
identificar al dios de la lluvia, de quien se creía
que vertía en las nubes el agua que derramaba
a placer con la ayuda del trueno.
Cultura: Mexica-Tecpaneca
Periodo: Posclásico Tardío
Procedencia: Azcapotzalco, Ciudad de México
Material: Arcilla y pigmentos
Dimensiones: 116.5 cm de altura,
40 de ancho y 47 de diámetro
Foto: Archivo Zabé

COYOTE EMPLUMADO
Escultura en la que se reconoce al *nahual*
del dios Tezcatlipoca; la belleza del cánido
se ve exaltada por medio de las plumas.
Cultura: Mexica
Periodo: Posclásico Tardío
Procedencia: Desconocida
Material: Basalto
Dimensiones: 38 cm de altura,
17 de ancho y 13 de espesor
Foto: Archivo Zabé

ATLANTE
Escultura que representa a uno de los cinco
guerreros cósmicos que, según la cosmovisión
mexica, sustentaban el orden universal
mediante sus acciones bélicas.
Cultura: Mexica
Periodo: Posclásico Tardío
Procedencia: Centro Histórico,
Ciudad de México
Material: Piedra y restos de pigmento rojo
Dimensiones: 119 cm de altura,
48 de ancho y 34.5 de espesor
Foto: Proyecto México. Jorge Pérez de Lara

Páginas siguientes
PIEDRA DEL SOL
Monumento que relata el mito de los cinco
soles cosmogónicos; al centro se aprecia el
rostro de Tonatiuh (dios del sol), acompañado
de los 20 signos del calendario indígena.
Cultura: Mexica
Periodo: Posclásico Tardío
Procedencia: Centro Histórico,
Ciudad de México
Material: Basalto
Dimensiones: 358 cm de diámetro
y 98 de espesor
Foto: Archivo Zabé

COATLICUE

Imagen colosal de la madre tierra decapitada y desmembrada, sacrificio que permitió el sustento de la humanidad, el cual deberá ser retribuido, como lo indica su collar de manos y corazones.

Cultura: Mexica
Periodo: Posclásico Tardío
Procedencia: Centro Histórico, Ciudad de México
Material: Basalto
Dimensiones: 350 cm de altura, 130 de ancho y 130 de espesor
Foto: Archivo Zabé

Páginas anteriores
PIEDRA DE TÍZOC

Altar solar en el que se relatan las conquistas realizadas por los mexicas en nombre del astro, durante el mando del tlatoani o gobernante Tízoc.

Cultura: Mexica
Periodo: Posclásico Tardío
Procedencia: Centro Histórico, Ciudad de México
Material: Basalto
Dimensiones: 94 cm de altura y 267 de diámetro
Foto: Archivo Zabé

PIEDRA DE MOCTEZUMA

Escultura monumental sobre la que se consumaba el sacrificio gladiatorio, en el cual un guerrero cautivo debía combatir para después perder la vida al ser extraído su corazón.

Cultura: Mexica
Periodo: Posclásico Tardío
Procedencia: Centro Histórico, Ciudad de México
Material: Basalto
Dimensiones: 76 cm de altura y 224 de diámetro
Foto: Archivo Zabé

Página derecha
CABEZA DE COYOLXAUHQUI

Diosa lunar cuyo nombre significa "la que se adorna las mejillas con cascabeles", a la cual se le representa decapitada, como se describe en el mito del nacimiento del sol, Huitzilopochtli.

Cultura: Mexica
Periodo: Posclásico Tardío
Procedencia: Centro Histórico, Ciudad de México
Material: Piedra verde
Dimensiones: 80 cm de altura, 85 de ancho y 68 de espesor
Foto: Archivo Zabé

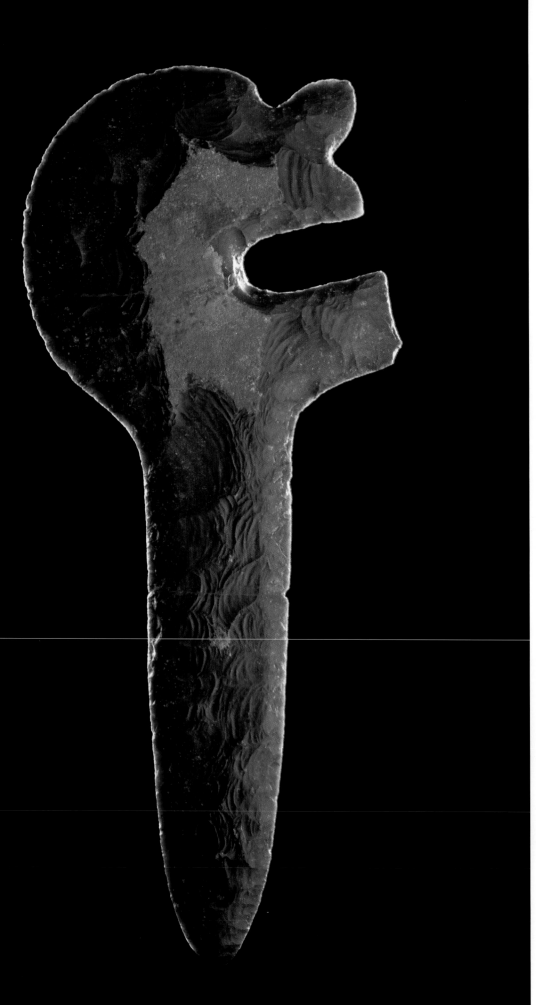

EXCÉNTRICO
Cuchillo votivo con la silueta del dios de la muerte
Cultura: Mexica
Periodo: Posclásico Tardío
Procedencia: Desconocida
Material: Sílex
Dimensiones: 44 cm de altura y 22.5 de ancho
Foto: Archivo Zabé

Página derecha
MICTECACIHUATL
Deidad de los muertos en su advocación femenina. Pueden apreciarse el esternón y las costillas estilizadas, el rostro descarnado y un cinturón de cráneos entrelazados con vírgulas de la palabra.
Cultura: Mexica
Procedencia: Ciudad de México
Material: Piedra
Dimensiones: 110 cm de altura, 76 de ancho y 68 de espesor
Foto: Archivo Zabé

Páginas siguientes
SAHUMADOR
Este recipiente ceremonial permitía dispersar el humo del copal que ardía en su interior, ya que las cuerdas que lo sujetaban a las argollas laterales permitían un movimiento pendular.
Cultura: Cholulteca
Periodo: Posclásico Tardío
Procedencia: Cholula, Puebla
Material: Arcilla y pigmentos
Dimensiones: 12 cm de altura, 23.5 de ancho y 20 de diámetro
Foto: Proyecto México. Michel Zabé

MONITO DE OBSIDIANA
Este es el ejemplo más depurado de la maestría alcanzada por los lapidarios indígenas, quienes tallaron este vaso a partir de una sola pieza del duro vidrio volcánico.
Cultura: Mexica
Periodo: Posclásico Tardío
Procedencia: Texcoco, Estado de México
Material: Obsidiana
Dimensiones: 14 cm de altura, 15 de ancho y 16.5 de diámetro
Foto: Archivo Zabé

MAQUETA
Modelo de un templo en el que se reconocen
los elementos arquitectónicos principales de
estas construcciones en tiempos de los mexicas.
Destaca la piedra de sacrificios al pie de la
escalinata.
Cultura: Mexica
Periodo: Posclásico Tardío
Procedencia: Ciudad de México
Material: Arcilla y restos de pigmentación
Dimensiones: 32 cm de altura,
15.5 de ancho y 19.5 de diámetro
Foto: Proyecto México. Jorge Pérez de Lara

Página derecha
TAPACÁLIZ
Objeto empleado por los evangelizadores
españoles para propagar la fe cristiana; la
sangre de Cristo fue representada
pictográficamente a la usanza indígena
mediante la fusión del agua y el fuego.
Periodo: Colonial temprano
Procedencia: Hidalgo
Material: Plumas y corteza
Dimensiones: 28 cm de diámetro
Foto: Archivo Zabé

OAXACA

Martha Carmona Macías

El nombre del estado de Oaxaca fue originalmente el de un pequeño puesto militar mexica fundado entre 1456 y 1461 d.C. Para habitar el sitio fue necesario talar un bosque de árboles de ciertas frutillas llamadas *huajes*, de donde deriva el nombre náhuatl *Huaxyacac,* al que traducimos como "en la punta de los huajes".

Situado 17° al norte del Ecuador, Oaxaca colinda al norte y al noreste con el estado de Puebla; al norte y noroeste con el de Veracruz; al oriente con el de Chiapas; al occidente con el de Guerrero, y al sur con el océano Pacífico. Los límites territoriales del moderno estado no corresponden a las fronteras del área que dominaron en la antigüedad los zapotecas y mixtecas que comprendía, además del actual estado de Oaxaca, el oeste y norte de Guerrero y el sur de Puebla.

La región oaxaqueña es una tierra montañosa con pocas zonas planas, donde destacan las planicies costeras del istmo de Tehuantepec, los Valles Centrales y los pequeños valles de Nochistlán, Tlaxiaco, Coixtlahuaca, Teposcolula y Juxtlahuaca. Los Valles Centrales son tres: Etla, al noroeste, es el más fértil; Tlacolula, al sureste, el más árido, y Miahuatlán Zimatlán, al sur, comparte ambas características. Estos tres valles, que irriga el río Atoyac, fueron antaño un rico bosque tropical con una alta productividad agrícola que permitió el desarrollo, de las primeras manifestaciones culturales de la región y el éxito de la cultura zapoteca.

Grupos lingüísticos

En el rico territorio vivían, y aún viven, quince etnias que hablan su propio idioma y habitan distintas áreas. Culturalmente dominaron los zapotecas y los mixtecas. Los primeros, desde los Valles Centrales, controlaron la cultura, la política y la economía por lo menos desde 500 a.C., hasta 850 d.C.; mientras que los mixtecas influyeron a partir aproximadamente de 900 d.C., hasta la llegada de los españoles.

Los zapotecas y mixtecas se autonombraban, cada uno en su idioma, como "pueblo de las nubes"; *benizáa*, el zapoteco, y *ñusabi*, el mixteco, en honor a que sus vidas eran regidas por las altas montañas cubiertas por protectoras y benéficas nubes que el rayo poderoso del dios de la lluvia hería para dar a sus hijos predilectos la lluvia que vuelve a la tierra verde como el jade sagrado. Los gentilicios mixteco y zapoteco habían sido usados por los mexicas para denominar a esos pueblos y fueron, por lo tanto, el que registraron los españoles.

Cronología

La historia prehispánica de Oaxaca se divide en cinco etapas: cazadores-recolectores, de 10 000 a 1900 a.C.; Preclásico de 1900 a 100 a.C.; Protoclásico de 100 a.C. a 200 d.C.; Clásico de 200 a 800 d.C. y Posclásico de 800 a 1521 d.C. A partir del Preclásico, cada periodo —Temprano o Inferior 1500-850 a.C., Medio 850-400 a.C., Superior o Tardío 400-100 a.C.— se subdivide en fases.

Cazadores-recolectores (10 000-1900 a.C.)

Los primeros pobladores fueron grupos cazadores-recolectores que hace 10 000 años habitaron los Valles Centrales en cuevas como la de Guila Naquitz y campamentos al aire libre como Gheo Shih. En estos sitios se han localizado implementos líticos, fibras y desperdicios de plantas y animales que sirvieron de alimento. Alrededor de 7 000 a.C., se desarrolló una agricultura que incluía el cultivo de maíz, frijol, chile y calabaza, alimentos básicos en la dieta cotidiana.

El Preclásico (1900-100 a.C.)

Durante el periodo Inferior, entre 1900 y 1500 a.C., las primeras aldeas sedentarias de la cultura zapoteca se ubicaron en zonas de aluvión alto, sobre todo en el Valle de Etla. Alrededor de 1500 a.C., aparecen la primera cerámica y los cultivos de temporal. En la fase San José (1150-850 a.C.) surgen las primeras deidades y hay un intercambio de productos suntuarios con grupos lejanos, como los olmecas. Cerca del año 850 a.C., durante el Preclásico Medio, en los Valles Centrales pueden haberse desarrollado los principios de la escritura jeroglífica y la numeración, trazados en materiales perecederos, así como los calendarios civil y ritual; el primero, relacionado con el sol y las estaciones del año, organizaba las labores agrícolas. Surge la irrigación, las evidencias de lo que serán las primeras deidades, los edificios públicos, el urbanismo temprano y los centros políticos concentradores del poder y, en 500 a.C., los primeros monumentos en piedra con inscripciones jeroglíficas. Esto coincide con una organización regional de

TEMPLO DEL DIOS SOL
Maqueta de templo con techo abierto y un ave en el interior; la sombra del sagrado animal que representa al Sol, deidad de la fecundidad, la luz diurna y el calor, fue destacada con pintura roja en el piso.
Cultura: Zapoteca
Periodo: Protoclásico (Monte Albán II)
Procedencia: Monte Albán, Oaxaca
Material: Arcilla y pintura
Dimensiones: 33.4 cm de altura y 26.5 de ancho
Foto: Proyecto México. Jorge Pérez de Lara

BRASERO
Brasero que representa al dios joven del fuego, a quien se reconoce por la banda frontal.
Cultura: Zapoteca
Periodo: Preclásico (Monte Albán I)
Procedencia: Monte Albán, Oaxaca
Material: Arcilla
Dimensiones: 17.9 cm de altura, 14.1 de ancho y 12.8 de diámetro
Foto: Proyecto México. Jorge Pérez de Lara

tipo caciquil que constaba de múltiples unidades políticas, seguramente rivales entre sí. San José Mogote es un importante centro ceremonial fundado en el Valle de Etla en 1150 a.C. Entre 850-750 a.C., alcanzó tal desarrollo que se transformó en el sitio rector de los Valles Centrales; su poder se mantuvo y llegó a convivir durante los primeros siglos con Monte Albán.

En el Preclásico Medio (850-400 a.C.) ocurre en los Valles Centrales un hecho trascendental: la fundación, en 500 a.C., de Monte Albán. Ahora la división del trabajo era más compleja y especializada, aumentaron significativamente los productos suntuarios de comercio y la estratificación social. En lo religioso se distingue el uso de templos, y los dioses fueron inmortalizados en vasijas llamadas urnas, especialmente Cocijo, deidad de la lluvia y el trueno.

Surgimiento de Monte Albán.
En el Preclásico Medio, entre 700 y 500 a.C., un número importante de aldeanos del Valle de Etla se trasladó hacia la zona circundante de los cerros del Gallo y Atzompa, lo que favoreció en 500 a.C., la fundación de Monte Albán. Antes, las guerras por el poder en los valles habían provocado que las ciudades colocaran empalizadas y muros defensivos, por lo que ahora la nueva urbe se ubicó en la cima de un cerro que dominaba el valle. Se desconoce el nombre original de la capital, parece que se llamaba Dani Baá, cerro del Jaguar. El primer trabajo de los constructores fue nivelar el terrero, trazar la Gran Plaza, y planear la zona habitacional popular en las laderas del cerro. También se levantó una muralla defensiva de 3 km a lo largo de los límites norte, noroeste y oeste.

Monte Albán I (500-100 a.C.). El Edificio de los Danzantes.
Entre las primeras construcciones destaca el edificio llamado de los Danzantes, que debe su nombre a las lápidas de figuras humanas talladas en bajorrelieve colocadas en los muros. Las tallas muestran individuos en posiciones peculiares, y a los descubridores les pareció que aquéllas en posición vertical estaban danzando, y que las horizontales correspondían a nadadores. Los personajes son masculinos, se presentan con los ojos cerrados, están desnudos, conservan su peinado, orejeras y cartuchos glíficos que al parecer se refieren al nombre de la ciudad de donde proceden. La mayoría muestra signos de mutilación genital y todos presentan rotura de miembros, rasgos que los identifican como cautivos sacrificados. Estas lápidas en los muros del edificio tenían como fin mostrar el poder y la fuerza de los gobernantes.

Ciudades en la Mixteca.
En contraste con la magnífica ciudad de Monte Albán, en la Mixteca Alta destacaba el centro ceremonial Yucuñu, que

ZONA ARQUEOLÓGICA DE MITLA, OAXACA
Foto: Michael Calderwood

se traduce como Monte Negro (400 a.C.-100 d.C.). Aquí se trazaron calles, una gran plaza con edificios ceremoniales habitacionales hechos de adobe —salvo las columnas que son de mampostería— y sistema de drenaje. La elite vivía en el centro ceremonial y el pueblo en las laderas del cerro, donde estaban los sembradíos. Otros sitios importantes de este periodo fueron Yucuita, Etlaltongo, Huajuapan y Huamelulpan.

El Protoclásico. Monte Albán II (100 a.C.–200 d.C.)

Esta etapa comprende un periodo de transición durante el cual se presentan ciertos rasgos culturales del Preclásico Superior, unidos a otros que en un futuro cercano definirán a la época Clásica. Ahora la capital zapoteca ha incrementado su poder e influencia y sus relaciones más importantes son con el área maya, sobre todo con Chiapa de Corzo. Los rasgos relevantes se manifiestan en la cerámica, la arquitectura de templos, tumbas con nichos, bóveda angular y el uso de estelas. En este lapso se establece el patrón arquitectónico de construir los templos con dos cuartos, el primero un vestíbulo y, el del fondo, el santuario. La construcción del edificio "J" sobresale en el centro de la Gran Plaza, en cuyos muros se tallaron glifos de señoríos sometidos a Monte Albán. Es importante por ser un observatorio cenital, único por su planta pentagonal y su orientación distinta a las demás estructuras. La religión ocupa entonces un papel relevante y se definen deidades como el dios de la lluvia, la deidad jaguar, el dios ave de pico ancho, el dios viejo, y la diosa Trece Serpiente, relacionada con la fertilidad de la tierra. Entre las creaciones espectaculares de los lapidarios de la época sobresale la máscara pectoral del dios murciélago, obra que integra 23 piezas de jade bruñido para formar el rostro de la deidad, más los ojos de concha y tres colgantes de pizarra. Este pectoral se considera una de las obras maestras del arte mesoamericano. Durante los últimos años de Monte Albán II se inician las relaciones con Teotihuacán, ciudad rectora del Valle de México, donde se estableció un barrio oaxaqueño.

La escritura. En Monte Albán se localizan las estelas 12 y 13, fechadas en 500 a.C., en las cuales los *huezeequichi* o escribanos labraron los textos jeroglíficos y numerales más antiguos de la capital zapoteca. La estructura de los cartu-

chos glíficos de estas piezas es tan elaborada que hace pensar que la escritura y la numeración tuvieron ejemplos más sencillos, correspondientes a épocas más tempranas, que la acción del tiempo destruyó debido a que se realizaron en materiales perecederos. A esta misma época pertenecen los cartuchos glíficos de las lápidas de los Danzantes. En el Edificio "J" —200 a.C.—, las lápidas de conquista comprenden una escritura ideográfica que muestra el topónimo colocado de manera invertida, lo que señala su sometimiento. A medida que transcurre el tiempo la escritura jeroglífica es cada vez más evidente en

monumentos, vasijas, lápidas y estelas. Es difícil descifrar los diferentes caracteres con los que se registraron los nombres de lugares, personajes, acontecimientos importantes, fechas de conquistas, tributos, ascensos al poder, ritos de iniciación y de matrimonio, así como otros aspectos de relevancia social. La numeración era vigesimal, y para formar cartuchos numéricos se utilizaba el sistema de puntos y barras, así como otros signos aún no identificados. Las lápidas y estelas con cartuchos glíficos y numerales tallados en relieve se colocaban en diferentes puntos de la ciudad.

El calendario. Los zapotecas contaban con un sistema doble de calendarios cruzados: el ritual de 260 días, llamado *pije* o *piye*, y el solar de 365 días, nombrado *yza*, que era el calendario agrícola. El calendario ritual *piye*, que interpretaban sacerdotes llamados *huebee pijze*, se dividía en cuatro periodos o *cocijos*, y estos a su vez, en cinco partes de trece días. El calendario solar constaba de 18 "meses" de 20 días cada uno y al final había un periodo de cinco días. Al mes le llamaban *peo*, nombre de la luna, y el día era *chij*, o también *copijcha*, el nombre del sol. En ambos calendarios cada mes y día tenían su propio nombre. Cada 52 años, los calendarios coincidían en la misma combinación de número, signo de día y mes, lo que significaba un fin de ciclo.

El comercio. Una de las funciones de la Gran Plaza era la de ofrecer espacio para el mercado; aquí se acomodaban ordenadamente los comerciantes, tanto regionales como foráneos, quienes ofrecían variadas mercaderías ya sea alimentos, plantas o productos suntuarios. Como moneda se utilizaban semillas de cacao, mantas, cierta varie-dad de conchas y sal. Un importante comercio se estableció con Teotihuacán, intercambiando mica por obsidiana, piedra de gran utilidad para trabajar puntas de proyectil y cuchillos, así como orejeras, narigueras, bezotes y pendientes. Del sur llegaban las sagradas piedras verdes; del Soconusco las plumas de quetzal y de otras aves, colorantes como añil y el púrpura, así como miel y cera.

El Clásico. Monte Albán III

El Clásico se subdivide en Temprano o Monte Albán IIIA (200-500 d.C.) y Tardío o Monte Albán IIIB (500-800 d.C.). La primera fase se define por la influencia teotihuacana en la arquitectura, las formas cerámicas y la pintura mural. Numerosas piezas evidencian este efecto, por ejemplo la lápida de alabastro tallada con una escena ritual en la que se representan dos personajes: uno teotihuacano y el otro zapoteca. En el Tardío la relación con Teotihuacán termina. Alrededor del 500 d.C., Monte Albán experimentó un auge constructivo, se

MAQUETA DE TEMPLO
Maqueta de basamento piramidal decorado con
el tablero zapoteco de "doble escapulario";
en la parte superior se detalla el templo,
en el que destaca un personaje descendente
con tocado de cabeza de jaguar.
Cultura: Zapoteca
Periodo: Clásico Temprano (Monte Albán III A)
Procedencia: Valles centrales, Oaxaca
Material: Piedra
Dimensiones: 32 cm de altura,
36 de ancho y 14.5 de espesor
Foto: Archivo Zabé

pleja ciudad requería de tributos que se obtenían con la conquista de pueblos que, además, trabajaron en la construcción de la gran capital.

La arquitectura civil y religiosa. Los arquitectos zapotecas sabían que edificaban en zona sísmica, por lo que planearon edificios bajos y fuertes, y para sugerir menor pesantez aplicaron en la decoración de sus fachadas el sistema del tablero de doble escapulario, variante del tablero simple teotihuacano. La monumentalidad y disposición de sus edificios, unidas al claroscuro de los tableros de doble escapulario, producen un efecto que añade elegancia e integra el volumen con el paisaje. Monte Albán contó con un sistema hidráulico compuesto por una red de abasto de agua en los sectores norte y sur, y otra de desalojo pluvial, hacia las laderas sur y sureste, consistente en túneles debajo de las plataformas, palacios y templos. La capital, además de poderosa, era muy bella; edificios, muros y escalinatas estaban cubiertos con estuco pintado con hermosos diseños. La Gran Plaza se planeó para cumplir diferentes funciones, sobre todo ceremoniales; la limitan varios templos y residencias de la nobleza, lo que crea un plano rectangular en el cual se distinguen las plataformas Norte y Sur. En la primera, la de mayor importancia constructiva, se ubica el Patio Hundido. Hacia el lado oriente se encuentra un campo —*gueya* en zapoteco— para el juego de pelota —*lachi*—. Hacia el poniente destaca el Edificio de los Danzantes. Al centro de la Gran Plaza hay otros tres edificios; el más llamativo es el "J". Aquí también se colocaron un adoratorio y un estanque de agua dedicado a Cocijo, su dios tutelar.

Arquitectura funeraria. Unidas al gran auge constructivo de Monte Albán, las tumbas se convirtieron en verdaderas estructuras arquitectónicas. Se hacían debajo del piso de las habitaciones antes de construir la casa, el templo o el palacio, según el nivel social de la

cubrieron casi 6 km² y la habitaban alrededor de 30 000 personas. Sobresale un gobernante, el Señor 12 Jaguar, quien ordenó esculpir y colocar en la Plataforma Sur de la ciudad seis estelas en las que destaca su poderío militar. La habilidad y visión política de los gobernantes se manifestó por medio de alianzas matrimoniales, el control del comercio, la guerra con sus conquistas y la religión, elementos que unificaron al Estado zapoteca. Otros centros de importancia en los Valles Centrales fueron las ciudades de Cuilapan, Zaachila, Lambytieco, Jalieza y Mitla. Muchas de las urbes cercanas a la capital zapoteca funcionaban como frontera defensiva.

Monte Albán centralizó el poder político y económico; fue también eje cultural del territorio. Durante el Clásico fue necesario ampliar la ciudad y se urbanizaron los cerros cercanos del Gallo y de Atzompa. Muchos de los edificios construidos en épocas anteriores fueron cubiertos con nuevas construcciones. Monte Albán se embelleció con nuevas plazas, templos, palacios, residencias y tumbas suntuosas. El sostenimiento de esta com-

familia residente. Los sepulcros más elaborados tienen fachada, nichos y dos cámaras, además de elaboradas y policromas pinturas murales, con escenas ceremoniales y religiosas, donde predomina el color rojo. Las tumbas más elegantes se ubican al norte y al este de la Plataforma Norte.

En la base septentrional de la Plataforma Norte se localiza la Tumba 104. En su palacio residió un personaje de alto rango y su sepulcro reproduce la fachada de un templo decorado con el tablero de doble escapulario. Al centro de la fachada, en un nicho, se colocó una urna–vasija, representativa de los alfareros zapotecas, formada por un vaso que se pierde al adosarle al frente una gran figura del dios Pitao Cozobi, deidad del maíz. En el interior, la pintura mural se compone de una policromada escena con sacerdotes, deidades, aves sagradas y cartuchos glíficos. El acceso a la tumba se cerró con una lápida tallada con escritura y fechas. Acompañado por una rica ofrenda cerámica se depositó al personaje; a sus pies, como era usual, se colocaron la urna de la deidad con cuatro piezas —dos a cada flanco del dios— que representan personajes sencillos; estas figuras se denominan urnas acompañantes.

Conocimientos astronómicos. Los sabios astrónomos zapotecas estudiaban el cielo observando los planetas, eclipses, lluvia de estrellas y cometas. La aparición de estos acontecimientos cósmicos se tomaba como signo de buenos o malos augurios. El edificio "J", que se dedicó a las observaciones astronómicas, se distingue por su parte posterior, con la forma de flecha cuya punta se orienta hacia la constelación de Orión. En Monte Albán, además de este observatorio, se construyó un minucioso sistema que permite que, en el cenit, un rayo de luz penetre al interior de una cámara diseñada para tal fin, localizada en el interior del edificio "P". Este acontecimiento marcaba el momento de pedir bonanza a los dioses de la lluvia y de las cosechas.

Los artesanos. Un rasgo distintivo de los ceramistas zapotecas fueron las urnas, recipientes que llevan al frente una gran figura, femenina o masculina, humana o animal, por lo general sentada. La parte posterior de la pieza es un largo vaso, poco visible si se observa la vasija por el frente. En estas piezas se representaron deidades, sacerdotes y animales sacralizados. Las urnas se destinaban al ceremonial fúnebre, razón por la cual se denominan urnas funerarias aunque en ningún caso se han encontrado restos humanos en ellas; se colocaban en las facha-

DIOS MURCIÉLAGO
Vasija que representa al dios Piquete Ziña, relacionado con el maíz y la fecundidad. Se presenta ataviado y en actitud y postura humanas, tal como era concebido dentro de la religión.
Cultura: Zapoteca
Periodo: Clásico Tardío
Procedencia: Valles centrales, Oaxaca
Material: Arcilla
Dimensiones: 30 cm de altura y 16 de diámetro
Foto: Proyecto México. Ignacio Guevara

das de las tumbas, en las cámaras y antecámaras del sepulcro, a manera de invocación de protección divina. En estas vasijas el dios más representado fue Cocijo, Señor de la Lluvia y el Trueno, que era el más importante de la religión zapoteca. Se identifica por las anteojeras y la lengua serpentina, y por llevar en la cabeza un elaborado penacho con el glifo "C" al centro; con frecuencia lleva en las manos una vasija de la que emerge un vegetal.

Lapidaria. Los escultores —*tocaayayye* en zapoteco— lograron labrar con maestría bellas lápidas y estelas conmemorativas, así como delicados objetos emblema trabajados sobre todo en jade y obsidiana, piedras de profundo simbolismo.

Concha y hueso. Con estos materiales sagrados se hacían orejeras, collares, pectorales, brazaletes, pulseras, anillos y ajorcas. En algunas piezas cerámicas de la región de la costa se utilizaron conchas de nácar molidas que se adicionaban a la arcilla, por lo que las piezas presentan un aspecto nacarado de bella luminosidad. Las bibalvas de *Spondylus* generalmente se depositaban como ofrenda en los entierros de los nobles, y los caracoles *Strombus* se transformaban en trompetas al adicionarles una boquilla de arcilla. Una especie de caracolillos se utilizaba como moneda y también se ofrendaba en las tumbas. Con los huesos se hacían anzuelos, orejeras y pendientes, así como instrumentos musicales, para los que se requerían huesos largos, con los que se fabricaban flautas o incluso un instrumento que sonaba al rasparlo. En este caso, al hueso se le hacían varias series de ranuras que al tallarlas con otro elemento de madera o hueso producía sonidos. Un instrumento de este tipo, procedente de Monte Albán, se trabajó en una costilla de ballena.

Religión. Había trece dioses principales y otros más de menor rango. En general se anteponía a su nombre el vocablo *Pitao*, que significa grande o bien; aplicada a la nobleza, la palabra *coqui* se traduce como señor. Coqui Xee era el señor sin principio ni fin, creador de todo lo que existe; Pitao Cocijo, el dios de la lluvia y el trueno, era el responsable de la fertilidad de la tierra; Pitao Cozobi, la deidad del maíz y las cosechas; Nochicahua, diosa madre protectora de los niños, la pesca y el tejido; Pitao Xicala, dios del amor, el sueño, las flores y el verano; Pitao Copichja, el sol, ente masculino, fecundador y dador de vida; Coque Bezelao, dios del inframundo con su compañera Xoxani Quecuya; Pitao Xoo, dios de los temblores de tierra; Niyohua, dios de los cazadores; Lera acuece y Lera acueza, dioses de la medicina; Pitao Piji, deidad de los chamanes y los agüeros; Pitao Quille, dios protector de los mercaderes y la riqueza; Piquete Ziña, el dios murciélago, deidad de la oscuridad; el dios jaguar, que vigila las cuevas; 13 Serpiente, diosa madre que favorece la vida del hombre; el dios del ave del pico ancho, el dios anciano, que representa el fuego divino que se encontraba presente en los ceremoniales fúnebres. Los dioses eran protectores de ciudades; Cocijo era sin duda el patrono de

Monte Albán y el más venerado. De acuerdo con el calendario ritual, se ofrendaba a cada uno de ellos resina de copal, flores, cantos y sacrificios de aves, perros y prisioneros de guerra. Las imágenes de los dioses se ahumaban con copal y se invocaban con actos específicos en ceremonias tanto públicas —en los templos, cuevas y altares— como privadas, en las casas de cada familia. Los sacrificios humanos formaban parte del ceremonial y tenían por objeto santificar el espacio; se efectuaban también de manera ritual cuando se construía o ampliaba un edificio o se le superponía otro. La religión dominaba todos los actos humanos, por lo que se requerían múltiples rituales y ceremonias; la más conocida es la dedicada a la muerte, la cual debió estar relacionada con el culto a los antepasados y la creencia en otro tipo de existencia.

Ritos funerarios. El momento de la muerte era importante y requería de un complejo ceremonial que se ofrecía según la clase social del difunto. Primero, exigía la construcción de un sepulcro, ya fuera sencillo o una gran tumba semejante a un templo con paredes cubiertas por escenas rituales policromadas. El difunto era vestido con sus mejores prendas, colocándole, si era el caso, sus joyas emblemáticas que daban cuen-

PENATES
Pequeñas figurillas de rasgos muy esquemáticos, labradas en piedras generalmente verdes, que representan a diversos dioses. En Oaxaca este tipo de esculturas son muy comunes, y en la mayoría de ellas se representa al dios Dazahui, señor de la lluvia y patrono de la región Mixteca.
Cultura: Mixteca
Periodo: Posclásico Tardío
Procedencia: Oaxaca
Material: Piedra verde
Foto: Archivo Zabé

DIOS DEL MAÍZ
Pieza única en su estilo, pues los zapotecas representaban a sus deidades en urnas de arcilla. El dios Pitao Cozobi es identificable por las mazorcas de maíz en el penacho.
Cultura: Zapoteca
Periodo: Clásico (Monte Albán III A)
Procedencia: Tututepec, Oaxaca
Material: Piedra andesita
Dimensiones: 56 cm de altura, 44.5 de ancho y 33 de espesor
Foto: Proyecto México. Ignacio Guevara

ta de su rango. La ofrenda constaba básicamente de vasijas, pudiendo depositarse puntas de proyectil, conchas, collares y jade trabajado; las urnas no faltaban. Los sacerdotes elevaban plegarias, sahumando con copal el cuerpo y esparciendo polvo rojo. En la ciudad de Huijazo se construyó una espectacular tumba que recrea de manera única una plaza con sus cuatro edificios circundantes, donde el templo del fondo funciona como cámara mortuoria. La construcción está cubierta de frescos y finas tallas rituales.

La sociedad zapoteca. La sociedad se dividía en nobles, sacerdotes, pueblo y esclavos. Entre los nobles se distinguían los *tija coqui* o gobernantes, quienes pertenecían a un linaje históricamente situado en el poder y con ancestros relacionados con las deidades. El gobernante era llamado *coquibalao* y recibía su rango vitalicio por medio de la sucesión directa. Los *tijajoana* también eran nobles; en este sector se encontraban los señores principales, los sacerdotes y los guerreros de alto rango. Entre la nobleza era común la poligamia, con una esposa principal, madre del sucesor; los individuos de esta privilegiada clase vestían elegantemente cubriéndose con mantos de algodón bordado, usaban una variedad de joyas emblemáticas trabajadas en jade, obsidiana o conchas, y en sus cabezas portaban elaborados penachos de bellas y coloridas plumas. Los plebeyos eran el pueblo en general, junto con agricultores, artesanos y guerreros de la tropa. Este sector usaba ropas hechas de fibras de maguey y tenía prohibido emplear cualquier material precioso y sagrado. Los esclavos —*pinijno, choco, xillani*— eran prisioneros de guerra o caían en ese estado por deudas.

El Clásico Tardío. Los últimos tiempos del poder zapoteca

Alrededor del 800 d.C., Monte Albán padeció una evidente falta de poder, y medio siglo más tarde la capital quedó prácticamente desierta. Las ciudades sujetas se desligaron, mientras Zaachila se convirtió en la capital política de los Valles y Mitla se adjudicó el poder religioso, dado que siempre había sido residencia oficial del sumo sacerdote. La caída de la gran capital creó un vacío de control sociopolítico e inestabilidad; los grupos zapotecas se reunieron en pequeños cacicazgos con la apremiante misión de combatir a los invasores, sobre todo a los mixtecas, quienes fueron ocupando gradualmente áreas en los Valles Centrales. Con el colapso de Monte Albán se inicia el periodo Posclásico (800-1521 d.C.), cuya primera fase se caracteriza por inestabilidad política, acelerados cambios sociales y culturales y el arribo de los mixtecas a los Valles Centrales alrededor de 900 d.C. El Posclásico se subdivide en dos periodos: Temprano (800-1000 d.C.), y Tardío (1000-1521 d.C.). Los mixtecas, quienes habían vivido bajo la influencia de Monte Albán, invadieron los Valles Centrales, ahora sin la fuerza del poder militar zapoteca, para convertirse en el grupo dominante. Originalmente vivieron en los escasos valles de la sierra, como Nochistlán, Tlaxiaco y Coixtlahuaca, y en parte de la región costera. Su zona de influencia comprendía el occidente de Oaxaca, así como los territorios colindantes al oeste y el norte, dentro de los actuales estados de Guerrero, Puebla y la frontera con Veracruz.

Las tres Mixtecas

El área que habitaban los mixtecas se denominaba, en su idioma, *Ñu dzabi ñuhu* o lugar del dios de la lluvia; y se subdivide en Mixteca Alta, Mixteca Baja y Mixteca de la Costa.

La Mixteca Alta, o *Ñudzavuiñuhu* —tierra de dios—, se situaba al oeste de los Valles Centrales y era la más extensa; localizada en el centro de la zona, florecieron ahí señoríos importantes como Tilantongo, Coixtlahuaca y Tlaxiaco.

La Mixteca Baja, o *Ñuiñe* —tierra caliente—, se ubica al oeste y noroeste de Oaxaca, se extiende

hacia el este de Guerrero y el sur de Puebla y cuenta con asentamientos como Huajuapan y Xochitepec.

En la Mixteca de la Costa, *Ñunama* o *Ñundaa* —tierra llana— ó *Ñudeui* —tierra de horizonte o pie del cielo— se asentó el importante reino de Tututepec.

En cada subregión un señorío era la capital: en la Mixteca Alta, Tilantongo; en la Baja, Acatlan, y en la Costa, Tututepec.

De la caza y la recolección a las primeras aldeas.
Los antepasados de los mixtecas llegaron a la región alrededor del año 2000 a.C.; eran grupos de cazadores-recolectores que vivían en cuevas o en campamentos al aire libre. Gracias a la agricultura se establecieron en aldeas como Yucuita y Etlatongo. Domesticaron al perro y al pavo, y se destacaron como comerciantes de diversos productos, entre ellos, algodón, cacao y la grana cochinilla, colorante de gran valor utilizado para teñir el algodón.

Los centros ceremoniales.
Paralelamente al desarrollo de Monte Albán, en la Mixteca surgieron centros urbanos de menores proporciones, como Monte Negro (400 a.C.-100 d.C.). El control político y económico de estos centros sólo abarcaba sus respectivas áreas, sin embargo, existía entre ellos una relación cultural que se

refleja en la arquitectura, la cerámica y la práctica de los ritos. En la Mixteca, las unidades políticas eran pequeñas ciudades habitadas por nobles gobernantes, sacerdotes y guerreros de alto rango, mientras el pueblo vivía en aldeas ubicadas en las laderas de los cerros.

El Clásico. La arqueología ha establecido que la cultura ñuiñe, desarrollada en la Mixteca Baja entre 200 y 800 d.C., representa el periodo Clásico del grupo; la caracterizó su ideología en torno al dios del fuego, su estilo en la escritura —compuesta por elementos zapotecas y teotihuacanos—, las cabecitas colosales de arcilla, las urnas policromadas y la construcción de cistas funerarias (fosa rectangular formada por lajas de piedra hundidas en el suelo; otras lajas integran la tapa). Sus asentamientos más importantes fueron Huajuapan, Tequixtepec, Chilistlahuaca y Cerro de las Minas.

Los señoríos independientes. El colapso político de Monte Albán permitió el florecimiento de la cultura mixteca. Entre 750 y 1450 d.C., los centros urbanos se relacionaron con las dinastías de los códices, documentos doblados como biombos en los que se pintaban escenas y jeroglíficos para narrar todo tipo de sucesos. En ellos se mencionan las ciudades más importantes, que eran gobernabas por un *yya canu,* noble de alto rango que concentraba el poder. Los señoríos se formaban mediante la conquista de poblados menores. Otra forma de sometimiento, que podía o no estar relacionada con la guerra, eran las alianzas matrimoniales. Alrededor del 850 d.C., los mixtecos vivieron un periodo de máximo desarrollo demográfico y cultural.

Organización política. Los mixtecos vivían en una serie de señoríos constituidos por pueblos y aldeas autónomos con nexos en general inestables. Había ciudades rectoras cuyos gobernantes dominaban a pueblos menores que les tributaban en trabajo y especie. Entre los centros rectores destacan Coixtlahuaca, ubicada en el valle más fértil; Tilantongo, con una alta jerarquía que destacaba por sus linajes de realeza, a tal punto que si en un señorío se interrumpía la línea de sucesión, se acudía a ella en busca de un gobernante; y Tututepec, considerado como un reino de gran poderío y riqueza, desde donde gobernó el héroe más destacado de la historia mixteca: 8 Venado Garra de Jaguar, quien en el siglo XI realizó el único intento exitoso por unificar políticamente las Mixtecas. A su muerte, sus herederos no fueron capaces de mantener la unidad, y las ciudades volvieron a su anterior esquema de autonomía inestable.

Organización social. La organización social en clases distinguía primero a los nobles en el poder, mientras que otros personajes de variadas jerarquías ocupaban cargos administrativos. Al soberano —*yeheñuhundi*— se le atribuía origen divino, además de ser el sumo sacerdote. El alto clero lo formaban nobles de la casa real. Al pueblo lo integraban agricultores y artesanos quienes, cuando era necesario formaban el grueso del ejército. Este sector tenía la obligación de tributar periódicamente productos de la tierra, animales, leña, prendas de vestir, oro, piedras verdes, turquesas, plumas preciosas, mano de obra comunal y trabajo en los palacios de los nobles o en sus tierras. En la parte inferior estaban los esclavos, a cuya clase se pertenecía por nacimiento, compra, por ser cautivo de guerra o por una deuda no pagada.

Conocimientos. Los códices demuestran los conocimientos históricos, geográficos, astronómicos y de escritura y numeración de la cultura mixteca. La astronomía se aplicaba sobre todo al calendario y se utilizaban las cuentas ritual y civil. También se observaban las estrellas y los eclipses, principalmente por su significado en la religión y mitología. Los mixtecos tenían grandes conocimientos de medicina y herbolaria y consideraban al baño de temazcal como terapéutico y

ESCENA DE CEREMONIA MORTUORIA
Componen la escena 16 figurillas; el muerto
está envuelto en un petate y tiene sobre el
rostro una máscara; también aparece el dios
viejo del fuego, con su brasero sobre la cabeza;
los acompañan nueve músicos y cinco
sacerdotes.
Cultura: Zapoteca
Periodo: Clásico Tardío (Monte Albán III B)
Procedencia: Monte Albán, Oaxaca
Material: Arcilla
Dimensiones: Varias
Foto: Archivo Zabé

Página izquierda
LÁPIDA DINÁSTICA
Lápida con dos escenas: en la superior se
celebra un matrimonio presenciado por un
ancestro cuya cabeza emerge del cielo; la
inferior muestra dos ancianos. Numerosos
cartuchos glíficos citan fechas y nombres.
Cultura: Zapoteca
Periodo: Clásico Tardío
Procedencia: Zaachila, Oaxaca
Material: Piedra
Dimensiones: 61 cm de altura,
33 de ancho y 9 de espesor
Foto: Archivo Zabé

ceremonial. Practicaban la navegación fluvial y marítima costera con sencillas barcas, tal como lo registran los códices o libros pintados.

La historia escrita: los códices. Estos documentos se elaboraron en piel de venado —tratada, recortada y recubierta con una fina capa de estuco—, sobre la cual se escribió con jeroglíficos, pictogramas e ideogramas. En los códices se narran en coloridas escenas diferentes aspectos de la cultura mixteca, como sus orígenes míticos, creencias religiosas, la historia de sus dinastías, las guerras y otros hechos históricos importantes. Fueron pintados con colores de origen mineral y orgánico por escribanos (*tay huisi tacu*). El tamaño de las hojas y la extensión de los códices es variable. Los mixtecos los llamaban *naandeye*, historia de los linajes, o *ñee nuhu*, piel sagrada.

Debido a su composición, trazo y colorido, se encuentran entre las obras maestras de la pintura prehispánica. La tradición de pintar estos documentos pervivió aún durante los primeros tiempos de la época colonial. De este periodo datan lienzos de algodón de hasta 4.30 m de largo por 3 m de ancho. De la Mixteca procede el mayor número de documentos de este tipo, y la mayoría se encuentra fuera de México.

El Códice Colombino. Este manuscrito procedente de Tututepec fue pintado hacia el siglo XII d.C., y es el único de su tipo que se encuentra en México; mide 6.06 m de largo y al doblarse en biombo forma 24 hojas de 18.5 por 25.5 cm. Tiene una sola cara pintada y está incompleto. Narra parte de la vida de 8 Venado, sus expediciones militares, conquistas y ceremonias religiosas. Sobresale la escena de un juego

de pelota, práctica de profundo carácter religioso que representaba la eterna lucha entre los poderes antagónicos. Simbólicamente, el campo de juego refleja el cielo, y la pelota, al sol, que se mueve en el firmamento entre la luz y la oscuridad, en eterna lucha por surgir diariamente en el ciclo eterno de vida-muerte; los hombres al jugarlo recreaban esta lucha cósmica. Al final del encuentro se sacrificaba a uno de los jugadores para dar al sol la fuerza-sangre-alimento que necesitaba para fortalecerse. En los códices mixtecos hay una concepción única que integra el campo de juego al cuerpo de los faisanes, ave que evoca y representa al dios solar.

Religión. La religión presidía los actos de la vida, y las ceremonias eran públicas o familiares en los adoratorios de las casas. Los centros de culto eran los templos, las cuevas y las cumbres de los cerros. La cueva más importante estuvo en Apoala,

sitio mítico del origen del grupo. En la cumbre más elevada de este valle moraban los dioses creadores, desde donde dieron origen a los hombres que poblaron la tierra. Frente a los dioses se danzaba y se cantaban himnos tañendo diferentes instrumentos musicales, mientras los sacerdotes ofrecían sacrificios de animales como codornices, palomas, guajolotes, perros y venados. El copal, una resina olorosa, era esencial en las ceremonias, tanto como la sangre del autosacrificio que se obtenía perforándose principalmente las orejas y la lengua con navajas de obsidiana y pedernal, tal como lo ilustran los códices, donde aparece también la ofrenda de pelotas de hule encendidas. Los sacrificios humanos se incrementaron en gran medida durante el Posclásico Tardío y se realizaban principalmente extrayendo el corazón de la víctima. Había deidades para cada oficio y un dios patrón para cada poblado; sus imágenes se hacían en piedra verde, madera y oro.

URNA FEMENINA
Mujer de Yalalag, probablemente de la clase alta por su traje y adornos. Destaca la mutilación dentaria, realizada con fines estéticos.
Cultura: Zapoteca
Periodo: Clásico (Monte Albán III A)
Procedencia: Valles centrales, Oaxaca
Material: Arcilla
Dimensiones: 34.5 cm de altura, 21.5 de ancho y 17.4 de largo
Foto: Proyecto México. Jorge Pérez de Lara

URNA
Dios Cocijo en posición sedente. Porta un tocado de gorro, máscara bucal de serpiente, pectoral y *máxtlatl.*
Cultura: Zapoteca
Periodo: Clásico
Procedencia: Atzompa, Oaxaca
Material: Arcilla
Dimensiones: 84.4 cm de altura y 58 de ancho
Foto: Archivo Zabé

Página derecha
DIOSA 13 SERPIENTE
Reconocible por su peinado, diosa madre relacionada con la tierra y los recursos alimenticios que ésta proporciona.
Cultura: Zapoteca
Periodo: Protoclásico (Monte Albán II)
Procedencia: Monte Albán, Oaxaca
Material: Arcilla y concha
Dimensiones: 25 cm de altura y 12.4 de ancho
Foto: Proyecto México. Jorge Pérez de Lara

Algunas divinidades identificadas son: Toho Ita, el Príncipe Flor; Qhuav (venado), dios de los cazadores; Taandoco era el sol a quien sacrificaban los guerreros tomados en la guerra; Huituaya o Yocositauyutla, dios de la fecundidad del género humano; 5 Viento Ñuhu Savi, dios de la lluvia, patrono de la región Mixteca; el dios solar Yaa NiKandii; el Señor de la Turquesa, mismo que identificado como el dios del fuego se llamaba Yaa Yusi. El Señor del inframundo era Yaa Dzandaya y su esposa, la poderosa Señora 9 Hierba. Otras deidades fueron: el dios 9 Viento, una advocación del dios creador conocido como Koo Sau o Serpiente Sagrada; se conoce como dios del viento cuando porta su máscara de pico de ave. La diosa 9 Lagarto era la patrona de las aguas terrestres que fluyen, señora de la fertilidad y de los mantenimientos, es decir que provee al hombre su alimento, así como cobijo y bienestar. La Señora 9 Caña, diosa de la tierra y los animales; el Señor 7 Lluvia, Iha Mahu, dios desollado, patrono de la primavera, era un dios agrícola asociado con la fecundidad. Al "Señor 4 Serpiente, 7 Serpiente", deidad asociada con la noche, patrono del poderoso señorío de Tilantongo, se le decía Yaa Inu Chu´ma, el Señor del espejo humeando. El Señor 1 Muerte era el dios solar, que hace el día y produce calor y luz. Ciertos animales como el jaguar, perro, coyote, tortugas, mariposas y aves, como el águila y el faisán, se consideraban divinos porque en ellos encarnaban las deidades.

Costumbres funerarias. Este ceremonial estaba estrechamente relacionado con la clase social del difunto. En consecuencia, podía ser que sólo se le inhumara en una sencilla tumba con una ofrenda igualmente sencilla o, si se trataba de un noble, se le depositaba en un nicho en la cueva sagrada de Chalcaltongo, se vestía con ropas finas y joyas emblemáticas de oro y jade y se le cubría el rostro con una máscara de madera adornada con mosaicos de jade y turquesas, propia de los señores. Cuando moría un cacique, cuatro sacerdotes lo sepultaban a medianoche, ya sea en una tumba o en una cueva y se sacrificaba a uno o más esclavos como acompañantes. Los códices presentan ceremonias de cremación relacionadas con importantes personajes.

Las tumbas de los señores. Destacan por su importancia arqueológica las tumbas 1 y 2 de Zaachila, la 6 de Coixtlahuaca y la reutilización de la tumba 7 de Monte Albán. De los sepulcros de Zaachila proviene la ofrenda con mayor variedad de cerámicas policromas, además de trece objetos de oro. Sin duda, la más espectacular corresponde al ajuar de la tumba 7 de Monte Albán, ubicada al noreste de la Plataforma Norte. El palacio y el sepulcro fueron construidos por los zapotecos durante el Clásico Tardío (500-800 d.C.), y ahí los mixtecas depositaron osamentas de catorce individuos, entre ellos un importante sacerdote. En este sepulcro se ofrendaron más de 300 objetos de diferentes materiales: jade, cristal de roca, obsidiana, turquesa, amatista, perlas, corales, huesos labrados, piezas de alabastro, ámbar, pizarra y azabache. Lo más impresionante del ajuar funerario son 121 hermosos y delicados emblemas e insignias trabajados en oro y plata que en vida sirvieron a su dueño para ostentar su alta jerarquía y poder.

Las artes. Una característica mixteca es sin duda su maestría en el manejo de las artes, sensibilidad que contrasta con su indomable espíritu bélico. Se especializaron en producir objetos pequeños y, sin duda, fueron los mejores orfebres de Mesoamérica, maestros pintores de los códices, alfareros con el toque de la policromía, así como los diestros talladores de diferentes materiales: hueso, madera y distintas piedras semipreciosas.

La cerámica. Una de las más finas y delicadas cerámicas mesoamericanas es la mixteca; en sus piezas se utilizó magistralmente la policromía unida al brillo excepcional que caracte-

riza sus obras. Elaborada en las diferentes regiones, las piezas de cerámica presentan ciertos rasgos distintivos, aunque conservaron la unidad de los motivos pintados, como la greca escalonada, las plumas preciosas, glifos, símbolos, figuras humanas, animales, objetos sacralizados, flores, nubes y huesos cruzados. En la extensa variedad de cerámicas, destaca la vajilla tipo códice, producida principalmente en Nochistlán. Además de los característicos colores mesoamericanos, los alfareros usaron lila, rosa pálido y gris azuloso, así como matices superpuestos para obtener medios tonos. Estas lujosas vajillas se utilizaban en los palacios y ceremonias, y constituían el ajuar funerario de los personajes de alto rango.

Lapidaria. Trabajaron diferentes materiales considerados sagrados porque cada uno estaba asociado a una deidad. Por lo tanto, tallaron joyas emblemáticas para la nobleza utilizando jade, turquesa, alabastro, obsidiana, ámbar, amatista y cristal de roca, que aún hoy es una piedra difícil de tallar por su dureza; sobresalen la escultura de un conejo y la copa de la Tumba 7. Diestros en el manejo lapidario, lograron espectaculares objetos como máscaras y discos de mosaico de turquesas. Características del arte mixteco son las pequeñas esculturas, generalmente de jade, llamadas penates que se relacionan con el culto a los ancestros; en ellas se esquematiza la figura humana presentándola con los ojos cerrados y los brazos sobre el pecho. En los penates se representó con frecuencia al dios Dazahui, señor de la lluvia y el rayo, protector de la Mixteca. Otros objetos distintivos son los colgantes de placas y los discos de jade.

Concha y hueso. Diferentes variedades de conchas se convirtieron en orejeras o en cuentas para collares. También se utilizaron las trompetas de caracol, y se conserva un ejemplar en el que se trazó una escena tipo códice. En hueso sobresalen obras labradas con escenas míticas, trabajadas con

CAJA DE OFRENDA
Las caras de este recipiente están decoradas con motivos acuáticos, al igual que la tapa de la vasija. La pieza fue empleada como ofrenda funeraria, y seguramente contenía este vital líquido.
Cultura: Zapoteca
Periodo: Protoclásico (Monte Albán III)
Procedencia: Monte Albán, Oaxaca
Material: Arcilla y pintura
Dimensiones: 51.5 cm de altura y 21.5 de ancho
Foto: Archivo Zabé

finas líneas esgrafiadas y después pintadas, con diseños que recuerdan las escenas de los códices.

Madera. Las tallas en este material son magníficas y sus figuras se asemejan a las de los códices. Debido a la fragilidad del material sólo se conservan dos tambores verticales labrados con escenas mitológicas, un lanzadardos y un cuchillo de sacrificio con mango de madera y hoja de obsidiana.

Música y danza. Los códices registran escenas de bailes ceremoniales e instrumentos musicales diversos, como flautas, tambores, sonajas, silbatos, ocarinas, raspadores, trompetas y vasos silbadores. Estas actividades se practicaban en las celebraciones religiosas y las bodas.

Pintura. A pesar de su gran habilidad y gusto estético, la pintura mural no se practicó mucho; sin embargo, hay ejemplos de frescos en Mitla, cuyos antecedentes se ubican en la tumba de Yucuñudahui y en la Tumba 1 de Zaachila se modelaron y cubrieron con estuco figuras que seguramente estuvieron pintadas, pero prefirieron plasmar este arte en códices y cerámica. En los códices, el artista mixteco captó con maestría flora, fauna, accidentes geográficos, edificios y gran variedad de objetos cotidianos y rituales. La figura humana es proporcionada y fue captada en diversas actitudes y actividades portando complicadas vestimentas.

Metalurgia y orfebrería. El trabajo de los metales llegó a Oaxaca alrededor del 700 d.C., por el océano Pacífico, procedente de Centro y Sudamérica. Los mixtecos se iniciaron en la metalurgia trabajando el cobre y los bronces arsenical y estannífero; su habilidad técnica les permitió especializarse como orfebres que crearon y difundieron su estilo por Mesoamérica. Trabajaron el oro y la plata demostrando su maestría al crear delicadas piezas en las que se aplicaban técnicas en frío y con calor, y mostraron su preferencia por la fundición a la cera perdida. La técnica de la filigrana por fundición no tuvo igual, al punto de asombrar a los joyeros europeos por la exquisitez y el pequeño calibre de los alambres con que estaba realizada, semejando un fino encaje que es uno de sus rasgos estilísticos característicos. La técnica bimetálica permitía obtener en el mismo molde de fundi-

dignos de llevar este metal. La plata se relacionaba con la luna, por lo que los objetos sagrados se trabajaban con ella.

Arquitectura. Las ciudades estaban bien trazadas. En los códices se distingue la gran variedad de diseños arquitectónicos de los templos, palacios, edificios públicos y juegos de pelota, así como la policromía de los diferentes edificios. El estilo mixteco se impuso en la decoración de los muros y las fachadas de los edificios zapotecos que reutilizaban; agregaban al tablero de doble escapulario la decoración del mosaico de piedra, compuesto por varias piedrecillas cortadas y perfectamente ensambladas para lograr diferentes frisos en los que integraron el diseño de grecas en distintas direcciones y posiciones. Destacan las ciudades de Yagul y Mitla, en ésta se aprecian salones y muros cubiertos de grecas en sublime armonía.

Sometimiento y conquista.

Entre 1458 y 1461 Moctezuma I sometió al Señorío de Coixtlahuaca, lo que inició la campaña expansionista mexica y el control de la zona y sus productos. Dos ciudades destacan por no haber sido conquistadas: Tututepec, poderoso reino de la costa, y Guingola, emplazamiento zapoteca en el Istmo, donde nunca cristalizaron las diversas campañas militares mexicas contra la ciudad istmeña. Esto obligó a una alianza política que se realizó, en 1495, mediante la boda de una noble azteca con el gobernante zapoteca. La última conquista, la española, tuvo lugar en Oaxaca en noviembre de 1521. Cuando los mixtecos supieron de la llegada de los europeos, se aliaron con los zapotecas e incluso estaban dispuestos a unirse a los mexicas para resistir la invasión. Esta estrategia no cristalizó y el territorio de los hijos predilectos del dios de la lluvia fue sometido por los extraños, quienes llegaron codiciando su riqueza en oro.

ción objetos con secciones de oro y plata cuya contemplación despertó numerosas y elocuentes expresiones de asombro. Las representaciones corresponden a divinidades y a animales considerados como sus manifestaciones zoomorfas. Emblemas de diferentes formas se mostraban en anillos, pectorales, colgantes, adornos sublabiales (bezotes), orejeras, narigueras, discos lisos o repujados, y otros más con incrustaciones de mosaico de piedra verde y turquesa. Placas y adornos se cosían en diferentes prendas, así como cascabeles de variados diseños. Laminillas recortadas en múltiples formas, así como diversos tipos de cuentas, se ensartaban en armónicas secuencias para formar collares y pulseras. El oro, metal divino por considerarse desecho del sol, se usó para crear los emblemas e insignias de poder que portaban las deidades en los templos, así como los gobernantes y sacerdotes de alto rango; ellos, considerados representantes de los dioses, eran los únicos

Urna

Urna en que se representa a un personaje de alto rango, con mutilación dentaria y un magnífico tocado de cabeza de jaguar, animal relacionado con la noche.

Cultura: Zapoteca
Periodo: Clásico (Monte Albán III B-IV)
Procedencia: Valles Centrales, Oaxaca
Material: Arcilla
Dimensiones: 47.4 de altura, 39.5 de ancho, 28.5 de largo y 1.4 de espesor
Foto: Proyecto México. Jorge Pérez de Lara

Páginas siguientes

Escultura de jaguar

Este felino fue un animal sacralizado; representa a la tierra y su rugido se consideraba como la voz de las montañas. Esta obra presenta un jaguar joven en tamaño natural con una cuerda al cuello, lo cual sugiere que estaba domesticado.

Cultura: Zapoteca
Periodo: Protoclásico (Monte Albán II)
Procedencia: Monte Albán, Oaxaca
Material: Arcilla pintada
Dimensiones: 88.5 cm de altura y 55 de ancho
Foto: Jorge Pérez de Lara

Pectoral del dios murciélago

Máscara pectoral que representa al dios murciélago Piquete Ziña. Está formada por piezas de jade perfectamente ensambladas; los ojos y dientes son de concha, y las placas de pizarra.

Cultura: Zapoteca
Periodo: Protoclásico (Monte Albán II)
Procedencia: Monte Albán, Oaxaca
Material: Jade, concha y pizarra
Dimensiones: 17 cm de altura, 15.3 de ancho y 9.3 de espesor
Foto: Jorge Pérez de Lara

SOPORTE DE VASIJA

Sobre este tipo de piezas se colocaba una vasija con una ofrenda religiosa. Destaca su forma de columna vertebral humana, que sirve de eje tanto a la pieza como al hombre mismo.

Cultura: Zapoteca
Periodo: Protoclásico (Monte Albán II)
Procedencia: Monte Albán, Oaxaca
Material: Arcilla
Dimensiones: 41.5 cm de altura, 19.1 de diámetro y 7 de espesor
Foto: Proyecto México. Jorge Pérez de Lara

Página izquierda
JUGADOR DE PELOTA

En esta pieza es apreciable el yugo que el personaje porta en la cintura, cuya cinta sujetadora remata con la cabeza de un mono, animal asociado a uno de los dioses protectores del juego.

Cultura: Zapoteca
Periodo: Clásico (Monte Albán III)
Procedencia: Valles Centrales, Oaxaca
Material: Arcilla
Dimensiones: 10 cm de altura, de ancho y 18 de largo
Foto: Proyecto México. Jorge Pérez de Lara

Páginas siguientes
URNA DE DEIDAD

En la pieza se presenta al dios que los arqueólogos han denominado "ave del pico ancho", por ser característica del yelmo que luce el personaje, quien aparece asociado con los entierros de nobles.

Cultura: zapoteca
Periodo: Protoclásico
Procedencia: Monte Albán, Oaxaca
Material: Arcilla policromada
Dimensiones: 83 cm de altura, 66 de ancho y 42 de espesor
Foto: Archivo Zabé

CABEZA DE MURCIÉLAGO

Cabeza de murciélago con apéndice nasal y el hocico abierto mostrando dientes, colmillos y lengua.

Cultura: Zapoteca
Periodo: Clásico (Monte Albán III)
Procedencia: Oaxaca
Material: Arcilla
Dimensiones: 39 cm de altura y 33 de ancho
Foto: Archivo Zabé

URNA DEL DIOS IHA MAHU
El dios Iha Mahu fue muy importante durante el
Clásico Tardío. Su culto exigía desollar a las
víctimas, para que el sacerdote se cubriera con
sus pieles, en un rito de renovación de la
naturaleza.
Cultura: Zapoteca
Periodo: Clásico (Monte Albán III A)
Procedencia: Monte Albán, Oaxaca
Material: Arcilla y pintura
Dimensiones: 51 cm de altura,
36 de largo y 44.9 de ancho
Foto: Archivo Zabé

Página izquierda
DIOSA 13 SERPIENTE
La diosa 13 Serpiente, relacionada con la
fecundidad y los bienes que la tierra ofrece al
hombre, se identifica por su peinado trenzado y
por el numeral escrito sobre su blusa.
Cultura: Zapoteca
Periodo: Clásico (Monte Albán III A)
Procedencia: Valles Centrales, Oaxaca
Material: Arcilla
Dimensiones: 70 cm de altura y 42.2 de ancho
Foto: Archivo Zabé

Páginas siguientes
ESCULTURA DEL DIOS DEL VERANO
En la zona de la Cañada oaxaqueña, este tipo
de esculturas se usó para representar a sus
deidades. La pieza corresponde al dios Toho Ita,
cuyo rostro sale del pico de un ave.
Cultura: Mixteca
Periodo: Posclásico Tardío
Procedencia: Teotitlán del Camino, Oaxaca
Material: Arcilla policromada
Dimensiones: 40 cm de altura,
27.3 de ancho y 14.5 de largo
Foto: Proyecto México. Ignacio Guevara

ESCULTURA DE GUERRERO
Se trata de un guerrero de alto rango, cuya
nariz postiza lo vincula con el dios del
comercio, tal como aparece en el *Códice
Fejervary-Mayer*. Luce un exquisito brazalete de
cabeza de murciélago.
Cultura: Zapoteca
Periodo: Posclásico
Procedencia: Istmo de Tehuantepec, Oaxaca
Material: Arcilla
Dimensiones: 66 cm de altura,
41.5 de ancho y 36 de largo
Foto: Archivo Zabé

COPA EFIGIE
En este objeto se representa al dios del
inframundo Yaa Dzandaya. El realismo del artista
se exacerbó al destacar con manchas rojas la
podredumbre propia del descarne mortal.
Cultura: Mixteca
Periodo: Posclásico
Procedencia: Oaxaca
Material: Arcilla policromada
Dimensiones: 11.6 cm de altura, 10.5 de
ancho, 5 de diámetro y 12.50 de largo
Foto: Archivo Zabé

VASO DEL DIOS SOLAR
Representación del dios solar Yaa Nikandi. En la
frente luce una diadema con turquesas y un faisán
al centro. La pintura facial en forma de mariposa y
la banda frontal son emblemas del dios.
Cultura: Mixteca
Periodo: Posclásico
Procedencia: Zaachila, Oaxaca
Material: Arcilla policromada
Dimensiones: 29.4 cm de altura,
24.5 de ancho y 14.1 de diámetro
Foto: Proyecto México. Jorge Pérez de Lara

OLLA TIPO CÓDICE
Olla con la escena narrativa mítica de una
ceremonia en Yuta Tnoho, o Río de los Linajes,
lugar de nacimiento de los nobles mixtecos;
en ella aparecen los dioses Koo Sau, Serpiente
Emplumada y Yaa inu Chu ma,
"el espejo que humea".
Cultura: Mixteca
Periodo: Posclásico Tardío
Procedencia: Nochistlán, Oaxaca
Material: Arcilla policromada
Dimensiones: 18 cm de altura
y 14.1 de diámetro
Foto: Archivo Zabé

Páginas anteriores
COPA DEL COLIBRÍ
La lectura simbólica de esta pieza
habla de los tres planos cósmicos:
el ave simboliza el cielo;
los jaguares, la noche,
mientras que las serpientes
estilizadas de la greca evocan la tierra.
Cultura: Mixteca
Periodo: Posclásico
Procedencia: Zaachila, Oaxaca
Material: Arcilla policromada
Dimensiones: 7.6 cm de altura,
9.7 de ancho y 7.7 de diámetro
Foto: Proyecto México. Jorge Pérez de Lara

VASO DEL DIOS DEL INFRAMUNDO
Vaso que representa al dios Yaa Dzandaya,
Señor del inframundo, quien porta un cuchillo
de pedernal con el cual corta la vida. El artista
modeló la vasija con el cráneo móvil.
Cultura: Mixteca
Periodo: Posclásico
Procedencia: Zaachila, Oaxaca
Material: Arcilla
Dimensiones: 32 cm de altura,
16 de ancho y 17 de diámetro
Foto: Proyecto México. Jorge Pérez de Lara

PLATO CON SOPORTES DE GARRAS FELINAS
Plato de excepcional belleza que integra fineza
de diseño, forma y contenido mítico.
En el fondo se aprecia una mariposa con rostro
humano que evoca al dios Toho Ita,
Señor del verano.
Cultura: Mixteca
Periodo: Posclásico
Procedencia: Zaachila, Oaxaca
Material: Arcilla policromada
Dimensiones: 14 cm de altura, 34.6 de ancho,
28.8 de diámetro y 6 de espesor
Foto: Archivo Zabé

JARRA EFIGIE
En esta bella obra se representó a un venado,
en cuyo hocico se encuentra el vertedero
de la vasija. Este animal estaba relacionado
míticamente con el dios solar,
Señor de la fecundidad y el calor.
Cultura: Mixteca
Periodo: Posclásico
Procedencia: Zaachila, Oaxaca
Material: Arcilla policromada
Dimensiones: 26 cm de altura
y 19.9 de diámetro
Foto: Proyecto México. Michel Zabé

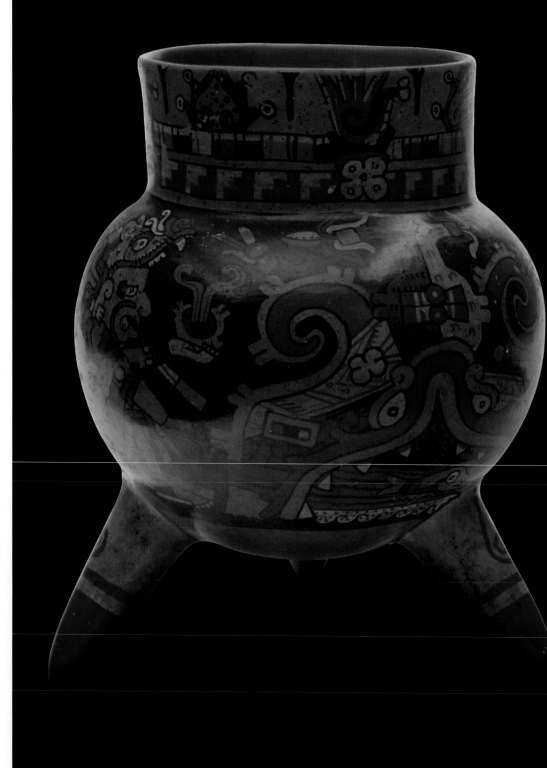

OLLA POLICROMA
En esta pieza se presentan escenas simbólicas
compuestas por símbolos como plumas, grecas
y rostros de guerreros.
Cultura: Mixteca
Periodo: Posclásico
Procedencia: Zayacatlan, Oaxaca
Material: Arcilla policromada
Dimensiones: 22.5 cm de altura
y 18.5 de diámetro
Foto: Proyecto México. Michel Zabé

Páginas siguientes
VASIJA ZOOMORFA
Los ceramistas mixtecos plasmaron en múltiples
vasijas representaciones de animales, tanto
sagrados como del entorno natural, como en
ésta, en la que modelaron a un cangrejo.
Cultura: Mixteca
Periodo: Posclásico
Procedencia: Oaxaca
Material: Arcilla
Dimensiones: 10.2 cm de altura
y 19.7 de ancho
Foto: Archivo Zabé

ESCULTURA DE CONEJO
El cristal de roca es una de las piedras más
duras y difíciles de tallar, de ahí el asombro que
provoca la perfección del diseño de este
pectoral, que representa a la diosa de la luna, y
cuya transparencia evoca el agua.
Cultura: Mixteca
Periodo: Posclásico
Procedencia: Oaxaca
Material: Cristal de roca
Dimensiones: 5.7 cm de altura,
5.5 de ancho y 9 de largo
Foto: Archivo Zabé

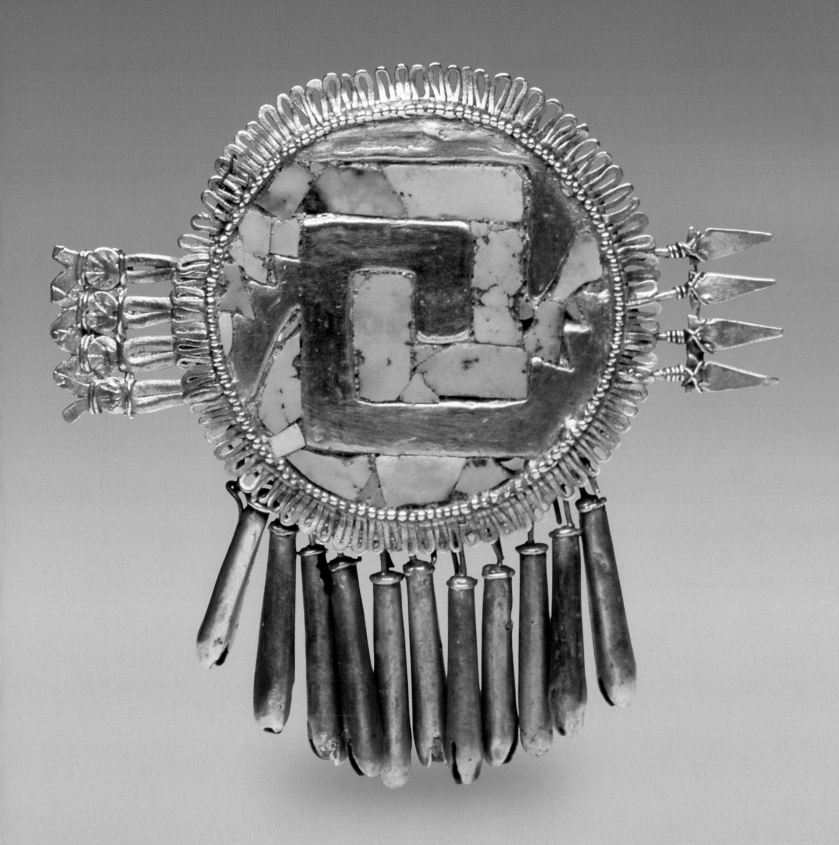

DISCO DE ORO
CON INCRUSTACIONES DE TURQUESA
Detalles de fina impresión aparecen en las dos
bandas de la pieza; en la de menor tamaño se
distinguen cabezas de animales sagrados, y en
el espacio mayor, diversos personajes.
Cultura: Mixteca
Periodo: Posclásico Tardío
Procedencia: Zaachila, Oaxaca
Material: Oro y turquesa
Dimensiones: 20.8 cm de diámetro
Foto: Jorge Pérez de Lara

Páginas anteriores
BEZOTE DE ÁGUILA
En este adorno sublabial se aprecia un águila
con un adorno sobre la parte superior del pico,
que evoca al dios Koo Sau, Serpiente Sagrada,
en su advocación de divinidad del viento.
Cultura: Mixteca
Periodo: Posclásico
Procedencia: Oaxaca
Material: Oro
Dimensiones: 4.2 cm de altura, 2.8 de ancho
y 4.2 de largo. Peso: 22.24 gs
Foto: Archivo Zabé

ESCUDO INDÍGENA
Esta bella pieza se utilizaba como emblema
pectoral y distinguía a su propietario como un
noble guerrero de alto rango. La conjunción de
oro y turquesa evoca al dios del fuego
y la nobleza.
Cultura: Mixteca
Periodo: Posclásico
Procedencia: Yanhuitlán, Oaxaca
Material: Oro y turquesa
Dimensiones: 8 cm de altura, 9.4 de ancho,
5.5 de diámetro. Peso: 46.21 gs
Foto: Proyecto México. Ignacio Guevara

DISCO DE TURQUESAS
Disco dividido en ocho secciones, cuatro
de las cuales marcan los rumbos del universo
y presentan figuras de guerreros. Los personajes
están trabajados con pequeños y delicados
mosaicos de turquesa, piedra verde y concha.
Cultura: Mixteca
Periodo: Posclásico Tardío
Procedencia: Zaachila, Oaxaca
Material: Turquesa, conchas, piedra verde
Dimensiones: 21.5 cm de diámetro
y 2 de espesor
Foto: Jorge Pérez de Lara

Páginas siguientes
LÁPIDA LUNAR
Lápida que representa a la luna a la manera de
los códices mixtecas. Destaca el numeral "4"
marcado por círculos, y un conejo, animal
relacionado míticamente con el astro.
Cultura: Mixteca
Periodo: Posclásico Tardío
Procedencia: Tlaxiaco, Oaxaca
Material: Piedra
Dimensiones: 76 cm de altura,
48 de ancho y 17 de espesor
Foto: Proyecto México. Ignacio Guevara

PECTORAL DEL DIOS SOLAR
En este objeto se representa al Señor 1 Muerte,
Yya Ndicandii, dios sol, rodeado por 18
círculos, correspondientes a los meses del año
solar. El disco calado marca con ocho rayos los
cuatro puntos cardinales y los cuatro
intermedios.
Cultura: Mixteca
Periodo: Posclásico
Procedencia: Zaachila, Oaxaca
Material: Oro
Dimensiones: 11.4 cm de altura, 9.9 de ancho
y 1.8 de espesor. Peso: 128.18 gs
Foto: Archivo Zabé

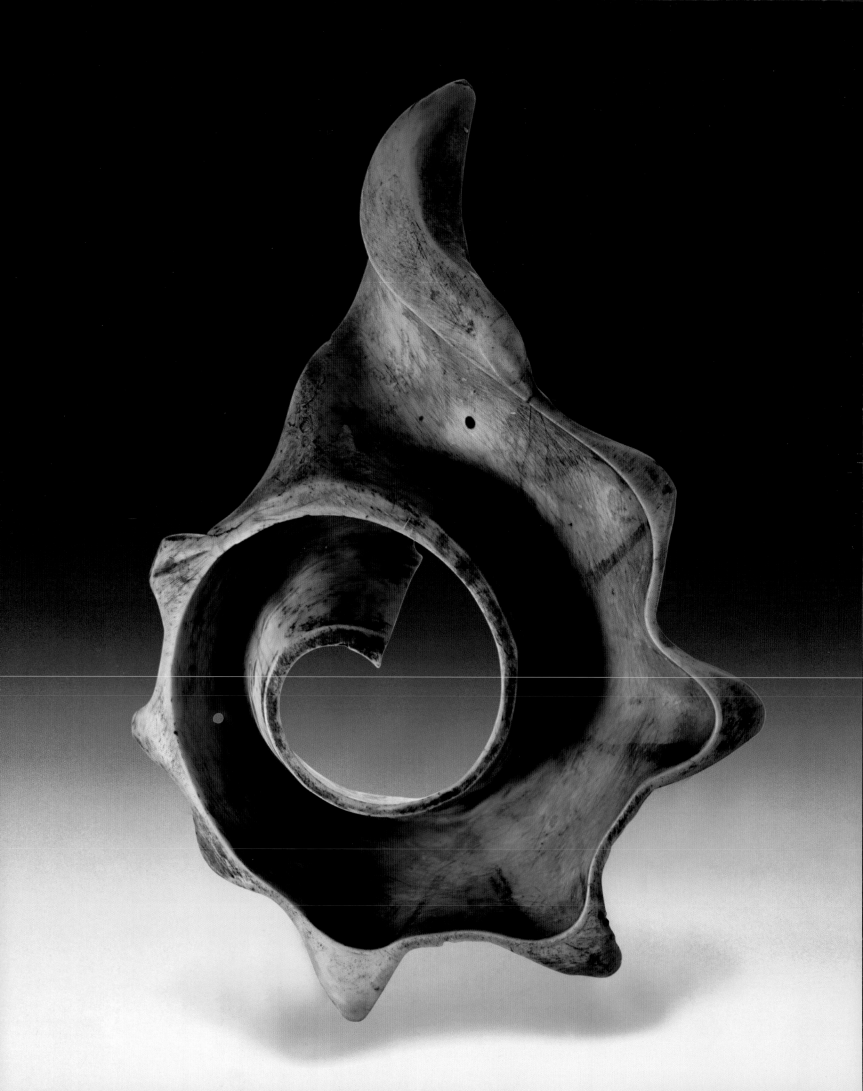

COSTA DEL GOLFO DE MÉXICO

Marcia Castro-Leal Espino

A pesar de su nombre, esta región cultural no se circunscribió a la Costa del Golfo de México, sino que ocupó un territorio más amplio que incluía el actual estado de Veracruz y parte de los estados de Tamaulipas, San Luis Potosí, Puebla, Hidalgo, Querétaro y Tabasco.

En el área designada como Costa del Golfo se desarrollaron diversas culturas locales, pero las de mayor extensión geográfica y largo desarrollo temporal fueron la olmeca (1800-100 a.C.), la del Centro de Veracruz (1800 a.C.-1519 d.C.), y la huaxteca (1800 a.C.-1519 d.C.). Sin embargo, todas compartían una base integrada con rasgos comunes en cuanto a conceptos religiosos, sociales, políticos y económicos.

El área arqueológica la ocuparon diversos grupos con lengua propia, como huaxteco, otomí, pame, nahua, totonaca, tepehua, popoloca, zoque-mixe y mixteco, pero muchos tenían la misma cultura, y en su territorio se han encontrado objetos arqueológicos semejantes.

Las sociedades de la Costa del Golfo produjeron creaciones que tuvieron un gran prestigio en muchas de las culturas de Mesoamérica y aportaron la base para transformaciones tales como el surgimiento de la primera civilización de América: la olmeca, que se desarrolló en el sur de Veracruz y norte de Tabasco (años 1800 a 100 a.C.) e influyó de manera importante en casi toda el área mesoamericana. Incluso después de la cultura olmeca, la Costa del Golfo mantuvo siempre un nivel de alta cultura e hizo aportaciones originales que influyeron en otras.

Paisaje

Para comprender los rasgos de las culturas prehispánicas de la Costa del Golfo se requiere conocer el paisaje preponderante en el territorio que ocuparon, ya que las características geográficas, las plantas y los animales determinaron una cierta forma de vida. Gran parte del territorio consistía en una llanura costera al nivel del mar, pero las condiciones no eran las mismas al llegar a los 800 metros de altitud, pues hay un cambio de tierra caliente a templada. En la llanura de la costa existía una vegetación natural de gran poder regenerativo que permitía dos cosechas al año. En la región también hay bosque tropical, excepto en la zona semiárida del centro de Veracruz.

El entorno ecológico de las diversas comunidades tuvo características especiales como, por ejemplo, la presencia preponderante de agua, marina en primer lugar, así como de ríos, arroyos, lagunas, y lluvia abundante en ciertas temporadas del año. Esto generó rasgos especiales en la economía, la religión y el comercio. En el caso de los ríos, éstos sirvieron de rutas de comunicación, lo que permitió establecer relaciones entre distintas comunidades.

Así, el ambiente en el que vivían los pueblos del Golfo se convirtió en una serie de alegorías que se manifestaron en numerosas imágenes de su cultura. Muchas veces tomaron como emblema ciertos animales debido a sus rasgos peculiares, como el jaguar, la serpiente, el lagarto, las aves, el mono y los peces. El jaguar simbolizaba la tierra en sus profundidades, zona en que nacían las plantas y las raíces de los árboles. A su vez, a la serpiente se la relacionaba con el agua de los ríos y de la lluvia.

La región de los Tuxtlas, al sur de Veracruz, tiene rasgos especiales de una inmensa riqueza biológica: plantas y árboles frondosos, un macizo montañoso y un lago, así como una riquísima variedad de animales, por lo que en la época prehispánica fue considerado como un verdadero paraíso.

Preclásico

Hacia el año 2000 a.C., se registran las primeras aldeas que contaron con una economía agrícola para el sostenimiento de la población; sin embargo, nunca abandonaron por completo la recolección y la caza. La arqueología ha obtenido como prueba de la vida de esas comunidades objetos de barro, como vasijas y figurillas, e instrumentos de piedra. El trabajo en barro compartió características semejantes en casi toda la costa, aunque en ocasiones las figurillas y vasijas difieren en tamaño. Aquéllas reflejaban algunas de las ideas acerca de la mayor preocupación de la sociedad: mantener la fertilidad de la tierra. Por tanto, se manufacturaron numerosas figurillas femeninas relacionadas con el concepto de reproducción de la tierra, las cuales se adornaban con tocados, collares, orejeras y pulseras, y tenían el torso desnudo. Sólo las que representaban personajes masculinos tenían cubiertos los genitales. Las vasijas tienen formas antropomorfas que no ponen en evidencia los genitales, pero las femeninas llevan el pecho desnudo y están decoradas con chapopote.

HOMBRE ARRODILLADO
Personaje de alta jerarquía que porta pectoral y cinturón, y cuya postura se asocia con el rito olmeca de la decapitación.
Cultura: Olmeca
Periodo: Preclásico Medio
Procedencia: San Lorenzo, Veracruz
Material: Basalto
Dimensiones: 79 cm de altura y 55 de ancho
Foto: Archivo Zabé

En sitios como El Mangal, Buenavista y Paso de Ovejas, las figurillas tienen formas semejantes, en tanto que en Pánuco, Veracruz, las más antiguas representan la cabeza y los miembros, pero prescinden del torso. Cerro de las Mesas tiene una cerámica especial de vasos y vasijas en barro negro con decoración incisiva de tema geométrico.

Otra característica de la Costa del Golfo fue la creación de figurillas y vasijas miniatura, tradición que se mantiene desde el Preclásico (1800-100 a.C.) hasta el Posclásico (900-1521 d.C.). Otros sitios muestran ejemplos de este estilo, tanto en vasijas como en figurillas de niños y figuras de adulto con decoración de chapopote; en ninguna de ellas faltan los adornos en la cabeza.

Parte del Preclásico fue dominado por la civilización olmeca, cuyo desarrollo en el sur de la Costa del Golfo y parte de Tabasco generó grandes cambios en las sociedades contemporáneas.

Olmecas

El término olmeca significa "habitantes de la región del hule". El hule es un árbol de las regiones húmedas y cercanas al mar, al que los olme-

HACHA
Los rasgos del jaguar conservan restos de cinabrio, polvo mineral que se esparcía sobre las ofrendas mortuorias, como las hachas.
Cultura: Olmeca
Periodo: Preclásico Medio
Procedencia: La Venta, Tabasco
Material: Jadeíta
Dimensiones: 11.2 de altura y 5 cm de ancho
Foto: Proyecto México. Jorge Pérez de Lara

FIGURILLA FEMENINA
Su postura, así como el pectoral, evidencian su
alto rango en la sociedad de La Venta, Tabasco.
Cultura: Olmeca
Periodo: Preclásico Medio
Procedencia: La Venta, Tabasco
Material: Jade, hematita y cinabrio
Dimensiones: 7.5 cm de alto,
5 de ancho y 3.5 de espesor
Foto: Archivo Zabé

Dominio de la piedra

Los olmecas fueron los primeros mesoamericanos en lograr un conocimiento completo del tallado de piedras duras: basalto, serpentina, jade, jadeíta. Los artesanos eran especialistas, artistas de tiempo completo dirigidos por autoridades civiles o religiosas, quienes decidían los temas que se iban a tratar. El material se llevaba desde la cantera, a una distancia aproximada de 100 km, hasta sitios como La Venta y San Lorenzo, donde se trabajaron el mayor número de esculturas. El transporte de la piedra era difícil, ya que algunas veces eran bloques de 30 toneladas de basalto, como es el caso de las cabezas colosales encontradas en sitios como La Venta, Tabasco, y San Lorenzo y Tres Zapotes, Veracruz. El significado de estos monolitos se ha interpretado de diversas maneras, por ejemplo, como retratos de dirigentes, representaciones de personajes decapitados en el juego de pelota o símbolos de la pelota de hule utilizada en el juego. Sin embargo, la cantidad de cabezas colosales esculpidas induce a reconocer la presencia de un culto a la cabeza, que habrían iniciado los olmecas y que permanecería durante toda la época prehispánica en la Costa del Golfo, donde se esculpieron cabezas tanto de piedra como de arcilla durante el Clásico y el Posclásico.

Otras esculturas en piedra representan una amplia variedad de temas, políticos o religiosos con sacerdotes o dirigentes unidos a figuras de animales; conceptos rituales, como la serpiente en el Monumento 19 de La Venta; el jaguar, como en el Monumento 52 de San Lorenzo; el culto a los niños, con los sacerdotes que los llevaban en brazos o recostados en sus rodillas; personajes adoptando posiciones del cuerpo relacionadas con ceremonias o rituales, como el Hombre Arrodillado, el Monumento 34 de San Lorenzo, o la escultura de Arroyo Sonso, con un personaje que tal vez participaba en una danza ceremonial, parecida a la que aún hoy realizan algunos grupos indígenas. Otro ejemplo destacado es la

cas extraían la savia con la cual elaboraban objetos asociados con ceremonias y ritos creados durante el Preclásico Medio.

El área donde se desarrolló la civilización olmeca fue una región de bosque tropical húmedo con numerosos ríos, arroyos, lagunas y pantanos. Además de los alimentos que proporcionaba ese ambiente, los ríos fueron rutas por las que viajaron los olmecas para comerciar y extender su cultura, a lo ancho de un amplio territorio en Mesoamérica. Dentro del área olmeca de tierras bajas también existe un macizo montañoso, la región de los Tuxtlas, de donde extraían la piedra para realizar bellas y numerosas esculturas.

pieza, relativamente tardía, denominada El Luchador, que representa a un personaje con una pequeña barbilla, indicio de su alta jerarquía, cuyo torso y extremidades expresan movimiento, característica olmeca excepcional en la escultura prehispánica. A su vez, la Estela de Alvarado, columna monolítica de basalto, tiene grabada una escena que puede considerarse religiosa o política, ya que muestra a una persona sentada en el suelo, atada de manos, que bien puede ser un prisionero o un candidato al sacrificio y, frente a él, de pie, con barbilla y un elegante tocado en la cabeza, un alto personaje cuyo atavío indica su importancia política o religiosa.

Otros ejemplos de esculturas en piedra pueden verse en el jardín, donde están las reproducciones de la Tumba de Columnas Monolíticas de La Venta, Tabasco, primera tumba construida totalmente en piedra, y el mosaico con la cara de jaguar, cuyo original se encontraba a varios metros de profundidad en un edificio de La Venta.

Los olmecas también representaron en piedra a ciertos animales que tuvieron un papel importante en su cultura: además del jaguar, la serpiente, el mono y el pez.

Jade

Los olmecas son los primeros y mejores artistas con el jade o jadeíta de toda Mesoamérica. Este tipo de piedra llegó a la Costa por medio del comercio o el intercambio, ya que no existe en la región, y se ha sugerido que provenía de Centroamérica. Este tipo de piedra se consideró un material muy valioso hasta el siglo XVI. Los olmecas sólo lo destinaban a la elaboración de objetos valiosos para personajes de alta jerarquía —cuentas, collares, orejeras, pectorales— o como ofrendas en sus entierros, hachas, figurillas y punzones.

Hasta ahora la mayor cantidad de hachas halladas en tumbas proceden de La Venta, Tabasco; también las hay en El Manatí, Veracruz. Varias de

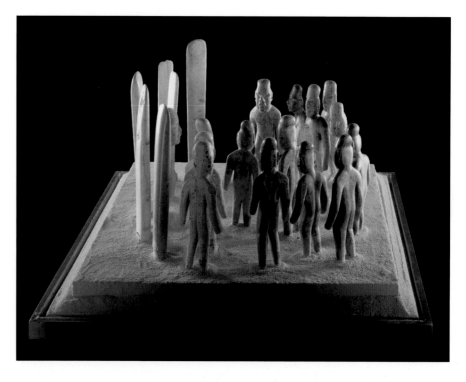

estas ofrendas se exhiben en las vitrinas de la primera parte de la sala.

Todas las figurillas en jade representan un tipo especial de personajes que presentan rasgos de modificación corporal, como la deformación craneana y la mutilación dentaria. Ésta la realizaban limándose los dientes frontales, especialmente los de la mandíbula superior. Por lo general, los personajes de las figurillas iban desnudos, sin ningún adorno, sin marcar el sexo y con la cabeza rapada.

Ofrenda 4 de La Venta, Tabasco

Esta ofrenda es única en el ámbito mesoamericano, ya que representa una escena ceremonial. Fue desenterrada en 1955 en el patio de la Plataforma Noreste en La Venta, Tabasco; la integran seis hachas delgadas colocadas de pie, una junto a la otra, como formando un muro, y 16 figurillas de jadeíta, excepto una, que está al frente de las demás. Once de las figurillas formaban un semicírculo y contemplaban lo que sucedía cerca de las hachas, en tanto que cuatro estaban

OFRENDA 4 DE LA VENTA
Es la más compleja del periodo y constituye un conjunto escultórico magistral. Cuenta con seis pequeñas celtas y 16 figurillas que forman un semicírculo y parecen cercar a una de ellas que se diferencia del resto por ser la única tallada en piedra. Quizás se trata de una ceremonia ritual.
Cultura: Olmeca
Periodo: Formativo Medio
Procedencia: La Venta, Tabasco
Material: Arcilla, jade, serpentina
Dimensiones: 25.5 cm de altura y 7.5 de ancho
Foto: Archivo Zabé

ZONA ARQUEOLÓGICA DE LA VENTA,
TABASCO.
Foto: Michael Calderwood

ESTELA C
Los numerales (barra 5, círculo 1)
y los glifos de la columna vertical representan
la fecha de 31 años a.C.
Cultura: Olmeca
Periodo: Preclásico Superior
Procedencia: Tres Zapotes, Veracruz
Material: Piedra
Dimensiones: 82.5 de altura,
115.5 de ancho y 38.5 de espesor
Foto: Archivo Zabé

colocadas en una hilera que caminaba hacia el centro de la escena. Todo se llevaba a cabo frente al personaje principal, quien está de espaldas cerca de las hachas; algunas de éstas tienen grabada una serie de imágenes y glifos, lo que las relaciona con las estelas, esculturas que más tarde serían muy frecuentes en las culturas maya y de Oaxaca. Los personajes presentan rasgos típicos olmecas, por lo que puede determinarse que representaban un grupo dedicado a prácticas religiosas o ceremoniales.

El Manatí

Las importantes excavaciones realizadas recientemente en este sitio del estado de Veracruz permitieron descubrir objetos y materiales olmecas desconocidos, como bustos de personajes tallados en madera, hachas de piedra y madejas de hule para construir pelotas destinadas al juego. Todos estos objetos eran ofrendas a un manantial situado en la falda poniente del Cerro del Manatí, lo que corrobora la importancia que se le reconocía al agua como un elemento del origen de la vida.

Escritura y calendario

El inicio de la escritura aparece en varias obras olmecas. Las primeras pueden ser las hachas de la Ofrenda 4 de La Venta. Otra representación de signos que pueden considerarse como un inicio de escritura se encuentra en el Monumento 13 de La Venta y, más tarde, la Estela C y el Monumento E de Tres Zapotes, así como la Figurilla de Los Tuxtlas que ya presenta con claridad una escritura con glifos y numerales.

Clásico (100-900 d.C.)

Este periodo muestra un rico desarrollo en las culturas de la Costa del Golfo, por su mayor complejidad religiosa, social y política, así como por las manifestaciones arquitectónicas, escultóricas, pictóricas, cerámicas de gran valor, los avances tecnológicos y científicos, además del calendario y la escritura. Las aldeas se convirtieron en centros ceremoniales de gran importancia, que además de sus funciones religiosas tuvieron carácter político. Estos centros eran sostenidos por diversas comunidades o regiones, las cuales mantenían a la vez contacto con otras áreas de la Costa del Golfo y de Mesoamérica. Algunos contactos eran comerciales, otros, peregrinajes a centros religiosos de primera importancia, como Teotihuacán, e incluso en ciertos casos, migraciones hacia nuevos territorios.

Tres Zapotes

Este sitio tuvo un importante desarrollo desde el Preclásico Medio (1200-600 a.C.) hasta el Clásico (100-900 d.C.) y representó tanto la tradición olmeca como las transformaciones culturales de la época Clásica de la Costa del Golfo. La arquitectura de Tres Zapotes se inicia en el Preclásico con edificios semejantes a los de La Venta y utilizando las columnas de basalto para construir los muros que rodean a los edificios. También las esculturas muestran una relación estrecha, ya que se elaboraron cabezas colosales y el Monumento C presenta figuras de personajes que pelean o danzan, semejantes a los de la Estela 2 de La Venta. Hacia finales de la cultura olmeca se construye la Estela C, en la cual aparece la fecha escrita más antigua registrada en la Costa del Golfo, 31 años a.C. La fecha se presenta con la numeración de barra y punto, cuyos valores son cinco y uno, respectivamente. Ambos signos están colocados en posiciones verticales dentro de una columna, en la cual cada posición, de abajo hacia arriba, tiene un valor determinado, ya que si un punto está en la primera posición significa uno, pero en la segunda posición expresa 20, y así la cantidad colocada en cada una de las posiciones va aumentando. Más tarde, esta manera de registrar numerales para formar fechas la usaron los mayas en sus calendarios.

En el Clásico (100-900 d.C.) de Tres Zapotes se advierte la presencia de numerosas figurillas de arcilla que representan personajes ataviados para diversas ceremonias y ritos, especialmente para el juego de pelota. También se han hallado instrumentos musicales y esculturas de cabezas de ancianos, piezas que tuvieron un papel muy especial en el sur de Veracruz.

Cerro de las Mesas

Este sitio tuvo un desarrollo semejante al de Tres Zapotes, y se relaciona con la cultura olmeca mediante numerosos objetos de jade elaborados en el mismo estilo de los de La Venta, como collares, orejeras y pectorales, pero hay otro tipo de figuras, como un niño y una canoa con rasgos de jaguar, ambos objetos de gran

valor por su originalidad. También en el Clásico se siguió trabajando el jade, pero con un estilo nuevo. Las figurillas en jade del Clásico tienen rasgos físicos diferentes a las del Preclásico, así como distintos tocados y adornos. Del inicio de esta época es la gran escultura, tanto en tamaño como en calidad artística, del anciano sentado con un brasero sobre su cabeza. En esta época, Cerro de las Mesas parece tener contacto con Teotihuacán, ya que tienen elementos comunes, como las típicas vasijas teotihuacanas de cuerpo cilíndrico con tres pies, piezas que ya existían en la Costa del Golfo.

La ocupación del sitio duró hasta el Posclásico Temprano (900-1200 d.C.), lo que se deduce por la presencia de cerámica plomiza, de la cual se exhibe un ejemplo: la vasija de un personaje sentado. También se han hallado grandes vasijas policromas procedentes de la Mixtequilla, región de la Costa del Golfo donde se encuentra Cerro de las Mesas, con rasgos que recuerdan los de algunos códices. En varias ofrendas del sitio, hay objetos procedentes del mar, como caracoles, conchas y coral.

CANOA
El transporte por agua era esencial para la comunicación entre los grupos de la cultura olmeca, por lo cual se representó en piedra preciosa.
Cultura: Olmeca
Periodo: Preclásico Medio
Procedencia: Cerro de Las Mesas, Veracruz
Material: Jade
Dimensiones: 5.7 cm de ancho y 20.1 de largo
Foto: Archivo Zabé

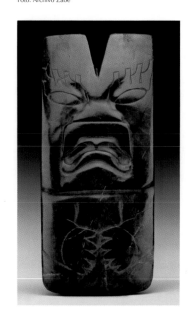

ESTELA
La flor que este personaje lleva en su faldilla indica su relación con una ceremonia del cambio de vegetación.
Cultura: Centro de Veracruz
Periodo: Clásico
Procedencia: San Miguel Chapultepec, Veracruz
Material: Piedra
Dimensiones: 138 cm de altura y 82.4 de ancho
Foto: Archivo Zabé

Entierro de Cerro de las Mesas

Debajo de un piso de estuco de uno de los edificios, se encontraron colocadas en dos líneas paralelas 52 grandes vasijas elaboradas con barro rojizo y pulido, cada una tapada con un plato, que contenían un cráneo y fragmentos de huesos de las extremidades. En la sala se exhiben doce de ellas.

Dioses

Página izquierda
HACHA
El jade, la piedra más dura del mundo mesoamericano, fue magistralmente trabajada por los olmecas, como se aprecia en esta hacha con el clásico rostro humano con boca de jaguar.
Cultura: Olmeca
Periodo: Preclásico
Procedencia: Desconocida
Material: Jade, hematita y cinabrio
Dimensiones: 22.2 cm de altura, 10.2 de ancho y 1.5 de espesor
Foto: Proyecto México. Jorge Pérez de Lara

En la Costa del Golfo hay diversas imágenes de deidades masculinas, entre las cuales se encuentran representaciones de ancianos. Sin duda, la escultura en arcilla del dios Anciano de Cerro de las Mesas, de los inicios del Clásico, es la mejor y la de mayor tamaño. También hay varias cabezas de ancianos procedentes de Tres Zapotes, así como de otros sitios contemporáneos. Mucho más tarde,

en la cultura huaxteca, también se presentan, a finales del Clásico y en el Posclásico Temprano, numerosos ancianos en piedra que llevan un bastón plantador, como se muestra en la sala.

Otro dios, llamado Xipe Tótec, se relacionaba con el cambio de vegetación. Esta deidad también existió en otras culturas, como la teotihuacana. La sala cuenta con dos esculturas de Xipe Tótec en arcilla, una de gran tamaño y otra pequeña, pero más que a la deidad representan parte del rito celebrado en sus ceremonias, ya que los sacerdotes se revestían con la piel del sacrificado porque simbolizaba el suelo que cubría la tierra y cómo debía cambiar en las diferentes estaciones.

Los dioses Narigudos, asociados con el sol, son figurillas que abundan en muchos sitios del Clásico. En general se trata de figuras de hombres sentados, cuyo detalle más significativo es su tocado triangular, del que sobresalen dos partes a cada lado, que se supone representan la cola y las alas de un ave en descenso. Uno de los ejemplos de mayor tamaño es el de Remojadas que se encuentra en la sala.

El dios de la Muerte es otra de las deidades que durante el Clásico y el Posclásico se encuentra en todo el territorio de la Costa del Golfo. El mejor ejemplo es la figura principal de El Zapotal, para la cual se construyó un edificio que la albergara. En el jardín de este museo se reproduce la figura del dios. También se representan cráneos en arcilla o piedra, y un esqueleto que devora a un ave representada en una de las palmas. El dios de la Muerte de la cultura huaxteca aparece en una escultura en piedra que data del Posclásico (1200-1521 d.C.).

Diosas y sacerdotisas

En el Preclásico todas las culturas mesoamericanas produjeron pequeñas figurillas femeninas asociadas con la tierra. Sin embargo, a partir del Clásico la Costa del Golfo otorgó, como ninguna

otra de las culturas mesoamericanas, un valor preponderante a las representaciones femeninas que abundan tanto en arcilla como en piedra. La gran diosa de la reproducción de la vida o de la fertilidad —más tarde llamada Tlazolteotl por los mexicas—, se siguió asociando con el mundo terrestre, pero sobre todo con el que se encuentra debajo de la superficie, es decir, con el mundo oscuro —razón por la cual las representaciones de la diosa llevan con frecuencia parte de la cara pintada de negro—, donde reposan los muertos y también donde nacen las plantas, alimento del hombre. Este mundo subterráneo se considera excepcional debido a que en él se une la muerte con el surgimiento de la vida. Otras imágenes de gran tamaño representan a sacerdotisas ricamente ataviadas y con los brazos extendidos, actitud que concuerda con las ceremonias religiosas. Las llamadas "figuritas sonrientes" son otro de los rasgos únicos en Mesoamérica, varias de ellas

proceden del sitio de Remojadas, y se relacionan con la música y la danza, disciplinas que formaban parte de las ceremonias religiosas.

Desde el final del Clásico y en el Posclásico, la cultura huaxteca representa con frecuencia a las diosas femeninas en piedra con el pecho desnudo y las manos colocadas en el vientre, señalando hacia donde se reproduce la vida. Casi todas llevan un amplio tocado en forma de medio círculo, que quizás corresponde a un adorno de plumas; otras tienen como tocado un pico de ave abierto, dentro del cual se aprecia la cara femenina.

Música y danza

Estas disciplinas formaban parte importante de las ceremonias religiosas. Por tanto, se elaboraron una gran cantidad de instrumentos musica-

DIOS DEL AGUA
Escultura excepcional por su dimensión y belleza, con las anteojeras, orejeras, nariguera, y colmillos característicos de este dios.
Cultura: Centro de Veracruz
Periodo: Posclásico
Procedencia: Veracruz, en los límites con Puebla
Material: Arcilla y pintura
Dimensiones: 151 cm de altura
Foto: Proyecto México. Jorge Pérez de Lara

CARITA SONRIENTE
Las esculturas femeninas y masculinas conocidas como figuritas sonrientes representan de manera excepcional la sonrisa en el México prehispánico.
Cultura: Centro de Veracruz
Periodo: Clásico
Procedencia: Remojadas, Veracruz
Material: Arcilla
Dimensiones: 18.5 cm de altura y 21 de ancho
Foto: Proyecto México. Michel Zabé

Por otra parte, las figurillas femeninas y masculinas modeladas en arcilla con los brazos levantados y extendidos representan a los danzantes ceremoniales que acompañaban la música, por lo que algunas llevan un cascabel como pectoral. También se exhibe un tipo de personajes gordos y ciertas figuras que reposan en el suelo con las piernas colocadas hacia arriba; ambos son silbatos, y todas parecen participar en ceremonias en las cuales se expresa, mediante la sonrisa, la alegría de vivir.

Culto fálico

En la Costa del Golfo las ceremonias del culto a la fertilidad, así como las de renovación de la vida, tuvieron como rasgo excepcional la presencia del miembro sexual masculino en esculturas de barro y de piedra, rasgo que se inicia desde el Clásico (100-900 d.C.). El falo se representa en figurillas de arcilla del sitio de Tres Zapotes, sur de Veracruz, y se conserva en esculturas de piedra y barro de la cultura huaxteca hasta el siglo XVI. Los primeros son pequeños personajes ataviados ricamente para ceremonias religiosas, cuyas manos rodean un agujero ubicado entre sus piernas, donde se debieron colocar representaciones de falos de distinto material y tamaño. Más tarde, en sitios como El Tajín y Filobobos, entre otros, se han encontrado pequeñas figurillas masculinas de arcilla que llevan objetos que simbolizan el falo atados a un gran cinturón. También hay figuras masculinas desnudas con su sexo perfectamente marcado, ya sea en arcilla o en piedra, como en la escultura de Cerro de las Mesas, en el sur de Veracruz.

La cultura huaxteca conserva el culto al falo hasta el Posclásico Tardío (1200-1521 d.C.), ya que está representado en muchas de sus esculturas en piedra de hombres ancianos, adolescentes y adultos. Existe el bajorrelieve de un anciano con bastón plantador que servía para hacer el agujero en la tierra y depositar la semilla. El personaje tam-

FALO
Aunque el culto fálico se practicaba en toda la Costa del Golfo, sus mejores representaciones se dieron en la Huaxteca.
Cultura: Huaxteca
Periodo: Posclásico
Procedencia: Yahualica, Hidalgo
Material: Piedra
Dimensiones: 156 cm de altura y 80 de diámetro
Foto: Archivo Zabé

les, como silbatos con diferentes sonidos, flautas de uno o varios tubos, sonajas, ocarinas, cascabeles y caracoles, entre otros. Desde el Preclásico Superior hasta el Posclásico (600 a.C.-1521 d.C.), la mayor parte de ellos se elaboraron en barro. Casi siempre las formas de los instrumentos reproducen animales, cuyos sonidos debieron considerarse como música de la naturaleza: aves, perros, monos, jaguares, ranas, guajolotes y garzas son silbatos; las figuras femeninas son silbatos y sonajas, y las masculinas, silbatos.

bién tiene el pene erecto, lo que señala a los ancianos con bastón plantador como seres cuya función era crear una nueva vida, tanto vegetal como humana. De un sitio llamado Vista Hermosa, también proceden esculturas en arcilla de figuras masculinas con el pene bien detallado, sentadas en un banquillo, ricamente ataviadas y portando un pectoral de caracol cortado que se relaciona con el dios Quetzalcóatl-Ehécatl.

Los huaxtecos representaron en piedra miembros masculinos separados del cuerpo, como los hallados en Tamtok, San Luis Potosí, y Yahualica, Hidalgo. El de este último sitio es el más importante que se haya encontrado hasta ahora, tanto por su tamaño —1.56 m de altura—, como por su calidad artística. Aunque más chico, también en el centro de la Costa se ha encontrado recientemente un falo de piedra en el sitio Las Puertas, Veracruz. La producción de estos objetos separados del cuerpo masculino indicaba claramente que el falo formaba parte del culto a la diosa creadora de la vida, más tarde llamada Tlazolteotl, que existía en la Costa del Golfo desde el Clásico (100-900 d.C.).

Esto lo confirma la representación que hicieron los mexicas de los huaxtecos en el *Códice Borbónico* —páginas XXIX y XXX—, donde se dibuja la ceremonia en honor de la diosa Tlazolteotl o Toci, Nuestra Madre, quien aparece acompañada por cuatro sacerdotisas y rodeada por trece personajes, ocho de los cuales están vestidos como huaxtecos y tienen un gran falo en una de sus manos.

El Tajín

Llamado Ciudad Sagrada del Huracán, El Tajín, ubicado al norte de Veracruz, es uno de los sitios más significativos e importantes de la Costa del Golfo; se encuentra en una cuenca con varios lomeríos y dos corrientes de agua y contaba, hasta hace relativamente poco tiempo, con un rico bosque que aunque disminuido, todavía

ZONA ARQUEOLÓGICA DE EL TAJÍN, VERACRUZ.
Foto: Michael Calderwood

conserva entre los árboles el denominado Palo Volador, el cual funge como elemento fundamental de una ceremonia prehispánica que aún se lleva a cabo entre los totonacas actuales. Durante los últimos años se han realizado en El Tajín excavaciones y trabajos de conservación, por lo que se conocen todos sus edificios, esculturas, bajorrelieves y pinturas. Su desarrollo parece empezar alrededor del 600 d.C., y siguió habitado hasta el 1100 d.C. Tiene más de cincuenta edificios, de los cuales 17 son juegos de pelota. Como sucede con otros aspectos, la arquitectura de El Tajín tiene un estilo propio, sobre todo por la presencia de nichos o de grecas escalonadas en los cuerpos de los edificios. La principal edificación es la Pirámide de los Nichos, cuyos cuerpos de talud y tablero (partes inclinada y vertical, respectivamente, rematados con cornisa saliente, están decorados con nichos —colocados en el tablero— que suman casi 365, por lo que se les ha relacionado con los días del calendario. Las esculturas y los bajorrelieves representan manifestaciones religiosas, tal como los que plasmaron en las paredes de algunos de los juegos de pelota, en especial el Sur, cuya reproducción se

encuentra en el jardín de esta sala. También el Edificio de las Columnas presenta una variedad de relieves con escenas religiosas y otros donde aparecen dirigentes políticos; además, sus muros están decorados con diversas imágenes.

Los dirigentes de El Tajín aparecen como personajes ricamente ataviados, con adornos en la cabeza y objetos suntuarios en las manos. Las imágenes de este tipo se representaron en algunos edificios y en esculturas, como en la estela y el dintel con bajorrelieve procedentes de El Tajín que se encuentran en la sala.

Yugos, hachas y palmas

Las ideas religiosas de los olmecas fueron el fundamento para una serie de ceremonias y rituales en toda Mesoamérica, especialmente en la Costa del Golfo, como el juego de pelota y el culto a la cabeza. Con el tiempo, las sociedades de la Costa del Golfo las desarrollaron y enriquecieron con manifestaciones rituales, escultóricas y pictóricas que representaban la nueva ideología, entre ellas se encuentran las esculturas en

piedra actualmente llamadas yugos, hachas y palmas. Estos tres tipos de escultura de regular tamaño se construyeron desde el inicio del Clásico (100 d.C.), y su mayor apogeo parece haberse registrado entre los años 300- 850 d.C.

Los yugos tienen una forma excepcional y, sin duda, difícil de realizar en un material tan duro como la piedra. Muchos representan figuras de animales relacionados con la tierra y el agua, como el sapo o la rana; en tanto que algunos son completamente lisos y muy pocos están cerrados, como el que representa a un búho, animal asociado al mundo de la oscuridad y la noche. En las últimas excavaciones, se los ha encontrado junto al cadáver, lo que reafirma su significado como representación de la parte interna de la tierra, receptora del ser humano muerto.

La mayoría de las hachas representan cabezas humanas o de animales como aves, monos o jaguares. Estas esculturas tienen que ver con el juego de pelota; se supone que estaban empotradas en los muros del edificio del juego para marcar la línea, o el límite entre las dos secciones que formaban el patio central donde jugaban los dos equipos.

Algunas de las palmas —llamadas así porque la escultura es más angosta en la parte inferior que en la superior— tienen relieves con personajes vestidos para ceremonias especiales, como la del sacrificio, donde el sujeto tiene el pecho abierto y las manos atadas en la espalda, y en otra, un ave que devora a un esqueleto. Otras palmas muestran la imagen del lagarto —animal asociado con la tierra—, un grupo de flechas, o dos brazos con las manos unidas una frente a la otra. El uso de las palmas también se relacionaba con las ceremonias realizadas dentro del juego de pelota, como lo corrobora la figura de la Estela de Aparicio, que muestra a un personaje decapitado portando un cinturón, cuyo remate central es un objeto con forma de palma, aunque de otro material; de su cuello brota sangre en forma de siete serpientes, igual a las que existen en las pinturas de Las Higueras. En síntesis, palmas, yugos y hachas formaron parte de la riqueza ceremonial y religiosa del juego de pelota de la Costa del Golfo.

Relaciones con Teotihuacán y con la cultura maya

La Costa del Golfo y Teotihuacán tienen rasgos comunes que prueban su relación. Los sitios de Matacapan y El Tajín, en Veracruz, tienen cuerpos arquitectónicos teotihuacanos como el talud y el tablero. También la cerámica muestra rasgos comunes, según se aprecia en los candeleros encontrados en la Costa, en Matacapan y Tres Zapotes, así como en los vasos cilíndricos con tres soportes hallados en Matacapan y en Cerro de las Mesas. Uno de los yugos tiene en el extremo de los brazos un personaje con vestido y tocado totalmente teotihuacanos. Por otra parte, en Teotihuacán hay figurillas con los brazos y piernas separados del torso y unidos por medio de un cordón, que han sido llamados títeres. Piezas como éstas existieron en la Costa del Golfo antes que en Teotihuacán, como la que se exhibe en la sala, que data del Preclásico de la

Costa. Como puede deducirse, la influencia se llevó a cabo en ambas direcciones.

Las relaciones con la cultura maya se pueden establecer considerando diversos ejemplos. La escritura de la Estela C de Tres Zapotes con la fecha 31 a.C., se realizó con el mismo método que los mayas utilizarían un poco más tarde. Posteriormente, en el sur de Veracruz y Tabasco y en la región de Campeche se realizaron en molde figurillas femeninas, con los brazos levantados y un atuendo semejante y las figurillas de jugadores de pelota de Tres Zapotes que datan del Clásico, se parecen a las de la zona maya. También las escenas de los juegos de pelota de El Tajín se asemejan a las de uno de los juegos de pelota de Chichen Itzá.

Pinturas

Alrededor del año 500 d.C., se inician varias de las pinturas en la Costa del Golfo, entre ellas las de Las Higueras y El Zapotal, y un poco más tarde en El Tajín. En el Posclásico (1200-1521 d.C.) comienzan a elaborarse en Cempoala las pinturas correspondientes a la cultura del Centro de

VASIJA
Estilo cerámico con rica decoración de escenas religiosas en relieve, y con diversos colores.
Cultura: Centro de Veracruz
Periodo: Clásico
Procedencia: Río Blanco, Veracruz
Material: Arcilla y pintura
Dimensiones: 12.7 cm de alto y 19.7 de diámetro
Foto: Archivo Zabé

VASO CON DECORACIÓN RASPADA
El trabajo en barro, ofrendado a los dioses, presentaba distintos tipos de decoración realizados antes o después del cocimiento de la vasija.
Cultura: Olmeca
Procedencia: Cerro de Las Mesas, Veracruz
Material: Arcilla
Dimensiones: 21.2 cm de alto y 27.7 de diámetro
Foto: Archivo Zabé

Veracruz. Esto también sucede en el mismo periodo en Tamtok y Tamuín, ambas inscritas en la cultura huaxteca de San Luis Potosí.

En Las Higueras, al norte de Veracruz y a tres kilómetros del Golfo de México, hay 28 edificios que fueron descubiertos en 1973, de los cuales se calcula que se han recuperado hasta ahora 1 300 metros lineales de frisos pintados. Algunos tienen hasta 24 capas de pinturas que combinan diversos colores y temas que corresponden a varios actos ceremoniales y representaciones religiosas, como el juego de pelota y el rito de decapitación, donde la sangre sale simbólicamente del cuello en forma de siete serpientes, como se aprecia en la Estela de Aparicio que se exhibe en la sala y de la que ya hablamos.

En las pinturas donde aparecen los dioses puede advertirse que sus figuras son las mismas desde el Clásico hasta el Posclásico, por ejemplo: el sol con cuatro picos se pintó más tarde en Cempoala de la misma manera; una copia de esta imagen se muestra en la sala. Otras figuras que culturas más tardías reproducirían son las siguientes: la tierra como serpiente o lagarto con amplias fauces y garras; la luna representada como figura femenina con labios de color azul; el

huracán asociado al mar y acompañado por tiburones; Xipe Tótec, dios relacionado con el cambio de vegetación, cuya figura en arcilla puede apreciarse en la sala. Finalmente, otra característica de las ceremonias religiosas era la presencia de músicos con instrumentos como caracoles y largas trompetas.

El Zapotal, descubierto y excavado en 1971, es un centro ceremonial con varios y altos edificios, ubicado a 4 km al oriente de Cerro de las Mesas, en la región llamada La Mixtequilla. En el Montículo 2 se descubrió un adoratorio donde está la gran escultura en tierra del dios de la Muerte, y en cuyos muros laterales se pintaron dos grupos de figuras con ricos atuendos. Todos los personajes son sacerdotes que rinden homenaje a este dios. En el jardín del Museo correspondiente a la sala se reproduce esta parte del edificio.

La zona arqueológica de Tamtok, San Luis Potosí, se descubrió en 1939 como un centro importante de la cultura huaxteca, pero no fue excavado sino a partir de 1961. Las pinturas se encuentran en muros de seis edificios, pero también en los pisos de plataformas y casas. Gran parte de los murales abordan temas abstractos, y otros tienen líneas curvas con un pequeño círculo al centro y se relacionan con Quetzalcóatl representando a Venus. Algunos de los murales muestran grecas escalonadas o flores de cuatro pétalos. En una de las vitrinas de la sala que exhibe conchas y caracoles se pueden ver ese tipo de flores de cuatro pétalos hechas con fragmentos de caracol. En las pinturas de Tamtok se aprecia una bella combinación de colores, y algunas parecen haber sido remates o anchas franjas que delimitaban, probablemente, pinturas de mayor tamaño.

Tamuín, cercano a Tamtok, se descubrió en 1917, y de ahí procede la más importante escultura huaxteca en piedra: El Adolescente de Tamuín. Hacia 1946 se excavó y se reprodujo la pintura que cubría un altar redondo. La obra tiene doce personajes que forman una fila de 4.60 m; todos están ricamente ataviados con diferentes trajes y tocados, por lo que cada uno se asocia con una deidad diferente. Entre sus símbolos destacan la serpiente, las aves, Venus y el cráneo, etc. El fondo de la pintura es blanco y los personajes son rojo oscuro, como se puede apreciar en la copia que está en la sala.

Posclásico (900-1521 d.C.)

El territorio de la Costa del Golfo fue lugar de contacto con otros grupos de Mesoamérica, la ruta era utilizada por grupos que se dirigían de norte a sur y viceversa, y por ser vía comercial, transitaban también productos importantes, algunos de ellos de la zona, como algodón natural o tejido en mantas, cacao, hule, chapopote, piel de jaguar, conchas, caracoles y plumas.

En el Posclásico se construyeron ciudades y centros ceremoniales de ambas culturas, tan importantes como Cempoala, Quiahuiztlan, Tamtok y Taquín, por nombrar sólo algunos.

Manifestaciones huaxtecas

La escultura huaxteca en piedra fue una de las principales manifestaciones religiosas y artísticas de esta cultura, entre las que se encuentran algunas de las piezas de mayor calidad del México prehispánico, como El Adolescente de Tamuín, un joven desnudo que en parte del cuerpo tiene una serie de elementos relacionados con la planta del maíz, de la cual es el símbolo. Como uno de los dioses más importantes de toda la Costa del Golfo, y en especial de la cultura huaxteca, destaca Quetzalcóatl-Ehécatl, representado en una gran escultura con gorro cónico, adornos de caracoles, orejeras, collar y el pectoral, su símbolo más representativo. Otros personajes masculinos en piedra son el sacerdote con gorro cónico con un cráneo en la frente y ataviado con una pechera que lleva los símbolos de Venus, deidad que tuvo un origen temprano en la Costa del Golfo. La escultura que lleva esculpida sobre el

DIOSA
Las figuras femeninas con las manos sobre el vientre, el pecho desnudo y un gran tocado, son prototípicas de las diosas de la fecundidad.
Cultura: Huaxteca
Periodo: Posclásico
Procedencia: Tamaulipas
Material: Arenisca
Dimensiones: 117 cm de altura y 42 de ancho
Foto: Archivo Zabé

pecho el nombre de 2 Conejo es una manifestación del culto a la luna y al pulque como bebida dedicada a ciertas ceremonias.

Las diosas femeninas tienen el pecho desnudo y las manos en el vientre como símbolo de la fertilidad y de renovación de la vida. Estas deidades están representadas en la escultura de mayor tamaño encontrada hasta ahora. En el mismo culto, las esculturas de ancianos con bastón plantador son otro de los temas frecuentes y también se relacionan con la fertilidad, ya que el bastón que portan aún hoy se utiliza para abrir hoyos en la tierra y depositar semillas.

La cultura huaxteca tuvo un largo desarrollo y formó parte de los movimientos culturales de primera importancia en Mesoamérica. Construyó grandes centros ceremoniales y generó una valiosa producción artística: esculturas, pinturas, cerámica y múltiples objetos elaborados con caracoles y conchas.

Una de las regiones relevantes de la Huaxteca fue la de Pánuco, donde se vienen realizando excavaciones desde hace mucho tiempo, pero últimamente aparecieron piezas de metal como símbolo no sólo de la generación de vida, sino también de la alimentación.

En el sitio de Platanitos, también explorado recientemente, se descubrieron nuevos materiales, como vasijas con la representación de cabezas con pintura facial, lo que reafirma la continuidad de conceptos religiosos surgidos con los olmecas en toda la Costa del Golfo. Lo mismo sucede con las vasijas miniatura que también desde el Preclásico se realizaron en la Costa del Golfo. Además de la cerámica, se encontraron ofrendas de obsidiana, piedras verdes, caracoles, conchas, emblemas del dios Quetzalcóatl-Ehécatl y de la diosa Tlazolteotl.

Isla de Sacrificios

Ubicada frente al puerto de Veracruz, Isla de Sacrificios fue desde tiempos ancestrales un lugar utilizado como cementerio especial. Cuando en el siglo XVI desembarcaron en ella, los españoles mencionan que había templos, entre los que se encontraba uno especialmente dedicado a Quetzalcóatl-Ehécatl. Después, al realizar excavaciones, se descubrió una gran cantidad de entierros con bellas ofrendas y una cerámica que lleva su nombre, misma que tuvo un largo desarrollo por su gran calidad y sus especiales formas. También características del lugar son las vasijas con formas extraordinarias elaboradas con una piedra blanca llamada *tecalli*, la cual se encuentra en la región del actual estado de Puebla y que se usó desde el Clásico. Vestigios similares se encontraron en Teotihuacán y en Matacapan, Veracruz.

Cempoala, capital de la sociedad totonaca en el Posclásico (1200-1521 d.C.), cercana al mar, tuvo un largo desarrollo, y su arquitectura, cerámica y pintura tienen un estilo propio, aunque sus figurillas exponen temas semejantes a los del Clásico, como mujeres con niños o sacerdotisas con tocados de ave, silbatos con figurillas de personajes acostados con las piernas flexionadas e incluso

ESCULTURA ANTROPOMORFA
Representa a un anciano encorvado con un bastón sembrador en las manos. Presenta deformación craneana y atavío enriquecido con orejeras y *máxtlatl*.
Cultura: Huaxteca
Periodo: Clásico
Material: Basalto
Dimensiones: 76.5 cm de altura, 16 de ancho y 47 de largo
Foto: Archivo Zabé

orejeras, anillos y ganchos, además de una serie de adornos en concha y caracol y vasijas con formas novedosas.

En excavaciones recientes en el sitio de Vista Hermosa se han encontrado materiales arqueológicos muy variados: conchas, caracoles, punzones de hueso, obsidiana, puntas de proyectil, así como vasijas miniatura. La cerámica policroma muestra una amplia gama de formas, con personajes que no existen en otras culturas mesoamericanas, como los sacerdotes de Quetzalcóatl-Ehécatl, sentados en banquillos, con tocados, nariguera y un pectoral de caracol, emblema esencial del dios Quetzalcóatl-Ehécatl, del cual se hicieron muchas figuras en caracol. Las mujeres, otro de los temas presentes en las vasijas, tienen el cuerpo desnudo y los senos marcados, como

miniaturas. Sin embargo, las vasijas muestran una decoración nueva con colores y diseños culturalmente cercanos a la región de Puebla-Tlaxcala.

En el aspecto arquitectónico destaca el edificio de Las Caritas, donde pequeños cráneos de cerámica decoran los muros del templo, y en sus pinturas se representan como discos tres dioses de la Costa del Golfo: el Sol, la Luna y Venus. Al Sol se le dibujaron sus picos; a la Luna, como una vasija con un cuchillo en el interior, y a Venus, lo acompañan cuatro pequeños círculos que junto con el mayor representan el número cinco, una de sus características esenciales.

En 1519 Hernán Cortés y su ejército desembarcaron en la Villa Rica de la Veracruz, en la Costa del Golfo, y penetraron en algunas de las ciudades más importantes, como Quiahuiztlan y Cempoala. Ésta era tan grande y hermosa que Cortés la llamó Sevilla en sus escritos. En Cempoala inició la Conquista y el establecimiento definitivo de los españoles en territorio indígena, ya que desde ahí, acompañados por grupos locales, se dirigieron al interior del territorio mesoamericano y dominaron diversas regiones. Así, el *Lienzo de Tlaxcala*, códice elaborado después de la llegada de los europeos muestra en algunas de sus láminas, ese primer contacto con muchos de los grupos mesoamericanos y el origen de una nueva nación.

Códices

Entre los códices relacionados con las culturas de la Costa del Golfo pueden citarse: *Tonayan*, *Misantla*, *Chiconquiaco*, *Tamiahua* o *Tuxpan*, *Chapultepec*, *Coacoatzintla*, *Actopan*, *Xicotepec* y *Acaxochitlan*. Otros mencionan lugares de la costa, como el *Código Porfirio Díaz* y el *Dehesa*.

JAGUAR HUMANIZADO
Los rasgos faciales del jaguar, asociados al
cuerpo humano, representaban el culto
a las profundidades de la tierra.
Cultura: Olmeca
Periodo: Preclásico Medio
Procedencia: San Lorenzo, Veracruz
Material: Andesita
Dimensiones: 93 cm de alto y 45 de ancho
Foto: Archivo Zabé

Página izquierda
DIOS Y SACERDOTE
La serpiente de cascabel, una de
las primeras deidades del México
prehispánico, se aprecia aquí acompañada
de un sacerdote muy ataviado.
Cultura: Olmeca
Periodo: Preclásico Medio
Procedencia: La Venta, Tabasco
Material: Basalto
Dimensiones: 95 cm de alto y 76 de ancho
Foto: Archivo Zabé

Páginas siguientes
MÁSCARA CON SONRISA
El mostrar los dientes dentro de la boca y
modificar su forma fue una práctica olmeca
con finalidades religiosas.
Cultura: Olmeca
Periodo: Preclásico Superior
Procedencia: Desconocida
Material: Jade
Dimensiones: 10.8 cm de altura, 9.3 de ancho
y 3.9 de espesor
Foto: Proyecto México. Jorge Pérez de Lara

MÁSCARA
Rostro oval cuyos labios recuerdan a los del
jaguar y los ojos almendrados,
característicos del arte olmeca.
Cultura: Olmeca
Periodo: Preclásico
Material: Piedra
Dimensiones: 21.5 cm de altura,
19 de ancho y 10.9 de espesor
Foto: Proyecto México. Michel Zabé

DIOSA
Los ceramistas desarrollaron la tecnología y
pericia necesarias para lograr esculturas tan
bellamente pintadas y pulidas como ésta.
Cultura: Centro de Veracruz
Periodo: Preclásico superior
Procedencia: Paso de Ovejas, Veracruz
Material: Arcilla
Dimensiones: 42 cm de altura y 19.5 de ancho
Foto: Archivo Zabé

Páginas anteriores
ALTO DIRIGENTE
Ya en el ocaso de la cultura olmeca, el uso del
bigote y la barba era privilegio exclusivo de los
dirigentes políticos o religiosos. Esta pieza es
conocida como El luchador.
Cultura: Olmeca
Periodo: Preclásico Superior
Procedencia: Antonio Plaza, Veracruz
Material: Basalto
Dimensiones: 66 cm de alto y 40 de ancho
Foto: Proyecto México. Jorge Pérez de Lara

CABEZA COLOSAL
El avance tecnológico y la capacidad artística
alcanzados por los olmecas les permitieron
transportar y trabajar esta escultura, de diez
toneladas de peso.
Cultura: Olmeca
Periodo: Preclásico Medio
Procedencia: San Lorenzo, Veracruz
Material: Basalto
Dimensiones: 234 cm de altura, 183 de ancho
y 143.7 de espesor
Foto: Proyecto México. Jorge Pérez de Lara

ESCULTURA FEMENINA
Las figuras femeninas decoradas
con pintura negra "chapopote" y asociadas
a la fertilidad, se encuentran únicamente
en la Costa del Golfo.
Cultura: Centro de Veracruz
Periodo: Preclásico
Procedencia: Remojadas, Veracruz
Material: Arcilla y chapopote
Dimensiones: 47.2 cm de altura
y 22.6 cm de ancho
Foto: Archivo Zabé

Páginas siguientes
FIGURILLA FEMENINA
Mujer desnuda peinada con tres mechones
ceñidos por una diadema. Porta orejeras y
collar con pendiente.
Cultura: Totonaca
Periodo: Clásico
Procedencia: Veracruz
Material: Arcilla
Dimensiones: 28.4 cm de altura,
13.3 ancho y 9.4 de espesor
Foto: Archivo Zabé

DIOS NARIGUDO
Dios masculino asociado con el sol. Esta
representación fue hecha en molde, el numen
porta un amplio tocado de plumas de ave.
Cultura: Centro de Veracruz
Periodo: Clásico
Procedencia: Las Puertas, Remojadas, Veracruz
Material: Arcilla
Dimensiones: 36 cm de altura y 26 de ancho
Foto: Archivo Zabé

FIGURA CON BRAZOS MOVIBLES
En estas figuras se muestra la relevancia
otorgada por estos artistas al cuerpo humano
y sus movimientos, exaltados
mediante la elaboración de estas
piezas con extremidades móviles.
Cultura: Centro de Veracruz
Periodo: Preclásico Superior
Procedencia: Remojadas, Veracruz
Material: Arcilla y chapopote
Dimensiones: 20.1 cm de altura y 7.5 de ancho
Foto: Archivo Zabé

Página izquierda
MUJER
Figura femenina con extremidades cortas;
el trabajo cerámico de esta pieza destaca
por su calidad, color y extraordinario pulido.
Cultura: Huaxteca
Periodo: Preclásico Tardío
Procedencia: Planicie costera
del Golfo de México
Material: Arcilla
Dimensiones: 22 cm de alto y 15 de ancho
Foto: Archivo Zabé

DIOSA TLAZOLTEOTL
La gran diosa femenina de las culturas de la
Costa del Golfo que simboliza la fertilidad
y la reproducción de la vida.
Cultura: Centro de Veracruz
Periodo: Clásico
Procedencia: Remojadas, Veracruz
Material: Arcilla
Dimensiones: 25.5 cm de altura
y 13.5 de ancho
Foto: Proyecto México. Jorge Pérez de Lara

FIGURA SONRIENTE
Las sacerdotisas participaban con espléndidos
atavíos en las ceremonias religiosas, bailando y
sonriendo, como es el caso de esta
representación.
Cultura: Centro de Veracruz
Periodo: Clásico
Procedencia: Remojadas, Veracruz
Material: Arcilla
Dimensiones: 40.5 cm de altura y 23 de ancho
Foto: Proyecto México. Jorge Pérez de Lara

SILBATO ANTROPOMORFO
Los artistas del Golfo en ocasiones daban forma
humana, provista de bellos vestidos y adornos
en la cabeza, a los silbatos y otros instrumentos
musicales.
Cultura: Centro de Veracruz
Periodo: Clásico
Material: Arcilla, pintura y chapopote
Dimensiones: 15.4 cm de altura
y 12.1 de ancho
Foto: Archivo Zabé

CIHUATETEO
Escultura, de dimensión y calidad extraordinarias,
de una de las diosas que representan a las
mujeres que morían al dar a luz.
Cultura: Centro de Veracruz
Periodo: Clásico
Procedencia: Ignacio de la Llave, Veracruz
Material: Arcilla, pintura y chapopote
Dimensiones: 90 cm de altura y 58 de ancho
Foto: Archivo Zabé

Páginas siguientes
HACHA
Escultura asociada al juego de pelota; servía
como marcador de territorios dentro del patio
central del juego.
Cultura: Centro de Veracruz
Periodo: Clásico
Procedencia: Estado de Veracruz
Material: Piedra
Dimensiones: 25.2 cm de altura y 18 de ancho
Foto: Proyecto México. Michel Zabé

HACHA CON FIGURA ACUÁTICA
Escultura que simboliza la relación entre
el hombre y el mar, considerado éste como el
lugar donde se iniciaba la vida.
Cultura: Centro de Veracruz
Periodo: Clásico
Procedencia: San Andrés Tuxtla, Veracruz
Material: Piedra
Dimensiones: 28 cm de altura y 21.3 de ancho
Foto: Proyecto México. Jorge Pérez de Lara

PALMA
Escultura con forma y estilo característicos
de la Costa del Golfo, decorada con elementos
religiosos y realizada con notable calidad
artística.
Cultura: Centro de Veracruz
Periodo: Clásico
Procedencia: Estado de Veracruz
Material: Piedra
Dimensiones: 60 cm de altura y 22.5 de ancho
Foto: Proyecto México. Michel Zabé

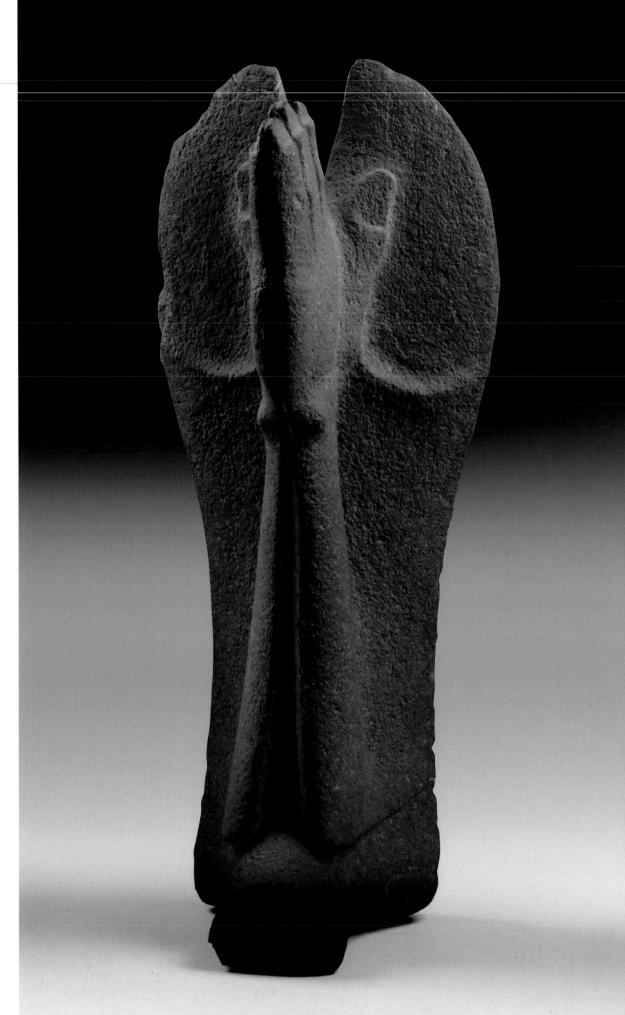

PALMA
Escultura relacionada con la ceremonia del
juego de pelota cuya original forma es única en
el México prehispánico.
Cultura: Centro de Veracruz
Periodo: Clásico
Procedencia: El Tajín, Veracruz
Material: Piedra
Dimensiones: 41.2 cm de altura,
18 de ancho y 12.5 de espesor
Foto: Proyecto México. Jorge Pérez de Lara

Páginas siguientes
HACHA
La representación artística de la cabeza
humana generalmente estaba asociada al rito
de la decapitación y al juego de pelota.
Cultura: Centro de Veracruz
Periodo: Clásico
Procedencia: Estado de Veracruz
Material: Piedra
Dimensiones: 23.3 cm de altura
y 10.5 de ancho
Foto: Archivo Zabé

DIVERSAS CARAS
Cuatro de los cinco perfiles tienen boca, nariz y
ojos de jaguar, en mejilla, frente y cabeza del
perfil humano
Cultura: Olmeca
Periodo: Preclásico Superior
Procedencia: Costa del Golfo
Material: Serpentina verde
Dimensiones: 18 cm de altura y 15.5 de ancho
Foto: Proyecto México. Jorge Pérez de Lara

ESTELA DE HUILOCINTLA
Los participantes en ceremonias religiosas
debían efectuar actos rituales como el ofrendar
gotas de sangre.
Cultura: Huaxteca
Periodo: Posclásico Temprano
Procedencia: Huilocintla, Veracruz
Material: Piedra
Dimensiones: 200 cm de altura, 72 de ancho y
17.2 de espesor
Foto: Proyecto México. Jorge Pérez de Lara

Páginas anteriores
VASIJA
El avance tecnológico permitió a los artistas de
la zona trabajar el alabastro o *tecalli*, para crear
vasijas con gran variedad de formas y
ornamentos.
Cultura: Centro de Veracruz
Periodo: Posclásico
Procedencia: Isla de Sacrificios, Veracruz
Material: Alabastro
Dimensiones: 34.2 cm de altura y 16.9 de
diámetro
Foto: Archivo Zabé

VASIJA
El mono fue representado en los más diversos
materiales durante todas las etapas de las
culturas de la Costa del Golfo.
Cultura: Centro de Veracruz
Periodo: Posclásico
Procedencia: Isla de Sacrificios, Veracruz
Material: Alabastro y obsidiana
Dimensiones: 24.5 cm de altura y 14.5 de
diámetro
Foto: Archivo Zabé

Página derecha
LÁPIDA DE TEPETZINTLA
Los dioses de la renovación de la vida
representan el interior de la tierra de donde
brotan las plantas y en el que habitan los
muertos.
Cultura: Huaxteca
Periodo: Posclásico
Procedencia: Tepetzintla, Veracruz
Material: Arenisca
Dimensiones: 110 cm de ancho y 170 de largo
Foto: Archivo Zabé

SACERDOTE
Los vestidos y adornos relacionan a los
sacerdotes con un determinado dios; en este
caso, el sacerdote lleva elementos del dios
Venus.
Cultura: Huaxteca
Periodo: Posclásico
Procedencia: El Naranjo, Veracruz
Material: Piedra
Dimensiones: 140 cm de altura y 52 de ancho
Foto: Proyecto México. Jorge Pérez de Lara

ADOLESCENTE DE TAMUÍN
Personaje en cuyo cuerpo se aprecian
representaciones de hojas y granos de maíz,
carga en su espalda a un niño pequeño.
Cultura: Huaxteca
Periodo: Posclásico Temprano
Procedencia: Tamuín, San Luis Potosí
Material: Piedra
Dimensiones: 145 cm de altura,
41 de ancho y 17.8 de espesor
Foto: Jorge Pérez de Lara

DIOSA
Ésta es la mayor de las numerosas
representaciones en piedra de diosas
relacionadas con la fertilidad.
Cultura: Huaxteca
Periodo: Posclásico Temprano
Procedencia: Área de la Costa del Golfo
Material: Arenisca
Dimensiones: 204 cm de altura y 86 de ancho
Foto: Archivo Zabé

Página derecha
PECTORAL
Estos pectorales de caracol cortado, con
delicadas escenas en relieve, son testimonios
excepcionales de la cultura huaxteca.
Cultura: Huaxteca
Periodo: Posclásico
Procedencia: Área de la Costa del Golfo
Material: Caracol
Dimensiones: 17.8 cm de altura y 8.3 de ancho
Foto: Archivo Zabé

MAYA

Amalia Cardós de Méndez

Hablar de los mayas significa, desde hace mucho tiempo, abordar un tema enigmático y fascinante donde la fantasía suple, en muchos casos, la carencia de respuestas ante los innegables logros alcanzados por este pueblo, especialmente en los campos de la ciencia y el arte. Sin embargo, los mayas tienen una historia relativamente reciente, si la comparamos con las milenarias culturas del viejo mundo.

La historia de la humanidad consigna al tercer milenio antes de nuestra era como un periodo de grandes realizaciones y sucesos trascendentales en Mesopotamia, el Indo y Egipto, por ejemplo; y en otras regiones, especialmente en el Mediterráneo en torno al Egeo, se encontraron señales de la que llegó a ser la primera gran civilización europea, la griega, la cual alcanzaba sus más brillantes realizaciones en el siguiente milenio.

En el campo de la tecnología se descubre la aleación del cobre con el estaño para producir el bronce, más duro y manejable, hecho con el que inicia la Edad de Bronce. En lo intelectual también se dan grandes logros: los sumerios producen literatura poética y matemáticas elementales; los egipcios consiguen establecer un calendario y crean una arquitectura monumental en mampostería de piedra; y la escultura, la pintura y, en general, las artes visuales alcanzan en Egipto un nivel excepcional. Es precisamente en ese tercer milenio cuando se construyen la pirámide escalonada de Saqqarah y las muy famosas de Keops,

Kefrén y Mikerinos (2600 a.C.), tal vez los monumentos funerarios más famosos de la antigüedad previos a la Era Cristiana.

Aproximadamente en el 2600 a.C., llegaron y se establecieron en América, —sobre todo en el área cultural conocida como Mesoamérica, en las Tierras Altas de Guatemala—, grupos humanos hablantes de lenguas protomayas; posteriormente sus descendientes forjarían, antes del arribo de los españoles, la cultura más brillante de este continente.

¿Quiénes eran los mayas?

Así como otros pueblos que llegaron desde el norte a poblar lo que hoy conocemos como América, los mayas descendían de algunos de los grupos de cazadores-recolectores que cruzaron hace 40 000 años desde el norte de Asia el estrecho de Behring, aprovechando condiciones climáticas favorables y dando inicio al poblamiento de estas tierras.

Algunos pueblos comenzaron a separarse del grupo original cuando los mayas ya se habían asentado en las Tierras Altas de la actual Guatemala. Primero los huaxtecos emigraron hacia el norte y el oeste, alrededor del 1800 a.C., para asentarse finalmente en la región que hoy se conoce como la Huaxteca —parte de Veracruz, Tamaulipas y San Luis Potosí—, donde después crearon una cultura

MARCADOR DE JUEGO DE PELOTA
Conocido como Disco de Chinkultic, en el centro se aprecia un jugador de pelota.
Cultura: Maya
Periodo: Clásico Temprano
Procedencia: La Esperanza, Chinkultic, Chiapas
Material: Piedra
Dimensiones: 56 cm de diámetro
Foto: Proyecto México. Jorge Pérez de Lara

con características propias. Más tarde otro grupo, el de los yucatecos, se dividió en dos partes: la más grande se dirigió hacia el norte, rumbo a las Tierras Bajas de Guatemala y Yucatán, mientras que la porción menor, los lacandones, se dirigió hacia el oeste, rumbo a las selvas de Chiapas, donde prácticamente se aislaron de los demás. De esa forma continuó la dispersión de los demás grupos que se fueron extendiendo por tierras vecinas hacia el sur y el este, incluyendo lo que actualmente es Belice, parte de Honduras y El Salvador.

Hoy se considera que el área donde floreció la cultura maya, donde se hallan sus vestigios y aún habitan sus descendientes, ocupa una extensión de aproximadamente 400 000 km^2, que abarca el sureste de México, la península de Yucatán, Belice, Guatemala y las porciones occidentales de las repúblicas centroamericanas de Honduras y El Salvador.

El estudio de la cultura de los mayas ha llevado a varios investigadores a dividir el área en Tierras Altas y Bajas, mientras otros prefieren dividirla en tres zonas: Norte, Central y Sur —las dos primeras corresponden prácticamente a las Tierras Bajas y la última a las Tierras Altas—, donde existen marcadas diferencias y cada una tiene características especiales.

La Zona Norte comprende casi por completo la península de Yucatán, todo el estado del mismo nombre y la mayor parte de los estados de Campeche y Quintana Roo; es tierra llana y pedregosa, su vegetación consiste predominantemente de monte bajo o chaparral donde, a falta de ríos en superficie, existen corrientes subterráneas de agua, producto de la filtración pluvial que en ciertas partes aflora en forma de bocas naturales, y que prácticamente constituyen la única fuente de agua. En esta zona se encuentran sitios tan importantes como Uxmal, Kabah, Sayil, Labná, Chichén Itzá, Cobá y Tulum, por mencionar algunos de los más conocidos.

Aunque con características propias, la Zona Central es, en buena medida, una prolongación de la anterior e incluye la mayor parte de los estados de Tabasco y Chiapas, el sur de Campeche y Quintana Roo, Belice, el Petén de Guatemala y tierras adyacentes al este y al oeste, así como la porción occidental de la República de Honduras. Aunque en general se trata de tierras bajas, no son necesariamente planas, ya que existen lomeríos y serranías bajas con espesa vegetación tropical, así como sabanas cubiertas de hierbas, zonas pantanosas y planicies costeras. Estas tierras bajas se van elevando conforme se prolongan hacia el sur, donde hay múltiples ríos caudalosos, lagos y lagunas. En esta zona la tierra es más fértil y la precipitación pluvial es mayor, por lo que la vegetación es más alta, variada y abundante y, en general, las condicio-

PLATO
En el borde de la pieza se observa un ave de pico largo.
Cultura: Maya
Periodo: Preclásico Tardío
Procedencia: San Isidro Malpaso, Chiapas
Material: Cerámica
Dimensiones: 32 cm de diámetro
Foto: D.R: © Jorge Pérez de Lara / Arqueología Mexicana / Raíces / INAH, 2004

CAJETE FITOMORFO
La mitad de esta pieza tiene forma de calabaza.
Cultura: Maya
Periodo: Preclásico Tardío
Procedencia: Norte de Campeche
Material: Cerámica
Dimensiones: 44.2 cm de largo y 38.4 de ancho
Foto: D.R: © Jorge Pérez de Lara / Arqueología Mexicana / Raíces / INAH, 2004

cial agrícola de la zona es grande —se produce cacao y sal— y cuenta con importantes recursos minerales, lo que proveyó a los mayas de dos de sus materiales más preciados: el jade y la obsidiana. Desde épocas muy antiguas, las condiciones favorables del área permitieron el tránsito de grupos no mayas que la utilizaron como corredor de paso para migraciones étnicas procedentes del norte hacia tierras más al sur, y viceversa, proceso que dejó huella en muchos aspectos. Entre los sitios más importantes de la zona se pueden mencionar Izapa, Kaminaljuyú, Abaj Takalik, Iximché, Mixco Viejo, Bilbao, Zaculeu, Santa Lucía Cotzumalhuapa y El Baúl, entre otros.

En resumen, éste era el marco físico donde, aproximadamente a partir de 2000 a.C., los pueblos mayas iniciaron el desarrollo de su cultura, sólo interrumpida por la llegada de los europeos en el siglo XVI.

El tipo físico

Entre los rasgos característicos de los mayas se pueden mencionar su estatura más bien baja, siendo la talla promedio de los hombres de 1.62 m y la de las mujeres de 1.50 m; son musculosos, con las extremidades superiores algo largas comparadas con el resto del cuerpo; cabello lacio y oscuro; cara ancha, pómulos salientes, nariz aguileña; los ojos de aspecto almendrado por el pronunciado pliegue del párpado y, en general, la cabeza ancha o redondeada, aunque algunos grupos de las Tierras Altas como los tzetzales y los tzotziles la tienen alargada.

Entre los mayas modernos es fácil comprobar la persistencia de estas características físicas, ya que sus únicas diferencias con las representaciones (en barro, piedra, pintura mural, etc.) humanas de sus ancestros se deben a una serie de deformaciones artificiales que practicaban en la época prehispánica con el fin de embellecerse, distinguirse de otros grupos y señalar su rango o condición social.

nes ambientales resultan más favorables para el desarrollo de la vida. Entre muchos otros, los sitios de mayor importancia de esta zona son Palenque, Yaxchilán, Bonampak, Calakmul, Uaxactún, Tikal, Copán y Quiriguá.

La Zona Sur comprende la parte más elevada de la tierra maya y la franja costera del Pacífico, a partir de Chiapas, Guatemala y la mayor parte de la República de El Salvador, en Centroamérica. Hay suelos de origen volcánico en las cordilleras elevadas, y también valles calientes y húmedos en los repliegues montañosos, aunque por lo regular las tierras son templadas y frías. A la llanura costera de cálidas tierras aluviales fértiles, la cruzan numerosos arroyos que bajan de las altas montañas; además, hay lagunas, pantanos y manglares. El poten-

La época Preclásica

La historia maya propiamente dicha se inicia cerca del 2000 a.C., con la época Preclásica o Formativa, que termina hacia el año 150 d.C. En esa primera etapa de su desarrollo cultural, los mayas compartieron con los demás grupos de Mesoamérica una serie de rasgos comunes como la agricultura, básicamente del maíz, el frijol y la calabaza, complementada con la práctica de la pesca, la caza y la recolección como modo de subsistencia.

Tenían una organización simple en la que todo el grupo compartía por igual las faenas elementales, y su religión era igualmente sencilla, sin el formalismo y la elaboración ceremonial que alcanzaría más tarde. Es probable que el jefe de la familia o el anciano de mayor prestigio dentro de la comunidad hiciera las veces de sacerdote del culto familiar, y que el brujo o chamán, supuestamente dotado de poderes sobrenaturales, realizara prácticas mágico-religiosas con las que pretendía controlar las fuerzas de la naturaleza.

Los dioses eran la deificación de aquellos elementos naturales que guardaban mayor relación con su vida y sus necesidades, como el fuego, el sol, la lluvia, la luna, la fertilidad y la tierra.

Es en la última fase de esta época correspondiente al Preclásico Superior, cuando se empiezan a notar los rasgos definitivos que caracterizarían a la cultura maya: sus conocimientos científicos, aunque incipientes, sobre escritura y el calendario; el culto a las estelas y los altares (en Izapa con influencia olmeca) y la arquitectura en piedra, incluyendo al techo de bóveda maya o arco falso, inspirado en el techo de palma de la choza. Se construyen las primeras grandes ciudades (El Mirador) con pirámides, templos y palacios alrededor de patios o plazas y se establece la división en clases sociales, así como las especializaciones en el trabajo. Se da así inicio a la diferenciación regional de Mesoamérica, lo que dará lugar a las grandes civilizaciones prehispánicas.

El Protoclásico (150-300 d.C.)

Esta corta etapa marca la transición al mayor desarrollo cultural de los mayas. En ella se definen y desarrollan plenamente los rasgos que habían surgido en la época anterior (Preclásico Superior) y que serán las características definitivas de su cultura. Desde el punto de vista arqueológico se reconoce por la aparición de una bella

ESTELA Y ALTAR
Esta pieza presenta motivos acuáticos: en el altar está representado un animal, quizá un sapo, mientras que en la estela se observa un sacerdote vinculado con las tormentas y la pesca.
Cultura: Maya
Periodo: Preclásico Tardío
Procedencia: Rosario, Izapa, Chiapas
Material: Piedra andesita gris
Dimensiones:
Estela: 168 cm de altura y 98 de ancho
Altar: 73 cm de altura,
147 de largo y 121 de ancho
Foto: D.R: © Jorge Pérez de Lara / Arqueología Mexicana / Raíces / INAH, 2004

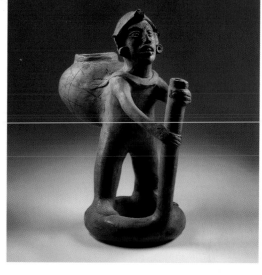

cerámica policroma en forma de vasos y platos tetrápodes con soportes mamiformes, así como por la cerámica Usulután y las vasijas con reborde basal.

Economía. Durante mucho tiempo prevaleció la idea de que la base de la economía maya era el sistema de milpa o roza, el cual tiene el gran inconveniente de agotar pronto la tierra y obligar al campesino a cambiar de terreno cada cierto tiempo, lo que a su vez determina el nomadismo y la dispersión de la población.

Otra hipótesis planteaba que el campesino maya utilizaba la selva en vez de destruirla, como resultado del sistema de milpa, que requiere cortar y quemar la vegetación para limpiar y preparar el terreno de cultivo, y postulaba que la base de la alimentación del pueblo podía haber sido el fruto del ramón (*Brossimun Alicastrum; ox*, en maya), que crece silvestre en la península de Yucatán, en el Petén y otras regiones del área maya, rico en proteínas y con cuyo fruto se pueden hacer tortillas. Según esta hipótesis, el maíz debería haber sido alimento de las clases más elevadas, y sugeriría además que el campesino debía tener un huerto familiar junto a su choza, para cultivar árboles frutales y

criar animales domésticos que completaran su dieta alimenticia.

Hoy existen evidencias arqueológicas de que los mayas también utilizaron otras técnicas más productivas, como la construcción de canales de riego y el cultivo en las orillas de los ríos, lagos y pantanos. Investigaciones recientes consideran la posible existencia de sistemas de canales, terrazas y campos elevados en varias regiones de sus tierras.

Tecnología y recursos naturales. Cuando llegaron los españoles, los mayas —al igual que otros grupos mesoamericanos— vivían prácticamente en la edad de piedra desde el punto de vista tecnológico. Los metales, a los que conocieron tardíamente —a partir del siglo X— los utilizaron sobre todo para ornato, mientras la piedra tallada y pulida se utilizó no sólo para hacer utensilios e implementos de trabajo, sino también en armas, recipientes, adornos, etc., y en la obtención de pigmentos colorantes.

De la fauna y la flora obtenían gran cantidad de materias primas para cubrir sus necesidades. Entre las de origen animal se pueden citar las pieles para su indumentaria y tal vez el pelo de conejo para bordar las prendas de vestir; plumas, para sus elaborados tocados, capas, armas defensivas, insignias, adornos de la indumentaria, etc.; la grana o cochinilla que se usó como colorante para teñir la ropa, la cera como combustible en la iluminación y para elaborar algunas artes menores; la concha, en adornos y utensilios, mientras que a las de un tipo especial (*Spondylus*) las emplearon como unidad de trueque; los huesos, en instrumentos musicales, objetos ceremoniales, adornos, punzones, agujas, leznas, etc.; los caracoles marinos, en instrumentos musicales y en la elaboración de ornamentos; los dientes y espinas de algunos peces, los usaron en ritos ceremoniales.

La Época Clásica (300-900 d.C.)

El desarrollo económico y social impulsó el máximo florecimiento de la cultura en todas sus manifestaciones. Esto permitió el desarrollo de las especializaciones de tiempo completo en labores no agrícolas, así como la consolidación del poder de la clase dirigente de nobles guerreros y sacerdotes mediante el perfeccionamiento e incremento de sus conocimientos científicos como la escritura, el calendario, la aritmética y la astronomía. Todo parece indicar el surgimiento del Estado y la centralización del poder en manos de ciertas familias de nobles en cada una de las ciudades-estado en las que se había dividido el territorio maya. En esta época se acentuaron las diferencias de clases, se construyeron templos y obras dedicadas al culto; crecieron y proliferaron, con características y estilos propios, los centros cívico-ceremoniales o ciudades en cada una de las diversas regiones del territorio maya, además de intensificarse el culto a las estelas y altares.

El desarrollo de la actividad comercial, y el establecimiento de rutas y áreas de intercambio mercantil fueron, seguramente, otros de los factores que propiciaron el gran auge cultural; las actividades bélicas eran práctica común e importante factor para el surgimiento de los Estados y, sin duda, representaron un medio para consolidar o incrementar el poder y esta-

VASIJAS MINIATURA
También conocidas como "veneneras"; se usaban para envasar pigmentos o perfumes.
Cultura: Maya
Periodo: Clásico Temprano
Procedencia: Desconocida
Material: Cerámica
Dimensiones:
Izquierda: 7.9 cm de altura y 9 de diámetro
Derecha: 9.8 cm de altura y 7.5 de diámetro
Foto: D.R: © Jorge Pérez de Lara / Arqueología Mexicana / Raíces / INAH, 2004

blecer alianzas, así como para obtener prisioneros que se utilizaban como esclavos o en los sacrificios a los dioses.

La época Clásica se ha dividido en dos periodos: el Temprano (300-600 d.C.), que es de desarrollo, y el Tardío (600-1000 d.C.), durante el cual la civilización maya alcanzó el máximo apogeo, si bien al final surgieron también los primeros síntomas del colapso cultural que concluyó con ese tiempo de esplendor (Clásico Tardío Terminal, 800-1000 d.C.).

En el Clásico Temprano se observan ciertos rasgos e influencias que se atribuyen a la presencia de grupos procedentes de Teotihuacán, especialmente en sitios como Kaminaljuyú y Tikal (Guatemala), e incluso en las lejanas Copán (Honduras) y Acanceh (Yucatán).

Clásico Tardío (600-1000 d.C.)

La destrucción y el abandono de Teotihuacán (siglo VII) coinciden más o menos con el inicio del Clásico Tardío y la aparente desaparición de la influencia teotihuacana en tierras mayas. Los grupos entonces presentes fueron absorbidos por la población nativa o relegados por los nue-

FIGURILLA
Representa el nacimiento de una deidad que emerge de una flor.
Cultura: Maya
Periodo: Clásico Tardío
Procedencia: Jaina, Campeche
Material: Cerámica
Dimensiones: 12.8 cm de altura, 6.5 de ancho y 3.4 de diámetro
Foto: Proyecto México. Michel Zabé

vos grupos migratorios que, también procedentes de la gran urbe del Altiplano, se habían establecido en el siglo VIII en la costa de Veracruz, Tabasco y el sur de Campeche. Esos nuevos grupos generaron cierta intranquilidad que obligó a determinados centros a adoptar medidas de precaución; algunos se dirigieron a la Zona Norte y con el tiempo se convirtieron en las familias que ejercían el poder; otros grupos siguieron el curso del río Usumacinta y sus tributarios, el Pasión y el Chixoy, hacia las Tierras Altas, donde algunas poblaciones abandonaron los valles abiertos para establecerse en las cimas de las colinas más fáciles de defender. Resulta significativo que en esta época aparezcan rasgos relacionados con la guerra: las pinturas de Bonampak, y las representaciones de prisioneros y guerreros en Yaxchilán y Piedras Negras; ciudades como Becán, al sur de Campeche, rodeada de un foso seco y ubicada en la ruta principal entre el Golfo de México y el de Honduras; fortificaciones defensivas y el foso hacia el norte de Tikal, etc. Datos como estos apoyan la hipótesis de que a fines del Clásico Tardío se dieron cambios sociales; que prevalecía un clima de intranquilidad que obligó a los grandes centros y ciudades a adoptar medidas de protección, y que los conflictos bélicos no fueron ajenos a los sitios y poblados del interior del área maya.

Por otro lado, es interesante señalar que durante el Clásico Tardío Terminal (800-1000 d.C.) se observan rasgos que muestran la presencia o fuerte influencia maya —o ambas a la vez— en sitios del Altiplano Central mexicano, como Xochicalco, Cacaxtla y, mucho antes, en Teotihuacán.

La organización social.

Las figurillas de barro, los relieves en dinteles y estelas, las pinturas con representaciones antropomorfas y las fuentes históricas consignan datos suficientes para deducir que la antigua sociedad maya estuvo dividida en clases sociales. El poder lo ejercía una casta privilegiada de nobles guerreros y sacerdotes, cuyo sostenimiento material y político corría a cargo del resto de la comunidad: desde los plebeyos —comerciantes, artesanos, agricultores, etc.— hasta el nivel social más bajo, el de los esclavos. Además, con base en los estudios de las inscripciones jeroglíficas se ha planteado la existencia de linajes reales y de una sucesión hereditaria bilateral de primera importancia en la adquisición del poder que incluía el reconocimiento de la línea femenina.

Durante la época Clásica la sociedad maya se concibe como una especie de pirámide social, en cuyo vértice se encontraba el *Halach Uinic* (el Hombre Verdadero), quien ejercía el máximo poder civil y militar desde la ciudad que fungía como capital de un territorio o ciudad-estado independiente e incluso es posible que en un momento dado, ese mismo personaje haya ejercido la función de gran sacerdote o *Ahaucán* (Señor Serpiente). En cuanto a su poder militar, basta ver las representaciones de los grandes señores, miembros de los linajes gobernantes en las grandes capitales del mundo maya empuñando armas y sujetando por el cabello a los cautivos.

Tal vez desde entonces —tal como ocurrió en la época anterior a la Conquista— un consejo de nobles auxiliaba al Halach Uinic en el ejercicio del poder, lo que también hacían los gobernantes de cada una de las poblaciones integrantes del Estado, que tenían a su cargo la recaudación de los tributos. A estos personajes se agregaba una serie de funcionarios menores que realizaban tareas complementarias y formaban una jerarquía burocrática.

Algo similar sucedía con la jerarquía sacerdotal, la cual empezaba con el Ahaucán y continuaba hacia abajo con una serie de sacerdotes menores, llamados en general *Ah Kin*, quienes desempeñaban funciones específicas.

En cuanto a los esclavos, los individuos más desprotegidos y últimos en la escala social, estos podían serlo por haber delinquido, o por ser prisioneros de guerra o hijos de esclavos, entre otras causas. Con respecto a los comerciantes y guerreros, originalmente incluidos entre los no privilegiados, hay datos que consignan su emergencia como

Recreación escala uno a uno de la TUMBA DE PAKAL en el Templo de las Inscripciones, Palenque, tal y como se exhibe en la sala
Foto: Archivo Zabé

una clase media, rica e influyente, que alcanzó una elevada posición social y económica durante la época anterior al arribo de los conquistadores.

La organización política.

El territorio maya parece haber estado dividido en una especie de federación de ciudades-estados políticamente independientes, aunque unidas por fuertes lazos culturales y alianzas matrimoniales, militares o políticas. Las ruinas de los templos, palacios y demás estructuras que sobrevivieron los rigores del tiempo deben haber sido el corazón de la ciudad, donde se concentraban las actividades cívicas, ceremoniales y administrativas, así como asiento de las residencias de la clase privilegiada o dirigente. Las casas-habitación del resto de la población, semejantes a las que siguen usando los campesinos mayas actuales, estarían distribuidas formando grupos dispersos y repartidas en una extensa área. Sin embargo, hay ciudades como Tikal y Dzibilchaltún, donde a fines del Clásico Tardío se observa cierta concentración de la población y una ocu-

pación ininterrumpida de carácter doméstico cerca de los templos y estructuras de carácter ceremonial, aunque esto pudo deberse a las situaciones sociopolíticas vigentes entonces.

A las ciudades-estado, incluidos pueblos y gobernantes, subordinadas a otra de mayor jerarquía que fungía como ciudad capital, se les denomina en las investigaciones recientes *CuchCabal*, es decir, conjunto de gobernantes de pueblos ligados entre sí por el poder que ejercía sobre ellos el gobernante de un pueblo cabecera o capital.

Por otra parte, estudios epigráficos e iconográficos recientes proponen que la organización política de las Tierras Bajas mayas reflejaba el modelo cosmogónico: el mundo dividido en cuatro partes correspondientes a los cuatro puntos cardinales asociados con cuatro colores: este-rojo, oeste-negro, sur-amarillo, norte-blanco. Además, postulan la existencia de cuatro capita-

les regionales: Copán (este), Tikal (oeste), Calakmul (sur), Palenque (norte), que en cierto momento de la época Clásica, e independientemente de su ubicación geográfica real, ocuparon los cuatro cuadrantes del universo maya.

Los glifos emblema.

El descubrimiento de los glifos emblema —que sólo aparecen en una gran ciudad, que se supone representan su nombre, y que comparten con otras ciudades más pequeñas o de menor importancia— ha fortalecido la idea de que existió cierta dependencia política de algunas poblaciones menores con respecto a otra de mayor importancia que funcionaba como la capital de una región, y con la que formaban una unidad política (lo que hemos llamado ciudades-estado). Por otra parte, también existen semejanzas estilísticas entre la gran ciudad-capital y las pequeñas ciudades vecinas que comparten el glifo emblema de la primera; por ejemplo, el de Palenque (la cabeza de una deidad muerta o un hueso liso) también aparece en Tortuguero, Jonuta y Miraflores, ciudades de menor jerarquía que también muestran dependencia estilística en cuanto a detalles escultóricos y arquitectónicos.

La indumentaria y el adorno.

Las fuentes históricas y las representaciones antropomorfas —en piedra, estuco, pintura mural y, en especial, las figurillas de barro halladas como ofrenda de entierros en la isla de Jaina, frente a las costas de Campeche— son la mejor fuente de información sobre la indumentaria y el adorno de los mayas antiguos. Por otra parte, se sabe que la función del atavío de los seres humanos rebasa el simple objetivo de protegerlos de las inclemencias del tiempo, y que también la condicionan y denotan aspectos como el sexo, el nivel social, la jerarquía y la profesión, entre otros. Por tanto, las evidencias arqueológicas muestran desde el sencillo paño de cadera o taparrabo del esclavo o el hombre del pueblo, hasta los elaborados atuendos de los grandes señores, sacerdotes y guerreros.

Según evidencias, todas las clases sociales usaron el algodón, aunque el nivel social determinaba que las telas fueran lisas o adornadas, con motivos pintados, bordados o entretejidos con plumas de animales o pelo de conejo.

Las mujeres portaban *huipiles* (túnica suelta, sin mangas, compuesta de dos o más lienzos añadidos), capas largas y *quechquémitl* (prenda formada por dos rectángulos unidos de manera que los picos caen al frente y hacia atrás como triángulos) y, según el nivel social, altos y complicados tocados combinados con gruesos cordones de algodón. Los hombres de las clases altas vestían el taparrabo, cinturones, faldillas, capas y una especie de sacos abiertos al frente, con o sin mangas.

En la confección de estas prendas, además del algodón, se usaron pieles de animales muy bien curtidas y reblandecidas, plumas, telas de fibras de algunos agaves, así como de corteza de árboles.

ESCULTURA
Esta pieza, conocida como el Rey de Kabah, sitio donde procede, decoraba junto con otras seis cabezas la fachada de un edificio.
Cultura: Maya
Periodo: Clásico Tardío
Procedencia: Kabah, Yucatán
Material: Piedra caliza
Dimensiones: 48 cm de altura y 45 de ancho
Foto: Proyecto México. Carlos Blanco

Los adornos los usaron indistintamente ambos sexos, y mientras más profusos y ostentosos, más elevada era la posición social del individuo.

Los collares de cuentas se elaboraban preferentemente con piedras verdes; eran usuales los grandes pectorales, anillos, brazaletes, orejeras, narigueras, bezotes, etc., de materiales diversos como jade, concha, obsidiana, huesos y pirita, principalmente. El metal —oro, cobre dorado y tumbaga (aleación de cobre y oro)— y la turquesa llegaron tardíamente, después del siglo X, y se emplearon en múltiples adornos.

Las plumas de quetzal eran las preferidas para los grandes y elaborados tocados de los más altos personajes, y también se utilizaron en la confección de capas, escudos e insignias.

El cabello largo, peinado en forma de cola de caballo, en chongo (rodete) o recortado en forma escalonada enmarcando el rostro, fue un elemento importante del adorno. En cuanto al calzado, usaban sandalias de cuero y completaban su atuendo con abanicos, cetros, bolsas para el copal (resina que se extrae del árbol llamado *pom* en maya), parasoles, cascos, yelmos, sombreros de muy diversas formas, turbantes, mas-

VASIJA EFIGIE
De esta vasija en forma de caracol
emerge un anciano recién nacido.
Cultura: Maya
Periodo: Clásico
Procedencia: Simojovel, Chiapas
Material: Cerámica
Dimensiones: 18 cm de altura
y 17.3 de ancho
Foto: Proyecto México. Jorge Pérez de Lara

Del artista maya se ha dicho que no deja espacios sin llenar, y gracias a ese afán de incluir muchos detalles en sus representaciones, los objetos rescatados resultan verdaderos documentos que informan sobre numerosos aspectos de la cultura: los símbolos religiosos, el tipo físico, ciertas artesanías hechas con materiales perecederos, la moda, etcétera.

Además, la gran diversidad ambiental del área maya, aunada a la relativa autonomía de las ciudades-estado, propiciaron el surgimiento de estilos regionales, y como los materiales disponibles eran diferentes, las expresiones artísticas también resultan diversas y especiales.

Conocimientos científicos.

Las principales deformaciones artificiales que los mayas practicaron en su cuerpo fueron: a) las de la cabeza, de tipo frontooccipital o tabular oblicua, que conseguían comprimiendo las cabezas de los recién nacidos con dos tablillas de madera, una en la frente y otra en la parte posterior del cráneo, y que sujetaban fuertemente con cuerdas; b) la mutilación dentaria, para la cual limaban los dientes para cambiarles la forma o los perforaban levemente para incrustarles un material, como pirita, jadeíta o turquesa; c) la bizquera o estrabismo intencional, que provocaban colgando desde el cabello un objeto pequeño y ligero, tal vez una pequeña bolita de alguna resina que bajaba por la frente, a la altura de los ojos, y forzaba al recién nacido a tratar de juntar las pupilas. Se cree que esta deformación se practicaba en los infantes dedicados al culto del dios solar; d) el tatuaje y la escarificación; para esta última, cortaban levemente la piel siguiendo un diseño predeterminado e infectaban intencionalmente la herida resultante para provocar una cicatriz gruesa o abultada que dejara una decoración permanente. De todas las deformaciones que practicaron, la que pareciera más frecuente es la del cráneo, que al deprimir la frente resalta la porción frontonasal, dando lugar al clásico perfil maya que se observa en las representaciones humanas.

carones, etc., confeccionados de variados materiales, tanto vegetales como animales.

El arte maya.

El arte maya estuvo al servicio del grupo en el poder y tuvo un objetivo principal: honrar, complacer y sustentar a los dioses e inmortalizar a los grandes señores. El artista fue un auxiliar importante que no vaciló en sacrificar ciertos aspectos, como el sentido de la proporción, con tal de magnificar y destacar la presencia de símbolos que denotaran la jerarquía de los personajes representados. Sin embargo, fue realista y humano, ya que también reflejó situaciones y personajes de la vida cotidiana; todo le sirvió de inspiración: las actividades diarias, los animales, los seres humanos, particularmente aquellos con deformaciones patológicas, de todas las jerarquías sociales y profesiones; las creencias religiosas, etcétera.

Como todo pueblo agricultor, los mayas debieron establecer tiempos de corte, siembra y cosecha, organizar la fuerza de trabajo para la producción y construir obras de regadío, edificios públicos administrativos y de culto, etc., todo lo cual los obligó a observar metódicamente la naturaleza y la recurrencia de los fenómenos naturales, así como a registrar, por ejemplo, el curso de los astros en el firmamento, el comportamiento de las plantas y animales y las propiedades de los múltiples recursos ambientales.

El registro y transmisión de una generación a otra de las observaciones y conocimientos acumulados por el pueblo maya —cuyas máximas expresiones son las matemáticas, la escritura y la astronomía— estaban en manos de sacerdotes y gobernantes, quienes las utilizaban tanto para organizar la vida cívica y social de su comunidad, como para asegurar la armonía del cosmos y registrar los acontecimientos más importantes y trascendentes de su mandato.

Aunque existen algunas construcciones que pudieron utilizarse en la observación astronómica —como la Torre del Palacio de Palenque y el Caracol u Observatorio de Chichén Itzá—, seguramente sus instalaciones e instrumentos fueron muy rudimentarios en un principio. Los astrónomos mayas calcularon la duración del ciclo lunar (cerca de 29.23 días), del año solar (unos 365.2422 días), del ciclo de Venus (cerca de 583.92 días), y es muy probable también que hayan realizado observaciones y cálculos sobre otros planetas y constelaciones. Además, fueron capaces de pronosticar eclipses, y en el *Códice Dresde*, uno de los tres códices mayas existentes, se registran, en una tabla que abarca un lapso de 33 años, 69 fechas en las cuales debían ocurrir eclipses, luego de los cuales la tabla podía usarse de nuevo. Sin duda, este tipo de conocimientos fue un factor decisivo en el gran poder que alcanzaron los sacerdotes-astrónomos sobre el sencillo e ignorante pueblo maya durante la época Clásica.

Por otra parte, tuvieron conciencia de que su calendario civil (de 365 días) no coincidía con el

año solar real de 365.2422 días, y que por ello era necesario corregir el error acumulado cada cierto tiempo, así que hicieron cálculos y concibieron un sistema para ajustarlo; el resultado es más exacto en un diezmilésimo de día que nuestro actual sistema calendárico gregoriano.

La escritura. La escritura maya es jeroglífica y sus signos tienen un valor ideográfico y fonético; algunos representan objetos fácilmente reconocibles, pero la mayor parte se estilizaron al grado de convertirse en simples trazos geométricos irreconocibles; muchos representan palabras,

PECTORAL
Representa a un personaje de la nobleza, sedente y realizando un ritual.
Cultura: Maya
Periodo: Clásico
Procedencia: Jaina, Campeche
Material: Concha
Dimensiones: 9.1 cm de altura y 6.2 de ancho
Foto: D.R: © Jorge Pérez de Lara / Arqueología Mexicana / Raíces / INAH, 2004

Página derecha
EXCÉNTRICO
Representación de figuras humanas de perfil, unidas por dos secciones horizontales en espalda y pies.
Cultura: Maya
Periodo: Clásico
Procedencia: El Palmar, Quintana Roo
Material: Obsidiana
Dimensiones: 31.7 cm de altura y 26 de ancho
Foto: Proyecto México. Michel Zabé

sucesos históricos. Sin embargo, aún falta mucho por hacer en este campo.

La guerra. El avance en el desciframiento de la escritura maya ha permitido leer muchos textos que revelan el importante papel de las guerras en la formación de los Estados mayas, y la preocupación de los gobernantes para que los monumentos y pinturas registraran sus hazañas bélicas, sus conquistas y la toma y sacrificio de los cautivos. Aunque los mayas no habían sido considerados un pueblo especialmente guerrero, existen evidencias de conflictos bélicos desde la época Clásica: las pinturas de Bonampak, que datan de esa época; la representación de figuras humanas armadas con lanzas y escudos en los relieves y esculturas, así como escenas bélicas en los frescos de Mul-Chic y de Chichén Itzá. Asimismo, la existencia de ciudades amuralladas, como Mayapán y Tulum, entre otras, corrobora la creencia de que la necesidad de defenderse provenía del peligro de que otros estados los atacaran. Las fuentes históricas relatan las diferencias y los conflictos entre las familias gobernantes de la región norte del área maya en épocas anteriores a la Conquista, así como la llegada de grupos invasores procedentes del Altiplano Central y la Costa del Golfo.

Religión. En las épocas más antiguas, las prácticas religiosas de los mayas estuvieron íntimamente relacionadas con las fuerzas naturales, que influían de manera preponderante en su vida diaria y en la satisfacción de sus necesidades elementales. Tal vez la vida ceremonial de las pequeñas comunidades rurales agrícolas de entonces se redujera sobre todo a prácticas propiciatorias para la agricultura y la fertilidad, y que sus dioses más antiguos fueran el sol, la lluvia, la luna y, quizás, la muerte.

En el periodo Clásico (300-900 d.C.), se plantea el surgimiento de un sacerdocio profesional encargado de transformar gradualmente a la

otros, sonidos; algunos tienen ambas funciones. Se han identificado signos que representan objetos, acciones, nombres de personajes históricos, linajes y ciudades (los glifos emblema); dioses, ritos, periodos calendáricos, cuerpos celestes, augurios, sucesos importantes en la vida de los gobernantes —como nacimiento, acceso al poder, matrimonio y muerte—, referencias a conceptos esotéricos y valores matemáticos, entre otros.

De la escritura maya ha quedado registro en estelas, dinteles, altares, escalinatas y otros elementos arquitectónicos; en pinturas murales, objetos cerámicos y de ornato, así como en los tres únicos códices legibles: *Dresde, Peresiano* o *París*, y *Tro-Cortesiano* o *Madrid*. Un cuarto códice, el *Grolier*, divide opiniones en cuanto a su autenticidad.

A partir de 1958 se han realizado importantes avances en el desciframiento de la escritura jeroglífica, entre ellos el descubrimiento de los glifos emblema, de los nombres de las dinastías o linajes de gobernantes, así como de personajes y

sencilla religión naturalista de los primeros tiempos en una filosofía teológica cada vez más compleja. Por esta razón, el mayor número de representaciones conocidas de los dioses data de esa época; sin embargo, rara vez las deidades se presentan completas (excepto en los códices, en épocas posteriores), lo usual es de manera parcial, o mediante símbolos alusivos. Con base en estos elementos se ha podido identificar la presencia de varios de sus dioses principales: Chaac, de la lluvia; Kinich Ahau, del sol; Yum Kax, del maíz y la vegetación; Ix Chel, de la luna; Ah Puch o Yum Címil, de la muerte; Lahún Chan, del planeta Venus. Además de los hallazgos arqueológicos, fuentes indígenas y crónicas de los conquistadores y misioneros corroboran la importancia y complejidad de la religión, de las creencias cosmogónicas y de las actividades rituales de este pueblo.

Cosmovisión.

El creador del hombre fue Hunab-Kú, una deidad abstracta, invisible, tan superior a los mortales que era casi desconocida para el pueblo, y de la cual aparentemente no existe representación conocida; fue el padre de Itzamná, señor del cielo, el día y la noche.

Según las creencias mayas, al cielo lo sostenían cuatro dioses o cargadores, los Bacabes, relacio-

nados con los cuatro puntos cardinales (concepto cuatripartita citado en párrafos anteriores) y un color especial: rojo (*chac*) para el este; blanco (*zac*) para el norte; negro (*e´ek*) para el oeste, y amarillo *(kan)* para el sur; un quinto color, el verde (*ya´ax*), correspondía a un punto cardinal que nosotros no usamos, el centro. En cada uno de los cuatro lados del mundo había una ceiba sagrada, asociada al color correspondiente y considerada el árbol de la abundancia que había proporcionado el primer sustento a la humanidad.

El cielo maya estaba dividido en trece niveles superiores en los que residían determinadas deidades, los Oxlahuntikú, o trece señores del supramundo; el inframundo, a su vez, se dividía en nueve compartimentos presididos por los Bolontikú, o nueve señores de la noche, deidades malévolas. Las ideas de los mayas con respecto a la forma de la tierra se conocen poco, aunque al parecer compartían con los mexicas la creencia de que era la parte superior de un enorme reptil, especie de cocodrilo, que fue objeto de cierto culto.

Ritos.

Las prácticas ceremoniales desempeñaron una función muy importante en la vida de los mayas. Tenían fechas determinadas para

FIGURILLA ANTROPOMORFA
(PERFIL Y vista posterior)
Representa a un *Halach Uinic*,
supremo jefe civil y es una obra maestra
del trabajo maya en miniatura.
Cultura: Maya
Periodo: Clásico Tardío
Procedencia: Desconocida
Material: Hueso
Dimensiones: 6.5 cm de altura,
2.5 de ancho y 2 de espesor
Foto: Proyecto México. Michel Zabé

PENDIENTE
Representa un animal mítico.
Cultura: Maya
Periodo: Clásico
Procedencia: Monte Albán, Oaxaca
Material: Jadeíta y ámbar
Dimensiones: 3.9 cm de altura y 4 de ancho
Foto: D.R: © Jorge Pérez de Lara / Arqueología Mexicana
/ Raíces / INAH, 2004

PECTORAL
Este pectoral representa
un personaje de perfil muy ataviado.
Cultura: Maya
Periodo: Clásico
Procedencia: Chiapas
Material: Jadeíta
Dimensiones: 12.3 cm de altura
y 3.4 de ancho
Foto: D.R: © Jorge Pérez de Lara / Arqueología Mexicana
/ Raíces / INAH, 2004

efectuar sus ceremonias principales; las más importantes de éstas eran las que marcaban el final de un periodo calendárico. En esas ocasiones participaba el pueblo y las ceremonias se efectuaban en las espaciosas plazas o patios, alrededor de los cuales se levantaban templos, plataformas y demás estructuras; sin embargo, ciertos ritos secretos sólo los realizaban los sacerdotes en el interior de los templos.

Las ceremonias incluían ayunos y abstinencias, a manera de purificaciones previas; ejecución de música, danza y oraciones, quema de copal y sacrificios. Éstos variaban y podían consistir desde sencillas ofrendas de alimentos, animales y objetos muy diversos, autosacrificios individuales o colectivos, hasta el sacrificio humano con distintos medios: decapitación, flechamiento, asfixia por inmersión y extracción del corazón.

El juego de pelota. En general, entre los pueblos mesoamericanos el juego de pelota más que un deporte fue un acto ritual relacionado con la fertilidad de la tierra. La desaparición temporal de los astros —el Sol, la Luna, Venus— se consideraba su muerte aparente, de la que renacían para reiniciar su trayectoria en el cielo.

El juego de pelota tenía un profundo sentido religioso: representaba la lucha cotidiana entre dos fuerzas contrarias, conceptos antagónicos, sucesos naturales opuestos, como el día y la noche, la luz y la oscuridad, etc., simbolizados por los astros, dioses que jugaban a la pelota.

Arquitectura. La arquitectura maya está inspirada en la humilde choza hecha con materiales perecederos que aún hoy utilizan los campesinos de esa región. Como los primeros asentamientos se ubicaron cerca del agua —costas, ríos, lagos, cenotes (depósitos naturales de agua alimentados por corrientes subterráneas)—, la choza se levantaba no directamente sobre el piso natural del terreno, sino sobre una plataforma baja, de tierra apisonada y piedras, para evitar la humedad y las inundaciones.

A partir del Preclásico Superior o Tardío se llegó al concepto de la pirámide escalonada mediante la superposición de plataformas artificiales de diversos tamaños —de mayor a menor—, pero sólo después de algún tiempo se sustituyó el templo en forma de choza por el de mampostería, cuya característica principal era el techo de forma especial que llamamos arco falso o bóveda maya, y que constituye la característica más importante de la arquitectura maya. Otros rasgos arquitectónicos destacados son: a) la construcción de estructuras en forma de cuadrángulos alrededor de patios o plazas; b) los altos basamentos piramidales, con una escalinata en el lado principal que conduce al templo, cuya fachada generalmente está decorada en el friso con relieves de piedra y estuco; c) un elemento ornamental llamado crestería o peine sobre el techo del templo, que aumentaba la altura de la edificación para equilibrarla estéticamente con respecto a su basamento; d) la construcción de estructuras llamadas palacios, consistentes en hileras de habitaciones distribuidas en varios niveles. Estas construcciones no tienen basamento piramidal, sino que se levantan sobre una plataforma de regular altura, por lo que ocupan mayor superficie; e) el complejo estela-altar, monolitos con los que se conmemoran sucesos importantes. Tienen representaciones de personajes de la vida real relacionados con acontecimientos históricos, asuntos religiosos, inscripciones jeroglíficas, etc., y adoptan formas diversas. Formaban parte de los complejos arquitectónicos y estaban distribuidos dentro de los recintos o patios de los cuadrángulos, al pie de las escalinatas o frente a la entrada principal de los templos.

Las variantes arquitectónicas apreciables en el vasto territorio maya fueron divididas con base en estilos regionales: estilo del Petén, como Tikal; estilo Usumacinta, como Palenque; estilo Motagua, como Copán; estilo Río Bec, como Río Bec; estilo Chenes, como Hochob; estilo Puuc,

como Uxmal, y estilo Maya Posclásico, con Chichén Itzá como ejemplo.

El comercio.

Los hallazgos arqueológicos han corroborado los datos de las crónicas y relatos de los frailes y conquistadores con respecto a la existencia de una vasta organización comercial entre los mayas, así como en cuanto a las relaciones de intercambio que mantuvieron desde épocas muy antiguas con la Costa del Golfo y el Altiplano Central y, hacia el sur, hasta el Golfo de Honduras.

Los testimonios refieren mercados establecidos en centros comerciales que también eran ciudades importantes, a las que acudían comerciantes y peregrinos para rendir culto a un determinado santuario e intercambiar artículos. Al respecto destacan sitios como Xicalango, Xcambó,

Esta mujer muestra escarificaciones en el rostro
y acusada deformación craneana.
Cultura: Maya
Periodo: Clásico Tardío
Procedencia: Jaina, Campeche
Material: Cerámica
Dimensiones: 21.6 cm de altura,
y 10 de ancho
Foto: Proyecto México. Michel Zabé

procedentes del Altiplano Central, como cristal de roca, obsidiana, cobre, pirita, turquesa, etc. Aunque el sistema de trueque fue el más común, algunos objetos y materias primas se utilizaron como moneda: almendras de cacao, conchas coloradas (*Spondylus*), hachas de cobre en forma de T, plumas de quetzal, cascabeles de cobre, etcétera.

Costumbres funerarias.
Los mayas creyeron en la inmortalidad del alma y consideraron a la muerte como algo natural, consecuencia lógica de esta vida y, por tanto, no la esperaban con temor, ya que sólo significaba el tránsito a otra existencia, semejante o tal vez mejor que ésta. Con base en estas creencias surgió la preocupación por proteger los cadáveres —desde la forma más sencilla, como colocar un plato en la cabeza, hasta la más compleja, construyendo verdaderas tumbas—, así como la costumbre de depositar ofrendas a los muertos, ya que se pensaba que les serían útiles para iniciar su nueva vida. No hay duda de que el tipo de sepultura estaba determinado por la mayor o menor categoría social del muerto, y que ésta se reflejaba en la cantidad y calidad de la ofrenda.

La tumba secreta de Palenque.
El descubrimiento en 1952 de la cripta funeraria del Templo de las Inscripciones se realizó después de las exploraciones y la restauración del templo, cuando el arqueólogo Alberto Ruz Lhuillier ya había retirado el escombro que rellenaba un túnel que conducía al corazón mismo de la pirámide. Al final de la escalinata, al sacar una enorme y pesada losa, realizó un descubrimiento extraordinario: un sarcófago de piedra, sellado con una lápida tallada con uno de los más hermosos bajorrelieves del área maya.

La cripta, de nueve metros de largo por cuatro de ancho, estaba cubierta por cristales de calcio que se habían filtrado sobre la bóveda. Los restos del gran gobernante Pakal o Escudo eran custodiados por los Nueve Señores de la Noche, los

Isla Cerritos, Chauaca, Cachi, Cozumel, Conil y Ecab. Las crónicas y relatos también se refieren a rutas marítimas, fluviales y terrestres que los mayas recorrían en canoas y a pie.

En la zona maya se producía cacao, cera, miel, algodón, copal, sal, plumas de ánade y quetzal; en cambio, se recibían objetos de metal de Centroamérica y Oaxaca; de Honduras, bellos vasos de alabastro; y de la Costa del Golfo, cerámica, jade, alabastro, conchas y otros objetos. Asimismo, llegaban materias primas

ZONA ARQUEOLÓGICA DE PALENQUE
Foto: Proyecto México. Michel Zabé

Bolontikú, representados en relieves de estuco sobre la pared.

En el centro de la cámara se encontraba el sarcófago tallado en piedra cubierto con una gran losa con bellos motivos en bajorrelieve. En el interior se descubrieron los restos de un personaje de la realeza maya, en posición extendida, acompañado por su indumentaria y joyas. Las caras exteriores del sarcófago monolítico están grabadas con la genealogía completa de Pakal, gran gobernante de Palenque. Sus restos mortales indican que murió entre los 40 y 50 años de edad y que su estatura fue de 1.73 m. Según cálculos, su entierro ocurrió hacia 683 d.C.

El colapso maya. Los arqueólogos percibieron una serie de fenómenos ocurridos mayormente en la Zona Central alrededor de 900-1000 d.C., que se conocen como el colapso de la cultura maya; sin embargo, los primeros síntomas de que algo extraño estaba sucediendo se advierten a partir de 800 d.C., y entre otros se pueden mencionar los siguientes: 1) Cesa el poder de la elite gobernante y aparentemente se abandonan las estructuras administrativas y residenciales. 2) Cesa la construcción de monumentos y registros históricos (estelas). 3) Se interrumpe el mantenimiento de los monumentos funerarios y de las actividades rituales en los templos. 4) Cesa la manufactura de los objetos suntuarios como la cerámica policroma, la lapidaria fina y el tallado del jade para la elite. 5) Terminan los patrones de conducta relacionados con las actividades del grupo de poder, por ejemplo, el juego de pelota, las procesiones y los rituales. 6) Cesa el uso de sistemas de escritura y calendario, por lo menos en las formas del Clásico. 7) La elite maya simplemente desapareció, o por lo menos disminuyó en importancia.

A estos factores se puede añadir el rápido despoblamiento del campo en un periodo relativamente corto, entre 50 y 100 años. Sin embargo, el pueblo seguía realizando ciertas actividades, como el intercambio comercial y las prácticas rituales, incluso enterraba a sus muertos, como lo demuestran los entierros encontrados bajo los escombros de los templos, derruidos por el descuido y el tiempo. El esplendor de la época Clásica había llegado a su fin.

Hipótesis sobre el colapso cultural. Existen muchas y variadas hipótesis en torno a las causas del colapso de la cultura y el fin de la época Clásica en el siglo X. En términos generales pueden resumirse así:

Causas internas. Naturales: potencialidad limitada del suelo; cambios demográficos (sobrepoblación); fenómenos telúricos (terremotos),

CUADRÁNGULO DE LAS MONJAS, UXMAL
Foto: Michael Calderwood

ZONA ARQUEOLÓGICA DE CHICHÉN ITZÁ
Foto: Michael Calderwood

ZONA ARQUEOLÓGICA DE TULUM
Foto: Michael Calderwood

ZONA ARQUEOLÓGICA DE TULUM
Foto: Michael Calderwood

fenómenos naturales (huracanes, cambios climáticos, sequía prolongada) y enfermedades (epidemias). Sociopolíticas: revolución campesina, que el pueblo cansado de la explotación a la que había sido sometido por el grupo dominante se hubiera rebelado. Esta tesis la postuló J. Erick S. Thompson y es, tal vez, la que ha tenido un mayor número de adeptos.

Causas externas. Económicas: invasión sin o con colonización. Se ha relacionado la llegada de grupos no mayas con el colapso cultural. Las fuentes históricas y las evidencias arqueológicas señalan el arribo a tierras mayas de grupos toltecas, chontales, putunes o itzáes, xiues y cocomes a la Zona Norte, mientras que otros grupos llegaron a la Zona Central, e incluso a la Zona Sur; evidencias arqueológicas de lo anterior pueden verse en Altar de Sacrificios y en Ceibal que, por semejanzas arquitectónicas y escultóricas, parecen provenir de Yucatán. En cambio, los que llegaron a la Zona Sur venían del Altiplano mexicano; los cronistas españoles del siglo XVI llamaron pipiles a sus descendientes.

Vestigios óseos que datan de fines del Clásico Tardío muestran evidencias de malnutrición.

Todo parece indicar que a fines del Clásico Terminal existía una competencia por los alimentos debida al crecimiento de la población, lo que pudo haber derivado en conflictos militares entre las diversas ciudades-estado.

Problemas sociales y económicos, invasiones, presiones ecológicas... seguramente son varias las causas que produjeron el colapso cultural y no una sola, pero hasta hoy no se sabe con certeza lo que realmente sucedió.

La Época Posclásica (1000-1517 d.C.)

Los datos de las fuentes históricas sobre la llegada al área maya de nuevos grupos procedentes del Altiplano Central y la Costa del Golfo, han sido ampliamente corroborados por las evidencias arqueológicas.

En la Zona Sur se encontraron vasijas mexicanas de ónix y adornos de turquesa y mosaico —desconocidos hasta entonces, pero de calidad inferior a los de México y Yucatán—, así como objetos de metal asociados con la cerámica *plumbate* o plomiza, tipos Tohil y Robles. En la zona se adoptaron ciertas costumbres y formas de vida, como la admisión orgullosa de que sus antepasados procedían de Tula; una forma de gobierno más secular, militarista, con una clase media urbana e influyente, donde el poder estaba en manos de gobernantes-guerreros y ricos agricultores y comerciantes; cambios en el asentamiento de las poblaciones que de sitios o valles abiertos pasaron a las cimas de las lomas en poblados fortificados, muchas veces rodeados por profundas barrancas y protegidos con puestos de avanzada militar.

A juzgar por los hallazgos arqueológicos, tal vez ocurrió algo diferente en la Zona Central, ya que al parecer la gente del pueblo volvió a su rutina de vida anterior —al menos en algunos de los grandes centros ceremoniales y ciudades que habían vivido el esplendor de la época Clásica— y continuó cultivando la tierra, cazando y pescando, y ocasionalmente acudía a celebrar ciertos ritos en los templos abandonados, además de mantener contacto y relaciones comerciales con grupos vecinos.

En la Zona Norte es sin duda donde resulta más evidente la presencia e influencia de los grupos foráneos que instalaron su capital en Chichén Itzá y desde allí irradiaron su poder y su cultura.

En esta zona, el Posclásico ha sido dividido en dos periodos: Temprano y Tardío. El primero abarca del 1000 al 1250 d.C., y se inicia con la llegada de los itzáes a Chichén Itzá, donde alcanzan un desarrollo nuevo y diferente, hasta que los derrotan y expulsan como resultado de un episodio novelesco (según la narración de las fuentes históricas), que finalmente al parecer provoca el abandono de la ciudad.

El Posclásico Tardío (1250-1517 d.C.).

Este periodo incluye la hegemonía de Mayapán, que sustituye a Chichén Itzá como centro rector de la Zona Norte, hasta el aniquilamiento de la familia gobernante Cocom, la destrucción final de la ciu-

LADRILLOS
Diseños zoomorfos y geométricos. Una de ellas tiene un cocodrilo, animal que representaba el primer día del calendario adivinatorio y simbolizaba el agua y la abundancia.
Cultura: Maya
Periodo: Clásico
Procedencia: Comalcalco, Tabasco
Material: Cerámica
Dimensiones: *Izq.*: 24.8 cm de largo y 22.1 de ancho
Derecha: 29 cm de largo y 17.2 de ancho
Foto: D.R: © Jorge Pérez de Lara / Arqueología Mexicana / Raíces / INAH, 2004

CAJETE
Esta pieza presenta un personaje sedente.
Cultura: Maya
Periodo: Clásico Tardío
Procedencia: Atitlán, Guatemala
Material: Cerámica
Dimensiones: 13 cm de altura y 19.8 de diámetro
Foto: Proyecto México. Jorge Pérez de Lara

PENDIENTE ANTROPOMORFO
Recuperada en el Cenote Sagrado de Chichén
Itzá, representa a un hombre desnudo de pie.
Dado que no existen yacimientos de oro en el
área maya, se cree que procede de
Centroamérica.
Cultura: Maya
Periodo: Posclásico Temprano
Procedencia: Chichén Itzá, Yucatán
Material: Oro
Dimensiones: 5.4 cm de altura y 3.2 de ancho
Foto: Proyecto México. Michel Zabé

Página izquierda:
CASCABEL ZOOMORFO
Recuperada del Cenote Sagrado de Chichén
Itzá, muestra a un mono de larga cola sentado
y comiendo un fruto.
Cultura: Maya
Periodo: Posclásico Temprano
Procedencia: Chichén Itzá, Yucatán
Material: Oro
Dimensiones: 4.7 cm de altura y 4.4 de ancho
Foto: Proyecto México. Michel Zabé

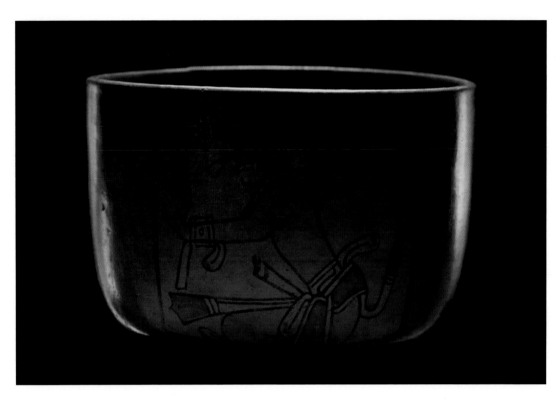

dad y su posterior abandono en 1440. A estos sucesos sigue la desorganización política de la zona y el clima bélico, y todo parece culminar con la llegada de los conquistadores.

Entre los grandes cambios que se observan durante el Posclásico destaca especialmente el de la reorganización del Estado en secular militarista. Además, los pocos y extensos Estados se transformaron en muchos de menor tamaño, lo cual se refleja en dos innovaciones en el planeamiento urbano: su amurallamiento y un creciente interés en la construcción de unidades residenciales dentro o cerca de los templos. Mayapán y Dzibilchaltún son los mejores ejemplos de concentración de población en esta última época, lo que indica la creciente consolidación de una situación que se había iniciado varios siglos antes: intranquilidad, cambios, movilidad política y social, y clima bélico ante la presencia de grupos extraños, factores que obligan a las poblaciones a tomar medidas de precaución.

El contacto

A la llegada de los conquistadores, y según las fuentes históricas, la península de Yucatán estaba repartida en aproximadamente 18 divisiones territoriales o provincias, la mayoría de las cuales podría ser consideradas como Estados autónomos o reinos, ciertamente autónomas de sus vecinas. Algunas tenían un sistema político bien organizado, encabezado por un jefe único; otras eran una confederación de pueblos o grupos de pueblos más o menos vinculados, y otras más parecen haber consistido únicamente en un grupo de pueblos localizados en un área determinada, cuyas relaciones entre sí son motivo de conjeturas, según Ralph Roys.

Tal vez después de la destrucción de Mayapán, en 1440, las principales familias que vivían allí se establecieron en distintos pueblos formando Estados independientes, donde se erigieron en el linaje que ejerció el poder y que incluso dio su nombre a algunos de los Estados o provincias, como les llamaron los conquistadores.

PECTORAL
Representa a un reptil –iguana o lagarto–
de figura completa y decorada con glifos.
Cultura: Maya
Periodo: Clásico
Procedencia: Desconocida
Material: Hueso
Dimensiones: 14.5 cm de largo y 5 de ancho
Foto: D.R: © Jorge Pérez de Lara / Arqueología Mexicana
/ Raíces / INAH, 2004

Página derecha
FIGURILLA
Representa a un jefe supremo o *Halach Uinic*
(Hombre verdadero), con su atavío, adornos y
elementos característicos.
Cultura: Maya
Periodo: Clásico Tardío
Procedencia: Jaina, Campeche
Material: Cerámica
Dimensiones: 22 cm de altura y 9.5 de ancho
Foto: Proyecto México. Michel Zabé

FIGURILLA MASCULINA
Posiblemente se trate de un comerciante, a
juzgar por el abanico (símbolo de los
mercaderes entre aztecas y mayas); lleva en el
rostro media máscara.
Cultura: Maya
Periodo: Clásico
Procedencia: Jaina, Campeche
Material: Cerámica
Dimensiones: 18 cm de altura y 7.4 de ancho
Foto: Proyecto México. Michel Zabé

Página derecha
FIGURILLA SONAJA
Esta pieza representa a una mujer de la
nobleza, lujosamente ataviada.
Cultura: Maya
Periodo: Clásico Tardío
Procedencia: Jaina, Campeche
Material: Cerámica
Dimensiones: 21.2 cm de altura y 9.7 de ancho
Foto:Proyecto México. Jorge Pérez de Lara

Páginas siguientes
FIGURILLAS
Estas figurillas representan a jugadores en
actitud de golpear la pelota, y con atavío típico:
faldellín, cinturón y protectores en los brazos.
Cultura: Maya
Periodo: Clásico Tardío
Procedencia: Jaina, Campeche
Material: Cerámica
Dimensiones:
Izquierda: 12.7 cm de altura y 12.4 de ancho
Derecha: 15 cm de altura y 11.5 de ancho
Foto: Proyecto México. Izquierda: Jorge Pérez de Lara
Derecha: Carlos Blanco

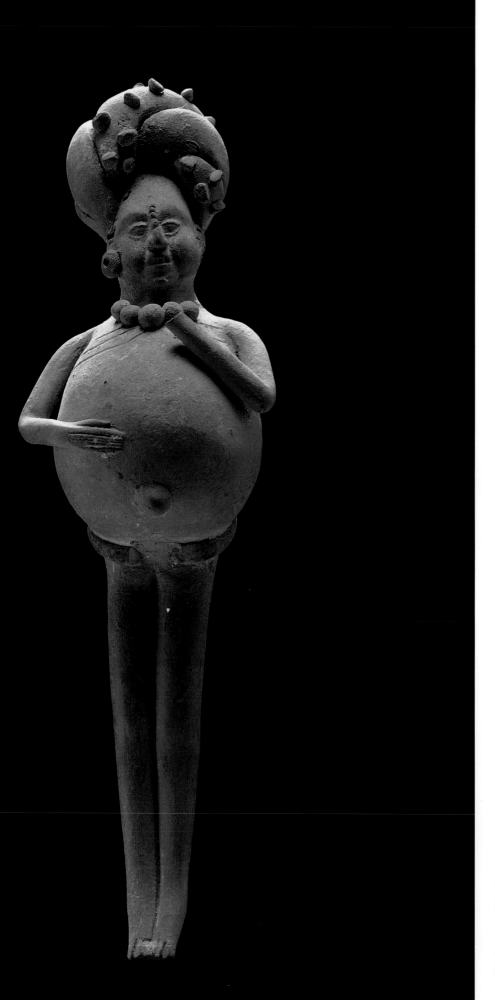

FIGURILLA SONAJA
Representa a un personaje con evidencias de
alguna enfermedad, posiblemente hidropesía.
Cultura: Maya
Periodo: Clásico
Procedencia: Jaina, Campeche
Material: Cerámica
Dimensiones: 18.5 cm de altura y 5.9 de ancho
Foto: Proyecto México. Michel Zabé

FIGURILLA
Figurilla dinámica de un orador,
líder o danzante.
Cultura: Maya
Periodo: Clásico
Procedencia: Jaina, Campeche
Material: Cerámica
Dimensiones: 18.9 cm de altura y 15 de ancho
Foto: Proyecto México. Michel Zabé

Páginas siguientes
ESCULTURA
Rostro femenino hallado como ofrenda en la
tumba de Pakal, en el Templo de las
Inscripciones; es notable por la perfección de
sus proporciones.
Cultura: Maya
Periodo: Clásico Tardío
Procedencia: Palenque, Chiapas
Material: Piedra caliza
Dimensiones: 32 cm de altura y 20 de ancho
Foto: D.R: © Jorge Pérez de Lara / Arqueología Mexicana
/ Raíces / INAH, 2004

ESCULTURA
Cabeza de personaje masculino hallado como
ofrenda en la tumba de Pakal, en el Templo de
las Inscripciones.
Cultura: Maya
Periodo: Clásico Tardío
Procedencia: Palenque, Chiapas.
Material: Piedra caliza
Dimensiones: 41.3 cm de altura
y 20.2 de ancho
Foto: Proyecto México. Jorge Pérez de Lara

ESCULTURA
Cabeza humana con ojos rasgados,
bigote y piocha.
Cultura: Maya
Periodo: Clásico Tardío
Procedencia: Comalcalco, Tabasco
Material: Estuco
Dimensiones: 45.1 cm de altura y 32 de ancho
Foto: D.R: © Jorge Pérez de Lara / Arqueología Mexicana
/ Raíces / INAH, 2004

CABEZA ANTROPOMORFA
Representación de un adulto, que constituye un
extraordinario ejemplo del típico rostro maya.
Cultura: Maya
Periodo: Clásico
Procedencia: Palenque, Chiapas
Material: Estuco
Dimensiones: 24.4 cm de altura,
18.9 de ancho y 11.2 de espesor
Foto: Jorge Pérez de Lara

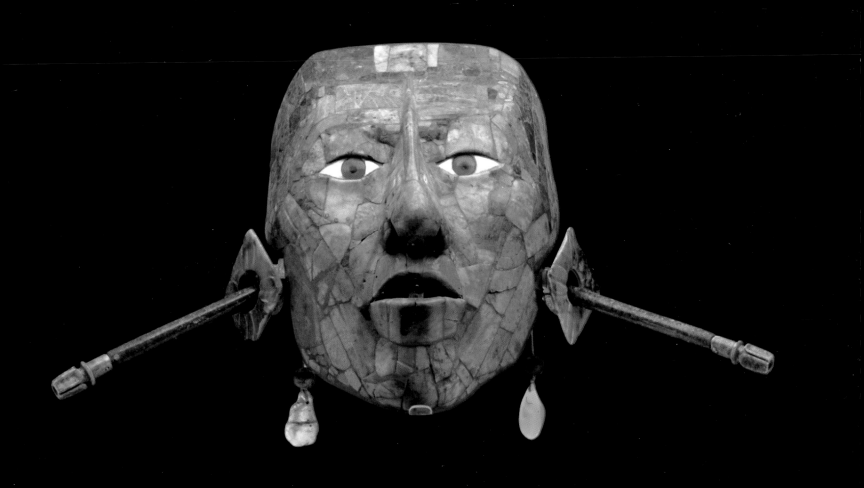

Tablero del Templo de la Cruz
Pieza que muestra a dos personajes
principales de Palenque: Pakal y Chan Bahlum
I, además de consignar fechas,
acontecimientos, nacimientos, y ascensos al
poder de la dinastía que gobernó en la ciudad.
Cultura: Maya
Periodo: Clásico Tardío
Procedencia: Palenque, Chiapas
Material: Piedra caliza
Dimensiones: 190 cm de altura y 325 de ancho

Página izquierda
Glifo
Representación del glifo 3 *oc* ó 3 perro, con
variantes de cabeza.
Cultura: Maya
Periodo: Clásico Tardío
Procedencia: Palenque, Chiapas
Material: Estuco
Dimensiones: 18.5 cm de altura y 22.8 de
ancho

Glifo
Representación del glifo 10 *kin* ó 10 días.
Cultura: Maya
Periodo: Clásico Tardío
Procedencia: Palenque, Chiapas
Material: Estuco
Dimensiones: 18.5 cm de altura y 21 de
ancho

Glifo
Representación del rostro del dios K'awil.
Cultura: Maya
Periodo: Clásico Tardío
Procedencia: Desconocida
Material: Estuco
Dimensiones:
10.3 cm de altura y 10.5 de ancho

Escultura conocida como
El adolescente de Cumpich
Este joven desnudo muestra una acusada
deformación craneana y escarificaciones en la
cara; llama la atención el tamaño de sus
testículos. Las partes faltantes impiden saber si
la serpiente que cuelga de su cuello era un
prolongación del falo.
Cultura: Maya
Periodo: Clásico Terminal
Procedencia: Cumpich, Campeche
Material: Piedra caliza
Dimensiones: 93 cm de altura y 43 de ancho
Foto: D.R: © Jorge Pérez de Lara / Arqueología Mexicana
/ Raíces / INAH, 2004

Página izquierda
Dintel 26
Representa al gobernante Escudo Jaguar y a su
esposa preparándose para una ceremonia.
Cultura: Maya
Periodo: Clásico Tardío
Procedencia: Yaxchilán, Chiapas
Material: Piedra caliza
Dimensiones: 215 cm de altura y 85 ancho
Foto: Proyecto México. Jorge Pérez de Lara

Páginas anteriores
Tablero del juego de pelota
Escena de juego de pelota entre dos
gobernantes de Toniná.
Cultura: Maya
Periodo: Clásico
Procedencia: Toniná, Chiapas
Material: Piedra caliza
Dimensiones: 49.5 cm de altura, 137 de ancho
y 12.5 de espesor
Foto: D.R: © Jorge Pérez de Lara / Arqueología Mexicana
/ Raíces / INAH, 2004

ESTELA

Estela cúbica rectangular labrada en dos de sus caras. Representa una escena con dos personajes, uno de pie y de frente, a cuyos pies hay otro sedente, atado con cuerdas, quizá un esclavo. En la parte superior aparece la inscripción jeroglífica distribuida en forma de escuadra.

Cultura Maya

Periodo: Clásico Tardío

Procedencia: Yaxchilán, Chiapas

Material: Piedra caliza

Dimensiones: 317 cm, 98 de ancho y 24.5 de espesor

Foto: D.R: © Jorge Pérez de Lara / Arqueología Mexicana / Raíces / INAH, 2004

Página izquierda

LÁPIDA

Conocida como Lápida de Dupaix, está decorada con una inscripción jeroglífica.

Cultura: Maya

Periodo: Clásico

Procedencia: Palenque, Chiapas

Material: Piedra caliza

Dimensiones: 40.2 cm de altura, 26.8 de ancho y 6.6 de espesor

Foto: Proyecto México. Michel Zabé

TAPA DE BÓVEDA
Esta pieza muestra la representación del dios K.
Cultura: Maya
Periodo: Clásico Tardío
Procedencia: Dzibilnocac, Campeche
Material: Piedra y estuco
Dimensiones: 58 cm de largo y 35 de ancho
Foto: D.R: © Jorge Pérez de Lara / Arqueología Mexicana
/ Raíces / INAH, 2004

Páginas anteriores
MASCARÓN DE LOS PLACERES
Dispuesto horizontalmente tiene al centro
un gran rostro humano. En cada extremo
aparecen dos ancianos con los brazos abiertos,
y con elementos simbólicos como
dádivas en las manos.
Cultura: Maya
Periodo: Clásico Temprano
Procedencia: Los Placeres, Campeche
Material: Estuco
Dimensiones: 239 cm de altura,
839 de largo y 60 de espesor
Foto: Jorge Pérez de Lara

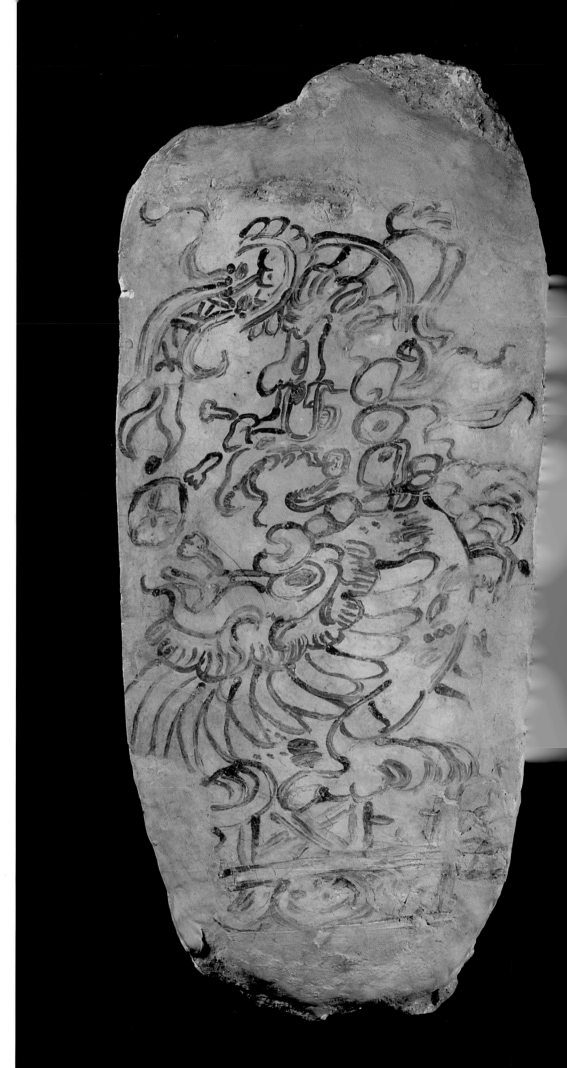

TAPA DE BÓVEDA
Pieza con representación de una deidad.
Cultura: Maya
Periodo: Clásico Tardío
Procedencia: Uxmal, Yucatán
Material: Piedra y estuco
Dimensiones: 75 cm de largo y 33.5 de ancho
Foto: D.R: © Jorge Pérez de Lara / Arqueología Mexicana
/ Raíces / INAH, 2004

PORTAINCENSARIO
Portaincensario cilíndrico
con el rostro del dios solar Kinich Ahau.
Cultura: Maya
Periodo: Clásico Tardío
Procedencia: Palenque, Chiapas
Material: Cerámica
Dimensiones: 110 cm de altura y 61 de ancho
Foto: Proyecto México. Michel Zabé

URNA EFIGIE
Representa a Itzamná, dios creador, señor del
cielo, el día y la noche.
Cultura: Maya
Periodo: Posclásico Tardío
Procedencia: Mazapán, Yucatán
Material: Cerámica
Dimensiones: 61 cm de altura y 33.4 de ancho
Foto: Proyecto México. Michel Zabé

Páginas siguientes
VASO TIPO CÓDICE
Esta pieza es notable por la fineza y perfección
del trazo. El personaje recuerda al de la lápida
que cubre la tumba de Pakal, en el Templo de
las Inscripciones.
Cultura: Maya
Periodo: Clásico Tardío
Procedencia: Calakmul, Campeche
Material: Cerámica policroma
Dimensiones: 15.5 cm de altura
y 11.2 de diámetro
Foto: Proyecto México. Michel Zabé

VASO BICROMO
Pieza decorada con motivos
geométricos y simbólicos.
Cultura: Maya
Periodo: Clásico Tardío
Procedencia: Campeche
Material: Cerámica
Dimensiones: 16.2 cm de altura y 8.4 de
diámetro
Foto: D.R: © Jorge Pérez de Lara / Arqueología Mexicana
/ Raíces / INAH, 2004

Páginas anteriores
VASO
En esta pieza, esgrafiada y excavada, se
representa una escena con personajes.
Cultura: Maya
Periodo: Clásico
Procedencia: Jaina, Campeche
Material: Cerámica decorada
Dimensiones: 16.3 cm de altura
y 14.3 de diámetro
Foto: Proyecto México. Jorge Pérez de Lara

VASIJA FUNERARIA TETRÁPODE
Vasija esgrafiada; el asa de su tapa tiene forma
de cabeza humana.
Cultura: Maya
Periodo: Clásico Temprano
Procedencia: Calakmul, Campeche
Material: Arcilla modelada
Dimensiones: 37 cm de altura
y 22.3 de diámetro
Foto: D.R: © Jorge Pérez de Lara / Arqueología
Mexicana / Raíces / INAH, 2004

VASO LABRADO
Vaso de cuerpo cilíndrico decorado con un
personaje de pie con brazos extendidos y
piernas abiertas. Lleva una máscara
y un pectoral.
Cultura Maya
Periodo: Clásico Tardío
Procedencia: Desconocida
Material: Arcilla
Dimensiones: 23.9 cm de altura,
y 10.9 de diámetro
Foto: Proyecto México. Michel Zabé

Páginas siguientes
MASCARÓN
Pieza elaborada con la técnica de mosaico;
representa al dios de la lluvia Chaac.
Cultura: Maya
Periodo: Clásico Terminal
Procedencia: Kabah, Yucatán
Material: Piedra caliza
Dimensiones: 93 cm de altura y 181 de ancho
Foto: D.R. © Jorge Pérez de Lara / Arqueología Mexicana
/ Raíces / INAH, 2004

CHAC MOOL
El Chac Mool es una suerte de mensajero que
lleva ofrendas a los dioses.
Cultura: Maya
Periodo: Posclásico Temprano
Procedencia: Chichén Itzá, Yucatán
Material: Piedra caliza
Dimensiones: 113 cm de altura y 156 de ancho
Foto: Proyecto México. Jorge Pérez de Lara

TABLERO
Conocido como Panel de Osario, este tablero
muestra danzantes con disfraz de pájaro.
Cultura: Maya
Periodo: Posclásico Temprano
Procedencia: Chichén Itzá, Yucatán
Material: Piedra caliza
Dimensiones: 270 cm de altura y 137 de ancho
Foto: D.R: © Jorge Pérez de Lara / Arqueología Mexicana
/ Raíces / INAH, 2004

Página derecha
ESCULTURA CONOCIDA
COMO LA REINA DE UXMAL
Representa a un personaje que emerge de las
fauces de una serpiente.
Cultura: Maya
Periodo: Clásico Tardío
Procedencia: Uxmal, Yucatán
Material: Piedra caliza
Dimensiones: 80 cm de altura,
24 de ancho y 99 de espesor
Foto: Proyecto México. Jorge Pérez de Lara

ATLANTES
Este tipo de esculturas, al igual que los
portaestandartes, forman parte de una serie de
elementos foráneos que aparecen en este
periodo en el área maya. Fueron utilizados
como soportes de diversos objetos, por ejemplo
de altares.
Cultura: Maya
Periodo: Posclásico Temprano
Procedencia: Chichén Itzá, Yucatán
Material: Piedra caliza
Dimensiones:
Izquierda: 87cm de altura y 49 de ancho
Derecha: 87 cm de altura y 48 de ancho
Foto: D.R: © Jorge Pérez de Lara / Arqueología Mexicana
/ Raíces / INAH, 2004

Páginas siguientes
DISCOS
Piezas decoradas con cabezas de serpientes,
símbolo de fertilidad y elemento recurrente en
la iconografía maya.
Cultura: Maya
Periodo: Posclásico Temprano
Procedencia: Chichén Itzá, Yucatán
Izquierda: *Material*: madera, turquesa, concha
Dimensiones: Diámetro: 22 cm
Derecha: *Material*: madera, turquesa, concha,
pirita, pizarra
Dimensiones: 24 cm de diámetro
y 1.1 de espesor
Foto: D.R: © Jorge Pérez de Lara / Arqueología Mexicana
/ Raíces / INAH, 2004

OCCIDENTE DE MÉXICO

Dolores Flores Villatoro

La nueva Sala del Occidente de México del Museo Nacional de Antropología presenta una visión más completa y didáctica de este vasto territorio que ocuparon varias culturas, cuyos vestigios datan desde 1800 a.C., hasta la Conquista española, en 1521.

Los antiguos habitantes ocuparon gran parte de las costas del Pacífico, en una zona que comprende los actuales estados de Sinaloa, Nayarit, Jalisco, Colima, Michoacán y partes de Guanajuato y Guerrero, y que presenta una problemática especial, por no estar tan ligada con la tradición occidental.

En este territorio sobresalen las llanuras que limitan la Sierra Madre Occidental; las montañas que formaron cuencas lacustres como las de Pátzcuaro, Cuitzeo y Chapala; las mesetas volcánicas, los valles abiertos y una larga y angosta planicie costera que va desde Sinaloa hasta Guerrero.

Desde épocas muy tempranas sus moradores fueron agricultores sedentarios que hacían vasijas y figurillas de barro, elementos básicos de Mesoamérica. Sin embargo, a diferencia de otras áreas, estas culturas tienen la característica de una producción artesanal en arcilla y concha, lapidaria y metalurgia, con un alto grado de especialización y una temática variada que se ha convertido en testimonio de las antiguas formas de vida y los estilos de estos pueblos.

Hay dos grandes ramas culturales para el Occidente: la de las tumbas de tiro (1500 a.C. -

600 d.C.) de Colima, Nayarit y Jalisco, originadas en Capacha y El Opeño que iniciaron la plástica costumbrista mexicana; y la tradición Chupícuaro (200 a.C.-400 d.C.), que se extiende desde Guanajuato hacia el occidente, norte y el Altiplano Central, principio de lo netamente mesoamericano.

A partir de 600 d.C., se abandona el uso de las tumbas de tiro y el Occidente se transforma con elementos nuevos, por lo que aporta aspectos importantes en las épocas siguientes.

Entre los años 900 y 1521 sobresale la cultura de los tarascos, quienes construyeron un señorío fuerte que se impuso en gran parte de la región y al que nunca pudieron dominar los mexicas.

Los inicios, tradiciones del Formativo

La cultura Capacha tiene el nombre de una ex hacienda ubicada en las cercanías de Colima. Este complejo cerámico está fechado hacia 1450 a.C.; se han encontrado evidencias materiales desde Colima hasta Jalisco, Nayarit y Sinaloa; se considera que Capacha representa una tradición relevante, propia de esta región y distinta de la de Mesoamérica.

Los objetos provienen de fosas ovales excavadas directamente en el suelo, muy estrechas, asociadas con grandes piedras y pisos de lajas, y agrupadas en cementerios. Las ofrendas incluyen una cerámi-

ca especial, sus formas comprenden ollas de boca ancha y cuerpo acinturado llamadas *bules*, vasijas de doble cuerpo en las que el recipiente superior se comunica con el inferior por dos o tres tubos; la decoración usual presenta líneas anchas dobles incisas en forma de cruces y campos triangulares con punzonaduras (pequeñas perforaciones). También hay figurillas sólidas que representan mujeres con la cabeza casi del tamaño del cuerpo; de la cara sobresalen los ojos y la boca tiene dientes grandes; los brazos son muy cortos y hay una perforación en el lugar del ombligo.

Fuera del Occidente de México, las semejanzas con Mesoamérica se encuentran sólo en Tlatilco y en algunos sitios del estado de Morelos en el Altiplano Central; se ha propuesto que tiene nexos con la cerámica de Sudamérica, y sus materiales son primordiales al estudiar las relaciones entre estas regiones.

El Opeño, cercano a Zamora, Michoacán, se ha situado cronológicamente en el Formativo, entre 1500 y 600 a.C. Allí se encontraron doce tumbas en el subsuelo a una profundidad de dos a siete m; comienzan con un pasillo de varios escalones, al final hay una cámara de techo abovedado y banquetas talladas en toba volcánica, sobre las cuales se colocaban los cadáveres y las ofrendas. Al terminar la inhumación se sellaba la entrada a la cámara con una laja y el pasillo se rellenaba. Esto hacía imposible detectarlas desde la superficie, pues no hay restos de construcciones ceremoniales ni centros habitacionales.

Las tumbas se reutilizaron como criptas, tal vez de tipo familiar; se construyeron en hilera y orientadas hacia el oeste. Las ofrendas consistían en vasijas de barro con decoración al negativo o motivos esgrafiados y punzonados de color rojo guinda y café, así como figurillas modeladas a mano de tres tipos: las marfilíneas —que semejan marfil, porque tienen un pulido tan fino que recuerda este material—, los jugadores de pelota y las típicas con rasgos similares a las de otras

RECREACIÓN DE UNA TUMBA DE TIRO
Una de las cámaras contiene un entierro
femenino con elementos asociados, como
metate y mano para moler maíz, malacates
para hilar algodón y figuras huecas y sólidas, la
mayoría femeninas; la otra cámara presenta un
entierro de un personaje masculino con
ofrendas asociadas a su sexo, como hacha de
mano, puntas de proyectil, topes de *átlatl*
(lanzadardos), figuras huecas de barro que
representan guerreros, y un chamán que
custodia la entrada de la tumba. Ambos
entierros tenían gran cantidad de adornos de
concha: collares, orejeras, ajorcas, pulseras,
caracoles; vasijas como cajetes, platos, ollas,
tecomates y figurillas huecas y sólidas de barro,
entre las cuales sobresalen figuras de perros
acompañantes de los muertos en su viaje al
inframundo; instrumentos musicales como
caracoles trompeta, sonajas, flautas y ocarinas.
La recreación es de una tumba estilo Jalisco-
Nayarit del periodo Clásico.
Foto: Jorge Pérez de Lara

áreas. Es notoria la abundancia de figuras femeninas en contraste con las masculinas.

Los materiales de Capacha son contemporáneos a los de El Opeño, en Michoacán, y ambas tradiciones originan la cultura de las tumbas de tiro.

Tumbas de tiro

El rasgo distintivo y sobresaliente del Occidente de México fueron los entierros en tumbas de tiro y cámara en los estados de Colima, Nayarit y Jalisco; es una práctica funeraria con características especiales en Mesoamérica, y se ubica temporalmente en el Clásico, entre 200 a.C., y 600 d.C.

Los grupos de las tumbas de tiro vivían en aldeas, cultivaban maíz, frijol y calabaza, recolectaban plantas y frutos; también practicaron la pesca y la cacería. La importancia del maíz se refleja en las vasijas decoradas con los granos de la planta.

Los sitios los formaron grupos de chozas hechas con cimientos de piedras, paredes de carrizo forradas con lodo y techos de paja; se colocaron sobre plataformas bajas, construidas con piedra y tierra para evitar la humedad. Las maquetas hechas de

barro son auténticos modelos de las construcciones reales y de su ubicación en las aldeas. Hay representaciones donde aparece la familia: hombres, mujeres y niños en actitudes cotidianas; también ceremonias, fiestas y juegos en los que participan los miembros de la sociedad.

Los habitantes de esta zona fueron excelentes artesanos de objetos cerámicos, lapidarios y de concha; practicaron la cestería, el tejido con fibras de agave y algodón usando técnicas muy avanzadas. Hay figuras huecas que tienen en sus manos instrumentos de trabajo; también se conservan pulidores, cuchillos, raspadores, navajillas y hachas. Numerosas representaciones ilustran diversas actividades cotidianas.

En estas sociedades destacó la costumbre de enterrar a los miembros más distinguidos de su comunidad, al gobernante y sus familiares, dentro de tumbas de tiro y cámara. Éstas se construían cavando un pozo vertical de profundidad variable (2-16 m) que conectaba, lateral o centralmente, a una o más cámaras de forma cuadrada, rectangular o circular, con techo abovedado. Se seleccionaban suelos duros como la toba volcánica o el tepetate (piedra porosa, amarillenta, de origen volcánico).

Las tumbas se usaban una o más veces; en cada cámara se hallan los cadáveres provistos de ricas y variadas ofrendas según el sexo; útiles para su vida ultraterrena: vasijas con comida, figurillas sólidas y huecas de barro, ornamentos de concha; caracoles marinos que destacaban la virilidad; conchas y caracoles asociados con el agua y que denotarían poder y jerarquía; collares y colgantes de piedra verde que simbolizan la fertilidad; metates de piedra para la molienda (de superficie cóncava sobre la que una barra cilíndrica del mismo material separa al grano de la cáscara); malacates (husos) para hilar el algodón; puntas de proyectil de obsidiana o pedernal; hachas e instrumentos musicales como caracoles trompetas, sonajas y silbatos.

Las representaciones de perros en arcilla, o bien como animales sacrificados, estuvieron presentes en las tumbas; el perro acompañaba y guiaba al difunto para ayudarle a salvar los obstáculos en el camino al inframundo o región de los muertos. Al término de la inhumación se cerraba la comunicación entre el tiro y la cámara con una laja de piedra y se rellenaba el tiro con tierra o arena, por lo que no quedaba huella de su existencia en la superficie.

En general, las tumbas se han hallado en cementerios alejados de las áreas habitacionales; sin embargo, recientemente se descubrieron tumbas asociadas con conjuntos cívicos religiosos, como la de Huitzilapa y las de El Piñón, en Jalisco. Tal vez el simbolismo de las tumbas haya reproducido las condiciones del nacimiento, para renacer en la vida después de la muerte, inspirándose en el sistema reproductivo de la mujer; así, el tiro sería la vagina y la cámara, la matriz.

Las tumbas se utilizaron durante varios siglos y en muchas hay evidencias de su reutilización; se liberaba espacio en la cámara acomodando los primeros huesos en el fondo, junto con sus ofrendas. En otras se acostumbraba quemar los restos óseos anteriores, como en las de Cañón de Bolaños, Jalisco. Los huesos se extraían y cremaban en el exterior pero como no se alcanzaban temperaturas altas, quedaban parcialmente calcinados. Después los fragmentos se introducían en grandes ollas con tapas y se volvían a colocar en el fondo de la cámara.

La aparente carencia de representaciones de dioses contrasta con las figuras asociadas a la magia y a las actividades relacionadas con ritos y ceremonias. Los chamanes (especialistas religiosos que se comunican con los espíritus y tienen dotes de curación y adivinación) y sacerdotes mediaban entre los seres terrestres y los sobrenaturales.

Se ha propuesto que las figuras huecas con malformaciones, un cuerno en la frente y asexuadas, son representaciones de chamanes. Los defectos físicos los convertían en seres excepcionales; el cuerno les confería poder y la carencia de rasgos sexuales significaría la abstinencia previa a las ceremonias religiosas.

Las figuras humanas expresan realismo al representar personajes de la vida cotidiana que

muestran el modo de vida de los pobladores. El tipo físico destacaba la presencia (Jalisco) o la ausencia (Nayarit) de la deformación craneana; plasmaban los rasgos faciales objetivamente resaltando la nariz aguileña.

En general, las mujeres usaban faldas y no se cubrían los senos, mientras que los hombres utilizaban una especie de calzón, taparrabos o una camisa corta y capas. Ambos sexos se adornaban con diversos tocados, orejeras y narigueras circulares, de aros múltiples. Otra modalidad era el tatuado o la pintura corporal.

Especialmente en Nayarit se tuvo una idea de la belleza femenina que se representaba con rasgos faciales muy finos; casi siempre muestran torsos desnudos y faldas elaboradas con telas muy vistosas y ricas, ornamentadas con aros en orejas y nariz, collares, pulseras; el pelo se lo arreglaban con bandas entrelazadas en diferentes diseños.

Hacia el año 600 d.C., dejaron de usarse las tumbas de tiro y surgió una nueva tradición cultural en Jalisco, Colima y Nayarit, al incorporarse las tradiciones mesoamericanas.

FIGURILLAS SÓLIDAS
Mujeres con el torso desnudo y ataviadas con faldas; presentan pintura corporal y facial, numerosos ornamentos como collares, pulseras, orejeras, y con peinados y tocados muy elaborados.
Cultura: El Opeño
Periodo: Preclásico
Procedencia: El Opeño, Michoacán
Material: Barro
Dimensiones: 13 a 17 cm de altura y 5 a 8 cm de ancho en promedio
Foto: Jorge Pérez de Lara

Página derecha
SARTAL
Collar formado por tres secciones, en la primera se alternan cuentas cilíndricas, tubulares y placas de turquesa; en el segundo hilo se ubican pendientes en forma de cruz y el último tiene colgantes de columnela y un pendiente zoomorfo.
Cultura: Tarasca
Procedencia: Jiquilpan, Michoacán
Material: Concha y turquesa
Dimensiones: 149.0 cm de largo
Foto: Jorge Pérez de Lara

MAQUETA ESTUCADA CON PINTURA ROJA
Basamento de dos pisos, el primero con dos
aposentos a los lados y escalones limitados por
alfardas que conducen a la parte superior,
donde se ubica un templo con un altar de
forma circular.
Cultura: Tumbas de tiro
Periodo: Clásico
Procedencia: Amapa, Nayarit
Material: Barro
Dimensiones: 23 cm de altura,
21 de ancho y 32 de largo
Foto: Proyecto México. Jorge Pérez de Lara

Chupícuaro

La cultura Chupícuaro trascendió en el Occidente de México, su estilo cerámico influyó en varias regiones mesoamericanas y en lugares tan alejados como el pueblo Hohokam en el suroeste de los Estados Unidos. Toma su nombre de un sitio cercano al río Lerma, hoy cubierto por las aguas de la presa Solís en Acámbaro, Guanajuato, y se desarrolló durante el Preclásico Superior (400 a.C.-200 d.C.).

Los grupos de Chupícuaro se establecieron en las márgenes de ríos y lagunas formando asentamientos dispersos; los sitios típicos consisten en unidades domésticas compuestas de una casa de un solo aposento, áreas específicas de trabajo de hombres y de mujeres, sin arquitectura monumental ni escultura en piedra.

De esta época se conocen tumbas excavadas en el suelo, y sólo los entierros y sus ofrendas han permitido, en parte, reconstruir el modo de vida de los habitantes de las aldeas.

Enterraban a sus muertos en cementerios cerca de los poblados; las sepulturas se hacían

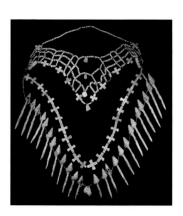

directamente en el suelo y el arreglo de los cuerpos no tenía una orientación específica; algunas veces los esqueletos estaban alrededor de pequeños altares (*tecuil*) que pudieron haberse utilizado como fuegos ceremoniales.

A los cuerpos inhumados se les depositaban ofrendas. En éstas destacan vasijas y figurillas de barro, ornamentos y cráneos humanos de los llamados "cabezas trofeo". La cerámica se divide en vajillas monocromas y pintadas; las primeras pueden ser en rojo, negro o café pulido, y su belleza radica en las elegantes formas; en las vajillas pintadas destacan los motivos geométricos en negro, rojo y blanco, que pueden cubrirlas total o parcialmente.

Los pigmentos más comunes se obtenían de elementos naturales: el rojo se logra con óxido de hierro o un barro con un alto porcentaje de hematita; el blanco, con caolín, arcilla blanca o carbonato de calcio, y el negro, con carbón o magnetita.

Los diseños son simétricos, proporcionados y parecen una abstracción de los motivos textiles; son combinaciones que repiten diversos temas: líneas en zigzag, espirales, triángulos, rombos, etcétera.

Las vasijas antropomorfas que representan partes del cuerpo humano son ejemplos extraordinarios: cabezas, caras, piernas y pies, que combinan el modelado y la pintura para lograr un efecto realista.

Las figurillas de barro son muy planas y muestran rasgos faciales y adornos hechos con la técnica del pastillaje (incrustación decorativa de pequeñas porciones en ocasiones de otro material); sus ojos son alargados, angostos y diagonales. En general carecen de vestimenta, pero la compensa la gran ornamentación: collares, pectorales, orejeras y pulseras, la pintura facial y corporal, el uso de turbantes o vendas frontales en la cabeza. Los peinados fueron reproducidos con gran esmero.

Las escasas representaciones masculinas podrían corresponder a personajes importantes; tienen el pelo pintado de blanco y un caracol les cubre el pubis. La mayoría son femeninas, lo que denotaría un culto a la maternidad, y por ende, a la fertilidad de la tierra; los rasgos sexuales están bien definidos y muchas veces las mujeres cargan niños o están embarazadas.

Este culto a la maternidad lo ejemplifican las figurillas recostadas en cunas o camas que se utilizaban para deformar el cráneo de los niños; tienen dos agarraderas, a veces con un ave posada sobre el asa o formando una unidad que consta de una figurilla femenina junto a una cuna con otro individuo adentro.

Tal vez se trate de una sociedad en la que las mujeres representaron la esencia de la vida comunal, ya que desempeñaron un papel importante en las tareas agrícolas, la producción de alimentos, la crianza de los niños y en otras actividades.

La tradición Chupícuaro se extendió a lo largo de la ruta de intercambio comercial entre el Occidente y el Altiplano Central, y seguía el cauce natural del río Lerma. Fue el centro de enlace entre ambas regiones; facilitó la expansión hacia el norte y occidente de elementos mesoamericanos, influyó en estilos alfareros vigentes hasta fines del Clásico e inclusive del Posclásico, como se aprecia en la cerámica tarasca de Michoacán.

Desarrollos locales

Después de abandonar las tumbas de tiro (600 d.C.) surgió una nueva tradición en Jalisco, Colima, Nayarit y Sinaloa. Alrededor de 900 d.C., el Occidente recibió influencias culturales del centro de México por medio de las tradiciones tolteca y Mixteca-Puebla. Ejemplos de ello son los complejos de Aztatlán en Sinaloa, Autlán en Jalisco y Cojumatlán en Michoacán.

Se erigen asentamientos con una marcada ideología militarista, con elementos tales como conjuntos de edificios alrededor de plazas, tal vez orientados hacia determinada posición del sol; plataformas, altares y patios hundidos, dedicados a dei-

dades como Quetzalcóatl, Xipe o Tláloc. Los sitios se construyeron junto a ríos para controlar extensas planicies aluviales donde confluían importantes corredores de comunicación.

Los sitios con arquitectura monumental son: Amapa, Coamiles e Ixtlán del Río, en Nayarit; La Campana y El Chanal, en Colima; El Ixtepete, en Jalisco; Guasave y Chametla en Sinaloa.

La cerámica y las figurillas reflejan las influencias mesoamericanas; en Jalisco predomina el color rojo, con decoración geométrica y simbólica; las formas características son los cajetes, vasijas efigie con vertedera y molcajetes (morteros grandes, generalmente de piedra); los soportes de las vasijas son variados: cónicos, zoomorfos (cabezas de serpiente), base pedestal y anulares; malacates y pipas, relacionadas con el hilado del algodón y el cultivo del tabaco, respectivamente.

En la cerámica de Nayarit (Amapa) predomina el color blanco, su decoración es compleja ya que se cubre la mayor parte de la vasija con motivos geométricos y simbólicos. Las formas se limitan a cuencos y tecomates (vasija o cuenco de forma redonda).

OLLA FITOMORFA
Calabaza con secciones que simulan los gajos de esta cucurbitácea; los tres soportes son figuras humanas con brazos extendidos hacia atrás, que sostienen el fondo de la vasija.
Cultura: Tumbas de tiro
Periodo: Clásico
Procedencia: Colima
Material: Barro
Dimensiones: 22 cm de altura y 35 de diámetro
Foto: Proyecto México. Michel Zabé

VASIJA FITOMORFA
Pieza en forma de calabaza, asa tipo canasta, vertedera y decoración pintada a base de meandros en colores blanco y naranja.
Cultura: Tarasca
Periodo: Posclásico
Procedencia: Tzintzuntzan, Michoacán
Material: Barro
Dimensiones: 23 cm de altura y 15 de diámetro
Foto: Proyecto México. Michel Zabé

Especializaciones de los pueblos del Occidente

Los pueblos del área destacaron por sus originales obras de arte y su imaginación no tuvo límites: plasmaron en varias materias primas, como el barro y la concha, su propia visión del mundo.

Los ceramistas manufacturaron vasijas con complicadas técnicas de decoración, como el *cloisonné* o *pseudocloisonné* que, debido a su abundancia, se cree originario de esta región. Los ejemplares más bellos aparecen en Colima, Jalisco, Michoacán y Guerrero. La concha marina fue muy apreciada, representó un símbolo de fertilidad y poder, y era un indicador del estrato social, en especial el de los guerreros y jefes militares. También figuró en el ceremonial religioso y funerario.

Los collares de caracoles y cuentas se usaron como insignias de jefes y como moneda; los instrumentos musicales, en ceremonias religiosas, combates y ritos funerarios; los brazaletes, narigueras, orejeras y ajorcas eran adornos. Caracolillos y pedacería de nácar se cosieron a la ropa y adornaron a los mandatarios, mientras que las máscaras servían en los ritos funerarios.

Guerrero

El estado de Guerrero fue habitado por sociedades diversas y complejas que a lo largo del tiempo desarrollaron culturas propias que mantuvieron contactos y compartieron rasgos con otras culturas de Mesoamérica. Por lo tanto, muchos autores no lo incluirían en el Occidente, puesto que presenta una problemática especial.

Del Preclásico Medio (1200-400 a.C.), periodo en el que se advierte una fuerte influencia olmeca originaria del Golfo de México, destacan las cuevas con pintura rupestre, Oxtotitlán y Juxtlahuaca, y el sitio monumental de Teopantecuanitlán. Éste se localiza entre los ríos Amacuzac y Mezcala, y es notable por sus grandes construcciones, dos juegos

VASIJA EFIGIE CON VERTEDERA
Representa a un jorobado, hincado y con una mano en el borde de la vasija, con pintura facial y corporal de motivos geométricos y antropomorfos.
Cultura: Jalisco
Periodo: Posclásico
Procedencia: Jalisco
Material: Barro
Dimensiones: 16 cm de altura, 25 de ancho y 10 de diámetro
Foto: Proyecto México. Jorge Pérez de Lara

La cerámica de Sinaloa comparte con la de Nayarit la complejidad de la decoración, la policromía y la combinación de los motivos incisos y pintados.

Algunas piezas de Guasave tienen cierta semejanza con la cerámica policroma tipo códice de la región Mixteca-Puebla; hay vasijas piriformes con soportes trípodes y decoración esgrafiada, vasos de alabastro (*tecalli*), y malacates y pipas en gran escala. Uno de los rasgos característicos de las culturas de Sinaloa fue el entierro dentro de grandes ollas cubiertas con una vasija invertida. Se colocaban los huesos de un individuo siguiendo un patrón específico; a estos entierros se asocian ofrendas de vasijas miniatura, malacates para hilar el algodón y figurillas de barro.

Durante este periodo aparecen la metalurgia con técnicas avanzadas: el fundido, el martillado, la cera perdida y la filigrana, entre otras.

de pelota, plataformas, tumbas de bóveda falsa, plazas y una gran zona habitacional. En un patio hundido llamado El Recinto se hallaron cuatro esculturas monolíticas de casi tres toneladas cada una; tienen forma de T invertida, rostros humanos con fauces de jaguar y restos de pintura roja, rematan el edificio y se colocaron en forma simétrica, dos en la pared este y dos sobre la pared oeste.

Es importante mencionar la lapidaria de estilo olmeca que aparece en sitios de la cuenca del río Balsas. Los objetos se elaboraron en piedras de color verde, y aunque relativamente escasos, los temas recurrentes son las figuras humanas regordetas con rasgos felinos, cejas flamígeras y fauces con colmillos de jaguar.

Hacia el 200 a.C., se dio el apogeo de la cultura mezcala, reconocida por su sobria y esquemática lapidaria, ya que en las piezas sólo se indican los rasgos indispensables por medio de aristas y acanaladuras. Con gran maestría se elaboraron máscaras, figurillas, representaciones de templos, hachas con figuras humanas y adornos de variadas formas; las piedras usadas fueron principalmente serpentina y jadeíta. Se asocia a varias localidades arqueológicas con arquitectura monumental ya que en su apogeo abarcó un área aproximada de 22 500 km².

Esta tradición continuó hasta el Posclásico. Los objetos se exportaban desde Guerrero hasta el Altiplano Central, como lo demuestran las figurillas y máscaras de estilo mezcala encontradas en las ofrendas del Templo Mayor de la Ciudad de México.

Teotihuacán influyó en gran parte de esta región en sitios como Tambuco, Pirámides de Contlalco y Tepecuacuilco, de donde proceden dos estelas que representan la pareja divina del agua: Tláloc y Chalchiuhtlicue, que forman una unidad escultórica y que tal vez se usaron en un espacio ceremonial.

Durante el Posclásico (900-1521 d.C.) las culturas guerrerenses continuaron en contacto con el Altiplano Central, y hacia el final del periodo, excepto por el señorío de Yoipitzinco, los mexicas dominaron todo el territorio.

Las relaciones con el Altiplano se fundaron en la explotación de los recursos naturales, ya que al parecer tuvo escasas repercusiones en las manifestaciones materiales de los pueblos locales guerrerenses.

Hubo invasiones olmecas, teotihuacanas y mexicas, incursiones en las que la gente del centro y sur iba en busca de piedras verdes y de productos de la zona.

Los tarascos de Michoacán

Durante el Posclásico Tardío (1250-1521 d.C.) los tarascos fueron el grupo preponderante en el panorama cultural del Occidente. Llegaron al lago de Pátzcuaro, se mezclaron con los pobladores ya existentes y al poco tiempo conquistaron el territorio de Michoacán y las zonas aledañas; sus fronteras abarcaban desde el Lerma hasta el Balsas, caudalosos ríos que desembocan en el Pacífico. De acuerdo con *la Relación de Michoacán*, documento del siglo XVI, en 1370 se consolidó el Estado tarasco con un personaje a la cabeza llamado Tariácuri, héroe legendario que unificó las aldeas de alrededor del lago.

Tariácuri reunió tres señoríos: Ihuatzio, Pátzcuaro y Tzintzuntzan. Muy pronto sobresalió el poder político, económico y religioso del tercero que albergó a cerca de 40 000 habitantes y fue la capital hasta la Conquista española.

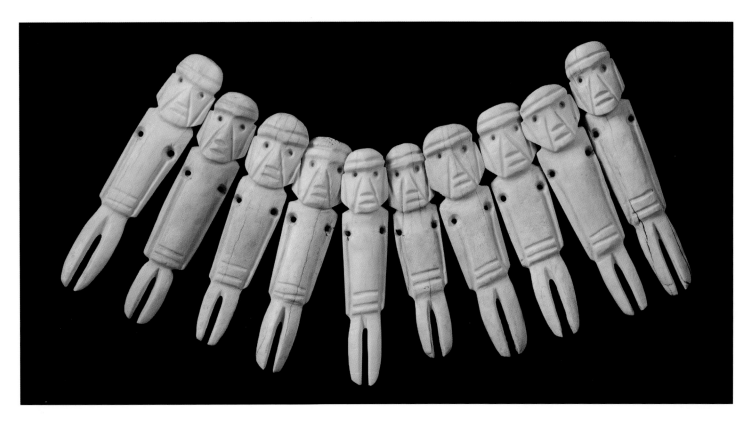

COLLAR CON PENDIENTES
Formado por diez figuras antropomorfas
perforadas y talladas esquemáticamente, de pie
con las manos pegadas al cuerpo y una banda
frontal en la cabeza.
Cultura: Colima
Periodo: Posclásico
Procedencia: Colima
Material: Hueso
Dimensiones: 11 cm de altura y 2 de ancho
Foto: Jorge Pérez de Lara

Tzintzuntzan —lugar de colibríes—, situado junto al lago de Pátzcuaro, es un gran centro ceremonial edificado sobre una plataforma artificial de aproximadamente 400 m que tiene una gran rampa de acceso en la parte central. Sobre la plataforma se construyeron cinco basamentos piramidales, conocidos como yácatas, que combinan un cuerpo circular con uno rectangular; también hay edificios destinados a la clase sacerdotal y a los nobles, en tanto que el pueblo vivía en casas de madera.

La escultura en piedra fue un complemento de la arquitectura, con tendencia al modelado y poco énfasis en el detalle y el realismo; es de tamaño moderado y esboza los rasgos con rigidez, aunque con profundidad. Destacan los chacmooles, los coyotes y el trono zoomorfo.

Los tarascos fueron un pueblo guerrero y mantuvieron una línea de fortificaciones que separaba sus dominios, situadas por lo general como atalayas en las colinas y márgenes de los ríos. Fue el único pueblo que se opuso a la gran expansión de los mexicas, quienes intentaron conquistarlos varias veces durante el siglo XV y fueron derrotados.

Con un medioambiente fértil, su economía era mixta, se basaba sobre todo en la agricultura; cultivaron maíz, frijol y calabaza; practicaron la pesca, la cacería y la recolección de frutos y semillas. La organización económica se caracterizó por la división del trabajo y la formación de especialistas.

Fueron excelentes artesanos, destacaron los lapidarios, cesteros, orfebres, tejedores, ceramistas y quienes trabajaban la concha y la pluma, entre otros. Cada oficio se especializó y se heredaba de padres a hijos; al frente de cada grupo había un "mayordomo mayor" que vigilaba la producción y recogía el tributo para el *cazonci* o gobernante.

Este pueblo fue el primero que usó el cobre y el bronce para fabricar herramientas como azadas, coas, hachas, agujas, anzuelos y punzones, lo que elevó notablemente su nivel económico y tecnológico.

También elaboraron adornos siendo la materia prima principal el cobre; a la que le siguieron aleaciones como la tumbaga —combinación de plata, cobre y oro—, la plata y el oro. Como éste es un material muy maleable, lo trabajaban hasta lograr placas muy finas, a menudo decoradas con la técnica del repujado, que usaban para confeccionar discos, alfileres, diademas y placas colgantes.

Los tarascos elaboraron piezas cerámicas de gran calidad y belleza a las que caracteriza su magnífico acabado y las formas delicadas tanto de las vajillas de un solo color como de las policromas. Éstas se emplearon para uso doméstico, rituales funerarios, ceremonias políticas, o para el comercio y el trueque con otros pueblos.

Las vasijas adoptan diferentes formas, entre las que destacan las ollas globulares y cuadrangulares con protuberancias en el cuerpo, las asas vertederas del tipo canasta o de estribo, los cajetes con soportes sonaja, los recipientes en forma de calabaza, las jarras zoomorfas que representan aves y las vasijas miniatura, copia fiel de las de mayor tamaño. Estas vasijas hacen recordar las formas sudamericanas.

Por la *Relación de Michoacán* sabemos que los jefes políticos compartían en muchos casos el oficio de los sacerdotes. Éstos y los nobles constituían la clase alta y, como símbolo de su rango, usaban bezotes —adorno labial— y pinzas colgadas sobre su pecho, así como adornos de materiales preciosos. Además, los sacerdotes llevaban sobre su espalda, como símbolo de investidura, un calabazo pintado.

Tenían como ser supremo a Curiacaveri, "la gran alumbrada", creador del universo, al que rendían culto en los templos manteniendo día y noche fuegos ceremoniales. La contraparte femenina era Curiavaperi, madre de todos los dioses terrestres, patrona de la vida y de la muerte. Xipe Tótec era la deidad relacionada con la metalurgia y Tláloc se asociaba con el agua.

Las ceremonias y ritos giraban alrededor del sol. Una de las principales tareas era recolectar leña y mantener el fuego en los braseros donde se que-

PANORÁMICA DE LA ZONA ARQUEOLÓGICA DE TZINTZUNTZAN, MICHOACÁN
Foto: Proyecto México. Carlos Blanco

maba copal y tabaco; el humo que subía al cielo formaba las nubes que comunicaban y alimentaban de manera simbólica a los dioses. Con la lluvia, ese alimento divino caía de nuevo a la tierra para producir mantenimientos, es decir, elementos para el sostenimiento de la naturaleza y el hombre.

Los tarascos, como los mexicas, lograron consolidar en casi 300 años un gran imperio e impusieron su lengua y sus costumbres a varias tribus. Sin embargo, la Conquista española terminó con su poderío. El último *cazonci*, Tangaxoan II, fue sacrificado por Beltrán Nuño de Guzmán en 1530, de modo que este señorío se sometió sin librar prácticamente ninguna batalla.

La conquista del Occidente fue diferente debido a la diversidad étnica y lingüística y resultó difícil y sangrienta, ya que fue necesario ir derrotando pueblo por pueblo para dominar tan vasto territorio.

Evangelizaron el área frailes franciscanos y agustinos, quienes al reconocer la maestría de los indígenas en cada oficio les asignaron las temáticas cristianas de acuerdo con su especialidad artesanal y con los recursos naturales disponibles. Así es como subsiste hasta hoy la singularidad creativa de cada localidad, remanente de la antigua organización social y religiosa de estos poblados.

PIPA CEREMONIAL
Pieza con dos soportes y cazoleta globular, modelada a mano y con fino pulimento.
Cultura: Tarasca
Periodo: Posclásico
Procedencia: Huandacareo, Michoacán
Material: Barro
Dimensiones: 8 cm de altura, 27 de largo y 5 de diámetro
Foto: Archivo Zabé

FIGURA HUECA
Mujer adolescente desnuda, con pintura
corporal y facial de diseño geométrico en
colores rojo, negro y blanco; porta orejeras
discoidales.
Cultura: Chupícuaro
Periodo: Preclásico
Procedencia: Chupícuaro, Guanajuato
Material: Barro
Dimensiones: 17 cm de altura, 9 de ancho y
0.4 de espesor
Foto: Proyecto México. Jorge Pérez de Lara

Página anterior
MÁSCARA ANTROPOMORFA
Esta máscara, relacionada con la cultura
teotihuacana, cuenta con un glifo al frente y
nariguera en forma de mariposa, y de su parte
inferior pende un collar con colgante de
concha roja.
Cultura: Guerrero
Periodo: Clásico
Procedencia: Malinaltepec, Guerrero
Material: Piedra verde (serpentina), concha roja
(*Spondylus*), concha nácar, turquesas y
obsidiana
Dimensiones: 22 cm de altura y 20 de ancho
Foto: Jorge Pérez de Lara

Página derecha
CAJETE
Vasija con rostro humano con ojos pintados a
base de cruces concéntricas; nariz y boca son
moldeados.
Cultura: Chupícuaro
Periodo: Preclásico
Procedencia: Chupícuaro, Guanajuato
Material: Barro
Dimensiones: 15 cm de altura y 25 de diámetro
Foto: Proyecto México. Michel Zabé

FIGURA ANTROPOMORFA
Figura hueca de mujer sentada en un banco de
cuatro patas, y descansando las manos en las
caderas; presenta deformación craneana y
tocado trenzado.
Cultura: Tumbas de tiro
Periodo: Clásico
Procedencia: Nayarit
Material: Barro
Dimensiones: 56 cm de altura, 25 de ancho
y 18 de espesor
Foto: Proyecto México. Jorge Pérez de Lara

Páginas anteriores
FIGURILLA SÓLIDA
Figurilla, manufacturada con aplicaciones, de
una mujer sentada con un niño en las faldas,
peinada con mechones y con tocado de bandas
cruzadas, orejeras, collar, brazaletes y faldilla.
Cultura: Tumbas de tiro
Periodo: Clásico
Procedencia: Colima
Material: Barro
Dimensiones: 13 cm de altura, 10 de ancho y
0.8 de espesor
Foto: Proyecto México. Jorge Pérez de Lara

PAREJA
Hombre y mujer desnudos, con genitales
marcados, y abrazándose; fueron ornamentados
con aplicaciones en los hombros y peinados
con mechones de pelo.
Cultura: Tumbas de tiro
Periodo: Clásico
Procedencia: Colima
Material: Barro
Dimensiones: 9 cm de altura, 6 de ancho y 2
de espesor
Foto: Proyecto México. Jorge Pérez de Lara

Página derecha
FIGURA ANTROPOMORFA
Mujer desnuda en cuclillas, con manos en el
vientre y en actitud de dar a luz, adornada con
un collar de varios hilos, nariguera y aretes de
aros múltiples, y con un cordel que le ciñe la
cintura.
Cultura: Tumbas de tiro
Periodo: Clásico
Procedencia: Nayarit
Material: Barro
Dimensiones: 70 cm de altura,
41 de ancho y 27 de espesor
Foto: Archivo Zabé

FIGURILLA FEMENINA
Esta mujer, con los senos flácidos y extremadamente delgada, desgrana una mazorca de maíz sobre una vasija. Lleva aros múltiples en las orejas y nariguera circular.
Cultura: Tumbas de tiro
Periodo: Clásico
Procedencia: Nayarit
Material: Barro
Dimensiones: 27 cm de altura, 15 de ancho y 22 de profundidad
Foto: Proyecto México. Jorge Pérez de Lara

Página derecha
FIGURILLA ANTROPOMORFA
Mujer con piernas flexionadas y un pie sobre otro, que sostiene en sus manos una vasija; viste falda y en la cabeza tiene un pequeño casquete que remata en un cordón enrollado.
Cultura: Tumbas de tiro
Periodo: Clásico
Procedencia: Nayarit
Material: Barro
Dimensiones: 29 cm de altura, 18 de ancho y 17 de espesor
Foto: Proyecto México. Jorge Pérez de Lara

JUGADOR DE PELOTA
Figura masculina hueca que sostiene una pelota en su mano; está ataviado con un paño de cadera y lleva el torso desnudo, pintura corporal y aros múltiples en orejas y nariz.
Cultura: Tumbas de tiro
Periodo: Clásico
Procedencia: Nayarit
Material: Barro
Dimensiones: 32 cm de altura, 17 de ancho y 17 de espesor
Foto: Proyecto México. Jorge Pérez de Lara

VASIJA ZOOMORFA
Vasija en forma de perro modelada con gran realismo; la barriga casi descansa en el suelo, y la cola levantada es el vertedero tubular. El can lleva una máscara de ser humano.
Cultura: Tumbas de tiro
Periodo: Clásico
Procedencia: Colima
Material: Barro
Dimensiones: 20 cm de altura, 19 de ancho y 36 de largo
Foto: Proyecto México. Jorge Pérez de Lara

Páginas anteriores
VASIJA ZOOMORFA DOBLE
Pieza modelada a mano y pulida; representa a una pareja de patos cuya cola funciona como vertedero; picos, ojos y alas están definidos mediante finas incisiones.
Cultura: Tumbas de tiro
Periodo: Clásico
Procedencia: Colima
Material: Barro
Dimensiones: 15 cm de altura, 22 de ancho y 25 de largo
Foto: Proyecto México. Jorge Pérez de Lara

VASIJA ZOOMORFA
Pieza en forma de loro pintada, incisa y punzonada, y con los ojos y el pico realzados. El vertedero, tubular, está en la cola del animal.
Cultura: Tumbas de tiro
Periodo: Clásico
Procedencia: Colima
Material: Barro
Dimensiones: 20 cm de altura, 17 de ancho y 30 de largo
Foto: Proyecto México. Jorge Pérez de Lara

VASIJA ZOOMORFA
Con forma de mamífero, probablemente un
roedor en actitud de acecho, el vertedero está
sobre el lomo del animal.
Cultura: Tumbas de tiro
Periodo: Clásico
Procedencia: Colima
Material: Barro
Dimensiones: 17 cm de altura, 18 de ancho y
32 de largo
Foto: Proyecto México. Jorge Pérez de Lara

Páginas siguientes
MAQUETA CON ESCENA FAMILIAR
Choza con techo de dos aguas sobre una
plataforma con tres peldaños. Los personajes
dentro y fuera de la casa parecen estar
participando en un convivio. En las esquinas
hay tres aves y un perro.
Cultura: Tumbas de tiro
Periodo: Clásico
Procedencia: Nayarit
Material: Barro
Dimensiones: 30 cm de altura, 21 de ancho y
19 de largo
Foto: Proyecto México. Jorge Pérez de Lara

MAQUETA DE TEMPLO
Basamento con una escalinata con alfardas al
frente, y columnas que sostienen un techo, en
el que hay tres figurillas antropomorfas muy
esquematizadas.
Cultura: Mezcala
Periodo: Clásico
Procedencia: Guerrero
Material: Piedra verde
Dimensiones: 14 cm de altura y 10 de ancho
Foto: Proyecto México. Jorge Pérez de Lara

MÁSCARA ANTROPOMORFA
Máscara tallada de un personaje muerto, con
líneas geométricas y magistralmente pulida.
Cultura: Tarasca
Procedencia: Desconocida
Periodo: Posclásico
Material: Piedra diorita
Dimensiones: 24.5 de altura, 21.7 de ancho y
9.5 de espesor
Foto: Proyecto México. Michel Zabé

OREJERA Y BEZOTE (ADORNO LABIAL)
Ornamentos faciales finamente pulidos,
encasquillados por un aro de oro y decorados
con incrustaciones de mosaico compuestas por
pequeñas y delgadas placas de turquesa.
Cultura: Tarasca
Periodo: Posclásico
Procedencia: Tzintzuntzan, Michoacán
Material: Obsidiana, oro y turquesas
Dimensiones: a. Bezote: 2 cm de ancho,
5 de largo y 1 de espesor
b. Orejera : 7 cm de diámetro,
3 de largo y 0.2 de espesor
Foto: Proyecto México. Ignacio Guevara

PINZA
Ornamento ceremonial semicircular con dos
tenazas cóncavas, está decorado con dos cintas
enrolladas en espiral a cada lado.
Cultura: Tarasca
Periodo: Posclásico
Procedencia: Michoacán
Material: Plata
Dimensiones: 9 cm de ancho, 10 de largo
y 1.5 de espesor
Foto: Archivo Zabé

Página derecha
DISCO
Ornamento laminado con dos bandas
concéntricas formando cenefa y seis personajes
en procesión, ataviados con yelmos de aves de
largas plumas y pectorales, y portando flechas,
cuerdas y hachuelas.
Cultura: Tarasca
Periodo: Posclásico
Procedencia: Michoacán
Material: Cobre dorado
Dimensiones: 19 cm de diámetro
y 0.1 de espesor
Foto: Archivo Zabé

MÁSCARA ANTROPOMORFA
Representación del dios Xipe Tótec, Nuestro
Señor el Desollado, patrono de los orfebres,
con los ojos cerrados, la boca abierta y una
banda frontal en la cabeza; tiene dos orificios
en la parte posterior para ser colgada.
Cultura: Tarasca
Período: Posclásico
Procedencia: Michoacán
Material: Cobre
Dimensiones: 12 cm de altura,
10 de ancho y 7 de espesor
Foto: Proyecto México. Ignacio Guevara

Página derecha
ESCULTURA ANTROPOMORFA CHAC MOOL
Figura masculina recostada con las piernas
flexionadas y un recipiente sobre el vientre,
desnuda y con genitales marcados; su rostro
–surcado por arrugas– mira al frente.
Cultura: Tarasca
Período: Posclásico
Procedencia: Ihuatzio, Michoacán
Material: Basalto
Dimensiones: 84 cm de altura,
150 de largo y 48 de ancho
Foto: Proyecto México. Ignacio Guevara

NORTE DE MÉXICO

Eduardo Gamboa Carrera

El treinta por ciento del territorio de México está integrado por desiertos. De éstos, los más importantes se ubican al norte del país: el desierto chihuahuense, que junto con el de Mohave llega hasta la Meseta del Colorado en los Estados Unidos y el complejo desértico de Baja California y Sonora, conocido como la franja del desierto sonorense. Ambos tienen en común la aridez, pero su riqueza de plantas y animales es tal que han sido clasificados como áreas prioritarias para la conservación de la biodiversidad.

Si se caminara desde el estado de San Luis Potosí —límite sur de este mar de desierto en México— se recorrerían cerca de 1 600 km y se apreciarían variaciones en alturas sobre el nivel del mar, en la flora, la fauna y la geografía antes de llegar al final del desierto en el norte, en Nevada.

El desierto de Chihuahua es la porción más grande de este cinturón desértico, ya que cubre la mayor parte del norte y centro de México y se extiende hacia el occidente de Texas y sur de Nuevo México. Cerca del 68 por ciento se encuentra sobre grandes porciones de Chihuahua, Coahuila, Nuevo León, Durango, Zacatecas y San Luis Potosí; algunos de sus fragmentos se extienden hacia el sur en las zonas áridas de Querétaro e Hidalgo: Barranca de Meztitlán, Valle del Mezquital, Valle de Actopan y la Cuenca del río Atoyac.

Casi el 90 por ciento del desierto de Chihuahua se localiza a una altitud de entre 100

y 1 500 metros sobre el nivel del mar; una de sus características más significativas es la franja montañosa conocida como Sierra Madre Occidental, de más de 1 800 msnm. Esta topografía de cuenca y montaña, conocida como "mares de desierto" e "islas de montaña", es una de las razones de su gran biodiversidad.

Otro complejo importante, reconocido recientemente como una de las mayores regiones silvestres intactas del planeta, es el desierto de Sonora (incluye al desierto de Altar), formado por Arizona, California, Sonora y porciones del centro y sur de la península de Baja California. Se ubica en las tierras bajas que circundan el Golfo de California, y constituye uno de los ecosistemas más áridos, quizás con la vegetación más compleja del mundo en su tipo.

Cada día es más evidente que los desiertos de América del Norte son los más ricos del mundo. Con su casi millón y medio de kilómetros cuadrados, albergan por lo menos 5 740 especies de plantas superiores o vasculares (3 240 endémicas). Su riqueza en fauna también es sobresaliente: incluye al oso negro, el gato montés, el león americano, el berrendo, el carismático perrito de la pradera y el águila real, entre muchas otras especies.

Los desiertos de América del Norte parecen inhóspitos; sin embargo, su biodiversidad es la mayor del mundo en su tipo. Los artefactos y fósiles de civilizaciones y ecosistemas pasados se conservan gracias a la sequedad de estas zonas. En el

OLLA ANTROPOMORFA
En la cerámica antropomorfa con decoración policroma de Casas Grandes, podemos apreciar el maquillaje facial con que adornaban su cara y su cuerpo.
Cultura: Casas Grandes
Periodo: Medio o Posclásico
Procedencia: Col. Enríquez, Nueva Casas Grandes, Chihuahua
Material: Arcilla
Dimensiones: 20.2 cm de alto, 15.4 de ancho y 18.8 de profundidad
Foto: Proyecto México. Jorge Pérez de Lara

pasado, por más de 350 generaciones, los hombres de estas latitudes llamaron a estos mares de desierto "su casa"; más tarde los arqueólogos la denominarían la Gran Chichimeca. A los ojos de sus vecinos mesoamericanos, estos habitantes prehistóricos del norte de México y del suroeste estadounidense eran amenazantes bárbaros que hacían peligrar la supervivencia de las civilizaciones mesoamericanas. Todo lo contrario, pues el esfuerzo de su salvaje vitalidad dio vida a algunas de las más sofisticadas culturas.

La Gran Chichimeca está separada de las áreas más civilizadas de Mesoamérica por el Trópico de Cáncer —la línea imaginaria donde todas las formas de vida cambian, desde la calidez y la suavidad, al frío y la rudeza—. En general, es una tierra abrupta y árida. Las montañas Rocallosas y la Sierra Madre son su columna; los ríos Colorado, Grande (Bravo), Yaqui y Fuerte, sus principales arterias.

En este mar sin cultura se desarrollaron ciertas islas de civilización, como los centros Chalchihuites a lo largo del Trópico de Cáncer, Guasave en Sinaloa, Casas Grandes en Chihuahua, las Boquillas en Sonora, Snaketown en Arizona y Pueblo Bonito, en el Cañón de Chaco, Nuevo México.

Hasta donde se sabe, los nativos americanos ocuparon la Gran Chichimeca por lo menos durante 10 000 años. La esencia histórica de esta fantástica tierra se plasma en lo que llegaron a ser estos centros civilizados. Al principio los habitantes de la región fueron cazadores recolectores que obtuvieron sus alimentos de los montañosos picos nevados y los calurosos desiertos planos, alimentándose de todo aquello que la naturaleza les proveyó. Con el tiempo, cada grupo familiar (banda) desarrolló su propio territorio de explotación de recursos naturales y produjo variedades específicas de herramientas de caza, como las puntas de proyectil acanaladas que los arqueólogos llamarían Clovis. Así, los antiguos pobladores fueron capaces de cazar mamutes y otras bestias del Pleistoceno, las cuales rondaban por estas porciones del Hemisferio Occidental.

Esos grupos humanos se diseminaron sobre estas tierras y algunas veces dejaron huellas de sus presas, como los destazaderos de mamutes encontrados en los flancos del río San Pedro en Arizona. Por siglos, el clima y la ecología fueron cambiando. Los grandes animales del Pleistoceno murieron; sin embargo, el hombre sobrevivió, al mismo tiempo que aprendió a alimentarse de plantas desérticas, ratones, serpientes y toda clase de bestias y aves.

Lentamente, estos grupos chichimecas transformaron sus herramientas de acuerdo con sus necesidades de procesamiento de alimentos. A lo largo del área, los artefactos construidos por las llamadas culturas del desierto predominaron en los hallazgos arqueológicos de la región. Ellos aprendieron a utilizar las semillas de mezquite y el corazón del agave, el cual cocinaban en hornos de tierra, además de obtener ricos jugos de su pulpa. También recolectaban las sabrosas bellotas

CUCHILLOS
En los numerosos envoltorios de la Cueva de la Candelaria, Coahuila, se depositaron diversas ofrendas con los objetos pertenecientes al muerto, en este caso se trata de puntas de proyectil con mango, cuyo uso era exclusivamente ritual; el mango presenta sencillos motivos decorativos pintados con resina.
Cultura: Aridoamérica
Periodo: Posclásico
Procedencia: Cueva de la Candelaria, Coahuila
Material: Sílex, madera y resina
Dimensiones:
a. 5.4 cm de ancho, 23 de largo y 0.7 de espesor
b. 4.5 cm de ancho, 20.1 de largo y 0.5 de espesor
Foto: Archivo Zabé

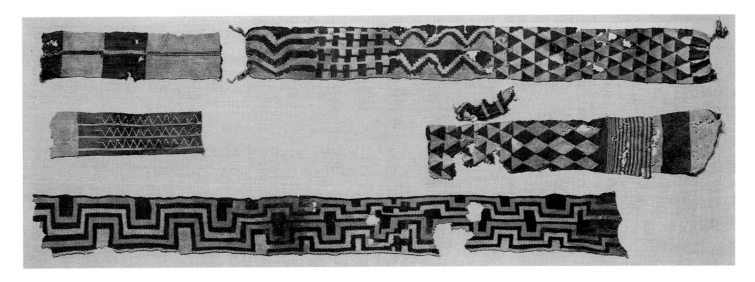

BANDAS TEXTILES
En los textiles de los grupos asentados en la Comarca Lagunera, advertimos el alto grado de desarrollo tecnológico que alcanzaron en este arte, como lo atestiguan estas bandas para la cabeza, cuyos motivos decorativos de tipo geométrico sobresalen por su colorido.
Cultura: Aridoamérica
Periodo: Posclásico
Procedencia: Cueva de la Candelaria, Coahuila
Material: Fibras vegetales y pigmentos
Dimensiones:
a. 15.4 cm de ancho y 165.2 de largo
b. 16.4 cm de ancho y 82.5 de largo
c. 14.5 cm de ancho y 133 de largo
Foto: Jorge Pérez de Lara

de encino y una gran cantidad de cerezas silvestres y semillas de pasto, abundantes en determinadas épocas del año.

Mientras estos hombres sobrevivieron como simples recolectores, los pueblos que vivían al sur del Trópico de Cáncer desarrollaron una revolución agrícola implementando cultivos domesticados como maíz, frijol y calabaza, que mucho tiempo después también subsistirían en la región.

La agricultura trajo abundancia de alimentos, lo cual dio tiempo a los pueblos mesoamericanos para cultivar las artes y las ciencias y propició un considerable crecimiento demográfico.

Mucho antes de la era cristiana, estos agricultores del sur —como los olmecas, teotihuacanos y toltecas—, cambiaron la faz de la tierra. Construyeron edificaciones masivas que alteraron el curso natural de los ríos y transformaron la tierra desafiando a la naturaleza. Erigieron ciudades y reinos mediante la fuerza militar, y con su experiencia de sagaces mercaderes desarrollaron rutas de intercambio.

Durante este periodo, los hombres del norte se encontraban en la barbarie. No construían ciudades, vivían en elementales sistemas de cerros atrincherados o terraceados, en abrigos naturales o al descubierto, cazando y recolectando el alimento de cada día.

Cerca del inicio de la era cristiana, años después de la revolución agrícola que tuvo lugar en Mesoamérica, algunos hombres de la frontera norteña comenzaron a cultivar. Se asentaron en caseríos de varas y tierra que agruparon en pequeñas villas. Pocos, como los hohokam del centro de Arizona, comenzaron a irrigar sus cultivos.

Estas pequeñas villas de agricultores que proliferaron en el norte de México, consistían en alrededor de una docena de casas rústicas agrupadas en las partes altas de las colinas, cerca de las superficies aprovechables con agua; algunas se construyeron en y sobre hoyos excavados *ex profeso*, y con puertas bajas, de tal manera que el habitante debía arrastrarse para salir o entrar.

Pocos norteños aprendieron a cocinar cerámica. Aunque escasos, los vestigios encontrados fueron suficientes para informar a los arqueólogos sobre su empleo, así como del uso de fibras, pieles, concha y piedra como materiales para sus recipientes. Los ceramistas aprendieron a decorar su trabajo, pero sus esfuerzos no alcanzaron los estándares de sus contemporáneos mesoamericanos.

Los agricultores norteños también diseñaron nuevos instrumentos para la preparación de alimentos, como los morteros o metates con los cuales procesaban el maíz y otros productos vegetales. Estos utensilios variaban de una villa a otra, pero en general se parecían mucho a los diseñados por las antiguas culturas de recolectores del desierto. Las villas norteñas también consiguieron comerciar joyas y objetos suntuarios de conchas marinas importadas y piedras preciosas.

La evidencia arqueológica indica que algunos de estos norteños creyeron en el más allá; en ocasiones colocaron vasijas llenas de alimentos en las tumbas, de tal manera que los muertos pudieran comer en la otra vida. También cremaron a los difuntos junto con sus atuendos personales y alimentos en una pira funeraria; después recogían las cenizas y las enterraban.

En el curso del primer milenio de la era cristiana, estos pueblos norteños, individualistas a su manera, se convirtieron en las culturas Anasazi, Hohokam, Ootam, Mogollón, Casas Grandes y Guasaves; paralelamente, sus vecinos mesoamericanos los estereotiparon como bárbaros por sus dos singulares armas: el arco y la flecha. Sin embargo, estos implementos representaron una herramienta de caza mucho más eficiente que el *átlatl* (lanzadardos) que los sofisticados mesoamericanos continuaron usando; de hecho, el *átlatl* fue poco eficaz en los reiterados intentos de invadir tierras norteñas.

En los siglos VIII y IX de la era cristiana estas bandas norteñas fueron contratadas para conquistar ciudades sureñas; en el proceso, sangre e ideas se mezclaron con las culturas mesoamericanas. Para contener a estas bandas los sureños formaron una línea de defensa a lo largo del Trópico de Cáncer, encabezada por La Quemada, ciudad militarista en el norte de Zacatecas.

Para algunos arqueólogos el desarrollo de las civilizaciones norteñas se explica pensando en culturas como Chupícuaro, que floreció cerca del río Lerma en Acámbaro, Guanajuato, y se formó durante los periodos Preclásico y Formativo, entre 400 a.C., y 200 d.C., época en que Teotihuacán floreció en el Altiplano Central mexicano.

La cultura Chupícuaro se localiza en la subregión mesoamericana que los especialistas denominan Occidente de México, y sus características

culturales se esparcieron en algunos estados del Altiplano Central, al norte de México y al suroeste de los Estados Unidos, especialmente en las tradiciones hohokam de Arizona.

Algunos autores consideran que la cultura Chupícuaro en el occidente y norte de México es tan importante como lo fue la cultura olmeca en los orígenes de Mesoamérica.

Según los arqueólogos, hacia el siglo X los pueblos mesoamericanos entraron en una era de transformaciones; había una marcada decadencia del periodo Clásico teotihuacano y surgieron distintas culturas que habrían de definir más tarde los sistemas políticos, económicos y sociales. Por tanto, algunos arqueólogos han inferido que fueron los toltecas de Tula, Hidalgo, los que desarrollaron un imperio y forjaron una organización política y económica que alcanzó poder hasta América Central, hacia el sur, y rumbo al norte, hasta el Trópico de Cáncer. Estas dos hipótesis son los ejes que explican el origen y desarrollo de las culturas del norte.

Entonces algunos comerciantes, probablemente miembros de una de las familias mesoamericanas más poderosas, conocidas como *poch-*

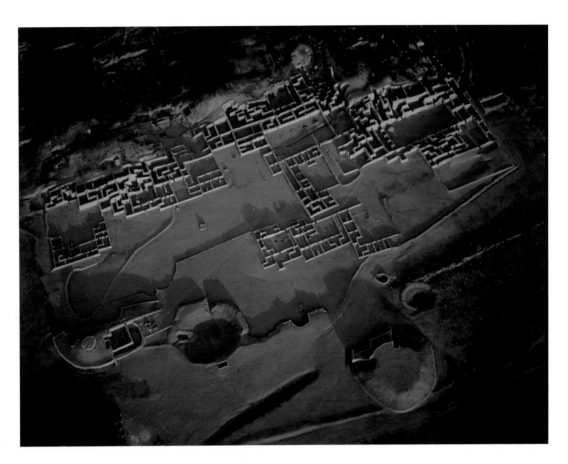

PAQUIMÉ, CHIHUAHUA
Foto: Michael Calderwood

tecas (comerciantes viajeros), miraron hacia el norte y se percataron de que la Gran Chichimeca era una vasta región explotable, con tesoros como la turquesa, el peyote, pieles de animales salvajes, yerbas, esclavos y mercenarios.

A mediados del siglo XI d.C., se establecieron centros de comercio en áreas como Mesa Verde, en el sur de Colorado, Pueblo Bonito, en el norte de Nuevo México, ambos en Estados Unidos, y Casas Grandes, en Chihuahua. Tenían por objeto favorecer a los pueblos del sur por medio del intercambio de sus conchas y guacamayas por las preciosas turquesas del norte.

En un periodo relativamente corto, los pueblos norteños dotaron a sus pequeños asentamientos de cultivadores de un sofisticado sistema de irrigación. Se construyeron sencillas represas de piedra en forma de escalinatas en cada arroyo montañoso, lo cual ayudó a evitar la erosión que provoca el agua.

En Paquimé, Casas Grandes, los ingenieros también diseñaron sistemas hidráulicos para la ciudad, empleando túneles subterráneos. El agua se transportó por medio de acequias desde manantiales lejanos y se usó para propósitos domésticos, así como en la construcción de los edificios habitacionales de tierra. Cientos de artesanos locales fueron organizados para construir la gran ciudad de multifamiliares; el proyecto requirió miles de galones de agua y toneladas de arcilla.

Los arquitectos norteños eran muy innovadores; con caliche y tierra construyeron edificios terraceados, comunicados por medio de escalinatas y rampas concebidas en varios niveles, patios para acondicionar el tráfico citadino y dentro de los multifamiliares.

Muchas de las plazas cerradas se decoraron con magníficos pilares que soportaban techos de porches similares a los empleados en el embellecimiento de las ciudades del sur.

Los techos se construyeron con vigas de pino perfectamente cuadradas, cortadas en las montañas vecinas y cubiertas con ramas y barro. El objetivo era conseguir un techo plano, grueso y térmico, que los protegiera de las inclemencias del clima.

Un gran mercado funcionó como centro de distribución y consumo de bienes manufacturados por los artesanos de la gran ciudad, los cuales se intercambiaban por productos regionales de valor que se transportaban a pie hacia los mercados de las ciudades al sur del Trópico de Cáncer.

Estos cambios ocurrieron aceleradamente en Casas Grandes. Los habitantes se sumergieron literalmente en esta nueva manera de vivir, y tal vez se les forzó a laborar en grupos para construir y operar esta gran empresa.

En algunos centros, los juegos de pelota se construyeron luego de su auge en el sur. Aquí equipos profesionales jugaron unos en contra de otros, pasando una pelota de hule hacia al frente y de regreso. Las reglas indicaban que los jugadores golpearan la pelota con cualquier parte del cuerpo, excepto las manos.

Se construyeron plataformas ceremoniales en honor de varios dioses; una de éstas se edificó en forma de serpiente ondulante y era más larga que un campo de futbol. Sin duda, estaba dedicada al dios Serpiente Emplumada, Quetzalcóatl, de gran significado para los mesoamericanos.

La Serpiente Emplumada, originaria de Teotihuacán como símbolo de gobierno, parece haber simbolizado algunos conceptos básicos relacionados con el poder político. Algunos autores plantean la posibilidad de que la imagen humanizada de Quetzalcóatl se haya originado en Xochicalco en el Altiplano y que ésta fue reinterpretada y adoptada por los pueblos norteños en épocas posteriores.

La Serpiente Emplumada ha sido el monstruo mítico más invocado para la obtención de dones por los humanos. En la cultura Casas Grandes se encuentra plasmada en la arquitectura, cerámica,

pintura mural y en fetiches, una reinterpretación muy a la manera norteña.

En muy corto tiempo, los valles circunvecinos a estos centros de comercio se transformaron en campos irrigados. En el de Casas Grandes se crearon pequeños caseríos de agricultores con aproximadamente 800 m de distancia entre uno y otro, a lo largo de los bancos de arroyos con agua durante casi todo el año.

En los picos de las montañas más altas se construyeron torres altas y redondeadas, para que el pueblo pudiera adorar a su dios del viento, Ehécatl, y comunicarse durante el día con otras comunidades del sistema regional mediante señales de humo. Este sistema de torres también se conectó con caminos para asegurar que los mensajes y productos llegaran rápidamente a su destino.

Al crecer la población, el control político se expandió para incluir zonas de los territorios vecinos cruciales para la empresa de edificar

VASIJA SILBADORA ANTROPOMORFA
En el área cultural llamada Mesoamérica Septentrional aparecen estos curiosos recipientes usados como instrumentos musicales conocidos como "vasijas silbadoras".
Cultura: Mesoamérica Septentrional
Periodo: Clásico Tardío
Procedencia: El Cóporo, Guanajuato
Material: Arcilla
Dimensiones: 21 cm de altura, 27.5 de largo y 10.5 de diámetro
Foto: Proyecto México. Jorge Pérez de Lara

TAPA ANTROPOMORFA
Tapa de incensario que representa a un personaje con maquillaje facial y los ojos y ornamentos en negro y rojo; luce un gran tocado semicircular.
Cultura: Mesoamérica Septentrional
Periodo: Clásico Tardío
Procedencia: San Miguel de Allende, Guanajuato
Material: Arcilla
Dimensiones: 19.3 cm de altura, 11.7 de diámetro y 0.5 de espesor
Foto: Jorge Pérez de Lara

Como sus hermanos sureños, los chichimecas de Casas Grandes tenían en gran estima al Bivalvo Rojo Sangre Princeps (molusco de caparazón bivalvo, también conocido como mejillón de sangre) e integraron su natural belleza en pendientes y amuletos de originales diseños.

Los trabajadores de la piedra diseñaron grandes lajas y discos de bancos con materiales locales para emplearlos como bases de escalinatas, bancas y bases de pilares y capiteles. Estos objetos arquitectónicos, muchas veces ocultos debajo de los pisos de los cuartos, fueron bien terminados hasta el último detalle. Estos especialistas también crearon la mayoría de las herramientas básicas empleadas por estos grupos: hachas para derribar árboles, utensilios para afilar madera y piedra y procesar alimentos, así como instrumentos de corte.

La mayoría de los centros financiaban a los lapidarios que diseñaban anillos, collares y otros ornamentos de piedra. También emplearon turquesa, fluorita y otras piedras semipreciosas que consideraban atractivas. Uno de los aspectos fascinantes de su trabajo era la producción de pequeñas piezas elaboradas con turquesa, cobre y otros coloridos materiales mediante la técnica de mosaicos.

Algunos paquimenses se pasaron la vida criando guacamayas por su valioso y brillante plumaje. Estas aves tropicales, cuyo hábitat natural se halla a cientos de kilómetros al sur de Veracruz, se criaron en cajones especiales de adobe y estaban íntimamente ligadas al sistema de creencias, mitos y ritos.

Otros miembros del grupo se dedicaban a la cría de pavos en cajones especiales de barro construidos en las plazas cerradas. Es interesante destacar que los paquimenses no se alimentaban con estas aves, sino que las consideraban fuente de bondades dignas de sacrificio ritual.

Los ceramistas vivieron en muchos de los centros del sistema regional de Casas Grandes, cada uno de éstos creó gran variedad de formas locales de cerámica. Los paquimenses fueron reco-

Paquimé, la ciudad real y ritual, capital del sistema regional de Casas Grandes.

Estos centros financiaron a los diferentes artesanos. En Casas Grandes, por ejemplo, se halló evidencia considerable de trabajos de cobre entre 1150 y 1450 d.C. Estos productos tal vez formaron parte de un sistema de comercialización dirigido a reforzar la calidad de ciudad ritual que ostentaba Paquimé dentro del sistema regional.

Los artesanos del cobre conocían el secreto de la cera perdida y produjeron un gran número de complejos y delicados cascabeles y crótalos con el metal de las minas locales. Estas tradiciones de orfebrería también se encuentran entre las culturas de Occidente. Los artesanos de las conchas marinas vivieron en y cerca de las bodegas de materia prima construidas *ex profeso* en Paquimé. Produjeron millones de cuentas y pendientes a partir de diferentes especies importadas de las soleadas playas del Golfo de California.

nocidos por su cerámica policroma con representaciones de animales y formas exóticas, que también se producía para abastecer a la población de gran cantidad de productos, como receptáculos para almacenamiento o preparación de alimentos y vasijas funerarias.

La escuela de ceramistas de Casas Grandes generó sus propias marcas significativas como los escalonamientos opuestos, símbolo emblema de Paquimé, así como la cabeza de guacamaya estilizada que aparece por doquier en los diseños de la cerámica policroma. También manufacturaron tambores que se usaban en las ceremonias locales de muertos, junto con otros instrumentos musicales elaborados con conchas y huesos humanos.

Muchas de las ideas religiosas de Paquimé se basaban en conceptos mesoamericanos. Por ejemplo, hay evidencia gráfica de las imágenes de la serpiente emplumada Quetzalcóatl y del dios del viento Ehécatl, quien vistió joyas de concha llamadas *epicolli*. También se plasmó al dios mesoamericano de la primavera, Xipe Tótec, quien aparece portando una máscara de muerte hecha con piel humana, así como muchos otros dioses, incluyendo al viejo y jorobado Huehueteotl, dios del fuego; otro dios representado es el del humo, algo que también hicieron los pueblos que vivieron en Centroamérica y a lo largo de las costas orientales de México.

Los chichimecas de Casas Grandes enterraron a sus muertos de muchas maneras. En Sinaloa, algunos fueron colocados en montículos especiales de enterramiento, mientras que en Arizona, los Anazasi los enterraban en un montón de basura. En Casas Grandes numerosos muertos fueron inhumados bajo los pisos de los departamentos y en plazas abiertas. Muy pocas figuras de alto rango o religiosas acompañaban los entierros.

Hacia finales del siglo X de la era cristiana cesó el impacto mesoamericano sobre la Gran Chichimeca, por lo que varios centros de comercio fueron cayendo en desgracia y se arruinaron; algunos quedaron abandonados, otros fueron

destruidos. Con Casas Grandes sucede lo mismo: fue maliciosamente quemado. Los cadáveres de hombres, mujeres y niños fueron abandonados sin enterrarlos, en completo desorden, lo que parece indicar un asalto a la ciudad.

Existen por lo menos dos teorías para explicar la decadencia de Casas Grandes. Los arqueólogos piensan que, en parte, este desastre debió haber comenzado con la caída del imperio tolteca y el crecimiento del señorío azteca en la cuenca de México, ya que las fechas —entre 1200 y 1450 d.C.— coinciden con este fenómeno. Esto probablemente generó un cambio en el estatus de las familias involucradas en el financiamiento de varias empresas de la frontera.

VASO TRÍPODE
En este elegante vaso con soportes globulares, advertimos la representación de deidades delineadas en negro sobre fondo blanco y rematadas con una banda de motivos simbólicos y geométricos que armonizan la composición de las escenas y la forma del recipiente.
Cultura: Chalchihuites
Periodo: Clásico Tardío
Procedencia: La Ferrería, Durango
Material: Arcilla
Dimensiones: 19.5 cm de altura, 12.9 de diámetro y 0.4 de espesor
Foto: Jorge Pérez de Lara

BOTELLÓN POLICROMO
Con la técnica del *cloissoné* se lograron
impresionantes motivos decorativos donde
se observan representaciones zoomorfas,
además de otros diseños
geométricos de vistoso colorido.
Cultura: Chalchihuites
Periodo: Clásico Tardío
Procedencia: Chalchihuites, Zacatecas
Material: Arcilla
Dimensiones: 12.4 cm de altura
y 11.6 de diámetro
Foto: Jorge Pérez de Lara

Otra hipótesis de los especialistas gira en torno a la situación prevaleciente entre las culturas del norte. Un grupo numeroso de bandas, cuya existencia se basaba en una estrategia de robo y saqueo alrededor de los pueblos de agricultores —que más tarde los españoles denominarían apaches— ejerció una presión que a la postre acabó con el sistema regional de Casas Grandes y de otros centros de población. Este periodo se conoce en la región como el "fenómeno salado".

Con la caída de Casas Grandes, la mayor parte de su población emigró hacia otros rumbos de la Gran Chichimeca. Sólo unos pocos se refugiaron en las montañas de la Sierra Madre, donde conti-

nuaron viviendo hasta la llegada de los españoles en el siglo XVI; otros chichimecas, sin nexos con los habitantes originales de Paquimé, llegaron a vivir a Casas Grandes.

Cuando los conquistadores ibéricos arribaron provocaron epidemias, como las de viruela y sarampión, que mataron a cientos de miles de nativos americanos; de hecho, el noventa por ciento de la población de las villas chichimecas murió. Algo de esta historia fue consignada pictográficamente por los mesoamericanos en los códices pero, por desgracia, los conquistadores los consideraron obra del diablo y destruyeron casi todos.

Así, los españoles escribieron su propia versión de la historia, destacando la explotación de los indios norteños por parte de soldados y sacerdotes, quienes rápidamente se movieron hacia el norte dentro de la Gran Chichimeca; a su manera los chichimecas combatieron este avance. Los españoles que llegaron en son de paz, como Alvar Núñez Cabeza de Vaca y el misionero franciscano Marcos de Niza, fueron considerados visitantes honoríficos; los que arribaron en plan de conquista fueron vigorosamente rechazados.

Los europeos construyeron iglesias y pueblos, usaron a los nativos norteños como esclavos y tomaron sus tierras. Después de 1600, las relaciones empeoraron de tal manera que las revueltas de los nativos y la guerrilla se convirtieron durante un tiempo en la historia de la Gran Chichimeca. Pero esto no detuvo a los españoles, quienes continuaron introduciendo nuevas formas arquitectónicas, con el uso de adobes, y una religión llamada cristianismo, además de conceptos completamente nuevos para los nativos, quienes más tarde se integrarían a la nueva nación mexicana.

La esclavitud fue algo inaceptable entre los hombres norteños. Muchos prefirieron pelear antes que vivir bajo el yugo español. Entre los siglos XVII y XX estos chichimecas —pimas, pápagos, pueblo (hopis), seris y tarahumaras— se convirtieron en merodeadores y se levantaron una y otra vez para pelear por su tierra y su dignidad.

OLLA MAMIFORME
Este tipo de recipientes de gran tamaño se usó
para almacenar agua o semillas. A este ejemplar
se le agregaron mamas haciendo referencia al
alimento vital para la subsistencia.
Cultura: Casas Grandes
Periodo: Posclásico
Procedencia: Casas Grandes, Chihuahua
Material: Arcilla
Dimensiones: 44 cm de altura, 51.5 de diámetro
y 0.6 de espesor
Foto: Jorge Pérez de Lara

Páginas anteriores
FIGURA FEMENINA
Representación modelada de una mujer que
sostiene a un niño entre sus brazos, cuyos rasgos
físicos están indicados por medio de las técnicas
del punzonado e incisión.
Cultura: Mesoamérica Septentrional
Periodo: Clásico tardío
Procedencia: sin procedencia
Material: Arcilla
Dimensiones: 10 cm de altura, 7.4 de ancho
y 4.3 de espesor
Foto: Jorge Pérez de Lara

CRÁNEO
Los grupos de la Comarca Lagunera usaban,
a manera de tocados, sencillos enredos de fibras
vegetales obtenidas de la yucca
o lechugilla, a los cuales se les conoce como
"tlacoyales".
Cultura: Aridoamérica
Periodo: Posclásico
Procedencia: Cueva de la Candelaria, Coahuila
Material: Fibras vegetales
Dimensiones: 21 cm de altura y 23.5 de ancho
Foto: Archivo Zabé

CAJETE BICROMO
La cultura chalchihuites desarrolló este
característico estilo cerámico que se identifica
por la decoración en rojo sobre fondo naranja y
por la presencia de motivos antropomorfos y
zoomorfos algunas veces mezclados.
Cultura: Chalchihuites
Periodo: Clásico tardío
Procedencia: Zacatecas
Material: Arcilla
Dimensiones: 4.5 cm de altura y 13.8 de diámetro
Foto: Archivo Zabé

CAJETE BICROMO
En este cajete de la cultura Chalchihuites, se
plasmó una figura humana con el cuerpo de una
serpiente armoniosamente decorada con motivos
geométricos, toda la escena está pintada en un
tono guinda sobre fondo naranja.
Cultura: Chalchihuites
Periodo: Clásico tardío
Procedencia: Chalchihuites, Zacatecas
Material: Arcilla
Dimensiones: 4.6 cm de altura y 16.3 de diámetro
Foto: Jorge Pérez de Lara

OLLA EFIGIE
Por lo general, los ceramistas de Paquimé
representaron la figura humana en posición
sedente con el sexo descubierto y el cuerpo
decorado con motivos geométricos policromos.
Cultura: Casas Grandes
Periodo: Posclásico
Procedencia: Janos, Chihuahua
Material: Arcilla
Dimensiones: 13.7 cm de altura, 14.5 de ancho
y 13.5 de diámetro
Foto: Proyecto México. Jorge Pérez de Lara

Páginas siguientes
OLLA ZOOMORFA POLICROMA
La representación de las aves, apreciadas por su
rico plumaje, fue un modelo muy frecuente en
la cerámica policroma de Casas Grandes.
Cultura: Casas Grandes
Periodo: Posclásico
Procedencia: Col. Enríquez, Nueva Casas
Grandes, Chihuahua
Material: Arcilla
Dimensiones: 16.7 cm de altura
y 18.6 de diámetro
Foto: Proyecto México. Jorge Pérez de Lara

OLLA ANTROPOMORFA
La decoración de la cerámica de Casas Grandes
se caracteriza por la armoniosa combinación
de colores negro y rojo que integran motivos
simbólicos y geométricos.
Cultura: Casas Grandes
Periodo: Posclásico
Procedencia: Janos, Chihuahua
Material: Arcilla
Dimensiones: 16 cm de altura y 15.5 de diámetro
Foto: Proyecto México. Jorge Pérez de Lara

SARTAL CON PENDIENTE
Collar de gran tamaño compuesto por
numerosas cuentas de dientes y piedra verde,
que remata en un pectoral de concha con
incrustaciones de turquesa y pirita.
Cultura: Casas Grandes
Periodo: Posclásico
Procedencia: Casas Grandes, Chihuahua
Material: Concha, turquesa, pirita, dientes,
piedra verde y cobre
Dimensiones: 7.3 cm de ancho, 222.5 de largo
y 0.5 de espesor
Foto: Jorge Pérez de Lara

Página derecha
DETALLE
Foto: Archivo Zabé

Páginas anteriores
OLLA POLICROMA
Los motivos decorativos más frecuentes de la
cerámica elaborada en Casas Grandes son
triángulos, grecas escalonadas, líneas en zig-
zag, espirales, entre otros.
Cultura: Casas Grandes
Periodo: Posclásico
Procedencia: Casas Grandes, Chihuahua
Material: Arcilla
Dimensiones: 24.7 cm de altura
y 25.6 de diámetro
Foto: Proyecto México. Michel Zabé

OLLA DOBLE COMUNICADA
En Casas Grandes se fabricaban recipientes de
formato mediano, con doble cuerpo y
comunicados entre sí por un tubo.
Cultura: Casas Grandes
Periodo: Posclásico
Procedencia: Casas Grandes, Chihuahua
Material: Arcilla
Dimensiones: 11 cm de altura, 28.7 de largo y
9.5 de diámetro
Foto: Proyecto México. Michel Zabé

Páginas siguientes
CASCABEL TORTUGA
Este cascabel de cobre realizado con la técnica
de la cera perdida representa una tortuga. Su
caparazón, profusamente decorado con
motivos simbólicos, muestra la intensa
actividad comercial entre Casas Grandes y
diversos grupos mesoamericanos.
Cultura: Casas Grandes
Periodo: Posclásico
Procedencia: Casas Grandes, Chihuahua
Material: Cobre
Dimensiones: 3.4 cm de altura,
8.7 de ancho y 10.2 de largo
Foto: Archivo Zabé

OLLA
Recipiente modelado de doble vertedera,
decorado con motivos simbólicos pintados en
negro sobre fondo blanco.
Cultura: Casas Grandes.
Periodo: Posclásico
Procedencia: Casas Grandes, Chihuahua
Material: Arcilla
Dimensiones: 19.5 cm de altura
y 19.8 de diámetro
Foto: Jorge Pérez de Lara

PUEBLOS INDIOS

PUEBLOS INDIOS

Alejandro González Villarruel

Uno de los componentes más importantes de la sociedad mexicana es su muy numerosa población indígena, una de sus características perdidas de vista e incluso olvidadas con el tiempo, es su enorme diversidad, sin la cual la realidad indígena sólo sería una imagen sin contenido.

La Sala de Pueblos Indios intenta describir las condiciones estructurales que generaron la situación actual de estos pueblos del país, algunas como resultado de procesos históricos determinados, y otras que se explican a partir de las decisiones generadas desde el poder central del Estado-Nación.

Hoy, México es pluriétnico y multicultural; en realidad, el país es muchos méxicos. En sí misma, la diversidad no es un factor negativo. No obstante, existen diferencias que enriquecen y otras que destruyen, sobre todo si expresan enormes desigualdades sociales y económicas. Las oposiciones generadas por esa diversidad, llamémosle "maligna", son un escollo para la integración social que supone un proyecto de nación nuevo y más justo que incluya la diversidad. En el proceso histórico de México se detecta una relación isomórfica entre tres componentes: pueblo, territorio y soberanía.

En cuanto al territorio, desde el siglo XVIII se asumió que el país era un área llena de bellezas naturales, a la que correspondía un pueblo imaginado, determinado por el mito del mestizaje. Este mestizo se suponía que estaría mejor adaptado al territorio, por lo que el futuro del país dependía de la incorporación al mestizaje de la oprimida raza indígena, expresada en la doble dicotomía indio/mestizo pasado/futuro.

Años después se determinó que las poblaciones indígenas eran ajenas a la modernidad debido, sobre todo, a su subordinación al dominio de los mestizos. Las regiones indígenas como unidades interétnicas e interculturales (denominadas teóricamente como regiones de refugio o sistemas solares), romperían las ataduras, ya que detentaban el control y el poder sobre todo el territorio. Mediante la política institucional en estas regiones se buscaría incorporar a la población indígena a la modernidad, por medio de la reforma agraria, acceso libre al mercado y acercamiento de la educación oficial, los instrumentos de salud y las posibilidades de participación política. Estas acciones se definieron globalmente, a partir de la antropología aplicada, como instrumentos de aculturación.

Sin embargo, estas políticas del Estado-Nación lejos de solucionar el problema de atraso y desigualdad de las poblaciones indígenas, no sólo no agotaron su cultura indígena, sino que desarrollaron formas de resistencia creativas; una vez conjurado el destino irremediable que el Estado había impuesto a las poblaciones indígenas, su desaparición a través del mestizaje, se propuso reivindicar las identidades étnicas. A la luz de estos debates se vislumbran las virtudes de contar con un país pluriétnico y multicultural, y se rechaza la anterior visión de homogeneidad cultural.

Danza de los Voladores, nahuas de Olintla, Puebla. En esta danza ritual participan cuatro danzantes y un capitán. En la actualidad se representa durante ceremonias agrícolas para propiciar las lluvias.
Fototeca de la Subdirección de Etnografía del MNA-INAH.

Asentamiento, lenguaje y dinámica poblacional

Considerando los criterios geográficos e históricos expuestos en esta sala, el país se puede dividir en seis grandes áreas culturales: Norte, Occidente, Centro, Golfo, Sur y Oriente.

Los datos de la dinámica demográfica de la población indígena permiten establecer algunas conclusiones. A partir de la Conquista se pueden reconocer cuatro etapas; la primera marca el severo descenso de la población con una pérdida cercana al 90 por ciento de la original. La segunda etapa –desde el siglo XVII hasta 1810– se define como de crecimiento relativamente elevado en números absolutos. La población indígena en este periodo aún es mayoritaria, y al final representa un 60 por ciento del total. La tercera etapa (1810-1910) se caracteriza por un descenso general de la población indígena que, hacia 1900, representa el 15 por ciento de la población. La última etapa, desde la Revolución hasta nuestros días, refleja un incremento en el número de hablantes de lenguas indígenas, pero un descenso en cuanto al porcentaje de la población.

En el siglo que recién comienza persiste el descenso relativo del número de hablantes de lenguas originarias en relación con la población total. Según los resultados del Censo de Población de 2000, suman 7.6 millones de mexicanos, que representan el 7.8 por ciento de la población total.

En la actualidad, la distribución de los hablantes de lenguas indígenas conserva un patrón previo: muestra una concentración en el sur y el sureste del país. Las entidades con mayor población indígena son, en orden decreciente, Yucatán, Oaxaca, Chiapas, Quintana Roo, Hidalgo, Guerrero, Puebla, San Luis Potosí y Veracruz.

Los idiomas originarios son construcciones milenarias que permiten a los hablantes expresar las abstracciones más elevadas y las mayores atrocidades. Tan sólo dos idiomas, el náhuatl y el maya peninsular, lo hablan más de 1 800 000 personas mayores de cinco años; le siguen, por número de

Danza de los Quetzales, nahuas de Cuetzalan, Puebla.
Esta danza ritual está relacionada con ceremonias agrícolas de connotaciones solares y cosmogónicas.
Fototeca de la Subdirección de Etnografía del MNA-INAH.

hablantes, zapoteco, mixteco, tzotzil, otomí, tzeltal, totonaco, mazateco, chol, huasteco, mazahua, chinanteco, purépecha y mixe. Las lenguas indígenas son prácticamente orales, lo que sin duda ha fortalecido la raíz comunitaria de su habla que se expresa en peculiares inflexiones microrregionales. Casi no existen periódicos, libros o revistas editados en estas lenguas; sólo se escribe en los textos base para la educación bilingüe o bien en las extendidas versiones de la Biblia que promueven las iglesias cristianas protestantes. Esta característica limita las posibilidades de comunicación que rebasen el contacto cara a cara.

Las restricciones y la expansión de la educación pública con su contenido castellanizador han provocado que el español se convierta en la lengua franca para la comunicación entre diversas comunidades. El 81.5 por ciento de los hablantes de lenguas indígenas, cinco millones de personas, manifestaron dominar tanto el español como su lengua original, lo cual significa que el bilingüismo

Celebración de Semana Santa rarámuri,
Caborachic, Chihuahua.
En ella participan los danzantes llamados
"matachines", quienes representan la guerra
entre moros y cristianos.
Fototeca de la Subdirección de Etnografía del MNA-INAH.

es norma entre la población indígena, y que existe una correlación positiva entre éste y el analfabetismo, dado que con la castellanización se adquieren también por vía escolar, la escritura y la lectura. No obstante, entre la población indígena hay registros de analfabetismo preocupantemente altos: 38 por ciento.

Religiosidad

La religión es un sistema de creencias que explica y cohesiona la existencia humana, lo que comúnmente se define como cosmovisión. Otorga sentido y fija la ética para elegir entre el bien y el mal, el pecado y la virtud, entre otros. Este sistema ofrece la integración entre los creyentes y comunica a los hombres con las deidades.

La religión de los pueblos indios se funda en un largo proceso histórico, y por ello se expresa de manera diferente en cada región. No obstante, existen elementos semejantes para todas las culturas del país que provienen de un origen común prehispánico y que posteriormente se mezclan con componentes cristianos.

La gran empresa colonial evangelizadora se basó en la conquista espiritual. Las instituciones religiosas católicas proporcionaron a los indios instrumentos viables para su organización colonial e introdujeron en las creencias indígenas nuevos símbolos que en ocasiones se agregaron a los ya existentes, y en otras los sustituyeron.

Hoy, el tema religioso en los pueblos indios de México reviste una clara diversidad; hay sistemas de creencias que se remiten a prácticas de carácter precolonial; otras son sincréticas, y en el otro extremo está la conversión religiosa de poblaciones completas, del catolicismo a diversas iglesias protestantes cristianas.

Según las creencias de las comunidades indígenas, el poder divino se encuentra en diversos lugares, y ahora su presencia se hace significar mediante imágenes católicas, así como por vía de objetos sagrados de probable origen prehispánico localizados en cerros, árboles, cuevas, ríos, manantiales y otros sitios sagrados públicos o privados.

La religiosidad indígena se manifiesta en el ciclo anual de fiestas religiosas, íntimamente relacionado con el ciclo de crecimiento del maíz. En febrero se bendicen las semillas para la siembra y prosiguen los rituales de petición de lluvias y cuidado de los maizales en sus primeras etapas. Después siguen las celebraciones de carnaval, los viernes de cuaresma, la Semana Santa y la Santa Cruz.

Enseguida, cuando las milpas están madurando, destacan las fiestas de Santiago Apóstol, la Asunción de la virgen María y san Miguel Arcángel. El ciclo anual de las fiestas religiosas comunitarias culmina con la celebración de Día de Muertos, a finales de octubre y principios de noviembre, que coincide con la cosecha de maíz.

Los santuarios tienen importancia ritual y festiva; muchos se ubican en sitios sagrados de las peregrinaciones prehispánicas, donde también se veneran imágenes de la Virgen, de Cristo y de san-

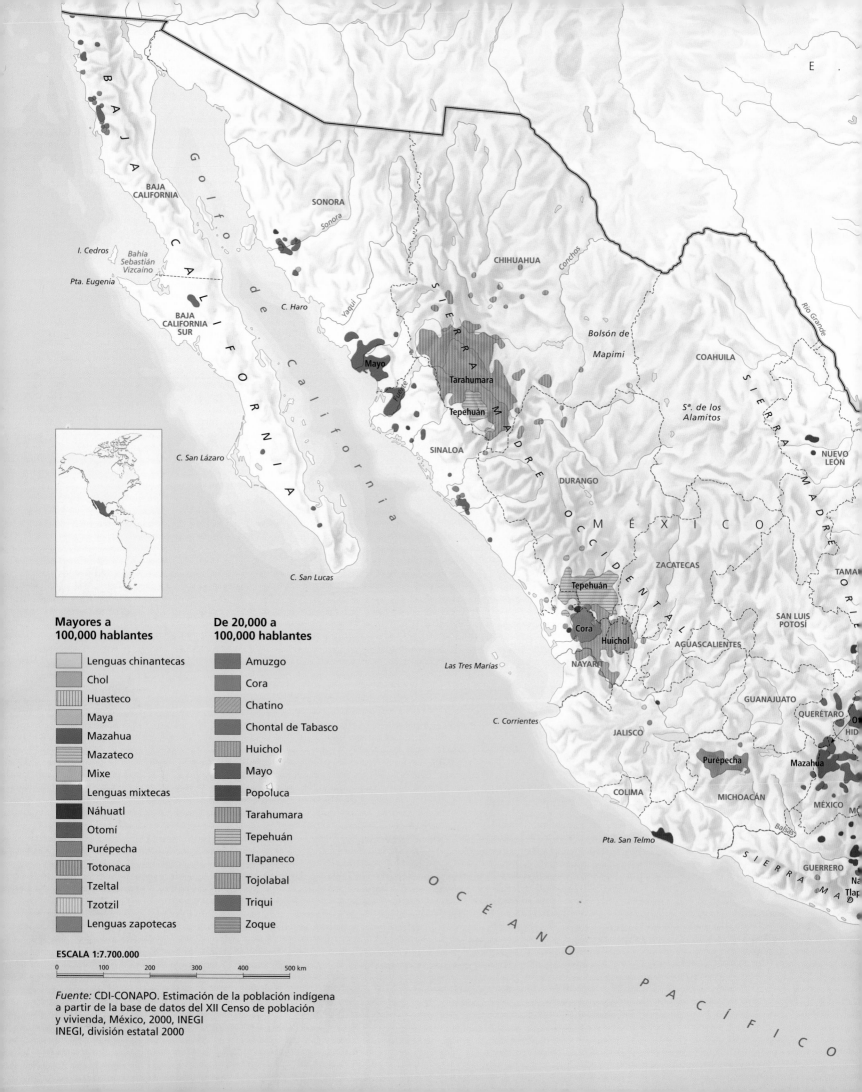

E

BAJA CALIFORNIA

BAJA CALIFORNIA

SONORA

GOLFO DE CALIFORNIA

I. Cedros
Bahía Sebastián Vizcaíno
Pta. Eugenia

C. Haro

Sonora

Yaqui

CHIHUAHUA

Conchos

Río Grande

BAJA CALIFORNIA SUR

C. San Lázaro

SIERRA MADRE

Mayo

Fuerte

Tarahumara

Tepehuán

Bolsón de Mapimi

COAHUILA

Sª. de los Alamitos

SIERRA MADRE

NUEVO LEÓN

SINALOA

DURANGO

OCCIDENTAL

MÉXICO

ZACATECAS

TAMA

C. San Lucas

SAN LUIS POTOSÍ

Tepehuán

Cora

Huichol

AGUASCALIENTES

Las Tres Marías

NAYARIT

GUANAJUATO

QUERÉTARO

O

HID

C. Corrientes

JALISCO

Purépecha

Mazahua

MÉXICO

M

COLIMA

MICHOACÁN

Balsas

Pta. San Telmo

SIERRA MA

GUERRERO

Na

Tlap

OCÉANO

PACÍFICO

Mayores a 100,000 hablantes

- Lenguas chinantecas
- Chol
- Huasteco
- Maya
- Mazahua
- Mazateco
- Mixe
- Lenguas mixtecas
- Náhuatl
- Otomí
- Purépecha
- Totonaca
- Tzeltal
- Tzotzil
- Lenguas zapotecas

De 20,000 a 100,000 hablantes

- Amuzgo
- Cora
- Chatino
- Chontal de Tabasco
- Huichol
- Mayo
- Popoluca
- Tarahumara
- Tepehuán
- Tlapaneco
- Tojolabal
- Triqui
- Zoque

ESCALA 1:7.700.000

0   100   200   300   400   500 km

Fuente: CDI-CONAPO. Estimación de la población indígena a partir de la base de datos del XII Censo de población y vivienda, México, 2000, INEGI
INEGI, división estatal 2000

J U
go

Golfo de

México

CUBA

Canal de Yucatán

C. San
Antonio

C. Catoche

Isla de
Mujeres

eco
C. Rojo

huatl

Totonaca

YUCATÁN   Maya

Península

QUINTANA
ROO

Pta. Herrero

Mar Caribe

de

ALA

Yucatán

VERACRUZ   Lenguas
chinantecas

Bahía de Campeche

Chol

Náhuatl

Mazateco

Popoluca

BLA

Chontal
de Tabasco

TABASCO

CAMPECHE

Candelaria

Golfo de

Honduras

guas mixtecas
Triqui

SUR

Istmo Zoque
de
Tehuantepec

Mixe

OAXACA

Chatino

Lenguas
zapotecas

go

Golfo de Tehuantepec

Tzotzil

Chol

Tzeltal

Tojolabal

CHIAPAS

Hondo

Usumacinta

Quintana Roo

BELICE

GUATEMALA

HONDURAS

EL SALVADOR

NICARAGUA

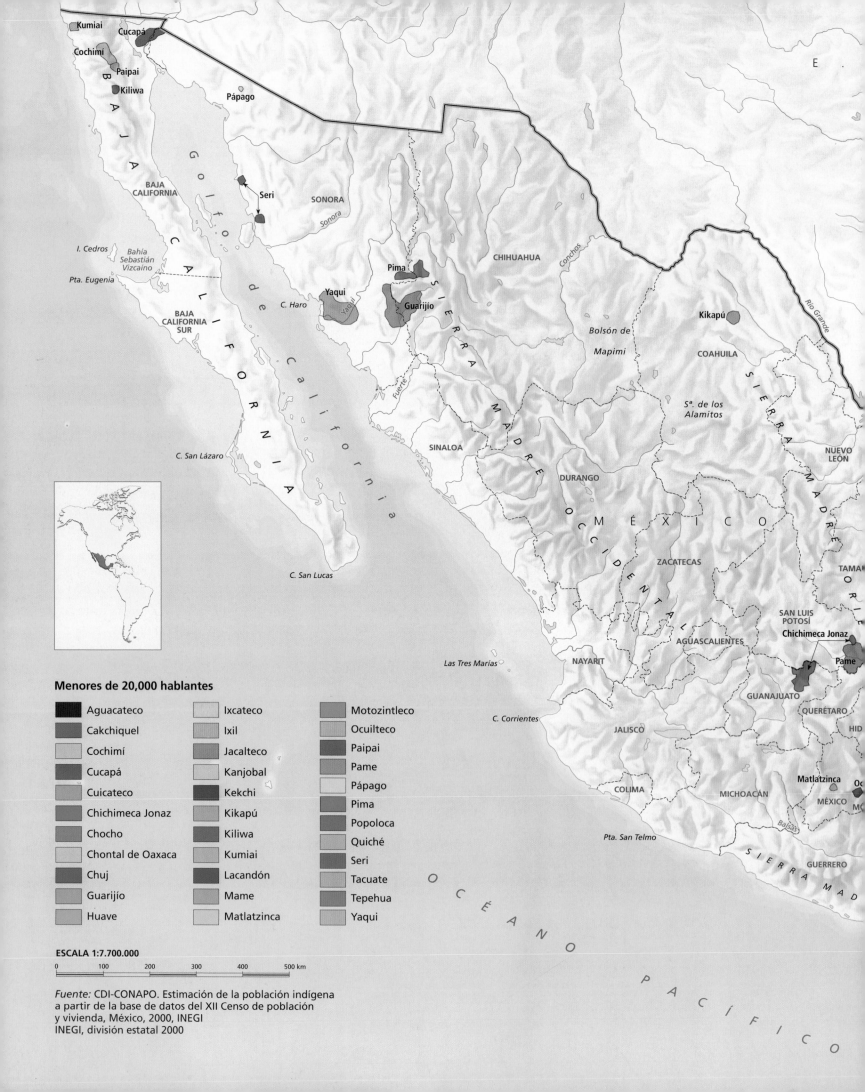

Kumiai
Cucapá
Cochimí
Paipai
Kiliwa
Pápago

BAJA
CALIFORNIA

BAJA
CALIFORNIA
SUR

I. Cedros
Bahía
Sebastián
Vizcaíno
Pta. Eugenia

C. San Lázaro

C. San Lucas

G o l f o   d e   C a l i f o r n i a

SONORA

Sonora

C. Haro

Seri

Yaqui

Yaqui

Pima

Guarijío

Fuerte

CHIHUAHUA

Conchos

Bolsón de
Mapimi

COAHUILA

Sª. de los
Alamitos

Kikapú

Río Grande

SIERRA MADRE

SINALOA

DURANGO

S I E R R A   M A D R E   O C C I D E N T A L

M É X I C O

ZACATECAS

NUEVO
LEÓN

SIERRA MADRE ORI

TAMA

AGUASCALIENTES

NAYARIT

Las Tres Marías

C. Corrientes

SAN LUIS
POTOSÍ

Chichimeca Jonaz

Pame

GUANAJUATO

QUERÉTARO

JALISCO

HID

COLIMA

Matlatzinca

MICHOACÁN

MÉXICO

Balsas

Pta. San Telmo

SIERRA MAD

GUERRERO

O C É A N O

P A C Í F I C O

Menores de 20,000 hablantes

■	Aguacateco		Ixcateco
■	Cakchiquel		Ixil
■	Cochimí		Jacalteco
■	Cucapá		Kanjobal
■	Cuicateco		Kekchi
■	Chichimeca Jonaz		Kikapú
■	Chocho		Kiliwa
■	Chontal de Oaxaca		Kumiai
■	Chuj		Lacandón
■	Guarijío		Mame
■	Huave		Matlatzinca

Motozintleco	
Ocuilteco	
Paipai	
Pame	
Pápago	
Pima	
Popoloca	
Quiché	
Seri	
Tacuate	
Tepehua	
Yaqui	

ESCALA 1:7.700.000

0   100   200   300   400   500 km

Fuente: CDI-CONAPO. Estimación de la población indígena
a partir de la base de datos del XII Censo de población
y vivienda, México, 2000, INEGI
INEGI, división estatal 2000

U

Golfo de

México

Bahía de Campeche

C. Rojo

ehua

Aguacateco

ALA

VERACRUZ

BLS

Popoloca

Chocho

Cuicateco

Ixcateco

SUR

OAXACA

Tacuate

Huave

Chontal de Oaxáca

Istmo de Tehuantepec

Golfo de Tehuantepec

TABASCO

CHIAPAS

Lacandón

Chuj

Kanjobal

Jacalteco

Mame

Motozintleco

Cakchiquel

Quiché

Usumacinta

Candelaria

Ixil

Mame

Kekchi

Quiché

CAMPECHE

YUCATÁN

Península

de

Yucatán

QUINTANA
ROO

Quintana Roo

Hondo

Ixil

Pta. Herrero

C. Catoche

Isla de
Mujeres

C. San
Antonio

Canal de Yucatán

CUBA

Mar Caribe

Golfo de

Honduras

BELICE

GUATEMALA

HONDURAS

EL SALVADOR

NICARAGUA

tos que hoy, como ayer en las creencias indígenas, personifican a las fuerzas de la naturaleza como la lluvia, el sol y la tierra.

A los santuarios se acude a pedir buenas cosechas y la cura de enfermedades, a cambio de ofrendar dinero, flores, incienso, sacrificio de animales y productos comestibles. Para pedir el alivio de enfermedades, obtener bienes y otros deseos, se dejan objetos personales, figuras metálicas conocidas como *milagros* y otras que pueden ser de barro, papel u otro material.

Gobierno. El gobierno establece reglas para mantener las relaciones al interior del sistema y con el exterior, así como ordenamientos y posiciones mediante las relaciones de poder. La antropología ha registrado las formas de gobierno indígena describiendo las instituciones que regulan la vida comunitaria; en dichas descripciones predomina la jerarquía cívico-religiosa que crea un sistema de cargos con autoridades tradicionales que norman el comportamiento interno de la comunidad y algunas de sus relaciones con el exterior. El objetivo primordial de esta institución es la celebración de fiestas religiosas en el calendario ritual católico, así como establecer otras funciones políticas para la vida comunitaria.

En términos analíticos es posible distinguir tres niveles de participación y un grupo de especialistas en el sistema de cargos. En el primer grupo, el más amplio, participa toda la comunidad para ce-

lebrar la fiesta patronal. El segundo nivel lo forman los mayordomos o cargueros principales, quienes de manera rotativa costean la mayor parte de la fiesta anual del santo patrono con recursos personales y familiares. Quienes desempeñan estos cargos ocupan después un puesto vitalicio entre los ancianos, principales o fiscales, los personajes de mayor respeto en la comunidad. La opinión de estos principales es decisiva en la comunidad; con frecuencia atestiguan el desarrollo comunal y familiar, y también se les conoce como autoridades tradicionales; todos son varones.

Esta jerarquía cívico-religiosa establece una integración con los poderes políticos formales del Estado-Nación. En los últimos años del siglo pasado, y aún en la actualidad, la vida nacional se democratizó y las libertades políticas se extendieron. Esta democratización ha alcanzado de manera desigual a la diversidad de comunidades indígenas del país; el caso más interesante es el del estado de Oaxaca, donde el número de municipios indígenas es mayoritario. En 420 de los 570 municipios existentes, las autoridades se eligen por usos y costumbres.

Integración

La historia económica y política del país sería incompleta si no considerara a las sociedades indí-

El cuidado de la milpa, Tamazulapan, Oaxaca. Sistema de siembra y riego entre los mixes de dicho estado.
Fototeca de la Subdirección de Etnografía del MNA-INAH. Fotógrafo: José Pablo Fernández Cueto.

Danza del Tigre, Olinalá, Guerrero. El Tigre es uno de los personajes más comunes en la danza indígena, la cual representa la lucha contra este animal, que amenaza los esfuerzos de los campesinos.
Fototeca de la Subdirección de Etnografía del MNA-INAH.

Mujer amuzga en telar de cintura, estado de Oaxaca.
El textil acompaña a los pueblos indios en todos sus ritos de paso; es la "trama de la vida".
Fototeca de la Subdirección de Etnografía del MNA-INAH.

genas. En la actualidad, el sistema de integración dominante es el de mercado, al que las comunidades indígenas entregan más bienes de los que reciben, mientras al interior se sustentan y reproducen mediante las redes locales de apoyo recíproco, lo que les permite compensar el desequilibrio. Estas redes de reciprocidad redistribuyen el ingreso y generan una importante cohesión social.

La unidad familiar es la red más importante de reciprocidad y apoyo, y está constituida por los parientes cercanos que forman una unidad doméstica, residencial, económica y social. También transmite valores en el proceso de socialización, produce y redistribuye el ingreso. La autoridad es patriarcal y reside en el varón más viejo, quien representa al grupo en cualquier actividad. Todas las normas de convivencia social y familiar se aprenden y practican en su seno, y a través de ellas se participa en las actividades comunitarias.

En términos económicos, la unidad familiar establece la necesidad de conseguir más ingresos para lo que incorpora, por ejemplo, diversas actividades, como la artesanal, o la migración laboral definitiva o estacional. La actividad agrícola sigue organizando el ciclo de trabajo en las comunidades indígenas, y aunque la cosecha sea exigua, el trabajo y consumo siguen rigiendo este ciclo que establece periodos de abundancia y escasez.

El cultivo de la milpa determina el ciclo anual de las actividades complementarias en la propia localidad: recolección, caza, pesca, pequeño comercio y elaboración de artesanías. Asimismo, el ciclo de la milpa influye en los periodos de emigración para trabajar en centros de agricultura comercial y en las ciudades, dentro o fuera del país.

En las comunidades indígenas se establecen redes de reciprocidad de distintos niveles y efectos; en el ámbito familiar se amplían a través del compadrazgo, vínculo con el que se considera parientes a quienes no lo son, y que en general se relacionan con los rituales de transición en las etapas de la vida, que a su vez implican la extensión de las redes de reciprocidad. Otra red de reciprocidad es el comúnmente llamado *convite*, según el cual se participa en jornadas laborales o faenas colectivas, y se crea un vínculo de intercambio, pues quien convocó tiene la obligación de aceptar la invitación de los que acudieron a su llamado. Unidad familiar, parentela, compadrazgo y convite son los pilares de las formas de reciprocidad en las poblaciones indígenas de México.

La actividad indígena de reciprocidad más vigorosa para la cohesión y persistencia de la comunidad es el *tequio*, que establece la obligación de realizar jornadas de trabajo gratuitas para construir y mantener caminos, calles, templos y edificios públicos, o para introducir servicios, como electricidad y agua potable, entre otros. Con estas tradiciones se muestra una resistencia al cambio desde afuera y se preservan los recursos y la identidad. Es tan fuerte esta persistencia que incluso las intrincadas redes de la migración internacional de una misma comunidad se agrupan en los lugares donde llegan para generar relaciones de reciprocidad, donde con frecuencia se recrean las fiestas y costumbres tradicionales.

GRAN NAYAR
Los mitotes. Rituales ancestrales de fertilidad y lucha cósmica

Johannes Neurath

Las plumas blancas de guajolote que los peyoteros huicholes portan en sus sombreros remiten a las flores del cactus psicotrópico peyote o *hikuli*.
Fotógrafo: Juan Negrín.

Misión jesuita del siglo XVIII en el pueblo cora Mesa del Nayar, Nayarit.
Fotógrafo: Guillermo Aldana.

En las páginas siguientes:
Vista de la barranca del Río Chapalagana, Sierra Huichola, Jalisco.
Fotógrafo: Juan Negrín.

Cuatro grupos etnolingüísticos indígenas conviven en la región del Gran Nayar: coras (*nayeri*), huicholes (*wixaritari*), nahuas (mexicaneros) y tepehuanes del sur (*o'dam*). Aparte de la geografía agreste de la Sierra Madre Occidental y una larga historia de resistencia, lo que estos grupos comparten es un complejo cultural cuyo centro son las fiestas denominadas *mitote*, ritos agrícolas que se realizan en centros ceremoniales de tradición aborigen y que consisten, entre otras cosas, en sesiones de canto chamánico y danzas nocturnas circulares, las "danzas de mitote" propiamente dichas.

¿Cómo son y qué significan estas fiestas? Para los indígenas, danzar el mitote es volver a crear el mundo. Un canto cora de mitote describe que la primera fiesta de este tipo se celebraba precisamente cuando la diosa madre –es decir, la diosa de la tierra y de la luna– creó el mundo. Lo que se narra en el canto es la elaboración de un objeto de forma romboide que se conoce comúnmente como "ojo de dios" (cora: *chánaka*, huichol: *tsikuri*). Se trata de una artesanía bastante común que, sin embargo, para nada carece de significación religiosa, ya que, según la cosmogonía cora, a partir de este tejido, fabricado con las flechas del dios Hermano Mayor y los cabellos de la diosa madre, se elaboró la superficie de la tierra.

Según el mencionado canto, la danza de mitote comienza exactamente cuando la diosa madre dice, a través del cantador: «Párense encima de esto» y el canto continua con las palabras «Se pararon ahí y empezaron a pisarlo con los pies». Danzando, los antepasados extendieron el tejido de forma romboide, o enjaretado con tierra, que es el mundo. Por eso, cada celebración de un mitote significa actualizar los acontecimientos míticos de la creación.

La renovación del mundo puede considerarse como el tema general de todos los mitotes. Sin embargo, cada comunidad y grupo parental del Gran Nayar celebra varios mitotes al año, con fechas movibles que se rigen según el calendario agrícola y se relacionan con fases particulares del ciclo de cultivo. Por lo común, se celebran tres fiestas al año: un mitote se relaciona con la siembra y el comienzo de

la temporada de las lluvias, fecha que coincide con el solsticio de verano; la segunda fiesta del ciclo es el mitote de los elotes o primeros frutos, que se celebra al término de las lluvias; el tercer mitote, muchas veces llamado "fiesta del maíz tostado" o "del esquite", se relaciona con las semillas ya cosechadas y almacenadas, con la preparación de los coamiles, y se realiza durante la época de sequía.

De las fuentes históricas sabemos que, en el pasado, los mitotes eran ceremonias de corte guerrero donde los enemigos capturados y sacrificados representaban a las fuerzas de la oscuridad que eran aniquiladas por el rey solar y sus tropas de guerreros astrales. Hoy en día, los héroes míticos siguen luchando contra los demonios telúricos y monstruos acuáticos, pero ya no se combate a enemigos reales.

Por otra parte, todo mitote implica una serie de peregrinaciones hacia los extremos del mundo que deben realizarse antes o después de la celebración de la fiesta. Las rutas de estas peregrinaciones son, a la vez, los ejes de la memoria colectiva. En cada "estación" de la peregrinación se encuentra algún rasgo natural sobresaliente (piedra, roca, peñasco, manantial, laguna o árbol), cuyo aspecto particular se explica por un episodio de los mitos de creación. De esta manera, caminando por estas rutas se "leen" las narraciones cosmogónicas "escritas" en el paisaje. Por ejemplo, para los huicholes, la Laguna de Chapala en el sur es la canoa de la diosa Takutsi que encalló en este lugar después de la gran inundación; el Cerro Gordo en el norte es su bastón de otate; el Cerro Quemado en el oriente es la escalera que usó el padre sol para subir al cielo; los peyotes del desierto de Wirikuta son los venados que habitaban este lugar en el tiempo del primer amanecer; otras rocas y piedras son antepasados que se emborracharon y quedaron tirados en el camino. En los cantos de mitote se narran muchas de estas historias, estableciendo así un importante vínculo entre el centro ceremonial y los lugares sagrados del paisaje. Asimismo, caminando por las rutas de la peregrinación que llevan del centro a los cuatro rumbos, se dibuja sobre el paisaje la figura del "ojo de dios" (*ts+kuri* o *chánaka*), que es la representación de la estructura mítica del mundo.

Los patios de mitote muestran variantes importantes. En un extremo encontramos los centros ceremoniales *tukipa* de los huicholes orientales, los cuales muestran la arquitectura y los simbolismos cosmológicos más complejos, con varios adoratorios *xirikite* y un gran templo *tuki* agrupados alrededor de una plaza central; en el otro extremo, entre los coras, tepehuanes del sur y mexicaneros, grupos que durante la Colonia sufrieron la mayor persecución religiosa, encontramos patios muy sencillos, casi camuflajeados, que a veces se ubican en el monte, lejos del poblado. Ahí, las estructuras ceremoniales son de varas y piedras sin labrar, y se erigen sólo para los días de la fiesta, luego de los cuales se vuelven a desarmar y ocultar.

El *tukipa* o *callihuey* es un centro ceremonial de tradición prehispánica dedicado al culto a los antepasados deificados de la comunidad. Varios edificios se agrupan alrededor de una plaza circular de danza. El templo principal, el *tuki*, se ubica al poniente del patio, se trata de una estructura circular u ovalada, semi-hundida, con un alto techo de zacate sostenido por dos postes de pino, representación de los "árboles cósmicos" (*haurite*), que sostienen el cielo. El tamaño del *tuki* varía en cada centro ceremonial, pero en promedio, tanto su diámetro como la altura del techo es de diez metros. Los demás templos o *xirikite* son pequeños adoratorios rectangulares con techo de dos aguas. En algunos centros ceremoniales los *xirikite* están construidos sobre basamentos de piedra escalonados de hasta dos metros de altura que representan las escaleras utilizadas por el sol para subir al cielo.

El *xukuri'+kame* o "jicarero" es el encargado de una de las varias jícaras sagradas resguardadas en los diferentes templos del centro ceremonial. Cada uno de estos objetos representa a uno de los ancestros deificados. El jicarero adopta como propio el nombre de la jícara y de la deidad en cuestión durante los cinco años que dura su cargo, además de habitar en el templo correspondiente.

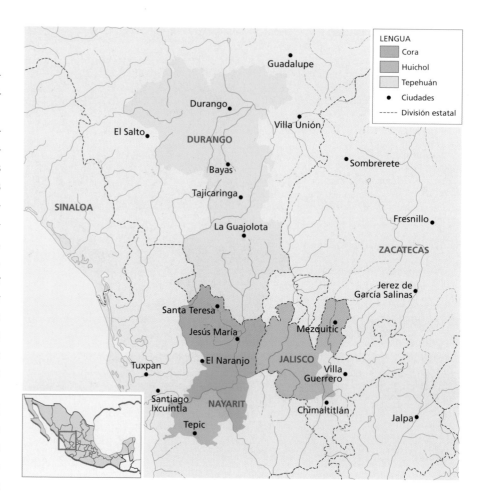

De esta forma el carguero se convierte en el antepasado al que personifica.

Vestidos con un atuendo especial consistente en un sombrero adornado con plumas blancas de guajolote, entre otras cosas, los jicareros, que durante este viaje se conocen como peyoteros (*hikuritamete*), se dirigen al desierto de Wirikuta, en el Oriente, donde recolectan el peyote (*Lophophora williamsii*), cactus psicotrópico denominado en huichol *hikuli*. Luego, los peyoteros suben al Cerro del Amanecer en la Sierra de Real de Catorce, considerado el lugar donde sale el sol tras vencer a los animales nocturnos y a los monstruos del inframundo. Durante toda la peregrinación, los jicareros se someten a prácticas de austeridad y purificación: ayuno, abstención del sueño y confesión, porque sólo así podrán obtener *nierika*, "el don de ver", al llegar al desierto e ingerir peyote. Según la mitología, los antepasados fueron los primeros en probar *hikuli* y tener una experiencia visionaria, tras lo cual

Mapa de los principales grupos indígenas de la región, en municipios con más del 40% de población indígena o más de 5000 indígenas.

Semana Santa cora de la Mesa del Nayar, Nayarit.
Un ejército de demonios astrales persigue al niño Nazareno. Durante la gran procesión, el niño identificado con el Cristo-Sol está sentado en una estructura de otate y carrizo que representa la cúpula celeste.
Fotógrafo: Guillermo Aldana.

Fiesta Hikuli Neixa.
Durante la danza del peyote se escenifica la llegada de la serpiente de nubes, es decir, el comienzo de la temporada de las lluvias.
Fotógrafo: Juan Negrín.

se transformaron en dioses. Al reactualizar esta experiencia y obtener *nierika*, los jicareros tienen la oportunidad de convertirse en *mara'akate*, personas iniciadas, médicos tradicionales o cantadores. En pleno desierto, los peyoteros también sueñan con la serpiente de la lluvia oriental (la diosa Tatei Nia'ariwame), a la que llevan de regreso a sus comunidades al volver de la peregrinación. En la gran fiesta *Hikuli Neixa*, "la danza del Peyote", que se celebra al final de la temporada de secas, los jicareros realizan una compleja coreografía que expresa el arribo de la serpiente de la lluvia desde el desierto.

Por otra parte, las fiestas del ciclo católico comunal no son una mera imposición colonial, pues se encuentran prácticamente arraigadas en todas las comunidades. Lo interesante es que dicho ciclo también está marcado, en mayor o menor medida, por la tradición del mitote, aunque formalmente mantiene muchos rasgos de la liturgia católica tridentina.

A Cristo generalmente se le asocia con el astro diurno, y su culto reviste una especial relevancia para la legitimación de los gobiernos tradicionales. A diferencia de los mitotes, donde los textos de los cantos son muy importantes, en las fiestas católicas predominan la acción ritual, grandes batallas rituales y otras escenificaciones que actualizan los mitos que narran la del Cristo-sol.

En la mayoría de las comunidades de la región, la Semana Santa o Judea es una de las fiestas más

importantes de todo el ciclo ritual anual. Se trata de una ceremonia de los equinoccios de primavera que vincula la fertilidad agrícola y la reproducción del cosmos con el culto al Cristo-sol. Lo que se celebra es su muerte, a manos de los judíos –un ejército de demonios nocturnos de la fertilidad– y la resurrección del padre mítico de los coras.

Las fiestas como la de Semana Santa son posiblemente una transformación de antiguos ritos de carácter militarista, donde las "guerras floridas" iniciaban y culminaban con mitotes. En una época, las ceremonias católicas fueron sin duda introducidas por los misioneros con el propósito de sustituir prácticas "idólatras", como los mitotes que generalmente continuaron realizándose en la clandestinidad. Pero en el momento en que disminuyó esta presión exterior, los indígenas del Gran Nayar no dejaron de celebrar fiestas católicas como la Semana Santa. Por otra parte, los estudios sobre la religiosidad y las cosmovisiones actuales demuestran claramente que el impacto que pudieran haber tenido los misioneros en el ámbito de las concepciones fue mínimo, ya que el sincretismo religioso sólo adoptó las formas cristianas, pero no sus contenidos.

PURÉECHERIO

Catalina Rodríguez Lazcano

La palabra *puréecherio*, acuñada por profesionistas purépechas y literalmente traducida como "la tierra de los purépechas", comprende todo aquello que es propio de los purépechas: el territorio, las familias, los ancestros, los poblados, la comunidad, la tradición y *el costumbre*.

El pueblo purépecha se identifica con una historia común que se remonta a los tarascos antiguos, uno de los últimos pueblos incorporados a la civilización mesoamericana. Se asentaron en el occidente de un territorio poblado por otras culturas y convivieron con ellas mediante el comercio, la guerra y las alianzas políticas y matrimoniales.

La etnia purépecha se configuró a partir de la primera mitad del siglo XVI, cuando los gobernantes tarascos entregaron el reino al imperio español. Desde entonces se inició la refundación del pueblo sobre la base de un territorio, una manera de organizar las actividades económicas, un gobierno sustentado en las repúblicas de naturales y la conversión al cristianismo, readaptando la antigua visión del mundo e incorporando en ella la visión hispana.

Estas repúblicas se mantuvieron durante la Colonia e incluso sobrevivieron a la Guerra de Independencia, a principios del siglo XIX. A partir de la segunda mitad de dicho siglo se instituyeron los municipios, lo que desapareció las repúblicas y parte de las premisas que las sustentaban. Dejaron de existir las tierras corporadas que las soste-

nían, el gobierno local propio, encarnado en el cabildo, e importantes instituciones de integración, como el hospital, pero continuaron y continúan reproduciéndose buena parte de las premisas que hacen posible al pueblo representado en esta sala.

Hoy, como antaño, en la región existen grandes concentraciones de familias asentadas en numerosos poblados. Se distinguen cuatro subregiones: la sierra, el lago, la cañada y la ciénaga. Un ejemplo de las características que el medio induce lo constituye la vivienda, la cual todavía en la primera mitad del siglo XX podía diferenciarse entre habitaciones de madera para la sierra, de adobe para el lago y una combinación de materiales para la ciénaga y la cañada.

La sociedad se compone de un conjunto organizado de familias que interactúan a lo largo del ciclo de vida de los individuos y en los momentos importantes de la comunidad. Una posible característica en estos grupos domésticos es el uso de la lengua purépecha para comunicarse, pero este rasgo no es indispensable, como tampoco el de poseer alguno de los fenotipos distintivos de la región.

La vida de los habitantes del puréecherio se rige por la presencia de un ciclo anual, estrechamente relacionado con el periodo vegetativo de la milpa, y con los calendarios del trabajo en el bosque, la pesca, las artesanías, el comercio y la migración. Aun cuando los grupos domésticos cada vez dependen menos de la agricultura del maíz, el frijol y la calabaza, buena parte de sus referencias

Pescadores purépechas, Lago de Pátzcuaro, Michoacán.
La cuenca del lago es la región más estudiada de las cuatro que componen el Puréecherio. Es una región de gran belleza y también de grandes problemas como la contaminación de las aguas y la escasez de recursos naturales.
Fototeca de la Subdirección de Etnografía del MNA-INAH.
Fotógrafo: José Pablo Fernández Cueto.

cronológicas se asocian con el periodo natural de estos cultivos y, en consecuencia, también se relacionan con el ciclo litúrgico cristiano. Muchos de los momentos clave de la vida de las comunidades ocurren en periodos propicios del ciclo agrícola, como en la etapa de maduración del maíz, o la posterior a la cosecha; la primera porque es un lapso ocioso que se puede aprovechar, por ejemplo, en la realización de trabajo comunal destinado a obras de beneficio público, y la segunda porque es una época de desahogo económico, propicio para la celebración de bodas y otros ritos sociales.

La observancia de este ciclo milpero se funda en un conocimiento ancestral y en una idea colectiva sobre el origen del mundo, de los astros, de los elementos naturales y del lugar que los seres vivos y los inanimados deben guardar dentro del conjunto. Esta idea colectiva, asumida como "creencia", incluye la existencia de tres niveles en el universo: *auandarhu*, espacio habitado por los dioses y, en términos cristianos, por tatá Jesucristo y los santos; *uarhicho*, sitio para el descanso de las ánimas, y *echerio*, lugar del hombre y la naturaleza, según nos comunicó Benjamín Lucas Juárez, oriundo de la región. En este último nivel conviven hombres, mujeres, plantas, piedras y seres sobrenaturales o apariciones, entre ellas las almas de los difuntos que se honran en los panteones. Estos seres sobrenaturales funcionan como guardianes de un orden social establecido, castigando a quienes lo infringen o protegiendo a quienes se apegan a él y acatan *el costumbre*, entendiendo por éste la forma específica como se conforma la normatividad social en cada región.

El costumbre exige la escrupulosa observación del ciclo festivo religioso. Dicho ciclo tradicional dispone ordenadamente las fiestas dedicadas a la Virgen María y las fiestas dedicadas a Cristo. El primer grupo marca el inicio del ciclo y su celebración se sitúa entre el 8 de diciembre (día de la Virgen de la Concepción) y el 2 de febrero (dedicado a la Virgen de la Candelaria). En ese periodo se realiza el cambio de responsables dentro del sistema de cargos de los distintos santos, incluido

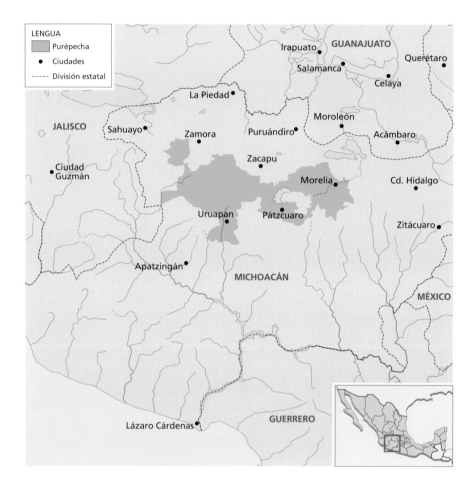

el santo patrón tutelar. Junto a la Virgen –la cual, según algunos autores, encarna a naná Cutzí, la luna– se venera también el advenimiento del Niño Dios, quien para esos mismos autores representa el nacimiento del sol o de Curicaueri. Este acontecimiento se rememora encendiendo una luz en lo alto de un poste erigido para la ocasión.

El segundo grupo de celebraciones incluye la Semana Santa y las fiestas dedicadas a los cristos, como la que se realiza en octubre en Patamban y durante la cual se colocan tapetes de aserrín y arcos por los que transita el Santísimo Sacramento, representando a Jesús.

El costumbre dicta que las celebraciones se complementen con música o con danzas acompañadas de música, ya que mediante su interpretación sucesiva se repite el relato que se escenifica a lo largo del año, teniendo como actores a los danzantes y al propio pueblo. Por su parte, la fiesta del santo patrón en ciertos momentos se inserta en el

Mapa de la región purépecha.

Paisaje de la Sierra, Angahuan, Michoacán.
La extensa región de la Sierra alberga numerosas poblaciones que,
además de trabajar la agricultura, extraen los cada vez más escasos
recursos forestales, como la madera y la trementina de los pinos.
Fototeca de la Subdirección de Etnografía del MNA-INAH.
Fotógrafo: José Conchello.

Solar, Aranza, Michoacán.
Recinto fundamental de la casa es el solar, donde realizan muchas actividades cotidianas como cultivo
de la huerta, crianza de animales domésticos y resguardo de los de trabajo, limpieza de las prendas,
elaboración de alimentos y manufactura de prendas.
Fototeca de la Subdirección de Etnografía del MNA-INAH.
Fotógrafo: José Conchello.

Aserradero, Nuevo San Juan, Michoacán.
Debido a los problemas ocasionados por la sobreexplotación
de los bosques, algunas poblaciones purépechas han desarrollado
exitosos programas para el uso racional del recurso.
Fotógrafo: Adalberto Ríos.

425

Virgen de la Concepción vestida de guare, Ihuatzio, Michoacán.
En algunos pueblos visten a la imagen de la capilla del hospital a la manera tradicional femenina: *enredo* o *rollo* como falda, *huanengo* como blusa, delantal y rebozo.
Fototeca de la Subdirección de Etnografía del MNA-INAH.
Fotógrafo: José Conchello.

Moros, Ihuatzio, Michoacán.
Por lo regular, la Danza de Moros se escenifica en las fiestas dedicadas a los santos patronos. Su organización está relacionada con la de los encargados de la fiesta patronal.
Fotógrafo: Adalberto Ríos.

ciclo de la Virgen María y Cristo, pero sigue su propio tiempo que culmina el día de la fiesta.

Contrariamente a lo que pudiera pensarse, *el costumbre* tiene la cualidad de adaptarse a nuevos festejos civiles, por ejemplo: la celebración de la fiesta del año nuevo purépecha o el agasajo a nuevos santos patrones adoptados por los purépechas migrantes en sus nuevos ámbitos de residencia, ya sea en el país o en Estados Unidos.

En estos nuevos contextos, los viejos valores adquieren también nuevos significados que se transmiten mediante símbolos ancestrales, como imágenes de santos, danzas, ofrendas de muertos, pero también por medio de nuevos emblemas, como la bandera purépecha, cada vez más difun-

dida, o la piedra en la que se graba cada año nuevo, y que el carguero saliente de la fiesta entrega al carguero entrante.

El cambio y la incorporación de nuevos símbolos dentro de *el costumbre* ayudan a los purépechas a afrontar las necesidades que surgen de situaciones antes desconocidas. Así, las nuevas luchas por los derechos y reivindicaciones étnicas encuentran justificación y apoyo en los valores heredados de sus ancestros. El empleo de la tradición para nuevos propósitos es sólo una muestra del conocimiento científico que los propios purépechas están llegando a tener de su propia cultura, no solamente como practicantes de ella, sino como sus estudiosos.

Cargueros, Uruapan, Michoacán.
Cada fiesta se celebra bajo el
cuidado de un encargado o
carguero y su esposa, quienes
mediante el sucesivo ejercicio de
cargos van ascendiendo en la
escala social del pueblo.
Los distintivos de la carguera
son los listones y las servilletas
en la cabeza.
Fotógrafo: Adalberto Ríos.

Preparación de corundas,
Ihuatzio, Michoacán.
El cumplimiento de un cargo
involucra también a otras
personas. Para preparar este tipo
específico de tamales se reúnen
varias mujeres que auxilian a la
esposa del carguero.
Fotógrafo: Adalberto Ríos.

OTOPAMES
Entre las montañas y el semidesierto del centro de México

Diego Prieto H.

«tsi do̲ni, tsi do̲ni, di tudo̲ni nuwa,
da du̲ki, da du̲ki to da ne,
pe nu̲ga hinga ma»

Canción otomí recogida en Ixmiquilpan
por Jaques Soustelle, 1937

(florecita, florecita, florezco aquí,
que me corte, que me corte quien quiera,
pero no me voy)

La familia lingüística otopame incluye una diversidad de pueblos que hablan ciertas lenguas emparentadas entre sí: otomí, mazahua, matlaltzinca, ocuilteco, chichimeca jonaz y pame. En el México actual, más de 450 000 personas mayores de cinco años emplean alguno de estos idiomas, con sus respectivas variantes. Así, más de 600 000 mexicanos permanecen vinculados a grupos domésticos que se inscriben en alguna comunidad de esta gran familia etnolingüística, la cuarta con mayor número de hablantes de las doce que engloban a las casi setenta lenguas indígenas que se hablan todavía en el país.

Estos pueblos se distribuyen de manera dispersa y discontinua en la parte central de la Altiplanicie Mexicana; cubren un área que se extiende por la vertiente norte del Eje Neovolcánico, desde la Sierra Madre Oriental hasta las zonas montañosas del oriente de Michoacán y penetra hacia el norte por el bajío y el semidesierto hasta la Sierra Gorda y la zona media de San Luis Potosí. Por tanto, las comunidades de filiación otopame se ubican en los estados de México, Hidalgo, Querétaro, Guanajuato, San Luis Potosí, Veracruz, Puebla, Tlaxcala y Michoacán. También es preciso considerar la presencia de un creciente número de indígenas migrantes, vinculados con alguno de estos grupos etnolingüísticos, en la capital y en otras grandes metrópolis del país, así como en diversos lugares de Estados Unidos, hasta donde llegan en búsqueda de opciones que les permitan vivir.

Se trata, como puede observarse, de grupos que claramente se asentaron en el altiplano, sobre tierras altas, por encima de los mil metros y que incluso llegan a rebasar los tres mil metros de altitud. De tal suerte que Torquemada consideraba a los otomíes "gente serrana", y en la *Historia Chichimeca* de Fernando Alva Ixtlilxóchitl, los otomíes que salvan la vida de Nezahualcóyotl aparecen como conocedores de la montaña. Así, el hábitat de estos pueblos comprende nichos tan disímbolos como el Valle de Toluca-Ixtahuaca, la Sierra de las Cruces, el Valle del Mezquital, la Sierra de Hidalgo-Puebla, la Sierra Gorda y el semidesierto de Querétaro-Guanajuato.

Desde el punto de vista lingüístico, la familia otopame puede subdividirse en cuatro subfamilias: 1) La otomiana, que incluye al mazahua y al otomí en sus diversas variantes, y que es, con mucho, la más numerosa, pues concentra al 97 por ciento del total de hablantes de lenguas otopames, y es la más extendida en términos geográficos; 2) La matlaltzinca, que comprende al matlaltzinca y al ocuilteco, cuyos hablantes se ubican en unas cuantas poblaciones muy acotadas del Estado de México; 3) La pame, de la que sólo queda el pame del norte que se habla en San Luis Potosí y zonas reducidas de Querétaro; y 4) La chichimeca, de la que sólo se conserva un contingente de hablantes

Mujer tejiendo ixtle en telar de cintura, Hidalgo.
Fototeca de la Subdirección de Etnografía del MNA-INAH.

Cohetero, Hidalgo.
Fototeca de la Subdirección de Etnografía del MNA-INAH.

Máscara de la Danza de los Matachines, Hidalgo.
Fototeca de la Subdirección de Etnografía del MNA-INAH.

Familia productora de comales de barro, Hidalgo.
Fototeca de la Subdirección de Etnografía del MNA-INAH.

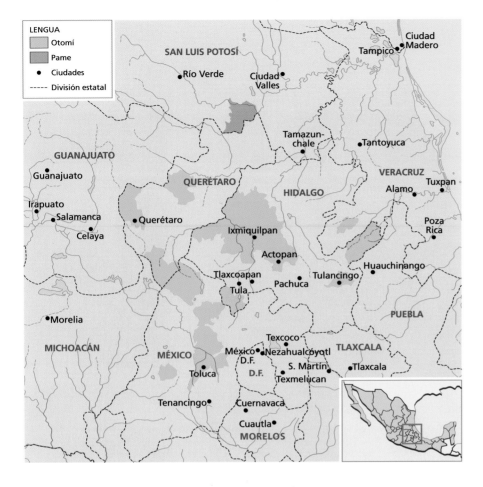

LENGUA
Otomí
Pame
• Ciudades
----- División estatal

SAN LUIS POTOSÍ
• Río Verde
Ciudad Valles
Tampico •
Ciudad Madero
Tamazunchale
• Tantoyuca
GUANAJUATO
Guanajuato
VERACRUZ
Álamo • Tuxpan
QUERÉTARO
HIDALGO
Irapuato
Salamanca
Celaya
• Querétaro
Ixmiquilpan
Poza Rica
Actopan
Tlaxcoapan
Tula
Pachuca
Tulancingo
Huauchinango
PUEBLA
• Morelia
MICHOACÁN
MÉXICO
Toluca
Texcoco
México •
D.F.
• Nezahualcóyotl
D.F.
S. Martín
Texmelucan
TLAXCALA
• Tlaxcala
Tenancingo •
Cuernavaca
Cuautla •
MORELOS

Mapa de la región otomís y pames.

de chichimeca jonaz en el municipio guanajuatense de San Luis de la Paz.

Diversas interpretaciones consideran que los antepasados de quienes hablan ahora idiomas de esta familia pueden ubicarse entre los primeros agricultores que ocuparon la Mesa de Anáhuac, lo que se sustenta en el hecho de que la otopame resulta la familia más septentrional del extenso tronco lingüístico otomangue, al que pertenecen también las lenguas de la gran familia oaxaqueña (como el zapoteco, mixteco, mazateco y amuzgo). Por tanto, se puede suponer que tanto los primeros grupos otomianos provinieron del sureste de México como la domesticación del maíz, punto de partida de la civilización mesoamericana, se deben en alguna medida a los otopames antiguos.

A principios del siglo XVI, la mayor parte de los pueblos otomianos estaba bajo el dominio mexica, con excepción del señorío de Metztitlán, las comunidades otomíes de las montañas de Tlaxcala, y las que se encontraban en las regiones más occidentales, bajo la influencia de Tzintzuntzan. Por su parte, el territorio de pames y jonaces se extendía desde Ixmiquilpan y Meztitlán hacia el

oeste, por el río San Juan y la ribera norte del Lerma, hasta llegar a Acámbaro y Ucareo, alcanzando hacia el norte hasta el Gran Tunal, en San Luis Potosí y Xichú, en Guanajuato.

Los pames compartían muchos rasgos de los grupos que, los nahuas primero y los españoles después, llamarían genéricamente chichimecas. Tenían una economía basada en la recolección y la caza; completaban su dieta mediante el cultivo eventual del maíz y otras plantas, como el maguey. Eran conocedores de las plantas típicas del semidesierto, como mezquite, nopales, yucas, agaves y cactáceas; y también cazaban pequeñas especies y ocasionalmente venados o tigres de monte.

La caída de México-Tenochtitlan en 1521, modificó bruscamente el horizonte político mesoamericano. Los grupos otomíes buscaron su expansión hacia el norte, sobre el territorio reconocido por los nahuas como Chichimecapan y fundaron diversos pueblos a lo largo del siglo XVI, desde San Juan del Río y Querétaro, hasta Tolimán, Xichú y Tierra Blanca, con la anuencia de los españoles que buscaban así pacificar los caminos hacia las minas de Guanajuato, San Luis Potosí y Zacatecas.

Los chichimecas que habitaban estos territorios retrocedieron ante el avance de otomíes y españoles, pero ofrecieron también una feroz resistencia. Entre 1550 y 1591 se libró la guerra chichimeca contra los blancos y sus aliados indios. Muchas tribus fueron exterminadas; sólo algunos núcleos de pames y jonaces aceptaron congregarse en pueblos y misiones, como San Luis de la Paz, mientras que otros se mantuvieron en la resistencia hasta el siglo XVIII, cuando los intereses de hacendados y mineros empujaron una nueva ofensiva que tuvo su punto culminante en 1748, con la masacre del Cerro de la Media Luna.

En el presente, la gran mayoría de los habitantes de las comunidades otomí-pames son católicos, pero incorporan una serie de elementos autóctonos en su cosmovisión y ritualidad, que ellos reconocen como *el costumbre*, consistente en un saber y una tradición que se transmite de una generación a otra, de los abuelos a los padres y de éstos a sus

Cultivo de maguey, Dongú, Estado de México.
Fototeca de la Subdirección de Etnografía del MNA-INAH.

hijos. Apegarse a las normas que prescribe *el costumbre* ha permitido a estos pueblos mantener su identidad y rasgos culturales distintivos.

Las fiestas anuales que forman parte de la ritualidad tradicional de estas comunidades se relacionan con los cambios estacionales, con las etapas del ciclo agrícola, con el tránsito de la vida y la muerte, y con los símbolos que nutren la devoción y articulan la identidad de cada pueblo. Este ciclo se inicia en la transición del invierno a la primavera, antes de la siembra del maíz de temporal, con las fiestas de la Candelaria, el Carnaval, Semana Santa, la Santa Cruz, San Isidro Labrador y Corpus Christi, todas ligadas a la fertilidad, la petición de lluvias y el culto a la tierra, al agua y al "señor del monte". La secuencia festiva culmina con los "días de muertos" y la celebración de la Virgen de Guadalupe, antes del invierno y después de levantar las cosechas, cuando se da gracias por los bienes recibidos y se ofrenda a las *ánimas* de los difuntos para que cuiden a los parientes que siguen en esta tierra.

El calendario festivo de cada pueblo gira alrededor de la celebración de su "santo patrón" (o "patrona"), protector y para algunos fundador de la comunidad. Esta figura define un centro simbólico, representado por la "iglesia mayor", que articula diversos barrios, poblados o ranchos que se identifican como una sola comunidad, entendida ésta como unidad territorial, simbólica y política.

Los pames o *xi'ui,* como ellos mismos se denominan, mantienen antiguas tradiciones relacionadas con su pasado seminómada; por ejemplo, el caso de los rituales para honrar a los dioses de la naturaleza, como los cuatro puntos cardinales, el venado y el "trueno mayor", la divinidad principal en su religión autóctona, a la que se invoca cuando hay sequías o tempestades.

Una manifestación religiosa característica de los pueblos otomíes es la presencia de oratorios familiares integrados en el espacio doméstico, que son el asiento de diversas actividades rituales ligadas a la veneración de los antepasados, los ritos funerarios, la comunicación con los difuntos,

Lobito de la Danza de los Vaqueros, zona arqueológica de Huamango, Estado de México.
Fotógrafo: Jesús Valdovinos.

Pastora otomí.
Fotógrafo: Jesús Valdovinos.

la organización familiar y ritual de la comunidad. Aunque esta tradición se ha perdido en muchos lugares, algunos pueblos *ñäñho*, *ñäñhä* o *ñäñhú*, como ellos se denominan en su lengua materna, siguen usando sus capillas u oratorios domésticos para ofrendar a los muertos, recibir a las *ánimas*, venerar a "los abuelitos de antes", o *ya xita*, velar los santos y transmitir los cargos rituales. Las capillas familiares constituyen entonces un elemento integrador del grupo social en sus tres niveles: la casa, la parentela y la comunidad.

La vida de los grupos otopames se sustenta principalmente en el cultivo del maíz, al que asocian otras actividades agrícolas y recolectoras. Hasta en las áridas regiones del semidesierto, los grupos *ñäñhä*, de habla otomí pero de origen chichimeca, y las familias chichimeca jonaces de San Luis de la Paz, que se reconocen como *ezar*, se las ingenian para sembrar la milpa, aunque su producto muchas veces alcance apenas para reponer la semilla que plantaron y recoger algo de rastrojo para los animales.

Desde tiempos prehispánicos hasta la actualidad, los otopames han aprovechado de distintas maneras el maguey, desarrollando tecnologías para su cultivo y explotación, desde la extracción del aguamiel para el pulque hasta la obtención de fibras para textiles, ayates y mecapales. Así, desde la antigüedad los pueblos otomianos han tenido fama de excelentes tejedores, por lo que prendas de gran colorido y riqueza ornamental, como los bien conocidos *quechquémitl* (prenda femenina integrada por dos rectángulos unidos de manera que forman un cuadrado –con una abertura al centro– cuyos picos rectangulares caen al frente y hacia atrás), los picos de la prenda, las vistosas fajas con que las mujeres sostienen el enredo (falda que consiste simplemente en un tramo de manta de algodón doblada que se enrolla en la cintura y se sostiene con una faja bordada, comúnmente de lana u otras fibras), y diversas artesanías elaboradas para la venta.

SIERRA DE PUEBLA
María Eugenia Sánchez Santa Ana

La Sierra de Puebla está enclavada en la parte norte del estado del mismo nombre, y rodeada por el valle poblano tlaxcalteca, la sierra de Hidalgo y el estado de Veracruz. La integran dos regiones: una se extiende entre los 1500 y los 200 metros sobre el nivel del mar, y la otra consiste en una franja estrecha conocida como la Bocasierra que se eleva entre los 2500 y 1500 metros sobre el nivel del mar, donde se ubican las principales ciudades y centros rectores.

En la época prehispánica esta serranía formó parte del antiguo Totonacapan, ligado al Señorío de Zempoala, donde se asentaron importantes culturas mesoamericanas. Por su ubicación estratégica entre el Altiplano Central y la Costa del Golfo y su clima favorable para los cultivos fue muy codiciada y los mexicas la convirtieron en su tributaria.

Desde la época prehispánica, en la confección regional de textiles se ha usado una clase de algodón que en nahua recibe el nombre de *coyuchi* o *coyoichcatl*, por sus tonalidades que van desde el café muy claro hasta el más oscuro. Después de la Conquista, y a partir del siglo XVI, los españoles comenzaron a introducir materiales como la lana y la seda.

Actualmente los habitantes de la zona tejen con instrumentos de manufactura doméstica; tuercen las fibras con el malacate y el huso, y tejen con el telar de cintura. Con estos utensilios la mujer hila y teje lienzos con diversas técnicas y materiales, lo que le permite confeccionar ya sea telas gruesas, o bien delgadas y transparentes.

Son variadas las técnicas empleadas en la elaboración del *quechquémitl* (prenda en forma de triángulo con el que las mujeres se cubren el torso), la faja o cinturón, el *cotón* (especie de túnica o frazada masculina), el enredo (pieza textil femenina de forma rectangular que se usa ceñida a la cadera) y las piezas ceremoniales. Entre los procedimientos empleados destacan el tejido sencillo, en curva, de gasa y brocado, habituales en la indumentaria serrana.

En la actualidad, la agricultura es la base de la economía; el café ocupa un lugar importante, sobre todo en los municipios de Cuetzalan, Zihuateutla, Tlacuilotepec, Xicotepec y Teziutlán, ya que se vende incluso en mercados internacionales. Estas poblaciones complementan su economía mediante la comercialización de flores, aguacate, limón, papa, naranja y caña de azúcar; con ésta elaboran la panela o piloncillo, que sustituye al azúcar, y también preparan el refino, bebida alcohólica que se consume en la sierra.

Los pueblos de la región preservan la manufactura tradicional del papel amate; la población que lo comercializa en mayor volumen es San Pablito Pahuatlán, donde hombres, mujeres y niños participan por igual en el proceso. Amates, morales, limoneros y jonotes son los árboles que más usan para ello.

En este horizonte de relieve accidentado, con altas montañas, escarpados acantilados y misteriosas barrancas, conviven desde hace siglos cuatro

Durante las fiestas de Cuetzalan, las mujeres portan sobre la cabeza el *maxtahual* –tocado confeccionado con cintas negras y verdes, o negras y moradas– sobre el cual se coloca un *quechquémitl* de gasa.
Fototeca de la Subdirección de Etnografía del MNA-INAH.
Fotógrafo: José Pablo Fernández Cueto.

435

grupos indígenas: nahuas, totonacas, otomíes y tepehuas, los cuales comparten elementos culturales, en algunos casos con pequeñas variantes por
lo que resulta difícil delimitar las zonas que cada
etnia ocupa, ya que en la mayoría de los municipios conviven varios de ellos, con excepción de
aquellos pueblos divididos por fronteras naturales.

No obstante, es posible ubicar a los nahuas al
este, oeste y sur de la sierra; hacia el este, colin-
dando con el estado de Veracruz, a los totonacos;
los otomíes habitan en el noroeste, y los tepehuas
se asientan en los límites de Puebla, Hidalgo y Veracruz.

El nahua es el grupo mayoritario y habita en
casi todos los municipios, como Teziutlán, Tetela
de Ocampo, Pahuatlán, Zacapoaxtla, Cuetzalan y
Chignahuapan. Al igual que en otras etnias, su
cosmovisión parte del principio de la dualidad
expresada en binomios como el bien y el mal, la
noche y el día, lo frío y lo caliente; su vida se desarrolla en estrecha relación con la naturaleza, morada de sus dioses, quienes los gobiernan, y
protegida por los dueños del cerro, del agua, del
fuego y el viento.

En el ámbito serrano existen lugares de culto;
son puntos que los elegidos transitan para pene-
trar en el inframundo o transportarse a planos superiores. De acuerdo con la mitología serrana, los
seres sobrenaturales los emplean para arribar a la
tierra y beneficiar o dañar a los humanos. Montañas, montes, cuevas, cañadas, nacimiento de arroyos, árboles y oquedades son parte de esos
lugares de culto, como la Xochipila.

Los totonacos habitan principalmente los municipios de Camocuautla, Huehuetla, Jopala y Te-
pango de Rodríguez, entre otros. Múltiples cargos
debe desempeñar un hombre a lo largo de su vida,
ninguno remunerado, pero sí de prestigio, ya que
dentro de la organización social y de los cargos religiosos el hombre adquiere autoridad. Desde su
adolescencia el hombre empieza a desempeñar estos cargos religiosos que van desde topiles (rango
más bajo, encargado del mantenimiento de la iglesia), mayordomos (patrocinandores de la fiesta de

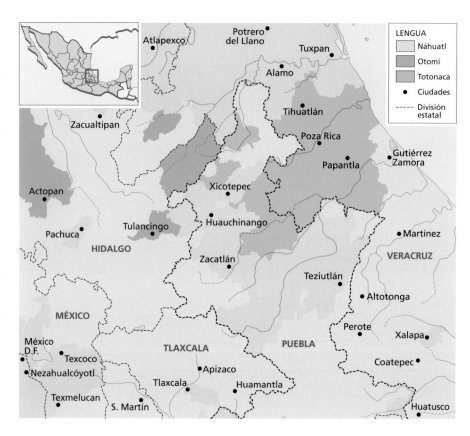

Mapa de la Sierra de Puebla.

las imágenes que se encuentran en la iglesia) y fiscales (máxima autoridad religiosa, que funciona
como consejo de ancianos).

Los cargos religiosos están destinados a dotar
de infraestructura a la celebración de los acontecimientos mayores del ciclo ceremonial; le corresponde al mayordomo realizar sacrificios
financieros importantes durante su año de gestión; organizar la festividad del santo patrono de
la comunidad, contratar a coheteros, danzantes,
músicos y preparar la comida para la celebración.

El inicio del festejo se anuncia con cohetes, rit-
mos de *teponaztle* (tambor) y repiques de cam-
panas. Desde ese momento los coheteros se
dedican a construir los castillos pirotécnicos que
se quemarán durante la festividad, en la cual son
relevantes las danzas de los Voladores, Quetzali-
nes y Juegues, de reminiscencia mesoamericana,
en tanto los Santiagueros y los Negritos remiten a
la época de la colonia.

La religión de los otomíes combina elementos
católicos y mesoamericanos; veneran a San Pablo
y a la Virgen de Guadalupe y también honran al

Paisaje de la Sierra de Puebla, Camino
a San Pablito, Puebla.
En esta zona existe una exuberante vegetación
de bosque de pino-encino y de enebro-pino,
liquidámbar y jamoncillo. El clima
es sumamente húmedo debido a las
constantes lluvias que en ocasiones se
transforman en tormentas.
Fototeca de la Subdirección de Etnografía del MNA-INAH.
Fotógrafo: José Conchello.

Campo de cultivo, Naupan, Puebla.
Como la mayoría de los grupos indígenas, los
serranos se dedican a la agricultura: producen
maíz, frijol, haba, chícharo, árboles frutales y
café. La estabilidad de la familia depende en
gran medida del éxito de la cosecha.
Fototeca de la Subdirección de Etnografía del MNA-INAH.
Fotógrafo: José Conchello.

Señor del Monte, al Sol, la Luna, la Sirenita y los espíritus de las semillas.

En el presente, la diversidad arquitectónica de las viviendas está determinada por los recursos naturales y económicos con los que cuentan sus habitantes. Las casas son de troncos cuando se asientan en el bosque húmedo de montaña; de tablas o de piedra en la sierra templada, lo que, de acuerdo con los recursos económicos disponibles, está cambiando a tabicón y mampostería. Entre los anexos se encuentra el temazcal o baño de vapor; el granero, donde se guarda la cosecha anual producto del trabajo agrícola; y el corral, para resguardar las aves o cerdos.

Para los serranos, la casa simboliza las características del universo. Tiene una importancia fundamental porque es un espacio de interacción social y ritual; social porque ahí se desarrollan las actividades que abarcan desde el nacimiento hasta la muerte, y ritual porque es el sitio donde el jefe de familia se pone en contacto con los dioses para obtener sus favores y homenajearlos. En la habitación existen dos lugares de culto que relacionan a los habitantes con sus antepasados: el fogón y el altar.

Los tepehuas son el grupo menos numeroso de esta región; habitan en las estribaciones de la Sierra Madre Oriental, en un terreno de cañadas y pequeños valles; residen en algunas localidades del municipio de Pantepec y al norte del estado de Veracruz e Hidalgo, donde conviven con nahuas, totonacos y otomíes.

Entre los tepehuas, al igual que en otros grupos, es común que ellos mismos elaboren su indumentaria, sobre todo la que portan las mujeres, consistente en enredo, blusa, faja y *quechquémitl* tejido en telar de cintura.

En los últimos años, la elaboración de artesanías en la Sierra de Puebla atraviesa por un proceso de transformación, pues de actividad de autocon-

Mujeres en procesión, Cuetzalan, Puebla. Siguiendo el calendario ritual, los nahuas celebran a lo largo del año una serie de festividades como la del 12 de diciembre, en la que los peregrinos llegan en procesión con estandartes de cera y con imágenes de la Virgen de Guadalupe.
Fototeca de la Subdirección de Etnografía del MNA-INAH. Fotógrafo: José Conchello.

Baño Temazcal o de vapor, Naupan, Puebla. Tuvo uso muy extendido con fines curativos en la época prehispánica. Actualmente algunos pueblos lo usan para atender enfermedades reumáticas, nerviosas y especialmente los trastornos del parto.
Fototeca de la Subdirección de Etnografía del MNA-INAH. Fotógrafo: José Conchello.

Danza de los negritos.
Esta danza, aparente alegoría del trabajo que se realizaba en los molinos de caña, probablemente procede de Veracruz, donde se asentó durante la Colonia una numerosa población esclava negra.
Fotógrafo: Guillermo Aldana.

sumo ha pasado a ser parte primordial de la economía familiar. La riqueza artesanal de los cuatro grupos indígenas que habitan en la serranía está diversificada; en la manufactura de algunos objetos, los artesanos prefieren materias primas locales, como en la cerámica, la cestería y el papel, así como en el tejido de algunos textiles de algodón *coyuchi*; en tanto que para las blusas, algunos *quechquemes* y fajas emplean lana, algodón e hilo industrializados, por su bajo costo y el ahorro en horas de trabajo.

Entre las prendas que elaboran destacan los rebozos (chales que usan las mujeres para cubrirse los hombros) de San Andrés Tzicuilan por sus bordados; por su finura en el tejido, los de gasa manufacturados en Zacapoaxtla; entre los *quech-*

quemes y enredos, los de San Pablito Pahuatlán; y por lo vistosas, las fajas de Cuetzalan.

Actualmente la región se divide en zonas comerciales regidas por un calendario de mercados, los cuales convierten a las plazas en un espacio de interacción social, ya que hombres y mujeres concurren para realizar transacciones, efectuar algún trámite oficial o simplemente para encontrarse con amigos y parientes. Los mercados funcionan como centros rectores económicos ya que reciben a la población indígena de los cuatro grupos étnicos; destacan por su tamaño los de Cuetzalan del Progreso, Tetela de Ocampo, Xicotepec, Zacapoaxtla, Pahuatlán, Huauchinango, Zacatlán, Tlatlauquitepec, Teziutlán, Hueytlalpan, Tenango de Doria y Mecapalapa, entre otros.

Quechquémitl, prenda que utilizan las mujeres otomíes de San Pablito, destacan los bordados en punto de cruz con motivos florales y de animales en colores rojo y negro. En la parte inferior llevan una ancha franja de color magenta tejida en curva. La elaboración del *Quechquémitl* de gasa requiere altos grados de concentración y habilidad. Actualmente el tejido es tan fino que se puede confundir con el encaje.

Los otomíes de San Pablito elaboran diversas figuras antropomorfas llamadas *espíritus*. Destacan la Señora Arcoiris, la Sirena y la Reina de la Tierra, entre otros. Fotógrafo: Michel Zabé.

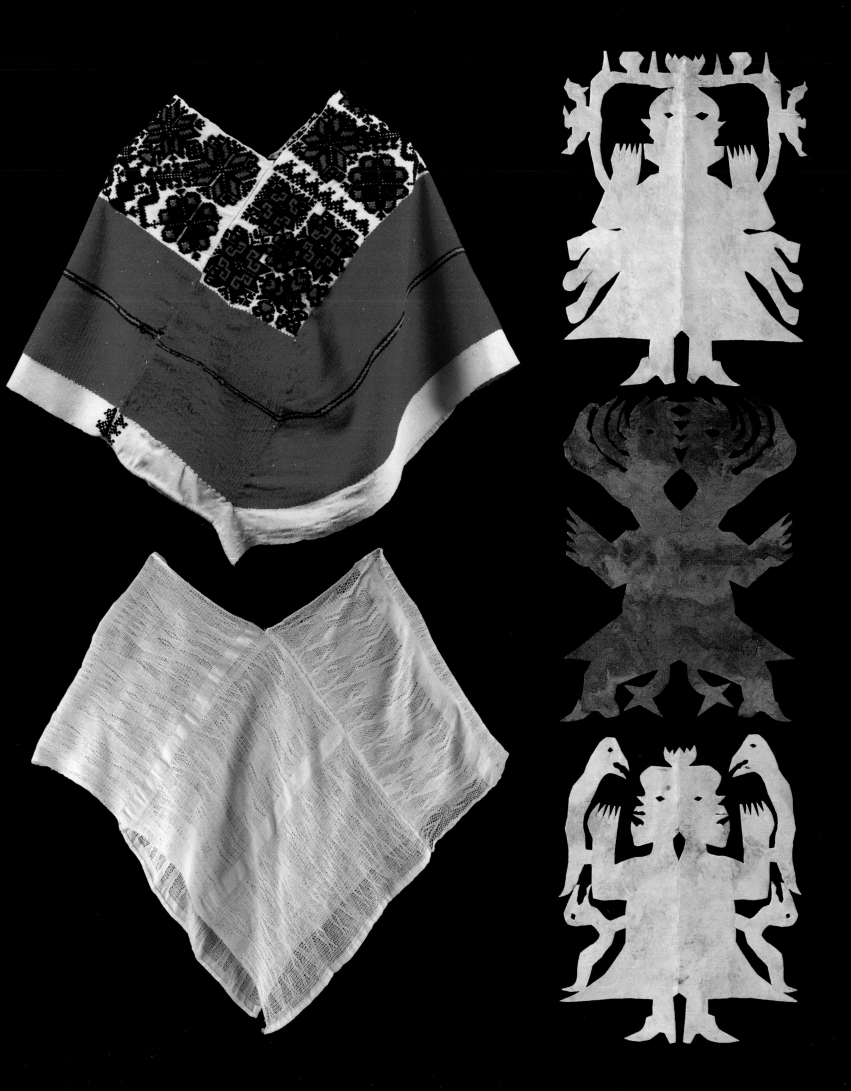

OAXACA

La región de las nubes.
Los pueblos indios del sur de México

Efraín Cortés
Roberto Cervantes

En el sur de México, donde confluyen la Sierra Madre del Sur y la Sierra Madre Oriental, y sus altas cumbres se coronan casi siempre de nubes, se localiza el espacio geográfico donde se asientan más de quince grupos étnicos: amuzgos, cuicatecos, chatinos, chinantecos, chocholtecas, chontales, huaves, ixcatecos, mazatecos, mixes, mixtecos, nahuas, popolocas, tlapanecos, triquis, zapotecos y zoques, así como la numerosa población descendiente de los esclavos de origen africano que acompañaron a los españoles desde el inicio de la Conquista.

Esta amplia región cultural, conocida como Oaxaca, incluye zonas extensas de los estados de Guerrero y Puebla. Aquí, desde antes de nuestra era, los zapotecos desarrollaron la gran civilización de Monte Albán, y los mixtecos plasmaron su propia historia en bellos y coloridos códices.

Una rica biodiversidad ha sustentado a los distintos pueblos del sur de México. Ríos caudalosos, arroyos y corrientes, selvas húmedas y secas, bosques frondosos, costas, esteros, dunas, playas y acantilados, planicies semiáridas y muy escasos y espaciados valles, conforman los paisajes que enmarcan la vida cotidiana.

Los variados nichos ecológicos han determinado las diferentes actividades productivas y la versatilidad cultural de sus grupos etnolingüísticos. Además de la cultura del maíz, y otros cultivos suplementarios, también se presentan la pesca, el pastoreo y la explotación forestal, así como diversas actividades complementarias.

Las culturas indígenas del sur se han adaptado a los diferentes ecosistemas que les deparó su destino histórico y el proceso colonial. Un inquebrantable principio de reciprocidad entre sus individuos, y una solidaridad comunitaria a toda prueba –vigentes incluso entre los migrantes– sustentan a los pueblos indios de Oaxaca para asegurar su reproducción, reafirmar su resistencia, defender su identidad, replantear sus derechos, proponer sus propias alternativas y contribuir a la fecunda pluralidad cultural de México.

En la antigüedad estos pueblos fueron constructores de ciudades, artífices de códices y de obras de arte. Su sociedad era compleja, con gobernantes que habitaban palacios y campesinos que labraban el campo y sostenían con su tributo a la nobleza.

Desde 1520, rumbo a Tenochtitlan, Cortés supo de los grupos tributarios de los aztecas asentados hacia el sur al recibir, en Izúcar de Matamoros, a una representación zapoteca que buscaba aliados para su lucha contra mexicas y mixtecos. Así, la región sur, y concretamente Oaxaca, fue objetivo inmediato del conquistador y de la empresa evangelizadora. Las primeras incursiones españolas alcanzaron los fértiles Valles Centrales, el Istmo de Tehuantepec y las sierras circundantes de Villa Alta.

Paralela a la conquista armada se efectuaba la cristianización que inició Fray Bartolomé de Olmedo y continuaron los frailes dominicos, cuya obra dejó huellas indelebles en Oaxaca. La con-

Paisaje de la región de las nubes, Huautla, Oaxaca.
Fototeca de la Subdirección de Etnografía del MNA-INAH.
Fotógrafo: José Pablo Fernández Cueto.

441

quista española inició un cambio radical; los campesinos ya no trabajaron para sus gobernantes, sino para los conquistadores. El impacto de la guerra, el trabajo excesivo, la imposición de una nueva religión y el devastador efecto de las epidemias, empobrecieron y simplificaron aquella sociedad.

El mural que introduce a la sala es de Arturo García Bustos, quien lo realizó en 1964; ilustra un mercado de la región del Istmo de Tehuantepec, donde se observa el papel preponderante de la mujer en el comercio (izquierda), y teniendo como fondo el ex convento del siglo XVI en Cuilapan, se muestran escenas de un día de plaza en los Valles Centrales, con vendedores mixes, zapotecos serranos, zapotecos del Istmo, mixtecos y mestizos que ofrecen y compran pan, maíz, aves domésticas (guajolotes), alfarería y cabras (derecha). En la parte central del mural, y con la presencia idealizada de una deidad zapoteca, se observa el aspecto culminante de una boda entre los mixtecos de Santa Catarina Estetla: la danza nupcial.

En un día de plaza en Pinotepa Nacional, Jamiltepec o Santa Catarina Juquila y localidades de la Mixteca de la Costa, es típico observar puestos donde afromestizos venden pescados secos o iguanas; a mujeres mixtecas vendiendo tortillas, y a hombres de esa misma etnia comerciando la jarcería que ellos mismos producen; también hay vendedores de chile costeño, de jícaras o guajes, de frutas y de artículos provenientes de las ciudades de México, Oaxaca y Puebla.

El tianguis de Tlaxiaco es representativo de la región de la Mixteca Alta. Ahí los vendedores o compradores son mixtecos, triquis, mestizos y costeños; además de vender productos de primera necesidad, también ofrecen reses, cabras y aves de corral. En los días de plaza se ofrecen artesanías, entre las que resaltan la cestería y los sombreros de palma. Estos productos los acaparan compradores en Tlaxiaco, Teposcolula, Nochixtlán y Tamazulapan, en la Mixteca Alta, y Huajuapan, Tezoatlán y otros, en la Mixteca Baja.

Los pueblos indios de Oaxaca encuentran su expresión en la comunidad campesina tradicional,

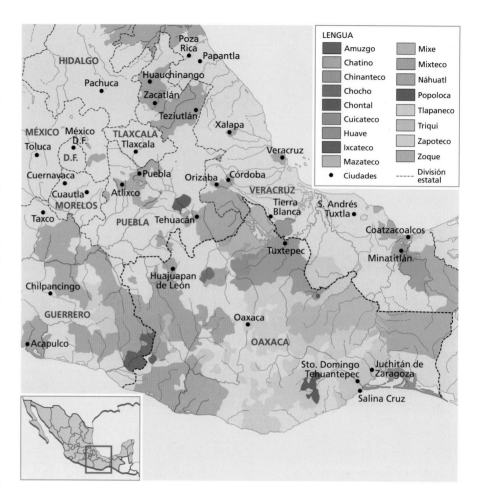

Mapa del estado de Oaxaca.

unidad social y económica fundada en las relaciones de parentesco y residencia de sus miembros, en un territorio que incluye barrios, parajes, congregaciones y rancherías. Todos esos pequeños sitios de población conservan la esencia de la civilización mesoamericana.

Una característica de la comunidad india es que predomina la propiedad comunal de la tierra, las instituciones de ayuda mutua y el trabajo no remunerado en servicio de la colectividad. Su estructura sociorreligiosa se sustenta en un sistema tradicional y obligatorio de cargos que asegura la participación de todos como manera de hacer frente al ciclo ceremonial de las fiestas devotas y a las tareas administrativas y judiciales derivadas de su inserción en una región geopolítica específica.

El cultivo de la milpa ha representado el eje económico fundamental de la cultura indígena, y en torno a su ciclo productivo se organizan las ac-

Mujer mixteca en el mercado, Magdalena
Peñasco, Oaxaca.
Fototeca de la Subdirección de Etnografía del
MNA–INAH. Fotógrafo: José Pablo Fernández Cueto.

Procesión religiosa en Santa María
Tlahuitoltepec, región mixe, Oaxaca.
Fototeca de la Subdirección de Etnografía del
MNA–INAH. Fotógrafo: José Pablo Fernández Cueto.

tividades laborales, el ciclo de vida y el calendario ritual de la familia y de toda la estructura social local. La comunidad indígena se define, además, por una variante distintiva de una lengua autóctona, una indumentaria particular y una producción artesanal diversificada. Su especificidad étnica se fundamenta en una concepción del universo o cosmovisión para definir al tiempo, al espacio y al hombre mismo en relación con las fuerzas naturales y sobrenaturales. También se singulariza porque la familia nuclear o grupo doméstico es la base de la organización social; su unidad y cohesión son indispensables para la supervivencia y la solidaridad comunitaria. En general, los grupos de familias nucleares emparentadas constituyen los distintos barrios o sectores que integran el pueblo.

La familia es la unidad de producción y consumo; en su interior cada miembro tiene una posición y una labor encomendada según su edad y género. Hoy, la participación de la mujer indígena en la economía familiar es cada vez más importante. En conjunto las familias participan en los trabajos colectivos destinados al beneficio de la comunidad, como el *tequio*. Este trabajo comu-

nal, gratuito y obligatorio, asegura los lazos de la unidad comunitaria.

El sistema más extendido de cultivo del maíz es el de temporal, en el que se incluye el de roza o *tlacolol*. Las herramientas usuales son machetes, coas, ganchos, azadones y una variedad de redes y cestos que son usados para el transporte o acarreo; también se incluyen palas, bieldos, arados de varios tipos y, cuando es posible, tractores. Además, como complemento, se usa una gran variedad de objetos de cerámica y cestería, así como carretas tiradas por yuntas de bueyes.

En los pueblos campesinos de las diversas etnias de Oaxaca, las fiestas católicas –Semana Santa, Corpus Christi, la Santa Cruz, Día de Muertos y Navidad– coinciden con las etapas del ciclo de cultivo del maíz. Así, las ceremonias son actos propiciatorios de la fertilidad y para pedir la lluvia en tiempos de siembra; otros actos rituales ayudan al cuidado del crecimiento de los maizales. Finalmente, en tiempo de cosecha se cumple con las ceremonias de acción de gracias.

Por otro lado, en lugares sagrados como cuevas, cerros y manantiales, se mantienen ritos que implican la continuidad del calendario agrícola de tradición indígena. En las fiestas de culto comunal resaltan las actividades sagradas y profanas, como procesiones, danzas, competencias deportivas –entre ellas, el juego de pelota mixteca–, bailes y banquetes, entre otras.

El cultivo que asegura la vida de la comunidad india es el maíz –junto con el frijol, la calabaza y el chile–, que idealmente debe ser suficiente, por lo menos para el consumo de la unidad doméstica o familiar; sin embargo, otros cultivos simultáneos, de acuerdo con la región, podrían ser café, caña de azúcar, arroz, ajonjolí, trigo, cebada, tabaco, maguey, cocotero y limonero.

También se consideran complementarias la explotación maderera, la recolección de fauna y frutos silvestres, la caza, la pesca –en ríos, mares y esteros– y la cría de algunos animales domésticos como gallinas, guajolotes, cabras, bovinos y equinos; éstos, además, constituyen una ayuda en las labores agrícolas.

Otra ocupación que equilibra la economía familiar es la elaboración de objetos e instrumentos de trabajo o de uso doméstico, así como un amplio catálogo de artesanías (alfarería, textiles, bordados, cestería y muchos productos más), destinadas a los mercados o tianguis locales, regionales y nacionales.

Entre los antiguos mexicanos el jaguar representaba al dios Tezcatlipoca, rival de Quetzalcóatl, cuya lucha simbolizaba la sucesión de la vida y la muerte, del día y la noche. También era la deidad de las tierras y las cuevas. A Tezcatlipoca, creador de la tierra, del agua, de la lluvia y de los productos agrícolas, se le relacionaba con el rayo y la muerte; era un dios bueno y malo, un espíritu simultáneamente creador y destructor. En las danzas actuales de los tigres, al igual que en las fiestas prehispánicas, se usan máscaras y espejos negros, ofrendas de maíz y frijol para la tierra y se escenifican juegos o peleas de hombres disfrazados de tigre.

Se trata de un complejo de danzas que escenifica la lucha del hombre con el jaguar. Por tanto, entre los pueblos de Oaxaca existen variantes

Desfile religioso en Ixtepec, zapotecos del Istmo, Oaxaca.
Fotógrafo: Adalberto Ríos.

como los tecuanes, tejorones, tlacololeros y chilolos. En general se representa la cacería del tigre que destruye al ganado; así, el dueño de cultivos y rebaño, convertido en cazador y auxiliado por su perro, mata al tigre. A continuación suele representarse la repartición de la carne del depredador.

Desde tiempos muy remotos los grupos étnicos de Oaxaca elaboran objetos utilitarios de cerámica, cestería y textiles. Actualmente, entre los zapotecos resalta la confección de alfarería en color verde, negro y anaranjado de Santa María Atzompa, San Bartolo Coyotepec y San Marcos Tlapazola, respectivamente. Entre los productos textiles figuran los sarapes de Teotitlán del Valle, las fajas de Santo Tomás Jalieza y las blusas de San Antonino Castillo Velasco y San Vicente Coatlán; de los zapotecos serranos e istmeños son muy conocidos los vestidos femeninos de Yalalag y de Betaza; algo similar ocurre con la indumentaria cotidiana de Tehuantepec y Juchitán, adoptada por mujeres huaves, mixes y chontales de los pueblos vecinos. Mención aparte merece el vestido de gala de las mujeres tehuanas.

Otras artesanías muy conocidas son los cestos de carrizo de San Juan Guelavía, los metates de Magdalena Teitipac, los objetos de piel y de hojalata de la ciudad de Oaxaca, y las redes de ixtle que manufacturan diversos pueblos serranos. Los mixtecos también elaboran objetos de cerámica y de madera, redes de ixtle y, sobre todo, tejen con palma tenates, petates, soyates, sopladores y, especialmente, sombreros.

Casa mazateca, región norte de la sierra, Oaxaca.
Fototeca de la Subdirección de Etnografía del MNA–INAH.
Fotógrafo: José Pablo Fernández Cueto,

Artesana de San Pedro Jicayán, mixteca de la costa, Oaxaca.
Fototeca de la Subdirección de Etnografía del MNA–INAH.
Fotógrafo: José Pablo Fernández Cueto.

Pastor huave, San Mateo del Mar, Oaxaca
Fototeca de la Subdirección de Etnografía del MNA–INAH.
Fotógrafo: José Pablo Fernández Cueto.

La cerámica de Oaxaca se caracteriza
por su variedad de formas, colores y diseños.
Piezas de la colección del MNA. Fotógrafo: Michel Zabé.

HUASTECOS Y TOTONACOS

Hugo García Valencia

La Costa del Golfo no es actualmente un área cultural, sino una vasta extensión del territorio mexicano donde se asientan algunos de los grupos indígenas de mayor antigüedad. Sólo existen evidencias de continuidad cultural entre los modernos huastecos y sus ancestrales predecesores, también llamados huastecos. Del complejo cultural olmeca prehispánico el único grupo de hablantes de zoque-popoluca, que por otra parte, es relativamente pequeño, parece estar emparentado con ellos. Los mixtecos, antes extendidos por todo el sur de Veracruz, ahora se han replegado en el vecino estado sureño de Oaxaca.

La aparición de los nahuas y totonacos en el área es más reciente y hay indicios de que el complejo cultural olmeca comprendía hablantes de alguna variante del nahua. Son más fehacientes las evidencias históricas que sitúan las migraciones nahuas y totonacas hacia fines del primer milenio de nuestra era. Mientras los totonacos se asentaron en el norte de Veracruz, compartiendo límites con los estados de Puebla y Veracruz, los nahuas lo hicieron en todas las áreas del Golfo de México; por lo tanto, sus características culturales se diferencian en muchos aspectos. Esto lo determinan no sólo la historia de sus asentamientos en el área, sino también los nichos ecológicos que ocupan. Dentro de una angosta franja del territorio mexicano de unos cuantos kilómetros de ancho se encuentra, al norte, la Huasteca, una región límite entre las zonas húmedas y tropicales y las

más áridas del norte del país. Además, hay altitudes que varían desde el nivel del mar hasta las montañas de más de 2 000 metros.

La habitación, la indumentaria y los cultivos corresponden, en gran medida, a las variaciones climáticas. A lo largo de la costa se encuentran casas de bajareque (enrejado de palos entretejidos con cañas y barro) y techo de paja, o viviendas con paredes de madera y techos de paja o teja. También prolifera el *tarro*, especie de bambú con el cual se construyen las paredes de las casas y tarimas que se usan como camas y mesas. Este tipo de habitación se conserva fresca y permite la ventilación. En la sierra hay casas bajas hechas con paredes de piedra y argamasa, con techos de teja que conservan el calor con más eficiencia, mientras que en lugares intermedios, la pared a veces es de piedra hasta cierta altura y el resto de madera, y los techos de paja o teja. Estos patrones habitacionales se han modificado drásticamente en los últimos años, debido a que materiales como el ladrillo, cemento, cal y varilla han suplido a los locales. Este proceso de cambio habitacional lo ha acelerado la migración local, regional e internacional que afecta a todas las áreas indígenas; por tanto, también hay casas de materiales no perecederos con servicios de agua entubada y sanitarios modernos, con marcos de ventanas de aluminio plateado o dorado y vidrios polarizados.

En la sierra todavía se tejen en telar de cintura cobijas y cotones de lana, *quechquémitls*, fajas que combinan lana y algodón, y objetos de algodón con variedades locales de esta fibra, como el casi extinto *coyuchi*, una variedad de algodón de color café natural. En todas las áreas se emplean telas comerciales, como manta y popelina, para elaborar localmente la indumentaria de hombres y mujeres. Tienen un amplio uso los morrales de zapupe –fibra de un agave– que elaboran los huastecos de las inmediaciones de Tantoyuca por medio de una técnica íntimamente relacionada con los tejidos en curva de la Sierra de Puebla y algunos lienzos coloniales.

El cultivo del maíz es habitual en todas las áreas indígenas del Golfo de México; aunque ha disminuido debido a los múltiples problemas que enfrentan los campesinos mexicanos, aún conserva una posición central en la dieta y la ideología indígenas. En cuanto a la dieta, existe un sinfín de recetas donde se emplea: atoles, tortillas, tamales, e innumerables platillos regionales, con las variantes particulares de cada área. Ideológicamente el maíz se relaciona con la concepción del mundo, las divinidades y los hombres; además, constituye la carne de los hombres que, al consumirlo, lo convierten en carne humana. En los mitos es fundador de la civilización, ya sea personalizado o divinizado. Combina los atributos femeninos y masculinos en una sola persona, y es un niño(a), protector de los humanos y dador del mayor bienestar, el alimento. Está asociado con el sol y, en algunos casos, con San Francisco y Jesucristo.

Al maíz lo amenazan dos elementos naturales: la sequía y el exceso de agua, fenómenos centrales en las preocupaciones reales y míticas de los indígenas del Golfo. Para propiciar la lluvia existen las peticiones en los cerros y las cuevas a los dioses del agua; pero no parece haber peticiones especiales para aplacar los ciclones que periódicamente afectan a la región, sino que fuerzas sin control –personificadas en Juan del Monte o Juan Aktzin entre los totonacos– son sometidas y enviadas al fondo del mar. Ahí, Juan pregunta constantemente cuándo es su santo, dato que se le oculta para evitar un diluvio. No obstante, al revolverse en su

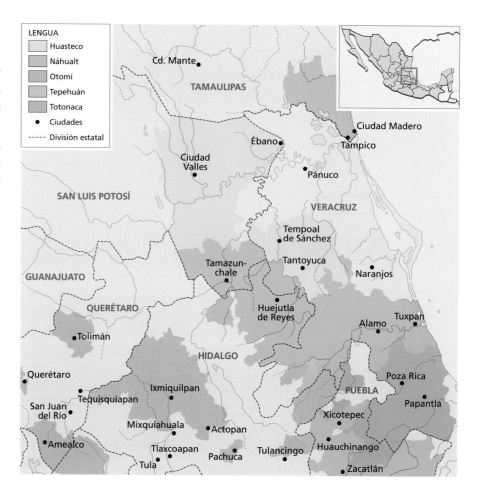

cautiverio, hace sonar sus cadenas, que se oyen como truenos y relámpagos.

El ciclo de lluvias excesivas y benéficas que propician la producción agrícola origina a su vez un ciclo de fiestas y celebraciones. Por ejemplo, las fiestas de San Juan y su corolario, las de San Miguel, así como las de Todos Santos, al final son centrales, ya que en los mitos narran cómo la cosecha de maíz es una fiesta de la abundancia y de convivencia entre vivos y muertos.

Los indígenas veracruzanos siempre han estado involucrados con el comercio de productos sofisticados. El de la sal y la vainilla en tiempos prehispánicos; el del azúcar, piloncillos, aguardiente, melazas y tabaco desde tiempos coloniales y, más recientemente, el café y la pimienta. Los cultivos en general están al amparo de las divinidades del monte, a quienes se invita con oraciones y rituales a beneficiar los cultivos y a proteger a los agricultores. El cultivo por excelencia es la milpa, sitio en

Mapa de la Costa del Golfo.

Familia huasteca
Fotógrafa: Elizabeth Peralta.

Parteras totonacas en el rito de levantamiento
de un recién nacido, Coahuitlán, Veracruz.
Fotógrafa: Elizabeth Peralta.

quisitos de ser un espacio para utilización humana separado del monte. Hoy, en sus fiestas, muchos de los santos católicos llevan guirnaldas de café, vainilla o cacahuates. Así, la producción está íntimamente relacionada con los ritos y las ceremonias más importantes de su vida.

En el ciclo de vida, la casa ocupa un lugar central, por ser el primer espacio social en el que se inserta el individuo. Así, cuando nace un niño, se invocan las fuerzas de las divinidades que protegen a los humanos, y no podrá abandonar la casa sin los amuletos y protecciones contra el mal de ojo (enfermedad que producen la envidia y la fuerza de la mirada de algunas personas), los malos vientos y el susto o espanto (enfermedad que provoca la pérdida del alma en lugares inhóspitos, ya sea debido a los duendes del monte o a varios entes sobrenaturales). A pesar del intenso calor, cuando un niño sale de casa se lo cubre con cobijas, sábanas, guantes, gorro y calcetines. Pero su protección más importante será, por algún tiempo, recibir su nombre personal, momento a partir del cual disminuye el número de amuletos y ya puede incursionar en espacios más alejados de su hogar. El ocultamiento del nombre en muchos casos obedece al temor de que se use para dañar a la persona. Es de llamar la atención la cantidad de nombres que las personas tienen en la actualidad, algunos "de chiste"; y se dan otros casos de individuos que se enteran, ya siendo maduros o de edad avanzada, que el nombre con que se les conoce no es el verdadero.

La contraparte del nacimiento y bautismo lo constituyen los ritos funerarios; en éstos se tiene buen cuidado de que el alma del difunto también abandone su antigua casa; el matrimonio implica para la mujer, un respeto, y para el hombre, una obligación, todo ello relacionado con el hogar. De ahí que los ritos del bautismo y el funeral sean de vital importancia. El rito matrimonial es importante, pero no tanto como los anteriores, mientras los demás sacramentos de la Iglesia católica romana son dispensables.

En la actualidad existe una gran diversidad religiosa entre los indígenas del Golfo. Además de las

donde se produce el maíz. Este sitio se solicita a los dueños del monte, para que pase de su dominio al de los humanos por medio de la roza y quema. Una vez dentro del dominio humano, las fuerzas de la tierra y del monte se combinan con el esfuerzo humano para favorecer la producción. A pesar de que es un cultivo reciente, sobre todo en lugares serranos, el café no ha escapado de esta lógica, y comparte las características del monte y la milpa, al mismo tiempo que cumple con los re-

Mujer nahua luciendo joyería regional, Soledad
Atzompa, Veracruz.
Fotógrafo: Adalberto Ríos.

Niña totonaca cargando a su hermanita,
Coahuitlán, Veracruz.
Fotógrafa: Elizabeth Peralta.

Pareja de mayordomos, Papantla, Veracruz.
Fotógrafo: Adalberto Ríos.

Danzante de los Negritos, Papantla, Veracruz.
Fotógrafa: Elizabeth Peralta.

Familia totonaca a la salida de la iglesia, después de haber bendecido los frutos de su cosecha.
Fototeca Nacional del INAH en Pachuca, Fondo Casasola.

de muchas comunidades indígenas del Golfo de México.

Hoy, los indígenas del área se encuentran inmersos en procesos de modernización, dentro de los cuales exigen un papel protagónico en cuanto a los asuntos relativos a su sobrevivencia como etnias. A su vida ritual y comunitaria las dañan los cambios climáticos producto del calentamiento global, que ocasionan que las lluvias se atrasen o adelanten, por lo que los tiempos de lluvia y sequía ya no coinciden con las fechas normales, y por tanto, salen del dominio de sus deidades tradicionales. Los montes, prácticamente desaparecidos, eran habitación de los seres míticos del panteón indígena y representaban, por un lado, una amenaza para las almas, cuyos dueños podían perderlas y, por el otro, cobijo y refugio para las comunidades en tiempos de adversidad o persecución. Ahora los *chaneques*, duendecillos del monte, se han trasladado a las ciudades, en donde siguen asustando a los adultos a toda hora y, en las noches, desvelan a los niños al invitarlos a unirse a sus juegos. Finalmente, el maíz transgénico, cuyo uso aún no se ha generalizado, plantea el problema de que ya no se reproduce con la invocación de los poderes sobrenaturales de la madre tierra y el concurso humano, sino mediante procedimientos de naturaleza dudosa y muy polémica.

Pero los indígenas tienen una gran capacidad de innovación; sus dioses se acomodan a los nuevos tiempos, como lo demuestra la oración de un curandero: "Ya sabemos que ya no te gusta el aguardiente, pues ahora te ofrecemos coca-cola". También amplían el rango de poderes de sus deidades, como lo hacía un sacerdote indígena que invocaba a las deidades de la lluvia, y piden protección incluso para gente que viene de Estados Unidos y de otras regiones del país.

numerosas iglesias protestantes a las que se han adscrito, también hay indígenas ortodoxos, anglicanos y algunos no religiosos. Sobresalen entre ellos, las prácticas indígenas centradas en las mayordomías y en los ritos ancestrales.

La tierra y su control ha sido un elemento central no sólo en la ideología indígena, sino también en sus luchas políticas, como garante de aspectos importantes de una identidad grupal y comunitaria. Asimismo, las fiestas y celebraciones regionales y locales se han defendido, a veces violentamente, contra los intentos unificadores de la Iglesia católica romana. En el siglo XIX la defensa de la tierra y de las fiestas a menudo generaron relevantes levantamientos indígenas. En el siglo XX a las manifestaciones anteriores se añadió la defensa del voto

PUEBLOS MAYAS

Catalina Rodríguez Lazcano
María Eugenia Sánchez Santa Ana

Los pueblos *mayas* son un conjunto de etnias que descienden de uno protomaya y que se desarrollaron paralelamente, vivieron sus propias historias y llegaron al siglo XXI con identidades bien perfiladas; por ello preferimos hablar de *mundos mayas* antes que abonar la idea de un *mundo maya* uniforme.

El antiguo pueblo protomaya se extendió sobre una franja cercana a la costa del actual Golfo de México que por el sur tocaba el Océano Pacífico. Dicha franja fue fragmentada por la llegada de otros pueblos, lo que dejó aislado a un núcleo del resto de los mayances que después sería conocido como huasteco. Hacia el año dos mil antes de nuestra era, la expansión protomaya torció su camino hacia el oriente, y los diferentes grupos de filiación mayance fueron hallando acomodo en el territorio de los actuales estados de la península de Yucatán, Tabasco y Chiapas, en México, así como en Guatemala, Belice, Honduras y El Salvador.

Los distintos pueblos descendientes de aquel tronco común tuvieron diferentes destinos, y los que sobrevivieron continuaron adquiriendo especificidad a lo largo de los trescientos años de la Colonia, lo que propició la formación de culturas regionales. Entre los factores de diferenciación de las 29 etnias mayas existentes en el área cabe mencionar, –además de las características ambientales y los antecedentes prehispánicos–, las políticas de colonización y evangelización, ésta última llevada a cabo por los frailes dominicos y franciscanos.

Los pueblos mayas ubicados en el territorio mexicano pueden dividirse en dos grupos: aquellos localizados en las montañas de Chiapas, arriba de los mil metros de altura, y los que habitan la planicie y las selvas situadas por debajo de esa altitud. En la sala se aborda cada grupo por separado.

Mayas de la planicie y las selvas

La región abarca la península de Yucatán, los municipios del centro de Tabasco y parte del norte y noreste del estado de Chiapas. En esa superficie se distribuyen cuatro etnias: mayas peninsulares o yucatecos, chontales de Tabasco, ch'oles y hach winik, clasificadas así principalmente por la lengua hablada, pero también por otros rasgos culturales que les dan identidad.

Los cuatro pueblos suman poco más de un millón de personas, suma que se elevaría si se contara a quienes ya no se comunican en la lengua de sus abuelos, pero conservan otros rasgos culturales como la cosmovisión, la religión, el conocimiento de las plantas y sus propiedades, la agricultura, la vivienda, la indumentaria, el trabajo artesanal, la comida y las fiestas.

Los mayas peninsulares conforman la segunda etnia más numerosa del país después de la nahua, con 799 696 individuos, pero a diferencia de ésta, la maya yucateca vive en un territorio continuo dentro de la península de Yucatán. Varios de sus

Rezo en la milpa, Chemax, Yucatán. Las etapas del ciclo agrícola son momentos propicios para la celebración de rezos, en los que participa un especialista o bien un *h'men* –hombre de amplia sabiduría– para cuidar los vientos durante la quema, atraer la lluvia durante la sequía o agradecer al final del ciclo. Fototeca de la Subdirección de Etnografía del MNA-INAH. Fotógrafa: Catalina Rodríguez.

asentamientos han permanecido habitados desde tiempos antiguos, como Mérida, Izamal y Acanceh; otros se fundaron en la Colonia mediante congregaciones, y otros más son de nueva creación, como Cancún, Puerto Juárez y Playa del Carmen. En estos últimos lugares las condiciones son poco propicias para la práctica de la agricultura maya yucateca; sin embargo, sus habitantes regresan a sus lugares de origen a sembrar alguna parcela con maíz, ibes (frijoles) y calabaza, para proporcionarle los cuidados necesarios –deshierbes, dobla y cosecha–, así como para ofrecerle uno o varios rezos y obsequios y obtener buenos frutos.

Los migrantes regresan también a visitar a sus familias en bautizos, bodas o fiestas religiosas, ocasiones en que degustan los alimentos elaborados *ex profeso*, y participan en los ritos que refuerzan la cohesión de la etnia. Entre esos actos debe incluirse actualmente la elección de autoridades políticas locales, que involucra tanto a los residentes permanentes como a quienes trabajan fuera de la comunidad y mantienen nexos con ésta.

En los cinco municipios del centro del estado de Tabasco habita el pueblo chontal, integrado por cerca de 39 428 personas.

En esta zona, por los suelos de baja altura corren abundantes corrientes fluviales y las tierras son anegadizas, lo que, aunado al clima tropical, propicia una vegetación rica y variada todo el año que los chontales han sabido aprovechar. Las tierras dan dos cosechas de maíz al año y luego reciben la avenida de las aguas que las convierten en popales o pantanos. Éstos, por su parte, permiten la recolección de peces –entre los cuales el pejelagarto ha cobrado merecida fama por su sabor–, tortugas, mariscos y plantas útiles, como el jacinto y la cañita, que con su habilidad los chontales convierten en piezas de cestería para todo tipo de usos: domésticos, de trabajo, para la venta al turismo y el culto religioso. Otras plantas aprovechables son el huano largo, usado en la construcción, y la jícara.

La religiosidad chontal tiene un sello peculiar, producto del periodo laico, vivido en las décadas de los años veinte y treinta del siglo xx, durante el

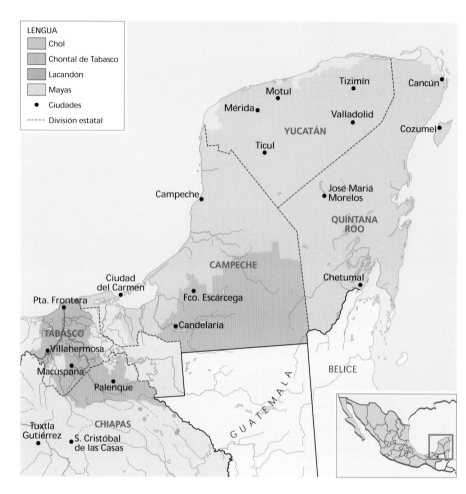

cual los ritos religiosos se sumieron en la clandestinidad. En este contexto, el culto presenta formas menos apegadas a dogmas, pero igualmente genuinas en cuanto a la celebración de fiestas –como las de los cristos honrados en la cuaresma, o el festejo a los fieles difuntos durante noviembre– o la ejecución de danzas, como la de *bailaviejo*.

El historial laico y progresista del pueblo chontal, sumado a su súbita inmersión en el desarrollo de la industria petrolera a partir de la segunda mitad del siglo xx, explican el temprano abandono de la indumentaria y la vivienda tradicionales.

El pueblo ch'ol, compuesto por unos 161 766 hablantes, tiene su asiento principal en los municipios del norte de Chiapas (Tila, Tumbalá, Sabanilla, Salto de Agua y Palenque), por lo que está cerca de los chontales de Tabasco, con los que guardan parentesco lingüístico. Conviven con tzeltales y tojolabales en las cañadas y montañas de Chiapas, en donde ensayan nuevas formas de

Mapa de las tierras bajas mayas.

Mural de las tierras mayas altas y bajas, Luis Covarrubias.
Los ambientes geográficos del área maya incluyen tanto serranías de 2150 metros de altitud, con árboles altos y abundantes lluvias casi todo el año, como zonas llanas situadas a diez metros de altura, con vegetación baja, escasa lluvia y ríos subterráneos aprovechados por medio de cenotes.
Fotógrafo: Jorge Pérez de Lara.

Máscara de Danza Bailaviejo.
Las máscaras de esta danza, con rostros arrugados y cabelleras de fibras vegetales, representan a hombres y mujeres de edad avanzada. Con la danza se busca propiciar el éxito de la agricultura y la cría de animales.
Pieza de la colección del MNA. Fotógrafo: Michel Zabé.

gobierno y control de los recursos naturales amparados en el apego a la tradición.

La economía ch'ol se basa en el cultivo del café, principal producto comercial, y en el cultivo del maíz, principal alimento y símbolo de la cultura. Decir ch'ol es decir milpero. Decir milpero es nombrar al buen campesino que cultiva maíz, frijol y calabaza. Con este oficio se gana un lugar moral en la comunidad, tras haber probado que se supo trabajar la tierra para obtener de ella suficientes cosechas.

El buen milpero tiene derecho a escalar la jerarquía de cargos religiosos, ocupando primero las mayordomías de los santos menores, hasta llegar a la de la imagen patronal o la considerada como más importante por ser milagrosa, como el Señor de Tila, que atrae a miles de peregrinos a lo largo del año.

La cualidad de buen milpero también implica la celebración de los rituales propiciatorios o de agradecimiento de la cosecha agrícola; el mayor ocurre los días previos al 3 de mayo, cuando la colectividad acude a los cerros o manantiales a ofrendar comida, cohetes, velas, flores, música, danzas y, sobre todo, rezos entorno a las necesidades más apremiantes, pero principalmente por el logro de las siembras.

En el siglo XVII un pueblo proveniente del sur de la península de Yucatán y del Petén guatemalteco llegó a establecerse a la selva lacandona, de donde anteriormente se había desalojado a un pueblo de origen ch'ol. Ese nuevo pueblo hablaba el maya yucateco, pero los forasteros lo bautizaron con los nombres de lacandón o caribe, que antes se habían aplicado a los pobladores desalojados. Con el tiempo, los miembros del pueblo recién llegado terminaron aceptando el término caribe para referirse a sí mismos en español, y al hablar entre ellos emplean el de *hach winik*, no así el de *lacandón* con el que la gente de fuera los sigue conociendo.

Su habla maya yucateca, pese a tener un aspecto visiblemente diferente al de los mayas de la península yucateca, ha causado confusión al clasificarlos, por lo que no se cuenta con cifras demo-

gráficas oficiales; algunos cálculos proporcionan la cifra aproximada de 635 habitantes. Aunque su número es menor al de otras etnias del país, han ido aumentando paulatinamente, lo que muestra que están lejos de la extinción. Desde pequeños aprenden a recolectar en la selva alimentos, plantas medicinales, materias primas y combustible. También transforman el entorno para abrir terrenos de siembra o solares en los que construyen sus casas, cultivan frutales, hortalizas y flores y crían abejas.

Aprecian tanto la vida de la selva como los bienes de la vida urbana, como camionetas, relojes, radiograbadoras y linternas de mano, y gustan de probar los atuendos y cortes de pelo modernos, lo cual no es obstáculo para que los hach winik se reivindiquen como una etnia asentada en la zona desde tiempos inmemoriales y hagan valer

Mujeres mayas abordando un autobús, Izamal, Yucatán.
Los mayas yucatecos utilizan autobuses foráneos para trasladarse de sus poblados a sus lugares de trabajo.
Fotógrafo: Adalberto Ríos.

Un gran porcentaje de la población la integran niños que, como en el caso de los chontales de Tabasco, aprenden a escribir su idioma en la escuela.
Fototeca de la Subdirección de Etnografía del MNA-INAH.
Fotógrafa: Catalina Rodríguez.

Mural de la ceremonia de renovación de sahumadores, obra de Ernesto Álvarez (1964).
Los jefes de familia que aún tienen "casa de santos", modelan y consagran sahumadores de barro para sustituir a los viejos.
Fotógrafo: André Cabrolier.

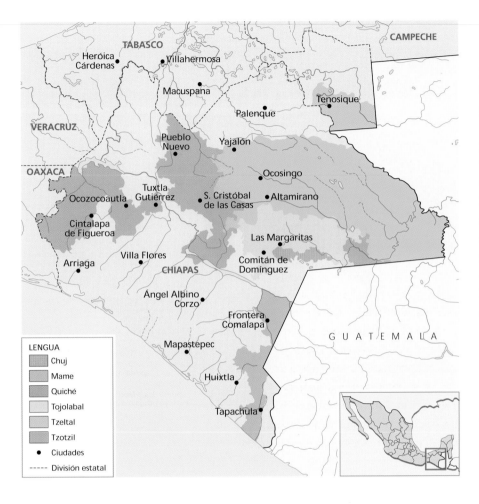

Mapa de las tierras altas mayas.

LENGUA
- Chuj
- Mame
- Quiché
- Tojolabal
- Tzeltal
- Tzotzil
- • Ciudades
- ----- División estatal

puesto por serranías, cumbres, barrancas y lomeríos, y debido a la humedad de los bosques existe gran cantidad de bromelias, musgos y helechos.

La compleja geografía del actual territorio chiapaneco ha cobijado el desarrollo de pueblos mayances, por lo que lo comparten con más de trece etnias, cada una con sus peculiaridades culturales. Esto convierte a la región en un rico entramado donde el tipo de indumentaria, tanto de hombres como de mujeres, distingue entre sí a las etnias, e incluso en los municipios suelen existir diferencias en los colores y, sobre todo, en los diseños de las prendas, lo que a cada uno da la certeza de que su traje es único.

Esta región también se conoce como los Altos. Las lenguas con mayor número de hablantes son: tzeltal, tzotzil, tojolabal y mam. Además, habitan en la zona otros pueblos mayas con población minoritaria como jacalteco, cakchiquel, chuj, kanjobal, motozintleco (o mochó), tuzanteco, quiché, ixil y kechí, quienes perviven gracias a que su cultura se reproduce en el vecino país de Guatemala, con el que mantienen contacto.

Los tzeltales habitan principalmente en Amatenango del Valle, Chanal, Chilón, Oxchuc, Pantelhó, Sitala, Tenejapa, Yajalón y San Juan Cancuc; con una población que en conjunto asciende a 278 577 habitantes. Al igual que en el caso de los tzotziles, la vida religiosa está en manos de las autoridades.

En el caso de los tzeltales, el maíz es el alimento básico de su dieta. También siembran frijol, calabaza, chile, papa y hortalizas, además de frutales como durazno, tejocote y manzana. En las partes bajas cultivan cacahuate y café. Generalmente la cosecha se dedica al autoconsumo.

Siembran con el sistema de roza-tumba y quema, es decir, limpian los terrenos, quitan con machete y azadón toda las yerbas y una parte de arbustos, reúnen la maleza en montones y la dejan secar para prenderle fuego, y al enfriarse la tierra queda lista para la siembra. El agricultor abre con el bastón plantador una serie de hoyos en la parcela y en ellos deposita la semilla. Como esta actividad es muy pesada, por lo general participan

sus derechos sobre las 710 000 hectáreas de selva que les fueron asignadas en 1973.

La convivencia con la selva ha generado una visión del mundo que concibe a todos los seres como animados y sometidos al poder de una serie de deidades. Las ceremonias que en su honor se realizan incluyen la renovación de sahumadores y el ofrecimiento de figuras de resina, humo de tabaco y cantos. El sentido de los ritos es agradar a los dioses por haber dado vida a los hombres y creado los bienes que le rodean.

Mayas de las montañas

Los pueblos mayas de las montañas se asientan en el centro-norte de Chiapas, que se eleva por encima de los 900 metros sobre el nivel del mar en la Sierra Madre de Chiapas y la Sierra de San Cristóbal. El terreno es sumamente accidentado, com-

Paisaje de los altos, Zinacantán, Chiapas.
Las tierras Altas de Chiapas son sumamente
accidentadas por la presencia de serranías,
cumbres, barrancas y lomeríos. La compleja
geografía del estado ha dado cobijo al
desarrollo de diversos pueblos mayances.
Fotógrafo: Lorenzo Armendáriz.

la familia y los vecinos, quienes a su vez recibirán ayuda en sus parcelas cuando inicien sus respectivas labores agrícolas.

Los tzeltales consideran muy importante la siembra y la celebran con diferentes ceremonias, como la "misa de la milpa". Ésta consiste en ir al campo y, frente a la cruz que cuida el terreno, colocar velas e incienso para pedir el crecimiento del maíz, ya que del éxito de la cosecha depende la estabilidad anual del grupo doméstico.

Otra actividad complementaria es la ganadería; los caballos, burros y mulas se usan como bestias de carga, y en contados lugares cuentan con bueyes que ayudan en las labores agrícolas. También crían cerdos, cabras y borregos, a los que trasquilan dos veces al año y aprovechan la lana en la confección de textiles como chamarros, fajas y huipiles brocados como los de Tenejapa.

Entre las poblaciones tzeltales, Amatenango del Valle destaca por su tradición alfarera. Con la arcilla la mujer da forma a objetos como incensarios, sahumadores, cántaros, comales, ollas, tinajas, macetas, muñecos. Con frecuencia, la venta de estas artesanías constituye un importante aporte al ingreso familiar.

Los 291 550 hablantes de tzotzil habitan principalmente en los municipios de El Bosque, Chalchihuitán, Chenalhó, Huixtán, Larrainzar, Nicolás Ruiz, San Cristóbal de las Casas, Teopisca, Totolapa, Zinacantán, San Juan Chamula, Pantelhó, Venustiano Carranza, Bochil, Mitontic y Simojovel de Allende, de donde se extrae el ámbar.

Un aspecto importante de la vida de los alteños lo orientan sus creencias religiosas que fusionan elementos católicos y de la cosmovisión maya antigua. Esta última se expresa en símbolos que unen a los hombres con las fuerzas que habitan el universo. La falta de respeto a sus deidades, representadas ahora por los santos católicos, les puede ocasionar un castigo, según lo narran los mitos; por tanto, la comunidad trata de congraciarse con ellos manteniendo el calendario religioso anual, así como un complejo ritual.

Los deberes hacia la comunidad rigen la vida de los hombres tzotziles, por lo que prestan su servicio para guardar el orden social y honrar a los santos, quienes les otorgan bendiciones. Poseen un sistema de cargos religiosos o políticos ordenados jerárquicamente, cuyo cumplimiento proporciona prestigio a quienes los realizan y por ello son muy solicitados. El desempeño de un puesto

Autoridades tzotziles, Chiapas.
Los alteños mantienen un complicado sistema
de cargos civiles y religiosos que otorgan
prestigio y rango social a quienes los detentan.
Cada uno porta accesorios distintivos: un
sombrero, un bastón, una banda y un collar.
Fototeca de la Subdirección de Etnografía del MNA-INAH.
Fotógrafo: José Pablo Fernández Cueto.

Mujer elaborando cerámica, Amatenango del Valle, Chiapas.
En esta población, la alfarería generalmente es obra de mujeres; son ellas también las que elaboran vasijas de gran tamaño por medio de la técnica de enrollado.
Fototeca de la Subdirección de Etnografía del MNA-INAH.
Fotógrafo: José Pablo Fernández Cueto.

Familia tojolabal, Chiapas.
Para los tojolabales o chañabales la familia es muy importante. Por lo general, cuando los varones se casan, llevan a la esposa a vivir con sus padres, ya sea en la misma casa o en una propia, construida en el mismo terreno.
Fototeca de la Subdirección de Etnografía del MNA-INAH.
Fotógrafo: José Pablo Fernández Cueto.

de mayor rango requiere haber desempeñado los precedentes. El ejercicio de las funciones religiosas demanda dedicación de tiempo completo, así como permanecer un año en el centro ceremonial para atender su responsabilidad.

Entre las celebraciones importantes están la dedicada al santo patrono, Todos Santos, Fieles Difuntos y el carnaval o *Kin tajimoltic*. En el atrio de la iglesia se congregan las autoridades religiosas, como los alféreces, y personajes de comparsa, el negrito, la chunta, el toro, el jaguar y las ladinas. La fiesta dura una semana y termina la víspera del Miércoles de Ceniza.

Los tojolabales habitan la parte occidental de Chiapas en la frontera con Guatemala, Honduras y una parte de Belice. Se ubican en los municipios de Las Margaritas, Independencia, Comitán, Altamirano, Ocosingo y la Trinitaria. En el 2000, la población hablante de esta lengua era de 37 667 habitantes.

Los tojolabales consideran a la familia como la unidad básica de la organización social; al igual que en todos los grupos étnicos, la mujer se caracteriza por su apego a las raíces de su cultura, por lo que su función es defender los patrones culturales, transmitir a sus hijos las tradiciones, la lengua materna y las formas sociales; cumplir con los cargos civiles y religiosos como una manera de servir a la comunidad y de conservar su identidad.

Entre las actividades de las mujeres están atender el hogar, ayudar en las faenas del campo y elaborar en sus tiempos libres los textiles (actividad que aprenden de su madre y abuela desde la niñez), ya sea para uso familiar o para la venta en el mercado de Las Margaritas o de San Cristóbal de las Casas.

La difícil situación económica que padecen los tojolabales ha provocado que la participación de la mujer sea cada vez más activa, por lo que en creciente número se incorporan al comercio formal en mercados locales; mientras la elaboración de textiles les permite generar ingresos sin abandonar su hogar, y por consiguiente, a sus hijos.

Los 5 450 individuos del pueblo mam habitan principalmente en la región de la Sierra Madre de Chiapas, la Depresión Central y la región Costa de Chiapas-Soconusco en los municipios de Amatenango de la Frontera, Bejucal de Ocampo, Bella Vista, La Grandeza, Mazapa de Madero, Motozintla y El Porvenir, entre otros. La mayor parte de esta etnia vive en Guatemala.

En estos municipios se han desarrollado las cooperativas de agricultura orgánica para el cultivo de maíz, café y hortalizas. Con el apoyo de la Fundación Interamericana (IAF), y en coordinación con los Indígenas de la Sierra Madre de Motozintla (ISMAM), en enero de 1993 los mam iniciaron esta forma de cultivo para preservar los recursos naturales de la región. El cafeto debe protegerse con la sombra de los árboles y con los abonos que ellos mismos preparan con hojas secas y el estiércol de bueyes, vacas, caballos y borregos que crían en corrales; este abono fortalece las matas de tal manera que difícilmente las afectarán las plagas y enfermedades. Estas cooperativas representan una importante estrategia de sobrevivencia económica de los habitantes mam.

NOROESTE
Desiertos, sierras y valles

Donaciano Gutiérrez Gutiérrez

Introducción

En la Sala del Noroeste de México se representa un vasto territorio que incluye diversos ambientes ecológicos y culturales. Por un lado está la Sierra Madre Occidental, con sus altas montañas, profundas barrancas, ríos y bosques que desembocan a los amplios valles que llegan al Mar de Cortés, a las zonas desérticas y costeras. Esta región es un amplio escenario ecológico y cultural que desde tiempos inmemoriales ha permitido el desarrollo de muy distintas formas de vida y de muy diversas expresiones étnicas.

El Noroeste comprende cuatro amplias subregiones claramente diferenciadas: la sierra, el desierto, los valles y la costa, que abarcan los estados de Sinaloa, Chihuahua, Sonora y Baja California, territorios que desde la época prehispánica habitaron numerosos pueblos y naciones indígenas.

Como ejemplo de la riqueza y pluralidad cultural de los pueblos indígenas del noroeste, la sala abre con un conjunto de imágenes y fotografías de personajes de los diversos pueblos indígenas: rarámuri, conca'ac, yoreme y yoeme, makurawe, o'ob, tohono o'odham y o'dami.

Entre la naturaleza y la cultura

El recorrido de la sala muestra las dinámicas específicas de las culturas de esta gran región, territorio árido y agreste que en muchos casos impone condiciones extremas de vida. Sin embargo, los grupos étnicos han vivido en estrecha relación con el medio y aprendido a sobrevivir en estos nichos ecológicos extremosos, construyendo símbolos y significados para pensar su relación con el universo, y desarrollando prácticas culturales que se manifiestan en mitos y rituales con los que enfrentan la modernidad avasalladora.

El origen mitológico

Entre las culturas de la región, las principales divinidades creadoras del universo se asocian con los seres de la naturaleza, entidades que ayudaron a crear la tierra, los hombres, el maíz y todas las cosas que sirven a la vida, con el compromiso de que los hombres vivan contentos y en plenitud, cumpliendo oportunamente con sus obligaciones rituales y comunitarias. En los sistemas religiosos y creencias indígenas del noroeste la religión católica influyó mucho más de forma que de contenido. La información existente sobre religión, creencias, rituales y mitología de los pueblos de la región al momento de la Conquista la proporcionan los misioneros jesuitas, quienes contribuyeron a la pacificación de estas tierras.

En conjunto, la mitología indígena del Noroeste presenta cierta similitud, pues la caracterizan héroes culturales como el Coyote y el Hermano Mayor, los gemelos, los hombres gigantes o los de baja estatura. Los mitos de origen toman aspectos

461

de las tradiciones judeocristianas, pero los recrean con el pensamiento nativo, hecho que aparece en los mitos de la mayoría de estos grupos étnicos.

Historia y resistencia

Los pueblos indios que habitan el Noroeste cuentan con un pasado nómada o seminómada basado en la cacería, la recolección de frutos y la agricultura incipiente. Aparecen en la historia sólo cuando establecen contacto con los jesuitas y colonizadores europeos en el siglo XVI y principios del XVII. Desde entonces, sus culturas han sido marcadas por intensos procesos de resistencia, de defensa de sus territorios e identidades culturales, así como por el respeto de su autonomía. La vecindad histórica de estos pueblos con la sociedad dominante también ha sido fundamental y no han faltado los conflictos violentos. Como ejemplo de este proceso de resistencia étnica se muestra una gran escultura de un líder yaqui, Juan Maldonado, Tetabiate, un cuadro de los movimientos armados contra el pueblo yaqui, escudos de los apaches y una fotografía de Jerónimo, el último jefe chirikawa en rendirse al enemigo.

Pueblos indígenas del desierto y la costa

Las culturas que habitaron el desierto desarrollaron una gran capacidad de adaptación y transformación, lo que les permitió generar distintas formas de supervivencia, ya que sólo el conocimiento depurado del ambiente pudo hacer surgir la vida en ese árido paisaje.

En opinión de un investigador, "Para quien no lo conoce, el desierto puede parecer un sitio árido, bello y salvaje a la vez. Con frecuencia es admirado, pero también temido, ya que las barreras de la naturaleza parecieron encontrar buen resguardo en sus amplias llanuras de ardientes arenas y en las espinas de arbustos que aguardan con paciencia las

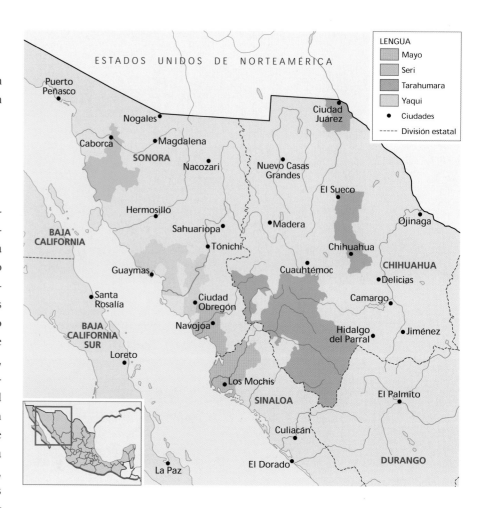

escasas lluvias. Para quienes lo han habitado por siglos, recorriéndolo constantemente, conociendo sus verdaderas riquezas y buscando mantener su equilibrio, se trata de un hogar y un estilo de vida; de un modo de crecer, pensar y actuar cuyas raíces se extienden por su territorio. El desierto que se encuentra en el norte de Sonora y el sur de Arizona ha dado origen, forma y sentido a un mundo de laberintos y memorias que integran la vida".

La cultura coonca'cac de la costa, cuyos integrantes viven en las comunidades de Punta Chueca y El Desemboque, está representada por cestos hechos con ramas de un matorral denominado torote y esculturas de madera de *palo fierro* y roca, materiales difíciles de tallar. Figura, además, la cultura fronteriza del grupo étnico binacional de los tohono o'odham que mantiene sitios sagrados y lugares de residencia en ambos lados de la frontera entre México y Estados Unidos, situación que aunque menoscaba sus tradiciones, siguen vivas.

Mapa de la región noroeste.

Mujeres tarahumaras en el atrio de un templo en Semana Santa, Munérachi, Chihuahua.
Fotógrafo: Donaciano Gutiérrez.

Mujeres guaríjias en el rito de "La Cavapizca", preparando la comida, Los Bajíos, Sonora.
Fotógrafo: Donaciano Gutiérrez.

Emblema de esta cultura es el símbolo del "laberinto sagrado" y sus esculturas de palo fierro y cestos de torote.

Pueblos indígenas de los valles

En 1530, los españoles llegaron a esta parte del territorio mexicano con una primera expedición al mando de Nuño de Guzmán compuesta por 300 soldados españoles y 6 000 auxiliares tlaxcaltecas, misma que, después de once meses logró cruzar el río Acaponeta (Cañas), mientras los indígenas se asentaban en los ríos Mayo, Fuerte, Sinaloa y Yaqui.

Los mayos, que se llaman a sí mismos *yoreme* (la gente), limitaban al norte y al noroeste con los yaquis; al sur con los guasave y ocoroni; y al este, con los pimas bajos, tarahumaras y tepehuanes. Hoy, el grupo mayo se asienta en el sur del estado de Sonora y al norte de Sinaloa, estado donde ocupa los municipios de Guasave, Sinaloa de Leyva, Ahome, Choix y El Fuerte, así como los de Navojoa, Huatabampo y Etchojoa en Sonora; su principal actividad es la agricultura y en las comunidades costeras, la pesca. También obtienen ingresos del comercio, trabajando en los centros industriales cercanos y como jornaleros agrícolas. Persisten en su cultura prácticas rituales comunitarias que dan vitalidad y cohesión al grupo, así como el uso intensivo de su lengua. Existen 68 000 hablantes de mayo.

Los yaquis se autodenominan *yoeme* (la gente) y son el grupo indígena con mayor presencia política en el Noroeste, ya que han mantenido desde el siglo XVI una movilización social en defensa de su territorio, el cual ha experimentado importantes cambios. Hoy cuenta con casi 460 000 hectáreas sobre las que se asientan los ocho pueblos tradicionales: Vícam, Pótam, Huíribis, Bélem, Rahúm, Loma de Huamuchil, Cócorit y Bácum, en los municipios sonorenses de Guaymas, Cajeme, Empalme y Bácum. En conjunto, su territorio comprende tres zonas diferenciadas: la sierra, la costa y el valle. Debido a su ubicación al margen del río, el territorio yaqui es una de las regiones con mayor productividad agrícola del país; los ocho pueblos cuentan con energía eléctrica y agua provista por medio de canales desde la presa Oviachic, o bien mediante el bombeo de pozos profundos. Los yaquis cuentan con un sistema centralizado e institucionalizado de relaciones sociales, rituales y políticas que en la práctica lo convierten en un pueblo autónomo, con organización, tradiciones, historia y cultura propias. La base de su sistema político y religioso la conforman varios grupos, y la máxima autoridad la integran los ocho gobernadores agrupados en un consejo, el cual se renueva cada año en una ceremonia religiosa que se celebra los días 5 y 6 de enero. Los gobernadores presiden las asambleas semanales que se realizan los domingos y a las que puede asistir todo el pueblo.

Pueblos indígenas de la sierra

El inmenso territorio de la Sierra Madre Occidental, conocido como Sierra Tarahumara, tiene una extensión de 50 000 km²; su topografía es muy accidentada y tiene cumbres con altitudes superiores a los 2 500 metros. En porciones de esta monumental sierra habitan los rarámuri-tarahumara, los warihió de Chuihuahua, los o'dami-tepehuano y los o'oba-pimas, al lado de pueblos serranos de mestizos, los chabochis, los cheros, o blancos.

Los rarámuri o tarahumaras se asientan en toda la sierra, en la parte alta, la baja y en las barrancas. Son más de 100 000 personas que viven en comunidades campesinas y organizan su existencia alrededor de la producción de maíz, *sunu,* cuyo ciclo productivo ordena el calendario festivo de la etnia. Para el rárramuri la agricultura es un ritual: significa cumplir con los mandatos de Onoruame, dios, para obtener lluvias y buenas cosechas; de lo contrario se avecinará el hambre y la gente será presa de distintos males.

El ciclo ritual de los tarahumaras consta de tres etapas. Se inicia con la celebración de la Semana Santa a partir del primer plenilunio de primavera; cuando la fiesta concluye, la gente se traslada a sus parcelas, situadas en las tierras altas, donde una o dos lunas después, inician las siembras. Hacia el fin del verano, en septiembre y octubre, se llevan a cabo ceremonias domésticas o comunitarias llamadas *yumare o tutuguri,* en las cuales se agradecen los bienes cuando aparecen los elotes. El periodo concluye con los ritos de invierno, "guadalupe y navidá", cuando se baila matachín,

Rito guaríjio de "La Cavapizca", altar a los santos, Los Bajíos, Sonora.
Fotógrafo: Donaciano Gutiérrez.

Desgranar mazorcas es tarea de las niñas tarahumaras, quienes la realizan en el patio doméstico, Munérachi, Chihuahua.
Fotógrafo: Donaciano Gutiérrez.

Los jóvenes participan en el ritual de "Semana Santa" incorporándose a los trabajos del grupo de "Los Pintos", Munérachi, Chihuahua.
Fotógrafo: Donaciano Gutiérrez.

"La Mesa Colorada", entrada al territorio
de los guaríjio, Los Bajíos, Sonora.
Fotógrafo: Donaciano Gutiérrez.

Mayos, Tehueco, Sinaloa.
Fotógrafo: Adalberto Ríos.

Seris.
Fototeca Nacional del INAH en Pachuca,
Fondo Casasola.

"ya que el sol está enfermo y se observa pálido», por lo que se debe bailar "pa' ayudarlo y no muera y se acabe la vida". Durante el invierno la tierra descansa, y en ocasiones se abona con estiércol de chivas y vacas, "pa' que tengan fuerza y *sunúku* (el maíz) nazca bien".

Los o'ob se concentran en la región de Maycoba, Sonora, y en Yepáchic, Mesa Blanca y Canoachi, Chihuahua. Pueblan su territorio abrupto y elevado pequeños asentamientos diseminados en la periferia de algunos pueblos y ciudades de población mestiza. Su actividad principal es la agricultura de subsistencia, basada en el cultivo de maíz, trigo y papa; las herramientas son rudimentarias: azadón, palo sembrador o coa. Temporalmente bajan de la sierra para contratarse como jornaleros en los campos de algodón, uva y tomate en Sonora, y muchos se contratan en aserraderos y minas. El grupo mantiene su calendario festivo tanto en las rancherías como en el centro ceremonial de Maycoba; en las rancherías consiste en rituales agrícolas como el *yumare* para pedir las lluvias, mientras

que en el centro ceremonial son fiestas patronales como la Santa Cruz, la Semana Santa, San Francisco y la Virgen de Guadalupe.

Los makurawe y los warihó habitan en el sureste del estado de Sonora, en las faldas de la Sierra Madre Occidental, en donde colindan los estados de Sonora y Chihuahua. El terreno es escabroso y las planicies, secas; lo atraviesan varios arroyos y ríos, afluentes del Mayo que baja al valle del mismo nombre. Las altitudes van desde los 249 metros sobre el nivel de mar hasta cerca de los 1 000 metros en los lugares más altos, como la mesa de Matapaco. La actividad principal es la agricultura de autoconsumo: se siembran maíz y frijol y se comercia en pequeño el ajonjolí. Estas comunidades reciben ingresos por la venta de chile y los complementan trabajando como vaqueros en los ranchos de los mestizos. La mayoría de sus ceremonias se relaciona con el ciclo de vida, velaciones y cabos de año y con el ciclo agrícola, el cual se reproduce en la ceremonia de la cava-pizca, que es la más importante y se celebra anualmente.

Canasto "Saptim".
Pieza de la colección del MNA.
Fotógrafo: Michel Zabé.

Violín con máscaras.
Piezas de la colección del MNA.
Fotógrafo: Michel Zabé.

NAHUAS

Lourdes Báez Cubero

Población, origen, historia y conquista

Tanto en términos numéricos como por la extensión territorial que ocupan, los nahuas son el grupo étnico mayoritario del país, pues de los 6 044 547 indígenas que tiene México, 1 448 936 son nahuas, tomando en cuenta sólo a la población mayor de cinco años. Los nahuas se asientan, como población originaria, en los estados de México, Puebla, Veracruz, Guerrero, Hidalgo, Tlaxcala, Morelos, Oaxaca, Michoacán, Jalisco, Durango, San Luis Potosí y el Distrito Federal. El criterio para identificar a estos grupos es la lengua náhuatl, aunque debe aclararse que cada región presenta variantes dialectales; lo mismo ocurre con la cultura, que tampoco se expresa de manera homogénea.

Esta dispersión de los nahuas, fundamentalmente en los estados del centro-sur del territorio nacional, se originó con los distintos grupos de habla náhuatl que habitaron lo que hoy es México hace cientos de años, los cuales tuvieron una intensa interacción impulsados por el interés mercantil. Este origen se puede ubicar miles de años atrás, cuando grupos de filiación yuto-azteca se desplazaron del norte hacia el centro, donde se asentaron en diversos sitios.

Antes del contacto, en los siglos XV y XVI, la mayoría de los pobladores del centro de México hablaba la lengua náhuatl que era, incluso, *lingua franca*. Después, bajo el dominio español, el náhuatl fungió como lengua oficial. Los franciscanos, en el siglo XVI, otorgaron una importancia fundamental a su estudio, lo cual obedecía en parte a la necesidad de facilitar su labor evangelizadora; y también se escribieron varias gramáticas, catecismos y códices en esta lengua.

Además de divulgar el catolicismo, parte de la tarea evangelizadora se orientó a tratar de eliminar los cultos nativos. Como estrategia impusieron la adopción de santos patronos para sustituir a los dioses tutelares, algo que se aceptó con cierta facilidad, ya que estos nuevos referentes devocionales aparecían ante los ojos de los indígenas con poderes y atributos similares a los de sus dioses anteriores. Esto inició un proceso donde los cultos católicos se fueron insertando sin demasiada dificultad en los autóctonos, gracias a las compatibilidades y paralelismos existentes entre ambas culturas. Así se fueron integrando y se fue conformando un sistema religioso como el indígena que presenta particularidades que son propias a cada región y que se revelan en su máxima expresión en las fiestas religiosas, uno de los legados más importantes de los frailes evangelizadores para con los indígenas. Estas celebraciones se insertaron sin dificultad en el calendario ritual siempre asociado con las actividades agrícolas, en prácticas que los nahuas preservaron a lo largo de los siglos porque el vínculo con la tierra sigue determinando su existencia.

Nahua con camisa de manta y cotón de lana al hombro, Veracruz.
Fotógrafo: Adalberto Ríos.

La matriz mesoamericana: ciclo agrícola y ritualidad

En los pueblos nahuas la actividad agrícola se ha mantenido como el eje que configura su cosmovisión. El común denominador sigue siendo el cultivo del maíz, código vinculante privilegiado entre la cosmovisión y la religión de los pueblos mesoamericanos. Por ello, resulta insoslayable la complementareidad entre estos dos universos: la actividad agrícola y las prácticas rituales.

Ambas prácticas se pueden enmarcar entre dos periodos estacionales: el de lluvias y el de secas, que en el calendario ritual corresponden al 3 de mayo, día de la Santa Cruz, fecha que marca el inicio del ciclo agrícola y la temporada de lluvias; y el 1 y 2 de noviembre, cuando se tributa homenaje a los Santos Difuntos y se anuncia el tiempo de cosechar los frutos y el fin de la temporada de lluvias. Las restantes fiestas católicas a lo largo del año se insertan entre estas dos fechas para pedir el advenimiento de las lluvias o agradecer la cosecha, según la región. Así, cada 3 de mayo los nahuas de Guerrero realizan una peregrinación al cerro de Ameyaltepec para pedir la lluvia; en ella participa todo el pueblo y se llama *yalo tepetl,* "la ida al cerro". El 2 de mayo las jóvenes se encargan de preparar la comida ritual bajo la dirección de las mujeres viudas. Esta comida se lleva hasta la cima, donde hay un altar de piedra con tres cruces de madera. En la huasteca nahua hidalguense, durante Todos Santos se celebra la fiesta de *Xantolo* para recordar a los difuntos –que en esta fecha compartirán con los vivos las mejores viandas– y agradecer las cosechas recogidas. En esta fiesta se presenta un conjunto de danzantes, los "cuanegros", que bailan desde el 31 de octubre hasta el 5 de noviembre en todas las casas; los siguen dos músicos que tocan huapangos acompañándose del violín y la jarana.

Durante las fiestas confluyen la danza y la música, con intenciones propiciatorias: solicitar lluvias, buenas cosechas, el bienestar de los habitantes, etcétera. Ambas son medios de expresión, pero en los contextos indígenas forman par-

te de un complejo ritual. Así, la danza de los Sonajeros de Tuxpan, Jalisco, tiene un significado agrícola. En la región de la Montaña de Guerrero, la danza del Tecuani o tigre también se relaciona con el ciclo agrícola. La batalla que escenifican los tigres se interpreta como un sacrificio de estos animales, ya que la sangre que se derrama en la lucha servirá para alimentar la tierra, que la pide para proporcionar buenos frutos. Por ello, para cumplir mejor con sus objetivos, los danzantes se deben apropiar del personaje que interpretan por medio de la indumentaria: el traje y la máscara. Por ejemplo, el traje de "catrín", que visten los danzantes del carnaval en Tlaxcala, se complementa con sombrero de copa alta, levita, listones de colores, gazné o paño que enmarca la máscara con elementos europeos. La máscara es un objeto ceremonial importante, un instrumento mágico que permite a quien la porta establecer un vínculo entre el mundo humano y el sobrenatural.

Poblaciones mayores de 5 000 habitantes con hablantes de náhuatl.

Nahua trabajando su tierra de cultivo, Poliutla, Arcelia, Guerrero.
Fototeca de la Subdirección de Etnografía del MNA–INAH.

Nahuas de la Sierra Norte colocan una ofrenda para suplicar lluvias, municipio de Naupan, Puebla.
Fotógrafa: Lourdes Báez.

enfermedad, la muerte, la producción, la convivencia familiar y tantos otros. Constituye un espacio de interacción social, ya que en su seno se desarrollan los hechos rituales que determinan la vida de los hombres. Las actividades productivas tienen un lugar relevante dentro de este ámbito; es común encontrar junto a la vivienda huertos familiares o milpas, que la familia cultiva para alimentarse y donde participa todo el grupo familiar asumiendo distintas tareas de acuerdo con su sexo y edad. En Chililico, Hidalgo, el grupo doméstico interviene en la producción alfarera, y generalmente en cada vivienda hay un horno para cocer barro; el altar y la cocina son los rincones fundamentales. La cocina es el lugar de reunión en los momentos más importantes, y dentro de ésta, el fogón es el punto neurálgico, el "ombligo" o *texictle,* donde los alimentos se procesan para que todos puedan consumirlos.

Los espacios domésticos: subsistencia y reproducción

Vivienda

Para los indígenas nahuas el espacio doméstico cumple funciones prioritarias, ya que ahí tienen lugar los acontecimientos más importantes de su existencia, como el nacimiento, el matrimonio, la

Indumentaria

Entre los indígenas, la indumentaria cumple un papel fundamental que trasciende la mera función de cubrir el cuerpo; la confección por los mismos grupos es parte de las prácticas de subsistencia; en algunos casos aprovechan materiales que están a su alcance, como la lana o el algodón, complementados con tintes naturales de origen vegetal, animal o mineral, o anilinas industriales. Algunas prendas las tejen en el telar de cintura, como los enredos, fajas, *quechquémitls* y *huipiles*; otras las elaboran con máquina, como las blusas, en las que plasman ricos bordados. El textil se concibe como una forma particular del lenguaje, ya que contiene símbolos y códigos, transmite información, remite al estatus de quien lo usa, al rango que ocupa en su comunidad, su estado civil, sexo, edad, y grupo al que pertenece. Además, cada prenda refleja el modo de vida de un pueblo que plasma en diseños y colores sus formas de representar y pensar el mundo; es un documento que narra su propia historia.

Nahuas con indumentaria de *Chinelos* durante la celebración en honor al santo patrono, Tlayacapan, Morelos.
Fotógrafo: Adalberto Ríos.

Nahuas con traje de *Sonajeros*. Fiesta patronal en honor a San Sebastián, Tuxpan, Jalisco.
Fotógrafo: Ulises Julio Fierro Alonso.

Nahuas luciendo indumentaria de gala, Cuetzalan, Puebla.
Con huipil tejido en telar de cintura, cabello trenzado con cintas de lana llamadas tlacoyales, y un huipil doblado.
Fotógrafo: Adalberto Ríos.

Altar de muertos, Ocotepec, Morelos.
La celebración de Todos Santos es la más importante para los indígenas, quienes honran a sus difuntos para asegurar la continuidad de su vida.
Fotógrafo: Adalberto Ríos.

Mujer nahua moliendo en metate; la cocina es un importante espacio de interacción social.
Fototeca Nacional del INAH en Pachuca, Fondo Casasola.

472

Comerciantes vendiendo cestos y petates,
Tepalcingo, Morelos.
La cestería es una de las ramas del tejido
que se fabrica totalmente a mano en esta
región, con fibras "duras" como junco,
bejuco, vara y carrizo.
Fotógrafo: Adalberto Ríos.

Producción artesanal

Parte de las actividades de subsistencia se relacionan con la elaboración manual de enseres para autoconsumo, como herramientas, utensilios domésticos –ollas, metates, cucharas de madera, canastos de palma, objetos de cobre, madera–, artículos de uso ritual, como ceras, sahumadores, imágenes de santos, etcétera. Con el tiempo, los indígenas reorientaron estos objetos utilitarios para venderlos como artesanías; muchos de ellos son verdaderas obras de arte, ya que son únicos y elaborados a mano, como los de madera de Olinalá, Guerrero, decorados con la técnica de la laca. También de Guerrero proceden pinturas muy vistosas sobre papel amate efectuadas por los habitantes de Xalitla.

Los cestos de vara y jonote que tejen hombres y mujeres en la Sierra Norte de Puebla muestran variados y novedosos diseños. El modelado en barro es una actividad muy extendida; en muchas regiones los artesanos elaboran infinidad de objetos con gran imaginación y habilidad.

La expansión del grupo nahua

La Conquista española trastocó el mundo indígena y propició la expansión de los nahuas hacia zonas donde habitaban otros grupos indígenas. El ejemplo más notorio es la colonización, dirigida por los conquistadores, de amplias regiones del norte del país por parte de grupos del centro, quienes llevaron, además de su lengua, muchos patrones culturales. A partir del siglo XVI los tlaxcaltecas fueron llevados por los frailes a fundar ciudades como San Esteban de la Nueva Tlaxcala, la actual Saltillo, Coahuila. Los tlaxcaltecas, que ya utilizaban el telar español de pedales para elaborar textiles, contribuyeron al florecimiento de la industria textil de Saltillo, que en la actualidad goza de reconocido prestigio básicamente por la manufactura de sarapes.

CRONOGRAMA Y
MAPA DEL MÉXICO PRE-HISPÁNICO

Cronología de Mesoamérica

Escala temporal (años): 2500 · 2000 · 1500 · 1000 · 500 · a.C. | d.C. · 500 · 1000 · 1500

Periodos

Periodos	
PRECLÁSICO TEMPRANO	
PRECLÁSICO MEDIO	
PRECLÁSICO TARDÍO	
CLÁSICO TEMPRANO	
CLÁSICO TARDÍO	
POSCLÁSICO TEMPRANO	
POSCLÁSICO TARDÍO	

Regiones y elementos

CENTRO DE MÉXICO
Cerámica en Zohapílco/Tehuacán · CHALCATZINGO · TLATILCO · TLAPACOYA · CUICUILCO · TEOTIHUACAN · TOLTECAS · MEXICAS · TRIPLE ALIANZA · ALDEAS · PROTOURBANO · EPICLÁSICO · MIGRACIONES

OAXACA
LÍTICA · ALDEAS · URBANO TEMPRANO · MONTE ALBÁN · CIUDADES ESTADO · MIXTECA · URBANO TARDÍO · ZAPOTECA

COSTA DEL GOLFO
ALDEAS · OLMECA · TAJÍN · CENTRO DE VERACRUZ · TOTONACA · HUAXTECA

MAYA
Cerámica en Cuello · PROTOURBANO · CUENTA LARGA · CHICHÉN ITZÁ · MAYAPÁN · ALDEAS · SEÑORÍOS · IZAPA · KAMINALJUYÚ · PIPIL · BARRA · LOCONA · OCÓS · OLMECA · ESCULTURA MONUMENTAL

OCCIDENTE
Cerámica en Puerto Marqués · CAPACHA · TEUCHITLÁN/TUMBAS DE TIRO · TARASCOS · EL OPEÑO · CHUPÍCUARO · AZTATLÁN · TEOPANTECUANITLÁN · MEZCALA · OLMECA · YOPITZINCO · ALDEAS · EPICLÁSICO · TRIPLE ALIANZA

NORTE
HOHOKAM · MOGOLLÓN · ANASAZI · CASAS GRANDES · GUANAJUATO/QUERÉTARO · CHALCHIHUITES · RÍO VERDE

Desarrollos y eventos principales

Desarrollos y eventos principales						
Sedentarización · Agricultura		Jerarquización social · Intercambio regional	Arquitectura monumental · Escritura	Centros urbanos	Centros regionales · Militarismo	Migraciones	Triples Alianza · Militarismo

Leyenda

DESARROLLOS/EVENTOS	ETAPA	CULTURA	REGIÓN	SITIO	FASE CERÁMICA

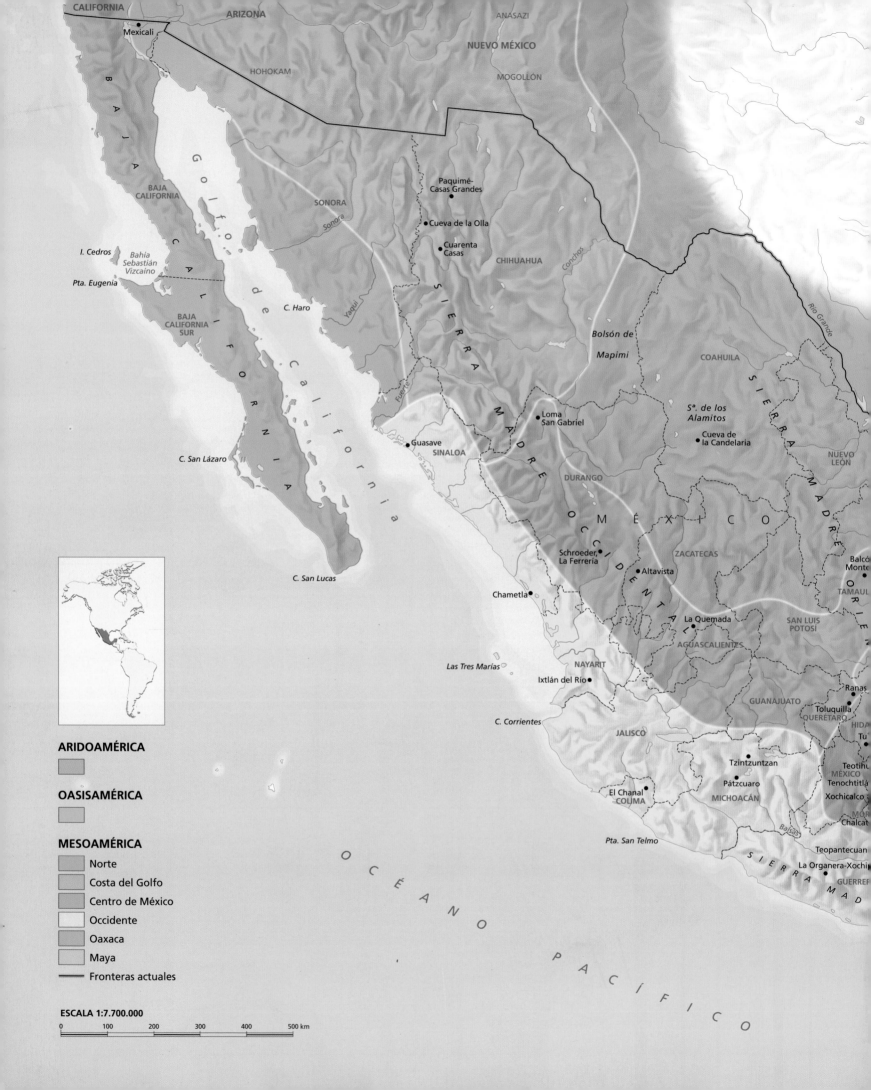

CALIFORNIA
Mexicali

ARIZONA

NUEVO MÉXICO

ANASAZI

HOHOKAM

MOGOLLÓN

BAJA
CALIFORNIA

BAJA
CALIFORNIA

SONORA

Sonora

Paquimé-
Casas Grandes

Cueva de la Olla

Cuarenta
Casas

CHIHUAHUA

Conchos

Río Grande

I. Cedros

*Bahía
Sebastián
Vizcaíno*

Pta. Eugenia

C. Haro

Yaqui

Fuerte

SIERRA

MADRE

Bolsón de

Mapimi

COAHUILA

S^a. de los
Alamitos

SIERRA

MADRE

BAJA
CALIFORNIA
SUR

C. San Lázaro

Guasave

SINALOA

Loma
San Gabriel

Cueva de
la Candelaria

DURANGO

NUEVO
LEÓN

C. San Lucas

Schroeder,
La Ferrería

OCCIDENTAL

M   É   X   I   C   O

ZACATECAS

Altavista

Balcó
Monte

ORIENTAL

TAMAUL

C. San Telmo

Chametla

La Quemada

SAN LUIS
POTOSÍ

AGUASCALIENTES

SIERRA

MADRE

Las Tres Marías

NAYARIT

Ixtlán del Río

GUANAJUATO

Ranas

Toluquilla

QUERÉTARO

HID

Tu

C. Corrientes

JALISCO

Tzintzuntzan

Pátzcuaro

Teotihu
MÉXICO
Tenochtitlá

Xochicalco

El Chanal
COLIMA

MICHOACÁN

MÓR
Chalcat

Balsas

Teopantecuan

Pta. San Telmo

SIERRA
MAD

La Organera-Xochip

GUERRE

O   C   É   A   N   O   P   A   C   Í   F   I   C   O

GOLFO DE CALIFORNIA

ARIDOAMÉRICA

OASISAMÉRICA

MESOAMÉRICA

Norte

Costa del Golfo

Centro de México

Occidente

Oaxaca

Maya

Fronteras actuales

ESCALA 1:7.700.000

0   100   200   300   400   500 km

Golfo de México

La Habana

CUBA

Canal de Yucatán

C. San Antonio

C. Catoche

Isla Mujeres

Mar Caribe

C. Rojo

Chichén Itzá

Cozumel

YUCATÁN

Tulum

Península

de

Yucatán

QUINTANA ROO

Pta. Herrero

Tajín

Cempoala

Bahía de Campeche

Becán

Cholula

VERACRUZ

CAMPECHE

Golfo de

TXCALA

Tres Zapotes

Candelaria

Hondo

Honduras

PUEBLA

Tehuacán

La Venta

TABASCO

EL SUR

Palenque

Tikal

Belmopan

OAXACA

Istmo

BELICE

Monte Albán

de

Chiapa de Corzo

Yaxchilán

Mitla

Tehuantepec

Zaachila

CHIAPAS

HONDURAS

Golfo de Tehuantepec

GUATEMALA

Copán

Izapa

Kaminaljuyú

Yarumela

Tazumal

Campana San Andrés

EL SALVADOR

NICARAGUA

BIBLIOGRAFÍA

Acosta, Jorge, *El Palacio de Quetzalpapalotl*, México, INAH, 1964.

Argueta Villamar, Arturo, "Los purépechas", en *Etnografía contemporánea de los pueblos indígenas de México. Región Centro*, México, Instituto Nacional Indigenista, 1995, pp. 215-288.

Batres, Leopoldo, *Teotihuacán*, México, Imprenta de Federico S. Soria, 1906.

Bernal, Ignacio, *Teotihuacán, descubrimientos. Reconstrucciones*, México, INAH, 1963.

Bonfil Batalla, Guillermo, *El México Profundo*, México, Grijalbo, 1987.

Cabrera C., Rubén, "Excavaciones en La Ventilla, un barrio teotihuacano en Teotihuacán en México", *Revista Mexicana de Estudios Antropológicos*, tomo XLII, 1996.

— y S. Sugiyama, "El Proyecto Arqueológico de la Pirámide de la Luna", en *Arqueología*, núm. 21, México, INAH, Coordinación Nacional de Arqueología, México, 1999.

— G. Cowgill, S. Sugiyama y C. Serrano, "El Proyecto Templo de Quetzalcoatl", en *Arqueología*, núm. 5, México, INAH, Coordinación Nacional de Arqueología, 1989.

Cabrero G., María Teresa, *Civilización en el norte de México*, vol. II, México, Universidad Nacional Autónoma de México, Instituto de Investigaciones Antropológicas, 2002.

Carrasco, Pedro, *Los otomíes. Cultura e historia prehispánica de los pueblos mesoamericanos de habla otomiana*, México, UNAM/INAH, 1950.

Castilleja, Aída y col., "La comunidad y la costumbre en la región purépecha", en Saúl Millán y Julieta Valle (coords.), *La comunidad sin límites. Estructura social y organización comunitarias en las regiones indígenas de México*, vol. III, México, INAH, 2003, pp. 19-112.

Castro-Leal, Marcia, "La Costa del Golfo, lugar de nacimiento y regeneración", en *Arte precolombino de México,* Milán, Electa Elemond, 1990, pp. 163-173 (existen publicaciones en inglés, francés, alemán y japonés).

— *México arqueológico*, Florencia, Italia, Bonechi y Monclem Ediciones, 1990 (existen publicaciones en inglés, francés, alemán y japonés).

Chemin Bassler, Heidi, *Los pames septentrionales de San Luis Potosí*, México, Instituto Nacional Indigenista, 1984.

Cordell, Linda, *Prehistory of the Southwest*, Academic Press, Inc., 1984.

Dean, J.S. y J.C. Ravesloot, "The Chronology of Cultural Interaction in the Gran Chichimeca", en Charles Di Peso, *Culture and Contact: Gran Chichimeca*, Edited by Anne I. Woosley and John C. Ravesloot, págs. 83-104. Dragoon, Az. And Albuquerque: Amerind Fundation, and University of New Mexico Press. 1993.

Di Peso, Charles, *Casas Grandes, A Fallen Trading Center of the Gran Chichimeca*, vol. 1-8, Flagstaff, Az. U.S., North Land Press, 1974.

Dow, James, *The chaman's touch. Otomí indian simbolic healing*, Salt Lake City, University of Utah Press, 1986.

Etnografía contemporánea de los pueblos indígenas de México, región Oriental: "Nahuas de la Huasteca veracruzana", por Jesús Vargas Ramírez, pp. 104-164. "Nahuas de la Sierra Norte de Puebla", por Elio Masferrer y Lourdes Baez, México, INI-SEDESOL,1995, pp. 167-206.

Etnografía contemporánea de los pueblos indígenas de México, región Cemtro: "Nahuas de Morelos", por Mª. Cristina Saldaña Fernández, México, INI-SEDESOL, 1995, pp. 87-137.

Etnografía contemporánea de los pueblos indígenas de México, región Occidental: "Mexicaneros", por Neyra Alvarado, México, INI-SEDESOL, 1995, pp. 111-140.

Etnografía contemporánea de los pueblos indígenas de México, región Pacífico Sur: "Nahuas de Guerrero", por Samuel Villela, México, INI-SEDESOL, 1995, pp. 187-247.

Fagan, Brian, *El gran viaje. El poblamiento de la antigua América*, España, Editorial EDAF, 1988.

Flores Villatoro, Dolores, *Ofrendas funerarias de Chupícuaro, Guanajuato*, Catálogo de las Colecciones del Museo Nacional de Antropología, México, Instituto Nacional de Antropología e Historia, 1992.

Florescano, Enrique, *Historia General de Michoacán*, 4 vols., México, Instituto Michoacano de Cultura, Gobierno del Estado de Michoacán, 1989.

Galinier, Jacques, *La mitad del mundo. Cuerpo y cosmos en los rituales otomíes*, México, UNAM/CEMCA/INI, 1990.

Gamio, Manuel, *La población del Valle de Teotihuacán*, México, Instituto Nacional Indigenista, 1979.

GAMBOA CARRERA, Eduardo, "La arqueología de Chihuahua, cien años después", en *El México desconocido cien años después*, Instituto Nacional de Antropología e Historia, Colección Divulgación, 1996.

GARCÍA MORA, Carlos, *La república purépecha de San Antonio Chará-pani. Configuración de un pueblo cristiano en la sierra de Michoacán*, México, Instituto Nacional de Antropología e Historia, Dirección de Etnohistoria, 2003.

"La cerámica de Occidente", en *Arqueología Mexicana*, vol. II, núm. 4, México, Editorial Raíces/INAH, agosto-septiembre de 1994, pp. 34-38.

GOETTSCH, Cristina, "Oasis de biodiversidad", en *Revista Escala*, núm. 170, septiembre de 2003.

LOCKHART, James, *Los nahuas después de la Conquista. Historia social y cultural de la población indígena del México central, siglos XVI-XVIII*, México, FCE, 1999.

LORENZO, José Luis, "Poblamiento del continente americano", en *Historia de México*, tomo I, México, Editorial Salvat.

MANRIQUE, Leonardo (coord.), *Atlas cultural de México. Lingüística*, México, SEP/INAH/Grupo Editorial Planeta, 1988.

MILLÁN, Saúl y Julieta VALLE, *La comunidad sin límites. La estructura social y comunitaria de los pueblos indígenas de México*, tomo II, México, INAH.

MILLON, René, *Urbanization at Teotihuacan*, vol. 1, *The Teotihuacan*, University of Texas Press, Austin and London, 1973.

MINNIS, Paul & Mike WHALEN, *Casas Grandes and it`s Hinterland, prehistoric regional organization in northwest mexico*, The University of Arizona Press, 2001.

MORALES, Edgar Samuel, *Color y diseño en el pueblo mazahua*, México, Universidad Autónoma del Estado de México, 1988.

NIEDERBERGER, C., *Paleopaysages et archeologie pre-urbaine du Bassin de Mexico*, 2 vol., México, CEMCA, 1984.

OCHOA CASTILLO, P. y O. ORUETA C., *La Sala del Preclásico del Altiplano. Catálogo de las Colecciones del Museo Nacional de Antropología*, México, INAH, Colección Catálogos, 1994.

PIÑA CHÁN, Román, *Las culturas preclásicas de la Cuenca de México*, México, FCE, 1955.

— *Los olmecas antiguos*, Consejo Editorial del Estado de Tabasco, 1982.

"Primeros pobladores de México", en *Arqueología Mexicana*, núm. 52, México, Editorial Raíces, 2001.

PURY-TOUMI, Sybille de, *De palabras y maravillas. Ensayo sobre la lengua y la cultura de los nahuas (Sierra Norte de Puebla)*, México, CEMCA-CNCA, 1997.

RATTRAY, Evelyn C., "Los contactos entre Teotihuacán y Veracruz", en *Los procesos de cambio en Mesoamérica y áreas circunvecinas*, XV Mesa Redonda de la Sociedad de Antropología, Guanajuato, 1977.

RODRÍGUEZ LÓPEZ, María Teresa y Andrés HASLER HANGERT, *Nahuas de Zongolica*, México, INI, 2000.

RONNEY, John R. & Robert, J. HARD, *Una Investigación Arqueológica de los sitios con Trincheras del Arcaico Tardío en Chihuahua, México*, reporte técnico, Centro INAH Chihuahua, 2000.

SERRA PUCHE, M.C., *Los recursos lacustres de la Cuenca de México durante el Formativo*, México, UNAM, IIA, Coordinación General de Estudios de Posgrado, 1988.

SÈJOURNÉ LAURETTE, *Arquitectura y pintura en Teotihuacán*, México, Siglo XXI, 1966.

SCHÓNDUBE, Otto, "El occidente: tierra de ceramistas", en *México en el mundo de las colecciones de arte*, México, Instituto Nacional de Antropología e Historia, 1995, pp. 83-137.

SOUSTELLE, Jacques, *La familia otomí-pame del centro de México*, México, UAEM/Instituto Mexiquense de Cultura, 1993.

TRANFO, Luigi, *Vida y magia en un pueblo otomí del Valle del Mezquital*, México, Conaculta/INI, 1989.

VV. AA., *Historia del arte de Oaxaca*, 3 vols., *Arte Prehispánico*, vol. 1, México, Gobierno del Estado de Oaxaca, Instituto Oaxaqueño de la Cultura, 1997.

VAN DE FLIERT, Lidia, *El otomí en busca de la vida*, Querétaro, Universidad Autónoma de Querétaro, Colección Encuentro, núm. 6, 1988.

WHITECOTTON, Joseph, *Los zapotecos, príncipes, sacerdotes y campesinos*, México, FCE, 1985.